영등포산업선교회 60주년 기념도서

인명진을 말한다

영등포산업선교회 60주년 기념도서

인명진을 말한다

동연

현대사의 귀중한 기록물입니다

정의화

(대한민국 제19대 국회의장)

보통 '성직자'라고 하면 현실 세계와 일정 거리를 두고 내면의 자아에만 귀를 기울이는 모습을 떠올린다. 하지만 인명진 목사님은 조금 다르다. 인 목사님은 기독교 정신을 성실히 수행하는 성직자인 동시에 노동운동의 선봉에 서서 격동의 삶을 살아온 사회운동가이기도 하다.

인 목사님은 1970년대 초부터 1980년대 중반까지 영등포산업선교회에 몸담으면서 당시 너무나도 열악했던 산업현장에서 사회적 약자와 소외계층을 대변하는 역할을 자청하였다. 그 때문에 노동운동과 민주화운동 등의 이유로 무려 4차례나 투옥되었고 국외로 추방되는 일까지 겪었다.

하지만 수많은 고난과 시련에도 불구하고 여전히 인 목사님은 인간으로서 가지는 최소한의 권리를 지키는 일에 앞장서고 있다. 2009

년에는 나와 함께 우리민족서로돕기운동 공동대표를 맡아 북한 동포를 위해 일하기도 하였다. 지금도 국내의 노숙자, 독거노인, 외국인 노동자를 지원하고 있으며 아시아 각국의 빈민계층을 위한 기부와 봉사도 마다하지 않는다. '늘 어려운 이웃과 함께하며 하나님 앞에 부끄럽지 않게 살겠다'는 그의 소명 의식을 몸소 실천하고 있다.

대한민국은 불과 반세기 만에 세계사에 유래 없는 눈부신 성장을 이루어 냈다. 아울러 경제성장과 민주화를 동시에 달성한 모범적인 자유민주주의 국가이기도 하다. 그러나 이러한 발전과 변화는 저절로 이루어진 것이 아니라 누구보다 치열하게 한 시대를 살아왔던 모두의 힘으로 직접 성취한 것이다. 우리는 지금의 화려한 성과 이면에 많은 이들의 헌신이 있었음을 결코 잊지 말아야 한다.

이 기념도서는 인 목사님의 생애와 업적은 물론 지난 오랜 시간 동안 하나님의 가르침을 현실에서 직접 실천하고자 했던 영등포산업선교회 역사의 큰 부분을 담고 있다. 우리가 기억해야 할 현대사의 귀중한 기록물인 동시에 그를 닮아가고자 하는 사람들에게 아주 특별한 지침서가 될 것이다.

아무쪼록 이 내용이 사람들에게 널리 읽히고 사랑받기를 바란다. 더불어 인명진 목사님과 영등포산업선교회에 주님의 은총과 평화가 함께하기를 기원한다.

축하의 글

일국의 정치적 향방을 바로 잡으시다

황우여

(용인대학교 석좌교수, 전 부총리 겸 교육부장관)

인명진 목사님은 솔솔 불어오는 봄바람이라기보다 가을 소슬바람의 체취를 가지신 분이다. 그래서 나는 목사님을 좋아하면서도 뵐 때마다 귀를 쫑긋 올리고 마음의 수첩을 꺼내 든다. 꼭 메모하여 간직할 말씀이 있기 때문이다. 목사님을 만난 지도 어언 4반세기니 짧지 않은 세월이었으나 한결같이 늘 신선하시다.

이회창 감사원장 시절 부정방지위원회를 감사원 밖에 둘 수 없다는 법리에 따라 감사원 자문기관으로 엄정한, 외부의 신망이 높은 인사로 구성한 부정방지대책위원회를 설치하기로 하였다. 이때 인 목사님을 위원으로 모셔서 매달 사회의 각종 부정과 비리를 쇄신하는 정책을 구상하고 감사원장에게 드리면 대통령에게 전달되는 보고서를 만들면서 가까이 접하게 되었다.

당시 금융실명제를 비롯하여 건축, 교육, 공직 비리 등 각 분야의 보고서를 만들었는데 그 중심에 인 목사님이 계셨다. 그 후 정치권으로 옮겨 필자가 한나라당 사무총장을 맡았을 때 연이은 당 인사들의 실수로 한나라당이 정신 차려야 한다는 국민의 목소리가 높아 당에서는 훌륭한 윤리위원장을 모셔서 당을 쇄신하기로 하였다. 이 때 인 목사님의 맑고 곧은 말씀이 생각났다. 목사님을 찾아뵙고 당으로 오시라는 말이 입에서 떨어지지 않아서 새벽기도를 며칠 나가다, 죄 많고 더러운 곳에 예수님께서 찾아가셨듯이 목사님께서 오셔야 정당이 천당은 못되어도 정당이 될 수 있지 않겠냐는 어설프고도 애절한 읍소를 거듭하였다. 이 기회에 한국정치의 새로운 모습을 만들어 달라고, 무슨 일이든지 다 받들겠다고 장담하니 그 진정성을 믿으셨는지 인 목사님은 빙긋 웃음으로 응해주셨다.

그 후에도 여러 날에 거쳐 목사님, 당회, 제직회 그리고 총회의 청문(?)을 거치면서 각 단계의 인준을 받아 녹초가 된 후에야 나는 목사님의 손을 잡고 교단파견 윤리위원장으로 당에 모실 수가 있었다. 당에 오셔서 그야말로 새로운 신풍을 일으키셨다.

첫 번째로 모종의 비하발언을 한 중진의원에 대한 엄한 사회봉사 명령 처분이었는데 주변의 반발이 너무 거세어 새로운 윤리강령에 따라 허용된 대체처벌로 중진의원을 대신하여 당대표와 사무총장이 대체사회봉사를 하는 것으로 매듭을 지었다.

강재섭 대표와 나는 해당 중진의원의 지역으로 내려가서 양파껍질 까기를 하루 종일 돕는 사회봉사를 하였는데 어찌나 매운지 눈물이 주르르 흘러 내려 눈물로 회개하는 모습으로는 안성맞춤이었다. 저녁 무렵 그 중진의원께서도 함께 봉사에 합류하게 되어 우리는 서로 한 마음으로 부둥켜안고 당의 일신을 다짐하며 기쁨으로 상경하였다.

그 후에도 무슨 과오라도 발생하면 즉각 인 목사님의 준엄한 질책이 따랐고 이를 계기로 당은 쇄신의 바람이 세차게 불기 시작하여 바른 자세로 당무에 임하여 정권창출의 결실을 맺게 되었으니 일국의 정치적 향방을 목사님께서 바로 잡으셨다고 하여도 과언이 아니다. 지금도 정계가 아직 혼탁하여 국민의 눈총이 따가운 때라 이럴 때 목사님 같으신 분이 다시 한 번 등장하셔야 되지 않나 생각이 드는 것은 나만의 생각이 아닐 것이다.

이제는 은퇴하셨다 하나 인 목사님께서 정계에 남기신 소슬한 바람은 아직도 우리 주변을 맴돌며 떠나지 않고 있다. 우리 목사님, 오래오래 주 안에서 강건하셔서 이 나라의 빛과 소금이 되어 주십시오.

축하의 글

역사적 갈림길에 새 횃불을 비추소서

김진현

(세계평화포럼 이사장, 전 과학기술처 장관)

　　1945년 해방 이후 한국의 근대와 현대의 성공사도 70년을 넘기게 되니 단군 이후 발전된 업적과 세계적 안목에서 성공한 사례들도 객관적으로 볼 수 있게 되었다. 한 영웅의 성공 이면에 있었던 다른 분들의 희생과 눈물도 보게 되고 한 분야, 한 기업, 한 프로젝트의 성공이 과연 본래 목적에 맞는 성공이었는지 혹은 이 개체들이 포함된 보다 넓은 모두의 성공으로 귀결되었는지도 따져 볼 수 있게 되었다.

　　이렇게 심층적으로 연관되어 시간과 공간을 종합하는 통시(通時)적, 통장(通場)적 관점에서 보면 우리나라에서 성공했다고 영웅시되는 인물, 신화(기적), 이벤트, 사건들도 실체가 깎여야 되는 것이 꽤 많다. 반대로 세속에서는 무명 또는 덜 유명한 분들의 참다운 실체적 성공도 의외로 많이 발견할 수 있다. 단순히 한 인간의 특정영역의 행적을 넘어 사회국가에 미친 영향을 시간과 공간의 통합적 안목으로 재음미하면 '온전한 성공'의 사례를 찾기는 그리 쉽지 않다.

내가 아는 인명진 선생은 이 땅에서 가장 온전한 뜻에서 성공의 모범을 보여 주었다. 개인의 덕성, 목사로서의 인도력, 세속의 사회 지도력에서 완벽하게 흠집 없는 선각자요, 실천인이요, 증인이다.

나는 목사 인명진 선생의 목회나 교회 활동에 참여한 적이 없는 무종교인이다. 인 목사 이름을 사회에 각인시킨 각고의 민주화 투쟁 시절, 나 역시 상처도 받았으나 언론이라는 우산 속에서 상대적으로 편히 지낸 셈이다. 그러나 산업화와 민주화 성공이라는 폭풍 이후의 대한민국이 맞는 도전과 성공 폭풍을 여과 승화하는 새길 찾기 모색 과정에서 나는 인 목사와 강렬한 일체감과 유유상종 동지애를 나누고 있다.

인 목사는 산업선교의 선각자로서 그 자연스럽고도 불가피한 연장(延長)인 치열한 유신반대 민주화 투쟁과 인도주의의 실천인 대북한, 몽골 동남아 자선지원에 앞장서시고 때로는 남들이 백안시하는 정치권의 영역까지 넘나들며 쓴소리 마다치 않는 이성과 참 용기를 보여주셨다. 그 모든 것의 원천은 무엇일까. 인 목사 스스로는 하느님의 은총이라 할 것이다.

나는 감히 인 목사의 영성과 심성이 지극히 맑기 때문이라 본다. 그 맑은 영성과 심성이 산업선교를 개척하고, 당신 일생 손때 묻은 교회를 아름답게 인계한 덕성으로 나타났다. 종교와 교파를 넘는 통합의 지도력이나, 세속의 진흙 속을 거침없이 활보하고 내뿜는 통찰력과 결단력도 그 지극한 영성과 심성에서 자성(自成)하는 것이라 믿는다. 1876년, 1910년, 1945년에 이어 네 번째 맞는 문명사적 큰 갈림길에서 제3의 기적을 기다리는 태풍, 혁명 전야의 이 나라 이 사회 공동체는 인 목사의 횃불을 기다리고 있다.

굴절 많은 이 땅에서 보기 드문 인명진 선생의 인간, 목회, 사회행적의 온전한 성공 이야기와 선각자요 지도자요 행동인의 콘텐츠가 시대적 맥락에서 널리 읽혀지고 토론되어 더 큰 횃불로 번지기를 간절히 빈다. 이 책은 그 횃불의 하나이다.

모두가 축하할 일이다.

무형의 역사적 가치를 인정하여

김상룡
(영등포산업선교회위원회 위원장)

영등포산업선교회 설립 60주년을 앞두고 기념도서 시리즈로 평소에 존경하던 인명진 목사님에 관한 책을 내게 되어 기쁘게 생각합니다. 인명진 목사님은 영등포산업선교회와 소속되어 있는 영등포노회가 배출한 이 시대 교회와 사회의 걸출한 지도자입니다.

영등포산업선교회는 영등포노회의 당시 깨어 있는 목회자들과 평신도들의 지원에 의하여 독재정권의 온갖 핍박을 견디어내고 노동과 민주화 운동에 앞장을 서 왔는데, 그 한가운데 인명진 목사님이 있었습니다. 인 목사님의 목회적 신념과 예지력 있는 지도력 그리고 주님을 향한 헌신으로 이 땅 위에 정의와 평화의 하나님 나라를 확장하여 올 수 있었고, 그 소중한 유산은 영등포의 지경을 넘어서 온 교회와 사회 속에 오늘도 계속되고 있습니다.

영등포노회가 헌의하여 한국기독교사적 제8호로 지정된 영등포산업선교회관은 "1958년에 시작한 산업선교사역이 교회의 울타리를 넘어서 사회와 국가적 차원에서도 하나님 나라의 확산에 기여하고 있음을 나타내는 등 무형의 역사적 가치를 인정하여 (중략) 부지와 건물이 산업선교발상지로 명명"되었습니다.
(영등포노회 50년사, 2011, 298)

혹자는 영등포산업선교회가 시대적 사명을 다하지 않았느냐고 말할지 모르지만, 우리 사회에 소외되고 가난한 사람들이 존재하는 한 영등포산업선교회의 선교는 다양한 모습으로 앞으로도 지속할 것입니다.

그 한 예로 영등포산업선교회는 현재 영등포역을 중심으로 햇살보금자리라는 노숙인 임시보호 시설을 운영하고 있습니다. 그곳에서 매일 120여 명의 노숙인들이 피곤한 몸을 쉬고 있고, 무료 급식도 제공받고 있습니다. 뿐만 아니라 이들이 스스로 설 수 있도록 임대주택 지원, 길거리 현장 상담, 일자리 사업 등을 통하여 자립과 자활을 하도록 돕고 있습니다. 주변의 많은 교회들과 단체들이 협력하고 있으며, 서울시도 함께하고 있는 소중한 선교입니다. 인명진 목사님은 현재 이 법인의 이사장으로 봉사하고 계십니다.

이 책은 1970년대부터 인명진 목사님과 함께 일해 온 동역자들과, 그 일을 이어받은 후배들 그리고 그의 목회와 선교를 성찰하고 신학적인 작업을 해 온 학자들이 저술한 소중한 글입니다. 하나님과 교회의 선교를 실천하는 많은 후배들이 이 책을 널리 읽고 자료로 삼아, 더 깊은 연구를 하게 되는 동력이 되기를 바랍니다.

본 기념도서를 위하여 글을 써 주신 집필자들과 사무실의 수고하신 모든 직원들, 그리고 인명진 목사님과 그 가정 위에 하나님의 은총이 함께하시기를 기도합니다.

예언자적 목회와 그 상상력

진방주
(영등포산업선교회 총무)

"주의 성령이 내게 임하셨으니 이는 가난한 자에게 복음을 전하게 하시려고 내게 기름을 부으시고 나를 보내사 포로된 자에게 자유를, 눈먼 자에게 다시 보게 함을 전파하며 눌린 자를 자유롭게 하고 주의 은혜의 해를 전파하게 하려 하심이라"(누가복음 4:18-19).

1958년 4월 19일은 경기노회 영등포지구 산업전도위원회가 창립된 날이다. 영등포산업선교회의 지난 60년은 성령 하나님께 이끌림 받아 예수 그리스도를 좇아 살아온 교회 공동체 및 목회자들과 노동자들의 간절한 기도와 눈물이요, 절규와 기다림의 발자취라 할 수 있다. 지난 60년이야말로 하나님의 은총이 아니면 존재할 수 없었던 시간이요, 순간순간이 숨 막히고 희망을 찾을 수 없었던 절망의 시간이었다. 그러나 그 처절한 고통과 절규와 외침 속에서도 세상에서 바보 취급을 받던 노동자들의 거룩한 행진은 계속되었고, 그 작은 소리는 커다란 함성이 되어 새롭게 솟아오르는 희망의 미래를 활짝 열어왔던 시간이었다.

2010년 11월 25일 대한예수교장로회 총회는 영등포 산업선교회를 한국기독교사적 제8호로 지정하고, 민주화운동기념사업회와 함께하면서 "노동선교의 요람 민주화운동 사적지" 기념비를 세웠다. 그 기념비 뒤편에 이렇게 쓰고 있다.

"이곳은 거룩한 땅/ 가난한 이들의 눈물과 한숨/ 절망의 분노가 서려 있는 곳/ 버려진 이들의 땅/ 성문밖/ 죽음을 이기고 살아나신/ 갈릴리 예수와 함께/ 이 땅의 민중들이 아픔을 보고/ 흐르는 눈물 훔치며/ 두 주먹 불끈 쥐고/ 하나가 되어 목이 터져라/ 민주의 함성을 외치던 곳/ 거룩한 하늘의 뜻이 이루어진 이곳에/ 우리를 승리하게 하신/ 나사렛 예수의 이름과 함께 / 이 작은 돌을 세운다."

영등포 산업선교 60년을 돌아보고, 100년을 향한 발걸음을 내딛고자 하지만, 결국은 본래의 삶의 자리로 돌아가, 처음의 마음자리로부터 다시 내딛는 발걸음을 시작하여야 한다. 그 시대 시대마다 노동자들 가운데서 터져 나오는 세미한 음성에 귀를 기울이며 살아계신 하나님께서 노동자들을 통해 들려주시는 음성을 정성스럽게 듣고, 그 일을 행하는 것이 생명의 길, 진리의 길 그리고 거룩한 길이었음을 보고 듣고 알게 되었던 것이다.

영등포산업선교회 60주년을 맞이하여 초창기 영등포산업선교회에서 헌신하셨던 조지송 목사에 관한 책을 기념도서 1권으로 출간하고, 인명진 목사에 대한 책을 기념도서 2권으로 준비하여 발간하게 되었다. 인명진 목사는 1972년 4월 총회전도부 도시산업선교 훈련을 받고, 1973년 4월 19일부터 영등포산업선교회에서 선교 사업을 감당하셨다. 천 년을 하루 같이 하루를 천 년같이 매 순간순간을 최선으로 혼신의 힘을 다하여 영등포산업선교회를 섬기셨던 인명진 목사의 발자취를 나누어 보는 일은 이 시대에 큰 의미가 있는 작업이다.

영등포산업선교회 회관에 보관되어 있던 인명진 목사가 쓴 노동훈련 일지를 최근 열어 보았다. 1972년 인 목사는 노동자로 처음 작업을 마치고 일지에 이렇게 적고 있다. "오늘의 교회는 박물관이다. 신자들이 지금 어떤 형편에 있는지 알지도 못하고 괜히 2000년 전의 옛날 이야기나 하고 있으니. 설교는 거의 모두 헛소리. 사회의 불의를 종교적으로 합법화하고 있다. 예수 믿는 회사의 비신앙적인 처사들을 알리고, 작업 환경 개선을 사장에게 건의해야 한다. 직간접으로 우리는 착취당하고 있다"(미공개 훈련일지, 장로교산업선교훈련원, 1972년 4월 30일).

인 목사의 이 일성이 당시 그가 앞으로 어떤 목회를 하게 될지를 예고하고 있고, 실제로 그는 그런 예언자적인 목회를 평생 해 오신 것이다.

2015년 장로회신학대학이 인명진 목사에게 명예신학박사를 수여한 이유가 그것을 잘 증명하고 있다. "인명진 목사는 본 교단 대한예수교장로회 영등포노회 목사로서 40년간 목양, 반독재 민주화운동, 노동운동에 헌신하였고, 그의 헌신은 하나님 말씀을 교회와 사회에서 실천한 말씀이어서 그의 예언자적 사회적 공로를 높이 샀다"(〈예장뉴스〉, 2015년 5월 13일).

영등포산업선교회부터 시작하여 갈릴리교회 목회를 마치시기까지 함께 하였던 분들이 인명진 목사를 생각하며 귀한 글을 써 주셔서 감사를 드린다.

아무쪼록 본 기념도서가 지나간 역사 과정 속의 회고뿐만이 아니라, 새로운 미래를 열어 나가고자 힘쓰는 하나님의 사람들에게 건강한 자양분이 되어 새 하늘과 새 땅을 열어나가는 그루터기가 되기를 간절히 소망한다.

편집의 글

경계선을 넘어, 다리를 세우는

양명득
(영등포산업선교회 국제연대국 국장)

필자와 인명진 목사님과의 인연은 1984년 그가 호주 시드니에 거주하였을 때부터이다. 당시 인 목사님은 청년 단체를 조직하여 공부반을 지도하였는데 그 첫 번째 반에서 필자도 소위 '의식화 학습'을 하였다. 여러 가지 책을 읽으며 토론하는 과정에 도전을 받으며 학교에서 배우지 못한 세상의 현실을 호주에 사는 몇 청년들은 접할 수 있었던 것이다. 평생 도구로 가질 수 있는 '세상을 보는 눈'을 그때 뜨기 시작하였다. 당시 함께 공부한 청년 중에 후에 노조운동가, 산업선교 선교사, 치과 선교사, 변호사, 시장, 목사 등이 나온 것은 우연이 아니었던 것 같다.

그 당시 우리 청년들은 시드니 애쉬필드에 있던 인 목사님의 사택을 수시로 드나들며 사모님이 해 주시던 밥을 많이도 먹었다. 그 집은 호주의 풍요함과는 다른 무엇인가 물질적으로 부족하고 어려운 분위기였는데도 사모님은 항상 우리를 반겨주시고, 먹을 것을 내주셨던 고마운 기억이 있다.

한편 인 목사님은 시드니의 한 동포신문으로부터 당시 용공주의 자라고 공격을 받고 있었다. 그는 그에 대항하여 한 동포사업가와 '한호타임즈'라는 이름의 신문사를 창간하여, '늘벗칼럼'을 연재하며 한인사회에 한국 사회의 실상을 전하기도 하였다. 필자는 인 목사님을 도와 이 신문사의 편집인으로 재직하기도 하였다.

그 후 인 목사님이 한국으로 다시 귀국하고, 필자는 먼발치에서 그분이 하시는 여러 가지 일을 경이로운 마음으로 지켜보았다. 몇 년 전, 인 목사님의 이름으로 발행한 '호주선교사 존 브라운'이라는 책을 편집하면서, '언젠가 인 목사님에 관한 이러한 책을 기획하여 후배들에게 자료로 남기면 좋겠다'라는 마음을 가지게 되었는데 지금 이 책을 이렇게 편집하고 출판하게 되니 기쁘고 감사하다.

필자는 보내온 원고들을 일차적으로 편집과 번역을 하며 '한 목회자가 이렇게 다양한 분야에서 그 큰일들을 어떻게 감당할 수 있었을까' 하는 의구심이 들었다. 마침 어떤 자리에서 인 목사님께 여쭐 수 있는 기회가 있었는데, 많은 분야의 일을 하다 보니 제대로 한 것은 하나도 없다고 하시며 껄껄 웃으신다. 그러나 함께 일한 동지들이나 후배들이 쓴 원고 내용은 그 반대로, 참여한 분야마다 탁월한 공헌을 남기었다는 증언이다.

인명진 목사님의 사역을 필자는 '경계선을 넘어, 다리를 세우는' 사역으로 요약하고 싶다. 그는 그의 목회생활 중에 수도 없이 많은 경계선을 넘나들며 남들이 가보지 못한 공간에서 사역을 감당하여 왔다. 정치와 종교의 경계, 보수와 진보의 경계, 종교와 종교의 경계,

교단과 교단의 경계, 지방과 세계의 경계 그리고 거룩과 세속의 경계 등을 사뭇 자유롭게 다니며 많은 곳에 다리를 세웠다. 때로 경계선을 넘다가 한쪽으로부터 또는 양쪽 모두로부터 공격을 받기도 하지만, 개척자가 감당해야 할 희생과 외로움이었을 것이다.

이 책을 위하여 글을 써주신 사회 각 분야의 지도자 여러분께 깊은 감사의 말씀을 드린다. 하나님의 선교를 연구하고 실행하려는 많은 후학들이 이 책을 통하여 조금이나마 영감과 용기를 얻는다면 큰 보람이 되겠다.

차례

인명진을 말한다

정치

도시산업선교회는
1970년대와 1980년대 반독재민주화투쟁시기에
"도시산업선교회가 들어가면
기업이 도산한다"는 말이 회자될 정도로
노동운동현장에서 큰 영향을 끼쳤고,
그 중심에는 영등포산업선교회와
인명진 목사가 있었다.

인명진의 정치운동
─ 반독재 민주화 인권운동을 중심으로

정병준

(서울장신대학교 교수)

1970-80년대의 산업선교는 교회와 정치와 노동이 상호 충돌하는 갈등 영역이었다. 산업선교 활동은 교회의 입장에서는 선교활동이었고, 노동자들의 입장에서는 인권과 권익을 대변하는 단체였다. 그러나 군사독재정권과 재벌들의 이해관계와 노동자들의 삶의 제반 조건은 긴밀하게 연결되어 있었기 때문에, 산업선교는 반독재 민주화인권운동의 한 중심에 있게 된다. 인명진 목사는 바로 그러한 역사의 현장에 있었다.

1. 신학교 시절의 인명진과 스승들: 존 브라운, 문동환

인명진은 충청남도 당진군 석문면 삼화리의 부농의 가문에서 11

대 증손으로 태어났다. 그 집안은 증조할머니 때부터 예수를 믿기 시작했고, 보수적인 신앙의 뿌리를 갖추고 있는 집안이었다. 인명진은 고등학교 시절 함석헌 선생을 알게 되면서 잠시 무교회주의에 심취한 적도 있었으나 1965년에 한국신학대학에 입학하였다. 그는 문동환 목사의 "자아확립" 강의에 깊이 감동을 받았고, 기독교교육을 통해 교회와 사회개혁에 기여하겠다는 꿈을 가졌다.

당시 한국신학대학에는 신학계의 석학들이 많이 재직하고 있었다. 인명진은 문동환 교수 외에도 김재준, 서남동, 김정준, 문익환, 이장식, 안병무, 주재용 등에게 수업을 들었다. 심지어 그는 결혼도 한신대 출신과 하고, 아이들도 한신대를 보내겠다고 결심을 했다고 한다. 그러나 예장 통합 교단에서 자란 인명진은 기독교장로회의 목사가 될 생각은 없었다. 그는 1969년에 장로회신학대학에 진학했다.

"한신대는 그게 없거든요. 학문은 있는지 모르지마는, 인간, 인간을 배울 수가 없었거든요. 그런데 우리 장신대 교수님들은 인간적으로 목회자로서 굉장히 훌륭한 성품, 훌륭한 인격을 갖추신 분들이에요. 나는 그래서 한신에서는 학문을 배웠고 장신에 가서는 사람을 배웠어요. 그래서 나는 장신에 대해서도 굉장히 고맙게 생각하고, 장신대에서의 그 삶, 굉장히 소중했고, 또 하나는 보수신학에 대해서 나는 깊이 비판하지 않고 그대로 보수신학을 배우려고 많이 애를 썼어요."
("인명진 목사 인터뷰", 2011년 1월 6일, 갈릴리교회, 면담자 김명배 교수, 한국학 중앙연구원지원 현대한국 구술사연구 일환 한신대학교 학술원 신학연구소 실시).

인명진은 학문적인 신학과 보수적인 신학 두 가지를 배웠고, 이 두 흐름은 그가 사회참여와 목회라는 두 영역에서 사역할 수 있게 되는 뒷받침이 되었다. 그는 장신대에서 두 사람에게 영향을 받았다고 말한다. 첫째는 구약을 가르쳤던 호주 선교사 존 브라운(John Brown, 한국명 변조은)이었다. 존 브라운 목사는 1960년부터 1972년까지 선교사 사역을 했고, 그 후 호주장로교 선교부 총무와 호주연합교회 선교부 총무를 역임했던 인물이었다. 인명진은 특히 모세오경과 폰 라드 사상에 심취했다. 두 번째는 곽선희 목사였다. 인명진은 곽선희 목사의 로마서 강해를 통해 신약에 대해 새로운 인식을 할 수 있었다.

2. 유신헌법과 긴급조치 1호 위반사건

인명진이 정치적인 사건에 처음 개입하게 되는 것은 1969년 신학대학원 1학년 때였다. 당시 장신대학생들은 삼선개헌에 반대하는 의미로 삭발을 하였다. 인명진 전도사는 삭발을 하고 동료들과 함께 총회 총무사무실을 찾아가서 김윤식 목사에게 삼선개헌에 반대하는 서명을 하라고 요청했다. 당시 인명진은 "예수가 33살에 죽은 이유를 알겠다. 마흔 살 넘은 목사들은 다 죽어야 한다"고 독설을 퍼부었다. 훗날 인명진 목사가 40대 중반이 되었을 때, 김윤식 목사는 "인 목사 지금 나이가 몇이신가?" "아니 그럼 죽었어야 되는데, 넘었고만, 하하하" 하고 웃었다고 한다.

인명진은 1972년에 신학교를 졸업하고 노동현장에 들어가서 1

년 동안 노동을 하였고, 그해 10월에 목사 안수를 받았다. 그리고 1973년부터 영등포산업선교회에서 활동을 시작하였다. 인명진 목사가 산업선교를 하게 되는 계기는 세 가지였다. 첫 번째는 신학교 시절 노동자 김진수 사망 사건을 경험한 것이고, 두 번째는 삼선개헌을 반대하면서 기존교회에서 청빙 받기 어려운 상황이 되었고, 셋째 존 브라운 목사가 산업선교를 하라고 권했기 때문이었다.

박정희 정권은 삼선개헌을 한 후 1971년에 7대 대통령에 당선되었고 1972년 10월 17일에 유신헌법을 선포했다. 인명진이 목사 안수를 받던 그달에 유신이 선포된 것이다. 1973년에 장준하, 함석헌, 계훈제, 백기완 그리고 개신교 목사들을 주축으로 '개헌청원 100만인 서명운동'이 전국적으로 전개되었다. 이에 위협을 느낀 박정희 정권은 1974년 1월 8일 긴급조치 1호를 발동하게 되었다. 긴급조치 1호의 내용은 다음과 같다.

① 대한민국 헌법을 부정, 반대, 왜곡, 또는 비방하는 일체의 행위를 금한다.
② 대한민국 헌법의 개정 또는 폐지를 주장, 발의, 제한 또는 청원하는 일체의 행위를 금한다.
③ 유언비어를 날조, 유포하는 일체의 행위를 금한다.
④ 전 1, 2, 3호에 금한 행위를 권유, 선동, 선전하거나 방송, 보도, 출판, 기타 방법으로 이를 타인에게 알리는 일체의 언동을 금한다.
⑤ 이 조치에 위반한 자와 이 조치를 비방한 자는 법관의 영장 없이 체포, 구속, 압수, 수색하며 15년 이하의 징역에 처한다. 이 경우에는 15년 이하의 자격정지를 병과할 수 있다.

⑥ 이 조치에 위반한 자와 이 조치를 비방한 자는 비상군법회의에서 심판, 처단한다.

1월 15일 장준하 선생과 백기완 선생이 긴급조치 1호 위반으로 구속되었다. 그 후 1월 18일 인명진 목사, 김진홍 전도사, 이해학 전도사, 이규상 전도사, 박윤수 전도사, 김경락 목사 등 6명은 유신헌법 철폐와 긴급조치 철폐를 주장하는 서명을 했고 한국교회협의회 총무실에서 성명서를 낭독한 후 구속되었다. 장준하와 백기완의 구속은 사실상 '개헌청원 100만인 서명운동'에 대한 보복적 성격이 짙었고, 긴급조치를 정면으로 맞서서 최초로 구속된 사람들은 사회선교현장에서 일했던 젊은 목회자들이었다. 인명진 목사는 군사재판에서 10년 구형에 10년 징역을 언도받았다.

3. 1978년 미가서 설교의 정치적, 교회적 의미

인명진 목사가 구속되었던 1974년 유신 반대의 물결은 거셌다. 1974년 4월 3일 학생시위 현장에는 '민주청년학생총동맹'(민청학련) 명의로 유인물이 배포되었고, 박정희는 그날 밤 10시를 기해 긴급조치 4호를 발동했다. 박 정권은 1975년 2월 12일에 '유신헌법 신임 국민투표'를 실시하고 2월 15일에 긴급조치 1, 4호 위반자 대다수 148명을 형집행정지로 석방하는 유화조치를 취했다. 인명진 목사도 이때 석방되었다. 그러나 박 정권은 곧 긴급조치 7호를 발령하고 4월 8일에 인혁당 관련자 8명을 사형시켰고, 나아가서 5월 13일에 긴급조치 9호를 발령했다. 유신헌법에 대한 일체의 부정, 반대, 왜곡, 비방이나 개폐 주장, 청원, 선동을 금지하며, 이를 보도하는 행위도 금지시켰다.

석방 된 직후 인명진 목사는 소그룹활동을 통해 산업선교 활동에 매진하였다. 영등포산업선교회는 1975~1977년 사이에 노동자들 사이에서 가장 영향력이 큰 세력이 되었고, 정치적으로 민주화운동에 상당한 영향력을 행사했다. 일설에 의하면 당시 중앙정보부에서는 영등포 산업선교회가 약 20만 명의 노동자들에게 영향력을 끼친다고 추정하였다.

유신정권은 산업선교 활동이 경제성장정책과 권력유지에 장애가 된다고 판단하고 산업선교회를 말살하려는 시도를 다각적으로 전개했다. 그 첫째가 홍지영 등을 통해 산업선교회가 국제공산주의 활동의 일환이라는 출판물을 출판하여 용공조작을 했다. 둘째 인명진 목사를 구속하여 산업선교회를 와해시키려고 했다. 셋째 정부는 세무서를 동원하여 10년~20년 동안의 영등포산업선교회의 회계장부를 조사했고, 혐의를 찾을 수 없자 갑근세를 내지 않았다고 조지송 목사를 기소하고, 신용조합을 취소했고, 6월 27일에 호주선교사 라벤다(Stephen Lavender)를 추방시켰다.

청주도시산업선교회의 정진동 목사는 신흥제분 노조와 조공피혁의 노동 문제를 해결하기 위하여 1978년 3월 15일부터 단식을 했고, 단식 23일 만에 문제의 일부가 해결되었다. 그는 다시 농민들의 억울한 문제를 해결하기 위해 단식을 지속 하던 중에 1978년 4월 17일 기도회 설교를 인명진 목사에게 부탁했다. 인명진 목사는 미가서의 중요한 대목을 읽고 나서 설교하였다.

"내가 감옥에 가 보았더니 감옥의 죄인들이 낙서를 해 놓은 말 중에 '유전무죄 무전유죄'라는 말이 있더라. 나는 그것을 감옥에서 뿐만 아니라 밖에 나와서도 그 말이 무슨 뜻인 줄을 실감하게 되었다. … 내가 감옥에 다니면서 보니까 못 한 근을 훔쳐다가 팔아먹은 사람이 몇 년씩 징역을 사는 경우를 보았는데 참 이상한 것은 기업주들이 몇 억씩 떼어 먹는데도 이것을 잡아가지 않더라. 말하자면 남의 품값을 주지 않고 퇴직금을 주어야 할 것을 주지 않고 잔업수당 줄 것을 주지 않는 것이 도둑질 아니냐?"(한국기독교교회협의회 한국교회산업선교 25주년기념대회, 『1970년대 노동현장과 증언』, 도서출판 풀빛: 1979, p. 456-457).

정부 당국은 이 설교내용을 긴급조치 9호 위반으로 문제 삼아 1978년 5월 1일에 인명진 목사를 구속하였다. 인 목사의 공소장에는 다음의 성경 구절을 문제 삼기도 했다.

"망할 것들 권력이나 쥐었다고 자리에 들면 못된 일만 하였다가 아침이 밝기가 무섭게 해치우고 마는 이 악당들아…"(미가서 2장 1절).

"관리들은 값나가는 것이 아니면 받지도 않으며 재판관은 뇌물을 주어야 재판을 하고 집권자들은 멋대로 옥살이 근거를 내리는 구나"(미가서 7장 3절).

당시 인명진 목사를 조사한 부장검사는 소망교회 이진우 장로였다. 그는 인 목사가 미가서를 공동번역으로 읽은 것을 알지 못했고 성경구절을 기소한 것이었다. 인명진 목사는 지혜롭게 판단했다. 그는 검사 앞에서 가만히 있다가 공소장이 온 다음에 기소된 내용이 공동번역 성경에 있다는 사실을 알렸다. 변호사들은 "검사가 성경구절을 고발하였다. 하나님의 말씀이 재판을 받게 되었다"고 밖에 알렸다. 한국 교회는 성경이 재판을 받는다는 사실에 보수, 진보를 떠나 분노했다. 결국 이진우 검사는 성경 구절을 빼고 "유전무죄 무전유죄" 건 만을 가지고 기소를 하였다. 이진우 검사는 인 목사에게 단독 포승을 하고, 개처럼 밥을 먹게 했고, 모멸감과 치욕을 주기도 했다. 인명진 목사에게 5년이 구형되었으나, 고영구 재판장은 1년을 언도했다. 인 목사는 고영구 변호사가 그만하면 훌륭한 법조인이었다고 후에 평가한다.

인명진 목사의 구속은 산업선교를 위해서 전화위복이 되었다. 정부가 성경구절까지 기소했다는 소식으로 국내외적으로 여론과 관심이 증폭되었다. 예장 통합교단의 150여명의 목사들은 예장산업선교회수호위원회(위원장 차관영 목사)를 결성하고 기도회와 세미나를 개최해서 정부의 산업선교 말살정책에 적극적으로 대처했다. 정부는 영등포산업선교회의 회관 건축을 허가해주는 타협책을 내놓았다. 인명진 목사는 11월 1일에 석방되었다.

4. 'YH사건'에 인명진 목사가 끼친 영향과 역사적 의미

1979년 8월 'YH사건'은 박정희 정권의 붕괴까지 이어지는 역사적으로 중요한 사건이었다. YH무역은 장용호가 세운 가발생산 회사였다. 장용호는 미국으로 재산을 도피했고, 노동자들은 저임금과 불법해고에 시달리다 1975년 5월 24일에 노동조합을 결성했다. 회사는 1977년부터 생산을 하청으로 돌리고 위장휴업을 하다가 1979년 4월 말에 폐업을 공고했고, 회사는 노동자들의 호소를 무시하고 8월 6일에 폐업조치를 강행했다.

당시 영등포산업선교회는 '영등포지역을 넘어서지 않는다'는 원칙이 있었고 면목동에 있는 YH무역과는 직접적인 관계가 없었다. 당시 개신교와 가톨릭의 사회선교협의체였던 한국교회사회선교협의회(1976. 9.25~1989)는 영등포산업선교회 안에 사무실을 두었고 서경석이 총무를 맡고 있었다. 또 YH 노조지부장 최순영의 남편 황주석은 서경석과 함께 기독청년학생운동을 했던 사이였다. 이런 관계로 인명진 목사는 YH 농성현장에 가서 격려 발언을 했고 해결책을 조언하게 된다.

8월 8일 저녁에 인명진 목사는 "YH 노동자들을 신민당사로 보내어 농성을 하게 하자. 그리고 YS(김영삼)가 어떻게 나오는지 살펴보자"는 의견을 제시했다. 인 목사가 이런 기지를 발휘한 것은 1972년의 한국모방(원풍모방의 전신) 사건을 기억했기 때문이었다. 남북적십자 회담이 개최될 때 한국모방 노동자들은 그 길목이 되는 명동성당에 들어가서 농성을 하였다. 정부는 이 문제가 사건화 되는 것을 막기 위해 한국모방의 노동 문제를 시급히 해결했던 적이 있었다. 그당시에 인 목사의 의견이 한국정치사에 격변을 가져오는 거대한 사건으로 확대될 것이라는 것은 아무도 예측하지 못했다.

그 다음날 새벽 YH 노동자들 200여명은 마포의 신민당사로 찾아가서 농성을 했다. 서경석 총무, 고은 시인, 이문영 교수, 문동환 목사(사회선교협의회부위원장)는 상도동의 김영삼 총재를 방문했고, 인명진 목사도 뒤를 이어 방문했다. 이 자리에서 김영삼 총재는 노동자들을 보호하겠다고 약속을 했다. 당시 김영삼 총재는 1979년 5월 30일 신민당 전당대회에서 타협노선을 택한 이철승 총재를 꺾고 당권을 재 장악했으며 강한 투쟁노선을 택하고 있던 때였다. 이 사건은 인 목사가 YS에 대해 강한 인상을 받게 되는 계기가 되었다.

8월 11일 새벽 1시 58분 서울 시경 소속 1천여 명의 정·사복경찰들은 신민당사를 기습하여 23분만에 YH 노동자들을 강제해산시켰다. 이 과정에서 노동자 김경숙이 사망했다. 8월 17일 서울 시경은 "YH 노조간부들은 무산계급이 지배하는 사회체제를 건설하는 것이 기독교 사명이라 표방하는… 목사의 조종을 받아 사회혼란조성, 국가사회의 변혁을 획책"하였다고 수사결과를 발표했다.

정부는 YH사건에 대한 책임을 도산(도시산업선교회)에 뒤집어 씌었다. 당시 "도산(都産)이 들어가면 도산(倒産)한다"는 말이 회자되었다. 당시 구속자는 최순영을 비롯한 노조 간부 3명 그리고 배후조종자로 인명진, 문동환, 서경석, 이문영, 고은 등 5명이었다.

김영삼 총재는 이 사건 이후 〈뉴욕타임스〉와의 회견이 문제되어 국회의원직을 제명당했고, 총재직까지 상실했다. 이로 인해 부마항쟁이 일어났고, 유신정권 내부에서 강경파와 온건파가 대립하면서 김재규 중앙정보부장이 차지철 청와대 경호실장과 박정희 대통령을 살해하는 '10·26사태'로 확산되었다.

YH사건은 노동운동이 정치사를 뒤바꾼 사건이었고, 그 배후에는 교회의 사회선교운동이 있었다. 그러나 지금까지 누가 YH 노동자들을 신민당사로 들어가도록 아이디어를 제공했던가 하는 부분은 미

시사적으로 다루어지지 못했다. 이 아이디어를 제공한 인명진 목사
는 뜻하지 않게 YH사건에 말려들어 구속되었고, 우연 같은 필연에
의해 사건의 중심에 서게 되었다. 그래서 인명진 목사는 YH사건을
"야훼사건"이라고 불렀다.

5. 김대중 내란음모 사건과 인명진 목사

1979년 10월 26일 박정희 대통령이 서거하고 최규하 총리가 대
통령 권한대행을 하게 되었다. 정부는 통일주체국민회의에서 대통
령을 선출하려고 했다. 비상계엄 하인 11월 24일 재야와 야당의 민
주인사들 500여 명이 이를 저지하기 위해 결혼식을 위장하여 명동
에 있는 YWCA강당에 모였고 유신철폐와 계엄령해제를 요구하며
시위를 벌였다. 윤보선, 함석헌 등 96명이 계엄 포고령 위반으로 당국
에 체포되어 한 달 동안 모진 고초를 치렀다. 일설에 의하면 'YWCA
위장결혼식 사건'은 신군부에 의한 음모였다는 주장이 있다. 한 육군
소장이 윤보선 전 대통령을 찾아와서 민주화 세력이 대규모집회를
하면 통일주체국민회의가 대통령 간선제를 재검토할 것이고, 군은
집회를 묵인하고 민주화를 돕겠다는 요지의 말로 속임수를 써서 민
주화 세력을 일망타진하려는 계획이 있었다고 한다. 인명진 목사는
이 사건이 지나간 12월 12일에 석방되었다.

민주화 세력은 여전히 군부의 실체를 잘 몰랐고, 김대중, 김영삼,
김종필 씨는 경쟁하고 있었다. 그 와중에 전두환 신군부는 권력을 장
악하고 1980년 5월 17일 비상계엄 전국 확대조치를 내리면서 동시

에 정치인과 재야인사들을 37명을 체포하고 두 달 동안 고문하여 '김대중 내란음모 사건'을 조작했다. 인명진 목사는 내란 노동총책으로 지목되어 1980년 5월 16일에 잡혀갔는데, 김대중 다음에 문익환, 이문영, 김동길, 이영희, 인명진의 순서로 요주의 리스트에 올랐다.

그 당시 인명진 목사는 어용노조를 민주노조로 만드는 일을 최대의 과제로 생각하고 있었다. 사실, 김대중 캠프와는 접촉이 없었고, 노동자들이 정치집회에 동원되는 것에 대해서도 반대하는 입장이었다. 그러나 인 목사는 중앙정보부로 연행되어 내란음모와 북한방문을 실토하라고 40일간 잔혹한 고문을 받았다. 그 후 20일간 독방에 갇혀 지냈다. 고문은 3인 1조로 8시간씩 3교대로 진행되었다. 당시 중앙정보부는 해체위기에 있었기 때문에 요원들은 실적을 올리기 위해 가혹한 고문을 가했다. 인명진 목사는 그들의 요구하는 진술에 응했다가는 간첩으로 몰려 죽을 수 있다는 생각에 끝까지 혐의를 부인했고, 그 결과 김대중 내란음모 사건에서는 빠져나올 수 있었으나 대신 포고령위반혐의로 서울 구치소로 수감되었다. 7월 31일 군 검찰은 김대중, 문익환, 이문영, 예춘호, 이신범 등 24명을 기소하여 군사재판에 회부했다.

예장 통합교단과 호주연합교회는 인명진 목사의 석방을 위해 다각도로 당국과 협의했다. 그 결과 인명진 목사는 1980년 9월경 형집행정지로 서울구치소에서 석방되어, 1981년 1월 호주로 추방되었다. 전두환 국보위상임위원장은 1월 24일 비상계엄을 해제하고, 2월에 대통령에 취임할 계획을 세우고 있었기 때문에 그 이전에 인명진 목사를 출국시킨다는 서류에 사인을 했다. 여권은 발급되었으나 법무부에서는 출국금지 조치가 내려져 있어서 인 목사는 출국심사를 받을 수 없었다. 중앙정보부 요원들은 자신들이 출입하는 통로를 이용하여 인명진 목사를 비행기에 태웠다.

인명진 목사는 호주에서 생활하는 동안 민주화에 실패한 한국 사회가 어떤 사회를 지향해야 하는가를 고민했다. 그래서 다양한 국가의 혁명운동을 살펴보기로 결심했다. 필리핀의 마르코스 정권에 대항해서 싸우는 뉴 피플스 아미 캠프, 인도의 커뮤니티 운동 단체들, 소모사정권을 무너뜨린 니카라과의 산다니스타 혁명정권의 주요 인물들을 만났다. 그리고 인도의 저명한 신학자 M. M. 토마스를 만났다. 또한 스웨덴, 덴마크, 독일을 방문해서 유럽의 사회주의 정당을 견학했다. 그리고 미국에서 노동운동과 농민운동 단체들도 방문하고 견학했다.

인명진 목사는 세계를 다니면서 "우리가 이 세상에서 할 수 있는 일이라는 것은 정치권력에 의한 공동체가 아니라, 삶으로 엮여져 있는 어떤 정신적 가치로 엮여져 있는 삶의 공동체가 우리의 대안이다"라는 결론을 얻었다. 그리고 1982년에 2월 귀국했다.

그러나 국내 사회운동은 철저하게 이념화 되어 있었다. 운동권은 민족해방(NL)계와 민중민주(PD)계로 갈라져서 사상 투쟁을 했고, NL계열 안에서도 주사파와 반주사파가 나뉘어 있었다. 노동운동도 산업선교회를 낭만주의로 비판하고 있었다. 인명진 목사는 1984년에 다시 출국해서 2년 동안 호주에서 공부했다. 1986년 미국 샌프란시스코 신학교에서 산업선교 역사를 정리해서 목회학 박사학위를 취득했고, 한국으로 귀국했다.

6. 민주헌법쟁취국민운동본부 대변인과 실행위원
   활동

1986년 국내로 돌아온 인명진 목사는 6월 1일에 갈릴리 교회를 개척했다. 다른 한편 10월 17일에 결성된 '고문 및 용공조작 저지 공동대책위원회'에 개신교 대표로 참석했다. 이 '고문공대위'는 동교동, 상도동, 민통련, 천주교, 불교 및 재야에서 대표를 파송하여 만든 조직으로 정권의 폭력성을 폭로하고 인권수호를 위해 투쟁했는데 이 투쟁의 경험이 1987년 5월 '민주헌법쟁취국민운동본부'를 결성하는 토대가 되었다.

1987년 1월 15일 박종철 군의 고문치사 사건은 민주화세력을 하나로 묶는 기폭제가 되었다. 김대중과 김영삼 씨는 집권당과 함께 보수대연합 내각제를 추진하던 신민당의 이민우 총재와 결별하고 통일민주당을 창당하였다. 그 후 전두환 정권은 4·13호헌조치를 단행한다. 범국민적 반대여론이 조성되었고, 5·18광주민주화운동 계승대회에서 김승훈 신부는 박종철 군의 고문치사 사건이 은폐되었다는 사실을 폭로했다.

온 민주화 세력은 단일 전선을 형성해야 할 필요성을 절감하고 있었다. 그러나 정치권, 운동권은 분열이 심했고, 양측으로부터 한국교회협의회는 무시당하고 있었다. 모든 세력이 동의할 수 있는 가장 낮은 수준의 목표를 찾게 되었고 그것은 '직선제'였다. 그래서 5월 27일 민주헌법쟁취국민운동본부가 설립되었고 '6·10 호헌철폐 및 고문치사규탄범국민대회'를 준비했다. 6·10대회는 전국 22개 지역에서 약40만 명이 동시다발로 참가했고, 약 20여일에 걸친 전국적 항쟁으로 전개되었다. 국민운동본부의 집행위원장은 오충일 목사, 대변인은 인명진 목사가 맡았다. 이 역사적인 전국적 대회는 국민운동본부가 결정된 지 불과 13일 만에 치러졌다. 그것이 가능했던 것은 전국의 한국교회협의회인권협의회 조직과 그 실무자들이 있었기 때문이었다. 마치 3·1운동 때 교회 조직이 만세운동의 중심이 되었던 것처럼 6·10항쟁의 중심에도 교회가 있었다.

6월 10일 장충체육관에서는 노태우가 민정당 대통령 후보로 추대되었다. 6·10항쟁 당시 국민운동본부 대변인 인명진 목사는 국민운동본부를 대표하는 인물로 부각되었다. 정부는 박형규 목사를 비롯한 핵심간부 13명을 포함하여 전국에서 220명을 구속하였다. 그런 상황에서 인명진 목사마저 구속하면 통제 불능 상황이 올 수 있다는 판단 아래 당국은 체포영장을 발부하고도 인 목사를 구속하지 않은 것으로 보인다. 또 인명진 목사는 비폭력을 주장했고, 외신기자들에게 초점이 되어 있었기 때문에 구속시키기 어려운 상황이 발생했던 것이다.

인명진 목사의 증언에 의하면 6·10 항쟁이 진행되는 동안 김대중과 김영삼 씨의 입장은 상당히 달랐던 것으로 보인다. 김대중 씨는 인 목사에게 전화를 걸어서 "명동성당에서 빨리 철수해야 한다. 폭력을 하면 안 된다"는 소극적 입장을 보였다. 그것은 군부의 쿠데타를 염려했던 것이다. 반면 김영삼 씨의 경우 "계속 밀어붙여야 한다. 미국이 군부의 쿠데타를 용납하지 않을 것이다"라는 적극적이고 투쟁적인 입장을 보였다고 한다. 이것이 YH 사건 이후 인명진 목사와 김영삼 씨의 관계를 가깝게 만들어준 또 하나의 계기가 되었다.

'6·26 국민평화대행진'은 전국에서 140만 명(국민운동집계)이 참가하여 전두환 정권은 물리적 진압을 포기했고, 노태우의 '6 · 29선언'과 직선제 수용이 발표되는 결정적 계기 되었다. 인명진 목사는 '6 · 29선언' 이후 국민운동본부가 혁명의 주체였는데 그 주도권을 정치인들에게 넘겨준 것을 마음 아프게 생각한다. 특히 김대중 캠프에서는 국민운동본부 실행위원들과 NCCK 주요 인사들을 빠르게 자기 편으로 만들었다. 다른 한편, 김대중 캠프로 간 인사들도 김영삼 씨보다는 고난을 함께 경험했던 김대중 씨를 지도자로 선호했다. 그 후 단일화 논의 과정에서 인명진 목사는 김영삼 캠프의 심부름을 하면서 양쪽의 입장을 중재하는 역할을 하였다.

민주당의 대통령 후보를 단일화하는 과정에서 김영삼 씨는 합의 추대를, 김대중 씨는 선거제도를 원했다. 10년을 기준으로 대통령을 먼저 하는 사람과 나중에 하는 사람이 당권을 3대 7로 갖는다는 논의가 있었다. 그러던 와중에 동교동계는 재야의 김대중 비판적 지지 선언을 근거로 10월 29일에 평화민주당을 창당했다.

인명진 목사는 단일화 과정이 한참 진행이 되는 판에 한쪽이 뛰쳐나갔고, 조영래, 이재호, 인명진 등 소수의 인사들은 그냥 남아가지고 자기도 모르는 사이에 김영삼 씨 측이 되었다고 한다. 그러나 인명진 목사는 결과적으로 보면 김영삼 씨가 먼저 대통령을 했고, 그 결과 김대중 씨가 대통령을 할 수 있었기 때문에 당시에 자신의 판단이 옳았다는 확신을 가지고 있다.

1987년 12월 제13대 대통령선거에서 김영삼과 김대중 씨는 분열의 결과인 처절한 패배를 겪었다. 1988년 4월의 총선을 앞두고 양 김 씨는 국민운동본부 출신의 오충일 목사, 인명진 목사, 김동완 목사를 불러서 국회의원 자리를 제안했다. 그러나 세 사람 모두 그 제안을 받아들이지 않았다.

7. 3당 합당과 YS정부에서의 역할

1988년 4월 실시된 제13대 국회의원 선거에서는 민주정의당 125석, 평화민주당 70석, 통일민주당 59석의 결과가 나왔다. 제3당으로 전락한 김영삼 총재는 최고로 불우한 시절을 보냈다. 여소야대의 정국이 지속되면서 박철언 씨의 중재를 통해 노태우 정권과 김대중 캠프 사이에 밀월관계가 나타났다. 민정당은 제1당인 평민당과의 '보수대연합'을 비밀리에 추진했다. 정치적 안정과 호남지역의 민심을 얻으려는 구상이었다. 그러나 평민당은 차마 합당을 결정하지 못하고 정책연대를 하고 제안했다. 이 과정에서 김영삼 씨는 현행 구조를 깨고 차기 대권을 노린다는 구상을 가지고 민정당과 합당에 응하게 된다. 김종필 씨는 내각책임제 개헌을 기대하고 3당 합당에 합류했다.

인명진 목사는 자신이 YS에게 3당 합당을 적극 지지하며 권했다고 말한다. 그는 군사 정권을 정지시키려면 그 방법 밖에는 없었다고 주장한다. 이 부분에 대해 인명진 목사는 그리스도인의 '소금 역할론'을 주장한다. 소금은 보수도 아니고 진보도 아니며 필요한 곳에 들어가야 한다는 것이다. 그리고 인명진 목사는 "YS가 3당 합당을 결정한 것은 노태우와 DJ사이의 관계가 밀접해지자 DJ에 대한 주도권 경쟁 때문에 이루어진 일"이라고 말한다.

1993년 김영삼 씨는 제14대 대통령으로 취임했다. 이 시기 인명진 목사는 정부기관과 교계 안에서 중요한 일들을 맡게 된다. 정권과 관련해서는 1993년에 부정방지대책위원회 위원, 행정쇄신위원회 위원, 1996년에 대통령직속 세계화추진위원회 위원, 대통령직속 노사관계개혁위원회 위원, 그리고 KBS 이사직을 맡게 된다. 시민운동과 관련해서는 1993년에 경실련 부정부패추방운동본부 본부장, 1994년 바른언론을 위한 시민운동연합 집행위원장, 교계와 관련해서는 1995년 아시아기독교협의회(CCA) 도시농촌선교위원회 위원장, 예장총회 영등포노회 노회장, 1998년에 기독교인터넷 방송 사장, 1999년 기독교위성방송 사장을 역임하였다. 일반 언론으로는 1995년에 주간「바른언론」발행인도 맡게 된다. 한 사람의 목회자가 이렇게 정계와 교계와 언론계의 주요 요직을 두루 맡은 경우도 드물 것이라 생각된다.

인명진 목사가 김영삼 정부에서 했던 일에 대해서는 지면관계상 다 다루지 못한다. 다만, 인명진 목사가 교회 밖의 일을 맡을 때 원칙을 가지고 있었다는 것은 언급할 가치가 있다. 첫째, 비상임직에서만 일한다는 원칙이다. 비상임직은 전임으로 일하지 않고 월급을 받지 않는 일을 한다는 뜻이다. 둘째, 정부의 일을 하면서 한국교회협의회에 나가지 않는다는 원칙이었다. 협의회는 교회기관인데 과거 국민의 정부와 참여정부에 밀착되면서 정부를 향한 비판기능을 상실하게 되었다는 것이다.

8. 한나라당 윤리위원장 활동과 정치참여
: 신학적 평가와 주변인들의 평가

인명진 목사는 2006년에 한나라당 윤리위원장을 맡았고, 2007년에 한나라당 후보검증위원을 맡았다. 인명진 목사는 처음에 한나라당의 제안을 받았을 때 그것을 거절하였다. 그러나 황우여 의원의 반복된 권유로 받아들였다는 말도 있고, 강재섭 대표가 칠고초려를 해서 모셨다는 말도 있다. 여하튼 인명진 목사는 한나라당에 입당하지 않는 조건으로 갈릴리교회에서 파송하는 형식으로 윤리위원장 직을 수락하게 된다.

이로 인해 인명진 목사는 교계와 사회의 진보진영으로부터는 변절자라는 비난을 받았고 보수진영으로부터는 세작을 한나라당에 두었다는 비난을 받았다. 그렇다면 왜 인명진 목사는 이렇게 양쪽 진영으로부터 환영받을 수 없는 길을 택한 것인가?

그 대답은 인명진 목사의 신학에서 찾을 수밖에 없다. 그는 목회의 영역을 교회로만 생각하지 않고 사회 전반에서 사회적 책임을 다해야 한다고 생각한다. 그런 생각이 표현된 것이 '소금 역할론'이다. 소금은 장소를 가리지 않고 필요한 곳에 들어가야 맛을 내고 부패를 방지한다. 그래서 그곳이 여당이든 야당이든 가리지 않고 필요한 곳에서 역할을 하겠다는 것이 그의 입장이다. 인명진 목사의 정치적 발언은 상당히 균형이 잡혀있기 때문에 비난하는 목소리도 크지만, 그의 소리를 달게 듣는 사람들이 더 많다는 것은 다행스러운 일이다.

〈참고문헌〉

한국기독교교회협의회, 『1970년대 노동현장과 증언』, 도서출판 풀빛, 1979.
김명배, "현대 한국사 발전의 내면적 동력을 찾아서 - 민주화와 산업화를 이끈
　　종교인의 구술자료 수집과 연구", 한신대학교, 2011.

인명진의 시민운동과 정치개혁

김동훈

(바양노르솜호수살리기시민연대_ 운영위원장)

1. 들어가는 말

영등포산업선교회가 2018년 설립 60주년을 앞두고 인명진 목사의 시민운동과 정치개혁에 대하여 필자가 함께 활동한 것을 집필해 달라는 요청을 받았다. 제일 먼저 영등포산업선교회가 아직도 존재하고 있다는 것이 다소 의아하게 느껴졌다. 도시산업선교회는 1970년대와 1980년대 반독재민주화투쟁시기에 "도시산업선교회가 들어가면 기업이 도산한다"는 말이 회자될 정도로 노동운동현장에서 큰 영향을 끼쳤고, 그 중심에는 영등포산업선교회와 인명진 목사가 있었다. 대표적인 사건이 1979년 8월 9일 발생한 YH사건이고 이는 반 유신투쟁을 촉발하는 도화선이 되었다. 언제부턴가 도시산업선교회의 활동에 대한 언론보도를 접한 적이 없기 때문에 도시산업선교회도 변화한 현실에서 역할을 다하고 활동을 접은 것으로 여겼었다.

반독재 민주화운동과정에서 인명진 목사는 거의 신화적인 인물이었지만, 한편으로는 도시산업선교회에 대한 과격하고 불온한 이미지를 확대 재생산해내는 언론방송의 보도 탓에 대부분의 사람들이 과격하고 위험한 인물일 것이라는 예단(豫斷)을 갖고 있었다. 나도 인명진 목사가 노동운동과 재야운동을 가장 활발하게 전개하던 1987년 6월 10일 민주항쟁 시기까지 함께 활동한 일이 없었고, 언론과 방송을 통해서만 인 목사의 활동을 간접적으로 접했기 때문에 이런 이미지는 경실련 운동을 함께할 때까지 계속되었다.

지금도 인명진 목사가 급진적이고 사상적으로 한쪽으로 경도되어 있는 사람이라고 치부하는 사람들 대부분이 아마도 언론이 조장한 이러한 왜곡된 이미지 때문이라고 생각한다. 그러나 필자가 아는 인명진 목사는 결코 과격하지도 이념적으로 어느 한쪽에 치우쳐 있지도 않을 뿐만 아니라 늘 소외된 이웃을 걱정하고 돌보는 다정다감하고 따뜻한 가슴을 지닌 사람이다. 자유와 민주, 인권이 박탈된 군사독재체제에 항거하는 과정에서 치열하게 저항하다 보면 과격해질 수밖에 없는 시대적 상황이 아니었는가.

인명진 목사와 인연을 갖게 된 것은 1989년 11월 경제정의실천시민연합(이하 경실련) 창립하면서이다. 나는 불교계를 대표하여 경실련에 참여하였고 1992년 경제정의실천불교시민연합(이하 경불련)을 창립하여 경실련의 주요 사회적 이슈를 불교계에 전파시켜 기복신앙에 경도돼 있는 일반 불교신도들의 사회참여를 이끌어내기 위해 노력하였다. 인명진 목사와 서경석 목사 등 기독교사회운동권이 중심이 돼 창립한 경실련에 경불련이 가세하여 주요 사회적 이슈에 공동 대응하면서 기독교의 시민운동권과 불교의 시민운동권의 교류와 협력이 본격적으로 이루어지는 계기가 되었다. 경실련은 창립 때부터 불교, 천주교 등 타 종교의 참여를 적극적으로 이끌어내기 위해 노력하였고 공동대표단에 불교계의 대표를 영입하였다. 경실련의 이러한 여러 종교와 시민단체 간의 연대활동은 경제·사회정의실현 이외에 다종교사회인 우리나라의 종교 간의 이해와 협력을 보다 두 텁게 하고 종교 간의 갈등을 줄이고 평화롭게 공존하는 데 크게 기여하였다.

인명진 목사는 경실련활동을 시작으로 재야운동권에서 시민운동 가로 방향전환을 하였다. 인 목사는 김영삼 정부시절 대통령직속기구인 행정쇄신위원회 등 여러 정부 위원회에 참여하여 행정개혁가로서 우리나라의 시대에 뒤떨어진 행정체제를 현대적이고 민주적으로 바꾸기 위해서 노력하였다. 이후 2006년 10월 한나라당 윤리위원위원장을 맡아 정치 현실에 직접 참여하여 정치개혁을 위한 활동을 전개하기도 하였다. 2009년 11월에는 바양노르솜호수살리기시민운동과 2010년 11월 (사)푸른지구의 창립에 참여하여 지구온난화 저지와 사막화방지를 위한 자연생태 복원활동에 적극 참여하고 있다. 인 목사는 2016년 4월 경실련 공동대표를 맡아 다시 경제·사회정의 실현을 위해 고군분투하고 있다. 이렇듯이 인명진 목사는 본인을 필요로 하는 사회와 역사 현장에서 잠시도 떠나지 않고 때로는 민주투사로서, 때로는 사회정의를 지키는 파수꾼으로서, 때로는 지구촌 자연생태계를 보전하기 위한 환경운동가로서 변화와 진화를 거듭하고 있다.

이러한 활동의 기저에는 사람과 이웃 그리고 민족에 대한 사랑과, 지구촌의 평화와 공존을 위해 늘 창문을 열어놓고 소통하면서, 신앙적으로 옳고 합당한 선택을 하고 이를 실천하려는 열망이 용암처럼 꿈틀거리고 있는 것처럼 느껴진다.

2. 시민운동과 정치개혁의 활동 내용

1) 경실련 운동의 시작

1987년 6.10민주항쟁 결과 대통령직선제를 쟁취하였다. 이어 1989년에 경실련이 창립되었는데, 이는 한국사회운동사에 일대 전환을 가져오는 계기가 되었다. 지금까지 한국 사회 변혁운동의 기조는 민중혁명을 통한 체제전복을 지향하였는데 경실련은 합법적인 공간에서 법과 제도개선을 통해 민주사회 발전을 도모하는 것을 목표로 하였다. 즉 합리적인 정책적 대안제시와 시민참여를 통해 민주복지사회를 달성하려고 하였다. 그 동안 의식화된 소수의 운동권과 민중노동운동권이 주도해온 사회운동 현장에 정책생산능력이 있는 전문가 집단과 일반 시민들이 사회적 합의를 이루는 현장의 주요 일원으로 등장한 것이다.

경실련의 창립 준비과정에서부터 참여한 인명진 목사는 창립이후 경실련의 상임집행위원과 부정부패추방운동본부의 본부장을 맡는 등 적극으로 활동에 참여 하였다. 인 목사는 스스로 경실련 회원 2번이라고 주장할 만큼 경실련에 큰 애착을 갖고 있다. 경실련의 지향한 목표는 경실련의 창립취지에 잘 나타나 있다. 경실련은 "일한 사람이 대접받고(경제정의) 사회적 약자가 보호되는 정의로운 사회 건설(사회정의)을 위하여 창립한다"고 밝히고 있다. 당시 좌우 이념과 계층 간의 대립으로 사회는 분열되고 민주주주의 내용과 발전 방향을 놓고 국민적 합의를 도출하지 못한 채 표류하고 있었다. 경실련은 그 이유를 재야운동권의 문제 제기를 흡수하는 완충지대가 없기 때문이라고 진단하고, 이를 해소하기 위하여 국민적 합의에 기초한 시민운동의 창립이 필요하다는 문제의식을 가지고 태동되었다. 운동 방식은 재야운동권의 비합법적인 혁명운동 대신 정책 대안을 가지고 합법적인 방법으로 합법적인 공간에서 법과 제도를 개선해나가는 온건하고 합리적인 방식을 채택한 것이다.

이는 직선제 쟁취로 정치적으로 합법적인 공간을 만들었기 때문에 사회운동도 합법적인 공간을 활용하여 일반시민들과 전문가들의 참여를 이끌어내고, 이러한 시민의 참여를 동력으로 사회·경제정의를 구현해 나가는 것이 더 효과적으로 민주사회를 건설할 수 있다는 전략적 판단에서였다. 빈부격차를 심화시키는 불공정한 부의 분배, 불로소득과 부의 세습, 독과점, 공해 등의 시장경제에서 파생된 문제점을 해결하고 민주복지사회, 자유와 평등, 정의롭고 평화로운 민주공동체를 지향점으로 삼았다. 이러한 사회발전은 저절로 주어지는 것이 아니라 사회구성원들의 자주적인 노력과 적극적인 실천을 통해서 달성된다고 천명하고 있다. 경실련의 문제의식이나 운동방식을 지금은 누구나 당연시하고 합리적인 선택이었다고 여기지만 당시에는 많은 논란을 불러일으켰다. 재야운동권에서는 개량주의라고 비난하였고, 우파 진영에서는 위장된 운동권이라고 양 진영 모두로부터 비판받았다.

인명진 목사는 경실련이 비롯한 시민운동권이 지켜야 할 덕목으로; 정치적 중립, 탈이념 즉 진보와 보수를 넘어 이념 쟁취가 목표가 아닌 시민들을 위한 시민중심의 운동, 넌 포플리즘(non populism)—
대중영합주의와 복지 포플리즘 배격 그리고 전문성—, 백화점식이
아닌 단일한 전문영역을 가진 선택과 집중방식의 시민운동 전개해
야 경쟁력과 지속가능성을 확보할 수 있다고 주장한다. 지금같이 시
민운동권이 약화된 주요원인으로 시민운동가와 시민운동에 참여한
전문가들의 과도한 정치권 전입이 시민운동의 순수성을 훼손시켜
시민들로부터 신뢰를 잃었고, 한 시민단체가 여러 영역의 이슈에 대
응하는 백화점식 운동방식이 전문성과 집중성을 떨어뜨린 결과라고
진단하고 있다.

2) 제도개선을 위한 정부 위원회 활동

1993년 김영삼 정부가 들어서면서 인명진 목사는 대통령 직속 위
원회 들어가서 법과 행정 개혁을 하는 일에 참여하였다. 대통령직속
행정쇄신위원회, 대통령직속 세계화추진위원회, 대통령직속 노사관
계위원회, 감사원장직속 부정방지대책위원회 등에서 법과 제도를
개혁하는 일에 참여하였다. 주요활동 내용은 다음과 같다.

(1) 행정쇄신위원회
— 군사독재시대에 만들어진 비민주적이고 시대에 뒤떨어진 행
   정제도와 관행을 민주적이고 현대적으로 개선하고 행정규제
   를 완화하기 위해 노력함.
— 실질적인 민원처리가 이뤄질 수 있도록 하고 이를 확대하여 국
   민고충처리위원회를 설치하는데 기여함.

— 주민등록 전출을 간소화하여 전출지에서 한번만 전입신고를 하도록 함.
— 교도소 교정행정이 일제시대에 만들어진 비민주적인 행태를 답습하고 있었는데 이를 민주적으로 개선하여 교도소 내에서 신문구독을 자유롭게 할 수 있도록 하고, 검사가 맡고 있던 교정국장을 교정공무원이 담당하도록 하고 면회제도 등을 개선함.
— 장애인들의 인권과 복지향상을 위해서 장애등급을 높이고 장애보조기구 수입의 세금을 면제하여 싼 가격에 구입할 수 있도록 함.
— 녹색면허제도, 거주지 주차제도, 고속도로 중앙차선제 도입 등의 행정쇄신 등 많은 행정개혁에 참여하였음.

이렇게 많은 일들을 어떻게 할 수 있었느냐는 질문에 인명진 목사는 "사회 밑바닥에서 산 사람이라서 시민들의 고충과 애로사항을 직접 경험했기 때문에 가능한 일이었다"라고 대답하였다. 이러한 행정개혁의 공로를 인정받아 정부로부터 국민훈장 모란장을 수상하였다.

(2) 세계화추진위원회
— 외국인노동자가 비록 불법체류자 신분일지라도 한국노동자와 똑같이 산재처리와 인권보호를 받도록 함.
— 한국에서 임금을 받지 못했거나 산재를 당하고 치료를 받지 못한 채 귀국한 이주노동자들도 현지 한국 대사관에 신고하면 소급해서 밀린 임금이나 산재처리를 받도록 하였음.
— 이는 세계 최초의 시도이고 세계에서 외국인노동자 관련하여

가장 앞선 제도임.

(3) 노사관계위원회
— 당시 기업주 위주의 노사관계법을 개선하고 기업주와 노동자 간의 분쟁이 있을 때 중립적으로 중재를 할 수 있도록 법과 제도를 개선함.

(4) 부정방지대책위원회
— 거의 모든 유형의 부정부패 사례들을 모아 사례집을 발간함.

3) 정치개혁

인명진 목사는 한나라당 윤리위원장을 맡게 된 동기에 대해서 "한마디로 들어갈 곳이 아닌데 잘못 들어갔다"라고 소회를 밝힌 적이 있다. 당시 야당이 집권하면 사회가 불안정해지고 나라가 어려워질 것이라는 인식과 집권이 유력한 한나라당을 바로 잡는 것이 우리나라 정치와 국가발전에 도움이 된다는 판단에서 2006년 10월 25일 한나라당 윤리위원장에 취임하였다.

그로부터 얼마 지나지 않아 필자는 인 목사로부터 한나라당 윤리위원으로 참여할 불교계 인사를 소개해 달라는 요청을 받았다. 국회의원의 징계문제를 다루고 정치개혁 차원에서 이를 접근하기 위해서는 사회운동 경험이 있는 사람이 적당하다는 판단이 들었다. 민주화운동을 한 실천승가회 소속의 정산스님, 중앙승가대학교 편집장을 지냈고 정토회에서 활동한 동출스님, 경불련에서 활동한 법현스님에게 권유하였으나, 모두 주변에서 한나라당 일에 관여하는 것을 탐탁하게 생각하지 않는다면서 거절하였다. 불교계에서 윤리위원을 위촉하는 것이 어려워지자 인명진 목사는 나더러 직접 참여해줄 것을 당부했다.

처음에는 시민운동활동가로서 정치권에 관여하는 것은 맞지 않다고 난색을 표명했지만, 인명진 목사는 정당에 가입하지 않아도 되고 집권할 가능성이 큰 한나라당에서 부자격자를 골라내지 않으면 우리나라 정치발전과 민주사회 발전에 심각한 저해요인이 될 것이라면서 참여를 설득했다. 당시 이런 설득보다는 불교계에서 적당한 참여 인사를 구하기 어려웠을 뿐만 아니라, 인명진 목사가 그 동안 우리나라 민주주의 투쟁과 민주사회 발전을 과정에서 보여준 헌신에 대해 깊은 존경과 신뢰를 갖고 있었기에, 내 자신의 입장을 떠나 조금이라도 인 목사에게 도움이 되기를 바라는 마음에서 참여를 결심하였다.

당시 한나라당 내에서 징계 대상에 오른 국회의원이나 이념적으로 인명진 목사와 대립적인 강한 보수 성향의 의원들은 인 목사를 윤리위원장에 임명한 것에 대해 한나라당 정체성을 훼손시킨다는 주장을 하면서 적극적으로 반발하였다. 강재섭 당시 한나라당 대표의 삼고초려 끝에 윤리위원장을 수락한 인명진 목사는 그 조건으로 한나라당에 입당하지 않고, 시민사회를 대표하는 윤리위원 선발권을 갖는 것, 자율적인 활동을 보장할 것 등의 전제조건을 내걸고 임명을 수락하였다. 한나라당 윤리위원장직의 수행은 그리 녹록하지 않았다. 국회의원이 징계를 받는다는 것은 피선거권의 제약은 차치하고서라도 국민들에게 부도덕한 인물로 치부돼 선거에 결정적으로 불리한 요인이 되기 때문에 누구도 순순히 징계에 응하지 않았다.

당시 김용갑 국회의원이 광주해방구 발언과 무소속 후보의 지원 때문에 징계대상이 되었었다. 막상 징계를 하려고 하자 김용갑 의원은 물론 당내 일부에서 '좌파가 우파의 목에 칼을 꽂는다, 굴러온 돌이 박힌 돌을 빼 낸다' 등의 온갖 이유를 내걸고 반발하였다. 김용갑 의원이 징계를 수용하지 않자 강재섭 한나라당 대표가 대신해서 징계를 받아 복지기관에서 자원봉사를 하였다. 인명진 목사가 징계내용에 사회봉사명령을 내릴 수 있는 규정을 새로 만들고 이를 처음으로 실시하였기 때문이다.

인명진 목사는 경고나 당원권 정지 등의 기존 벌칙은 해당 인사에게는 영향이 크지만 시민들과는 무관한 것이어서 시민들이 체감하고 감동할 수 있는 사회봉사활동을 복지기관에서 하도록 하는 내용을 새로이 당규에 넣었다고 한다. 이는 시민들에게 징계의 진정성을 부각시키고 관심을 불러 모으는 1석 2조의 성과를 나타내었다.

18대 대통령 선거를 앞두고 당시 이명박 후보 진영과 박근혜 후보 진영 사이에 경선이 치열해졌고 서로 상대방 후보 진영을 비난하는 수위가 높아졌다. 당시 박근혜 경선후보 캠프의 총괄본부장 격인 김무성 국회의원이나, 이명박 후보 진영의 핵심 브레인이었던 정두언 의원 등 많은 국회의원들이 징계를 받았다. 당규에 위배되거나 국회의원 신분에 어긋나는 언행을 한 국회의원들은 지위고하를 막론하고 당규에 따라 징계를 하였는데 한마디로 추상같았다.

한 예로 김무성 국회의원이 2007년 7월 14일 부산의 한 음식점에서 부산지역의 언론사 편집국장들을 초대하여 만찬을 하는 자리에서, 만약 집권하게 되면 이명박 후보 진영의 이재오, 정두언, 진수희,

전여옥 의원 등 4인방을 배제할 것이라는 발언을 하였다는 내용이 당시 만찬에 참석한 한 언론사 국장에 의해 보도되었다. 2007년 7월 25일 개최된 한나라당 윤리위원회에 해명을 위해 참석한 김무성 의원은 그런 발언을 한 사실이 없다고 부인했다. 이제 검찰의 수사결과를 지켜볼 수밖에 없는 상황이었다. 그 때 인명진 윤리위원장이 "만약 김무성 의원의 해명이 사실이 아니라면 김무성 국회의원이 의원직을 사퇴하고, 반대로 해명이 사실일 경우 내가 윤리위원장 자리를 내 놓겠다"고 하면서 수용 여부를 김무성 의원에게 물었다. 김무성 의원이 잠시 시간을 달라고 해서 윤리위원회가 정회되었다. 곧 회의장에 복귀한 김무성 의원은 부산음식점에서 한 발언이 사실이라면서 징계를 받겠다고 하였다. 김무성 의원은 발언에 대하여 사과하고 대국민 반성문을 제출하였다.

회의가 끝난 후 나는 인 목사께 언론보도가 오보라면 어떻게 하려고 그랬느냐고 물었더니, 지난 주말에 부산에 내려가 해당 CBS 보도국장을 직접 만나 사실여부를 확인했다고 하였다. 인명진 목사가 종종 참 불가사의하다는 느낌을 받을 때가 있다. 이 경우에도 그렇다. 우선은 무척 부지런하고 한결같이 성실하다. 사실을 확인하기 위하여 새벽같이 혼자 부산을 내려갔다 온 것도 그렇고, 집권을 할 수도 있는 후보 진영의 좌장격인 위상을 지닌 국회의원에게 국회의원직을 걸겠느냐는, 때에 따라서는 협박으로 들릴 수 있는 이야기를 거침없이 한다는 것이 그리 쉬운 일이 아니다. 인명진 목사는 이렇듯 자신의 이해타산과 안위를 따지지 않고, 공익을 최우선시하는 행동준칙에 따라 헌신적으로 일했다.

4) 지구온난화와 사막화 저지를 위한 몽골에서의 식목활동

지구온난화 저지와 사막화 방지를 위한 몽골에서의 식목활동은 2009년 5월 11일 몽골 바양노르솜('솜'은 기초행정단위 한국의 郡에 해당)에서 시작되었다. 당시 솜장인 앵크태반 솜장(우리나라 郡守와 같은 기초단체장)과 "사막화 방지를 위한 희망의 숲 가꾸기 협약식"을 한국청소년수련원, 코리아·몽골 포럼, 푸른아시아가 공동으로 갖고, 그해 5월 2천 그루의 식목을 거행한 것이다.

2008년 10월 27일 한국청소년수련원 원장으로 재직하던 나는 우리나라 청소년들에게 지구촌의 가장 큰 과제인 지구온난화와 사막화의 심각성을 일깨워주고, 이를 극복하기 위해 노력하는 글로벌 시민으로 성장할 수 있는 기회를 만들기 위하여 사막화 현장인 몽골 바양노르솜을 답사하였다. 앵크태반 당시 바양노르솜 솜장이 말라가는 호수로 나를 데리고 가더니, "이 호수가 마르면 이곳 주민들은 더 이상 이곳에서 살 수 없어 고향을 등지게 되니까 호수를 살려 달라"고 요청하였다.

바양노르솜의 대부분의 호수들이 이미 고갈되었고 제일 큰 호수도 이미 거의 절반은 말라버린 상태였다. 그나마 하루 5천여 마리의 방목 가축들의 음용수로 이용되면서 언제 고갈될지 모르는 절박한 상황에 놓여있었다. 앵크태반 솜장은 우물펌프 두 대를 설치해달라고 하였지만, 호수 생태계를 회복하기 위해서는 호수 주변에 대규모의 식목을 해 숲을 조성해야 했다. 너무 큰 사업이어서 혼자 결정할 수 없으니 한국에서 가서 논의를 한 후에 결정하겠다고 대답한 후 귀국하였다.

한국에 돌아와 제일 먼저 인명진 목사를 만나 앵크태반 솜장의 호수생태복원 요청에 대해 설명했다. 인 목사의 첫 반응은 지구온난화 때문에 말라가는 호수가 나무를 심는다고 살아나겠느냐는 반문이었다. 호수생태 복원의 성공 여부는 모르는 일이나 우리가 할 수 있는 일은 나무를 심는 방법 이외에 다른 방법이 없을 거라고 대답하였다. 인명진 목사는 말라가는 호수의 생태를 복원할 수 있을지 여부는 모르는 일이지만 지구온난화와 사막화 저지를 위해 우리가 할 수 있는 최선의 방법이 나무를 심는 것밖에 없다면 해야 한다면서 순순히 바양노르솜 생태복원을 위한 호수살리기운동을 시작하는 것에 동의했다. 인명진 목사가 지금까지 맡아온 많은 일들이 이런 입장에서 결정되고 참여했을 것이다.

인명진 목사는 대의에 맞고 행동이 필요하다는 판단이 서면 이를 피하거나 거절하지 못하는 DNA를 지니고 있다. 이러한 천성과 시대적 소명의식이 결합되어 때로는 생명을 건 민주화투쟁의 현장에 앞장서고, 때로는 경제·사회정의 실현을 위해 길거리로 나서고, 때로는 제 3세계의 빈곤과 의료문제를 해결하기 위해 베트남에 송아지를 분양하고, 미얀마에 병원을 짓고, 때로는 몽골 사막화 현장에서 구슬땀을 흘리며 묵묵히 나무를 심지 않았을까. 몽골 바양노르솜에서 함께 나무를 심으면서 인명진 목사가 1982년 한국에서 최초로 '한국공해문제연구소'를 설립하고 산업화 과정에서 발생한 수많은 공해 피해 문제를 본격적으로 거론하는 환경운동을 개척했다는 사실도 뒤늦게 알게 되었다.

5) 바양노르솜호수살리기시민연대 창립 및 활동

2009년 11월 27일 바양노르솜호수살리기시민연대 창립식을 천도교수운회관 4층 강당에서 개최하고, 인명진 목사를 상임대표로 선출하였다. 몽골에서 식목 및 문화교류활동을 전개할 연합체에는 한국에서는 그린코리아포럼, 서울흥사단, 서울송도병원, 코리아몽고포럼, 푸른아시아, 한국교원단체총연합회, 한국시민단체네트워크, 제주관음사, 천보사, 갈릴리교회 등이 동참하였고, 몽골 현지에서는 울란바타르대학교, 울란바타르 갈릴리교회, 최기호 울란바타르대학교(Ulaanbaatar University) 전 총장과 유기열 울란바타르대학교 초지, 풀 자원 연구소 소장(Chief of Grassland Grass Resources Institute), 임학조경학과 학생들이 참여하였고, 바양노르솜(Bulgan Aimak Bayan-nurr Sum)의 앵크태반 솜장, 어뜽치맥(Lhagva Odon chinmec Chairman of CR) 주민 대표 및 주민들, 사란투야(Sarantuya. Ch) 바양노르솜공립학교(Bulgan Aimag Bayannuur Sum's School) 교장을 비롯한 교사들과 학생들이 동참하였다.

2014년 5월 18일에는 바양노르솜호수살리기시민연대의 5년간 식목 및 문화교류 활동을 기념하는 기념비 제막식이 바양노르솜 식목장에서 열렸다. 인명진 목사가 직접 작성하여 참여한 기념비에는 호수살리기 운동에 참여한 동기와 희망이 담겨있어 전문을 여기에 소개한다.

바양노르솜호수살리기 운동에 부쳐

원래는 물이 많고 초원으로 뒤덮였던 바양노르솜,
그러나 인간의 탐욕과 어리석음으로 이제 호수는 말라가고 푸른 초
원은 사막으로 변해버린 땅,
더 이상 양떼와 가축들, 사람이 살기 어려워 다들 떠나가는 이곳에서
말라가는 호수를 살리고 자연생태를 복원하기 위한 '바양노르솜호
수살리기운동'을 5년 전에 시작하였다.
대다수 사람들이 지구온난화와 사막화를 저지할 수 없다고 포기할
때, 넘치는 호수와 푸른 초원의 꿈을 저버리지 않고,
한그루의 나무를 정성스럽게 심고 물을 주었던 어리석은 사람들,
한국과 몽골 사람들의 이름을 여기에 새겨 뜻을 기립니다.

2014년 5월 21일

6) 불교계와의 교류와 협력

인명진 목사는 불교계와도 남다른 인연과 애착을 갖고 있다. 이명
박 정부 초기인 2008년 7월 29일, 당시 조계종 진관 총무원장이 타
고 있던 차량을 경찰이 신분증 제시를 요구하고 차량을 검색한 사건
이 발생하였다. 조계사 경내에 피신해 농성중인 광우병 국민대책위
원회 지도부를 체포하기 위해 체포영장을 발부받아 경찰이 조계사

출입자를 검색하는 과정에서 일어난 일이었다. 과도한 검문이 수행권 침해라고 반발하여온 조계종은 급기야 총무원장의 차량까지 검문 당하자 불교 탄압이라고 반발하면서 전국의 산문이 폐쇄되고 정부를 규탄하는 불교시국대회를 개최하였다. 한 스님이 단지를 하는 등 대정부 규탄분위기가 고조되면서 정부와 불교계가 마치 마주보고 달리는 기관차처럼 파국상태로 치닫고 있었다.

민주화운동과 불교개혁 운동을 함께 한 몇 스님들이 불행한 사태를 피하기 위해 인명진 목사가 정부와 중재에 나서줄 것을 내게 요청하였다. 인 목사와 나는 먼저 불교계의 입장을 듣고 이를 정리했다. 정리한 내용을 인명진 목사가 당시 청와대 정정길 대통령 실장을 통해 전달하고, 나중에는 수석회의에 직접 참석하여 불교계 입장을 설명하고 설득하는 등 최선을 다해 화해를 추진하였다. 이러한 노력으로 양측이 합의점을 찾았고 대치 상태를 풀 수 있는 실마리를 도출해 내었다. 조계종이 산문 폐쇄를 철회하고 우리 사회가 다시 평온을 되찾은 것이다.

이외에도 인명진 목사는 개인적으로 친분이 있는 스님들에게 석가탄신일을 맞아 축하하는 난을 보내고 영담, 법륜, 법현 스님 등의 초청에 응해 법회에 참석하여 축사를 하기도 하였다. 특히 불교계에 경축 행사나 시국행사에 이웃종교 대표(기독교)로 참석하여 축하하거나 격려를 하였다. 4대강 사업에 반대하여 생명존중을 일깨우기 위해 소신공양을 한 문수스님의 뜻을 기리기 위한 추모문화제에 인 목사가 참석한 것을 대표적인 사례로 꼽을 수 있다.

2010년 7월 19일 시청 앞 서울광장에서 만여 명의 스님 및 불자들이 참여한 '문수스님 추모문화제'에 이웃종교 기독교 대표로 조계종 총무원으로부터 정식 초청받아 인 목사가 참석하였다. 문수스님은 "4대강 사업을 즉각 중단하라, 재벌과 부자가 아닌 서민과 가난하고 소외된 사람을 위해 최선을 다하라"라는 유서를 남기고 소신공양[1] (燒身供養)을 결행했다. 5월 1일 경북 군위군 군위읍 사직리 잠수교 제방에서 불탄 시신이 발견되었다. 기독교에서는 자살을 비기독교적인 행위로 간주하기 때문에 자살한 사람의 추모제에 참석하는 것은 기독교계에서 논란의 소지가 있는 사안이었지만, 조계종단의 이웃종교 대표로서 참석해달라는 요청을 거절할 수 없어 참석했다고 하였다.

억수같이 쏟아지는 굳은 날씨에도 참여한 많은 추모객들 앞에서, 인 목사는 "종교인으로서 자신이 믿는 신념과 진리를 위해 기꺼이 한 목숨을 희생하는 것은 참으로 용기 있고 대단한 일입니다. 같은 종교인으로서 세상의 불의와 생명이 죽어가는 것을 보고 이를 막기 위해서 문수 스님처럼 적극적으로 행동과 실천에 옮기지 못한 것에 대해 부끄럽게 생각하고 깊이 자성합니다. 정부는 자연생태계와 생명을 무분별하게 훼손시키는 4대강 사업을 원천적으로 다시 검토하고 중단할 것을 촉구합니다"라는 취지의 추모사를 하여 참석자들로부터 기립 박수를 받았다.

---

1 자기의 몸을 불살라 부처 앞에 바치는 일. 불교에서는 사회정의나 불교의 진리를 구현하기 위해 스스로 몸을 불태우는 일을 소신공양이라 한다.

7) 정치개혁 방향과 통일을 향한 비전

(1) 우리나라 정치발전의 방향

현재 우리나라는 경제도 정치도 다 어렵고 혼란스럽다. 특히 올해 4월 13일 치러진 제 20대 총선결과 3당 체제가 구축되면서 향후 정치가 어떻게 변화할지 우려와 기대를 함께 갖고 있다. 언론방송에 정기적으로 출연하여 정치평론가로 활동하고 있는 인명진 목사에게 우리나라의 바람직한 정치·사회의 발전방향에 대해 물었다. 인명진 목사는 우리나라가 대통령제 때문에 많은 어려움을 겪고 있기 때문에 이를 극복하기 위해 직선 대통령제와 의원내각제를 기반으로 한 이원집정제로 가야한다고 주장하였다. 4.13총선에서 국민들이 3당 체제를 만든 것은 양당체제로는 더 이상 안 된다는 것을 표현한 것이다.

지금과 같은 제왕적인 중앙권력 집중제를 극복하기 위해서는 중앙권력을 권역별 광역지자체를 만들어 대부분 이양하여야 한다. 이는 통일로 가는 과정에서 필요한 분권방향이기도 하다. 대통령이 국방·외교 등 외치를 담당하고 내치는 국무총리가 책임지는 이원집정제가 바람직한 형태이다. 만약 우리나라가 내각제였다면 세월호 사건과 같은 경우 내각이 책임지고 사퇴하여, 새로운 내각이 구성돼 사회가 심전 일기하여 새롭게 시작하는 계기를 만들었을 것이다. 한번 선출하면 5년 임기를 보장 받는 대통령 중심제에서는 불가능한 일이라고 하였다.

(2) 통일관련

남북문제 해결을 위해서는 9.19합의[2]를 바탕으로 진전시켜야 한다고 인 목사는 주장하였다. 9.19합의는 현 상태에서 핵을 동결하고, 정전협정을 평화협정으로 전환시키고 미국, 중국, 러시아, 일본 등 주변국과 남북한이 이를 함께 보증하는 것을 내용으로 하고 있다.

3. 맺는말

불교경전인 유마경에 유마거사가 "중생이 아프니 나도 아프다"라고 한 유명한 말이 있다. 보살행(菩薩行)을 통해 중생들의 고통을 치유하고 현실에서 불국정토(佛國淨土)를 구현하려고 한 유마거사의 사상이 함축되어 있는 표현이다. 유마거사는 불교적 이상 세계가 별도의 시공간에 존재한다고 보지 않았다. 중생이 깨달음의 주체이고 현실이 곧 부처의 세계라고 본 것이다. 중생을 구제하고 왜곡된 현실의 모순을 타파하여 평등하고 평화롭게 공존하는 이상 세계를 만들기 위한 현실참여, 즉 보살행(菩薩行)이 불교의 요체라고 설파하였다.

인명진 목사는 기독교 신앙을 기반으로 하느님이 창조한 지구와 그곳에서 사는 민초들이 모두 평등하고 평화롭게 공존하는 세상을

---

2 한반도 비핵화문제를 해결하기 위한 제4차 6자회담이 2005월 9월 19일 베이징에서 대한민국, 중국, 미국, 일본, 러시아, 북한 대표가 참석하여 회의를 개최하고 합의한 내용이다. 북한은 모든 핵무기와 현존하는 핵계획을 포기할 것과 핵확산금지조약 (NPT)에 복귀할 것, 미국은 한반도에 핵을 갖고 있지 않으며 북한을 공격 또는 침공할 의사가 없다는 것을 확인, 북한에 경수로 건설 및 에너지 지원을 공동으로 하고, 동북아시아 항구적인 평화와 안정을 위해 공동노력하고 한반도의 항구적인 평화체제 구축을 위한 협상을 갖기로 합의한 내용이다.

이루기 위해 기도하고 행동하는 것으로 보인다. 인명진 목사는 지구촌을 하나의 교회로 생각하고 있는 것 같다. 사회적 약자인 가난하고 병든 사람들, 장애인, 외국인 노동자들을 돕고 아프리카, 미얀마 등 개발도상국을 지원하고, 지구의 자연생태계를 보전하기 위해서 몽골에서 나무를 심는 것들이 이러한 사상적 바탕에서 나타나는 다양한 모습들이 아닐까 생각된다.

　마치 유마거사가 현실에서 불국정토를 구현하려고 한 것처럼 인명진 목사는 현실에서 기독정토(基督淨土)를 구현하기 위해 헌신하고 있다. 사적 이해와 이념적 울타리에서 벗어나 실사구시(實事求是)하는 자세로 현실을 관찰하고 가장 옳고 적합한 중도(中道)를 찾아 능동적으로 행동에 옮기고 시대를 선도해 나가려는 부단한 노력이 항상 수반된다. 이념적으로 한 쪽에 경도되지 않고, 중도를 실천하기 위해서는 상대방을 인정하는 열린 마음과 다른 생각과 가치관, 문화와 관습, 정치사회적인 입장을 고려하는 역지사지(易地思之)하는 자세가 필요하다.

　2008년 가을, 필자가 한국청소년수련원 원장으로 재직하고 있을 때 인명진 목사는 강원도 평창에 있는 평창청소년수련원으로 나를 찾아왔다. 인근에 있는 월정사(주지 정념)를 방문할 때, 일주문을 들어서면서 "먼저 대웅전에 들려서 삼배(三拜)를 하고 스님을 만나면 합장으로 인사를 대신하고, 법당에서 삼배를 할 때 불교인이 아니니까 합장만 해도 괜찮다"고 절의 예법에 대해 설명했다. 우리는 함께 대웅전으로 들어갔고 내가 삼배를 하는 동안 옆에서 합장을 할 것으로 생각했다. 그러나 예측과 달리 인명진 목사는 삼배의 예를 나와 함께 올렸다. 안내하던 스님이 깜짝 놀라면서 삼배를 한 목사는 처음 본다고 했다. 불교인의 입장에서는 감동스런 장면이지만 기독교인의 입장에서는 우상숭배에 해당하는 파격일 수도 있었다. 인명진 목사에게 왜 삼배를 하였느냐고 묻지는 않았지만 나는 타 종교의 예법을 존중하는 열린 마음에서 그랬을 것이라고 추측하였다. 인명진 목사가 특정 종교의 울타리를 넘어 우리 사회의 시민·종교사회 지도자로서 빛과 소금의 역할을 하고 존경받는 것은 인 목사의 이러한 폭넓은 사고와 행동 때문이라고 생각한다.

최근 19대 총선에서 참패한 새누리당의 혁신위원장으로 인명진 목사의 이름이 매스컴에 다시 오르내리고 있다. 때로 나는 인명진 목사가 목회자가 아니라 정치인이었으면 더 좋지 않았을까 하는 생각을 한다. 지구상에 유일한 분단국가로 남아 있는 답답한 현실을 타개하고 민족평화공존을 위해 더 크게 기여하지 않았을까 하는 바람 때문이다.

다음 세대를 위한 인명진의 고언

대담: 구해우(미래전략연구원 원장)
정리: 송홍근(기자)

갈릴리교회는 '공공의 가치를 소중히 여기는', '이주노동자들과 함께한', '사회선교에 힘쓰는', '다음 세대의 희망을 품은' 공동체를 지향했다. 이 교회 인명진(69) 목사는 사회에 참여한 목회자였다. 운동권이었으며 정치 논객이기도 했다.

인 목사는 긴급조치 위반, YH사건, 김대중 내란 음모사건으로 투옥됐다. 1987년 6월 민주항쟁 때 국민운동본부 대변인을 맡았다. 2007년 대선을 앞두고 새누리당의 전신인 한나라당 윤리위원장도 지냈다.

인 목사는 충남 당진에서 태어나 한국신학대학과 장로회신학대학원에서 수학한 후 미국 샌프란시스코 신학교에서 목회학 박사학위를 받았다. 1972년 목사 안수를 받았다. 지난해 말 갈릴리교회에서 은퇴했다. 2015년 4월 6일 서울 광화문에서 그를 만났다.

▼ 교회는?

"아예 안 나가죠."

▼ 방을 아예 뺀 건가요. 멋있습니다.

"그럼요. 사랑의교회, 순복음교회도 물러난 사람 탓에 문제가 발생했습니다. 얼굴을 일절 안 비쳐요. 이웃한 곳에 가더라도 다른 곳에 주차해요."

▼ 멋있습니다.

"역할이 끝났으니까요. 공식으론 지난해 말 은퇴했는데, 1년가량 안식년을 가졌으니 은퇴한 지 1년 3개월 됐죠. 호적 생일이 실제보다 1년 늦어요. 만 70세가 정년이니 3년 조기 은퇴한 겁니다."

"각박한 세태에 눈물이 나요"

▼ '신동아' 5월호 '국가미래전략을 묻는다'에선 도법 스님을 만났습니다. 화쟁(和諍)의 길을 설명하면서 인 목사님 말씀을 하더군요.

"도법 스님과 몇몇 일을 함께 했어요. 세월호 문제를 중재했고, 쌍용자동차 사태 때도 힘을 모았고요. 예전에는 종교인의 중재가 통했는데 요즘은…. 굴뚝에 올라가 100일 넘게 농성해도 사회가 관심을 가져주지 않습니다. 세상이 변했어요. 세태에 눈물이 납니다. 각박해졌다고나 할까요."

▼ 사회문제가 패거리 싸움, 정쟁거리가 돼 버립니다.

"무슨 일이든 다 이념으로 접근해 다툽니다. 학교 급식은 복지와 관련한 것인데도 이념 싸움을 하더군요."

▼ 목사님 삶에서 빼놓을 수 없는 게 1979년 8월 YH무역 노동자 신민당사 농성 사건에 연루돼 구속된 일입니다. YH사건은 부마항쟁(1979년 10월 16~20일 부산과 경남 마산 지역에서 일어난 반정부 시위)으로 확산되면서 20년 가까이 이어진 박정희 정권이 몰락하는 계기가 됐습니다. 박정희 정권을 현재는 어떻게 평가합니까.

"1969년 삼선개헌 반대부터 시작해 1972년 유신체제가 들어선 후 박정희 정권에 각을 세웠습니다. 특히 집중한 게 노동자 문제였죠. 누가 뭐래도 박정희 정권의 공은 경제 발전 아니겠습니까. 경제 개발 과정이 남긴 가장 큰 상처가 노동자 인권 유린입니다. 노동자의 희생을 바탕으로 삼은 권위주의 독재 체제라는 점이 박정희 정권의 가장 아픈 부분이죠. 약점인 노동자 문제에 각을 세운 사람이니 박정희 정권에 좋은 생각을 가질 수 없죠.

현재는 어떻게 생각하느냐가 질문이죠? 박정희 대통령의 경제 발전 방향이 옳았다고 생각해요. 경제 발전도 때가 있다고 봐요. 중화학공업 육성도 옳았고요. 대기업 중심 발전도 단기에 나라를 성장시키려면 채택할 수밖에 없었습니다. 우리 어릴 적, 하루 세끼 밥 못 먹고 가난하게 살았거든요. 요즘만큼 풍요를 누리는 것은 단군 이래 처음 아닙니까. 박정희의 공이라고 생각해요.

그런데 공이 큰 만큼 그늘도 짙은 겁니다. 경제개발 과정에서 생긴 부작용을 어느 단계에서 해결했어야 합니다. 대기업 중심으로 경제를 발전시킬 수밖에 없었지만 새로운 정책으로 전환했어야 해요. 유신을 통해 독재한 것도 큰 잘못이죠. 3선쯤 하고 끊었어야 했습니다. 박정희의 잘못이 우리 역사의 짐, 그늘로 남아 있습니다.

끝으로 강조하고 싶은 것은 박정희 정권에 맞선 민주화운동, 노동운동, 인권운동은 매우 옳은 행동이었다는 점입니다."

▼ 그는 "박정희도 옳았고, 우리도 옳았다"고 강조했다.

"우리 사회의 진영 다툼이 심각합니다. 박정희 시대의 유산이라고 할 수 있습니다. 한쪽에서 다른 쪽을 폄훼해서는 안 됩니다. 바람직한 미래를 위해선 서로가 서로를 인정해야 합니다. 민주주의를 향한 투쟁이 있었기에 경제개발과 동시에 민주화를 이뤄낸 겁니다. 앞서 박정희의 경제개발 정책이 훌륭했다고 평가한 것처럼 산업화 세력은 민주주의를 향한 투쟁과 헌신을 충분히 인정해야 합니다."

▼ 미래의 대한민국이 반듯하려면 민주화 세력과 산업화 세력이 상대를 존중해야 한다는 말씀이군요.

"김영삼·김대중·노무현 정부 때는 민주주의 발전을 위한 희생, 공헌에 대한 인정이 상당 부분 이뤄졌습니다. 그런데 현재는 폄하되는 느낌이 있어요. 평형을 이루다가 거꾸로 뒤집히는 느낌이라고나 할까요. 역사 발전의 후퇴죠. 인정하고, 상생하는 방향으로 가야 하는데, 최근에는 거꾸로 가고 있습니다. 한쪽이 다른 쪽을 깎아내리면 또 다른 갈등, 반목이 생길 수밖에 없습니다."

"고양이에게 생선 맡긴 꼴"

▼ 1987년 6월 민주항쟁 때 시위 지도부이던 국민운동본부에서 대변인으로 활동했습니다. 12월 대통령선거를 앞두고는 YS(김영삼 전 대통령)와 DJ(김대중 전 대통령)의 후보 단일화 협상에도 참여했고요. YS·DJ의 분열은 민주화운동 세력을 두 갈래로 나눴을 뿐만 아니라 한국 정치에서 지역주의가 지속되고 심화하는 계기가 됐습니다. 후보 단일화 협상이 결과물을 내놓지 못한 까닭은 뭐였습니까.

"당시를 생각하면 통한을 느낍니다. 책임도 느끼고요. 6월 민주항쟁은 시민혁명이었는데, 투쟁의 산물을 정치인들에게 고스란히 넘긴 것은 정말로 어리석었습니다. 투쟁만 했지, 이긴 다음에 어떻게 할지 전략적 사고를 못했어요.

첫째는 헌법 개정입니다. 시민단체가 참여했어야 하는데, 정치인들에게 통째로 넘겼어요. 현행 헌법은 3공화국 헌법보다 후퇴했습니다. 요즈음 헌법 개정이 필요하다는 의견이 나오는데, 이번에도 정치인들에게 맡기면 굉장히 후퇴할 공산이 큽니다. 정치인은 기득권 중심으로 사고하기에 그렇게 될 수밖에 없어요. 여당 때 주장하던 것을 야당 되면 반대하는 게 한국의 정치인이죠. YS·DJ는 그런 정치인들과는 다른 사람일 줄 알았습니다. 동지라서 맡겼는데 고양이에게 생선을 맡긴 꼴이 됐죠.

둘째, 후보 단일화입니다. 국민운동본부 지도부가 6월 민주항쟁에서 승리한 뒤 하나둘씩 헐값에 정치권으로 넘어갔습니다. 권력욕 있는 사람은 권력으로, 다른 욕심 있는 사람은 다른 것으로 유혹했죠. 30여 명 되던 상임집행위원회 인사들이 한두 달 지나니 완전히 다른 사람이 됐더군요. 정치 세력에 편입돼버린 겁니다. 목숨 걸고 싸운 이들이 어떻게 그런 식으로 허무하게 팔려갔는지 모르겠습니다.

이렇듯 지도부의 상당수가 정치권으로 이동한 상황에서 후보 단일화를 주장한 이들은 이단, 배신자 비슷하게 취급받았어요. '비판적 지지'(DJ 지지) 쪽에 서야 민주투사로 대접받았습니다. 후보 단일화를 주장한 이들은 숫자도 적었죠. 후보 단일화가 YS를 지지한다는 게 아니었습니다. 민주화 진영 10년의 집권 플레임을 짜자는 것이었어요. 여러 가지 상황으로 볼 때 김영삼 씨가 먼저 대통령이 되는 게 좋다고 봤습니다. YS는 정당 기반을 갖고 있었으나 DJ는 그렇지 못하기도 했고요. 현재의 관점에서 생각하면 양김 씨가 뭐가 다르냐, 두 분 모두 대통령을 지내지 않았느냐고 얘기하겠지만, DJ는 당시 상당수 국민 마음속에서 기피 인물이었습니다."

"경제민주화가 '원칙' 돼야"

▼ 색깔론을 말씀하는 것이군요.

"독재 정권이 덧씌운 이미지지만 시민에게 큰 영향을 미쳤습니다. 김대중 씨가 이미지를 바꾸려 얼마나 노력했습니까. 오죽했으면 JP (김종필 전 국무총리)와 손을 잡았을라고요. DJ가 정권을 잡은 건 YS가 집권했기에 가능했다고 생각합니다. YS가 하나회 척결 등을 하지 않았다면 DJ 정권은 없었을 거예요.

후보 단일화를 주장한 이들이 가졌던 현실적 대안인 '김영삼 먼저, 김대중 나중'대로 됐더라면 민주화 세력이 분열하지 않았을 겁니다. 노태우 정권이라는 과도기도 없었을 것이고요. 안 거쳐도 될 노태우 시기를 거치면서 민주 세력이 지역으로 분열됐습니다. 1987년 시민 항쟁에서 승리한 후 국력을 모아 분열을 막았으면 지금과 같은 지역주의 또한 없었을 겁니다. 민주주의가 후퇴한다는 말도 나오지 않았을 것이고요. 굉장히 통탄스럽습니다. YS보다 DJ 잘못이 더 크다고 봐요."

▼ '87년 헌법'이 3공화국 헌법보다 후퇴했다는 건 무슨 뜻인가요.

"경제민주화에서 후퇴했죠. 119조가 대표적 사례고요."

헌법 119조 1항은 "대한민국의 경제 질서는 개인과 기업의 경제상의 자유와 창의를 존중함을 기본으로 한다"고 규정한 반면 2항은 "국가는 균형 있는 국민경제의 성장 및 안정과 적정한 소득의 분배를 유지하고, 시장의 지배와 경제력의 남용을 방지하며, 경제주체 간의 조화를 통한 경제의 민주화를 위하여 경제에 관한 규제와 조정을 할 수 있다"고 되어 있다.

헌행 헌법이 규정한 경제질서는 '사회적 시장경제질서'라는 다수 견해와 '시장경제와 계획경제의 혼합 경제질서'로 봐야 한다는 소수 견해로 나뉜다. 다수설은 1항이 원칙, 2항이 예외라고 본다. 경제민주화를 규정한 2항은 원칙이 아니라 원칙인 1항을 보완한다는 것이다.

"경제민주화 원칙은 제헌헌법이 가장 강합니다. 거칠게 설명하면 현재의 1항, 2항 순서가 정반대입니다. 제헌 헌법을 기초한 유진오 씨가 사회민주주의를 공부한 사람이죠. 헌법 개정을 거치면서 경제민주화 조항이 점점 약해졌습니다. 앞서 말했듯 현행 헌법은 3공화국 헌법보다도 후퇴했고요. 경제민주화가 헌법에서 원칙이 돼야 합니다."

▼ 김영삼 정부에 행정쇄신위원장으로 참여했습니다. 아들 현철 씨가 국정농단 등으로 물의를 일으켰고, 경제위기를 초래했지요.

"역대 대통령 인기 조사를 하면 김영삼 씨가 꼴찌에 가깝더군요. 역사가 언젠가 재평가하리라고 봅니다. 3당 합당을 통해 정권을 잡았지만 그것도 변절, 야합이라고만은 할 수 없다고 생각해요. 김영삼 정부의 공이 굉장히 크다고 생각합니다. 금융실명제 실시를 생각해 보세요. 하나회 척결은 또 어떻습니까. 전두환, 노태우 잡아넣은 것도 그렇고 지방자치 확대 등 여러 개혁 조치가 있었죠. 이런 부분에서 높게 평가받아야 합니다. 어떤 정권보다 공이 덜하다고 보지 않아요. 다만, 외환위기는 불가피한 측면이 일부 있었더라도 김영삼 정부에 책임을 물을 수밖에 없죠. 예방했어야 하는데 관리를 잘못했으니까요. 아들을 그렇게 관리한 것도 흠이죠. 김대중 대통령도 아들 셋이 다 문제가 있었죠. 노무현 대통령도 형님이 탈을 일으켰고요."

"준비 안 된 노무현의 비극"

▼ 노무현 전 대통령과도 민주화운동, 인권운동을 함께 하셨더군요. 노무현 정부는 국정 운영과정에서 미숙한 점이 많았습니다. 임기를 마친 후 가족 비리 등으로 조사받는 과정에서 비극적 최후를 맞았습니다. 노무현 정부의 공과를 꼽는다면 어떤 게 있을까요.

"노무현 대통령이 인권변호사로 변신할 때 직간접적으로 관여했습니다. 부산에서 시국사건이 연거푸 터지는데 김광일 변호사 등을 제외하면 부산에 사람이 없었습니다. 서울에서 변호사들이 계속 내려가야 했어요. 그래서 노무현 변호사를 추천받았고 그때부터 노 변호사가 인권운동, 민주화운동에 가담했죠. 1987년 6월 항쟁 때 노무현 씨가 부산 집행위원장이었습니다. 국민운동본부 대변인 하던 나하고도 무척 가까웠죠. 그 후 노동자 대투쟁 때 노 변호사를 대구로, 울산으로 보내는 역할을 내가 했습니다. 현직 변호사로서 구속될 만큼 노동 현장에 뛰어드는 모습을 보면서 놀랐습니다. 그 뒤로는 만난 적이 별로 없는데, 대통령 후보 경선에 출마한다고 연락이 왔었습니다. '노 의원은 대통령 할 만한 사람인데, 선불리 출마하지 마시라. 대통령이 되는 게 중요한 게 아니라 어떤 대통령이 되느냐가 중요하다. 준비가 덜 된 것 같다'고 말해줬습니다. 그러고는 돕지 않았죠. 시기상조라고 생각했어요.

노무현 씨가 품은 이상은 대단했다고 평가합니다. 실패한 노무현 씨와는 다르게, 제대로 준비된 프로그램을 갖춘 노무현 같은 대통령이 우리나라에 필요합니다. 정신은 좋았는데 준비가 없었어요, 노무현 대통령은 문제의 근본을 개혁하겠다는 생각은 가졌는데 정책도, 전략도 없었고요. 여기저기서 툭툭 한마디씩 해 사람 화나 돋우고, 이거 건드리고 저거 건드리다 적만 늘어났죠. 우리나라에 꼭 필요한 생각을 가졌던 사람인데 준비를 안 한 거예요. 그래서 실패했죠."

"MB 도운 것은 판단 잘못"

인명진 목사는 이명박 정부 시절 남북 협상에 깊숙이 관여했다.

▼ 2006년 한나라당 윤리위원장으로 정당 정치에 참여해 보수의 혁신을 주도했습니다. 부패는 군사독재 정권, YS·DJ 정부, 노무현·MB 정부를

거치면서 늘 발생했습니다. 보수, 진보 어느 세력도 자유롭지 못합니다.

"진보, 보수 중 보수가 부패에서 훨씬 순진해요. 양 진영을 다 경험한 바에 따라 말하면 부패와 비리에서 보수는 단순하고, 진보가 정교합니다. 보수는 수법이 순진해 들키기도 잘합니다. 보수는 부패의 덩어리가 크고 뿌리가 깊어 해결에 어려움이 있고, 진보는 상당히 정교하게 부패해 해결하기 어렵지만, 정교한 진보 쪽의 부패 해결이 더 어려울 것 같습니다.

한나라당에서 윤리위원장으로 일할 때 강력한 조처를 내놓아도 당이 졸졸 끌려왔습니다. 대통령선거를 앞둬 그렇게 안 할 수 없었겠지만, 어떤 분이 이렇게 말하더군요. '민주당에 가서 이런 식으로 일했으면 사람들이 절대로 당신 말대로 안 한다.' 경험에 따르면 일리 있는 얘기예요."

▼ 결과적으로 2007년 대선에서 이명박 후보를 도운 셈이 됐습니다.

"내가 이명박, 박근혜 두 사람을 검증해야 한다고 제안했습니다. 대선에 임박해 비리가 드러나면 꼼짝없이 당하겠다 싶었죠. 노무현 정부가 국정 수행 능력을 웬만큼만 보여줬어도 한나라당 후보가 당선돼야 한다는 생각을 안 했을 겁니다. 나라가 통째로 흔들리는 것보다는 차라리 부패한 후보가 대통령이 되는 게 나을지도 모르겠다 싶었어요.

한나라당 후보 중 이명박 씨는 정치 선진국 기준으로는 대통령이 되면 안 되는 사람으로 보였습니다. 잡범 수준의 처벌을 받은 게 여러 번이었고, 검증해보니 이런저런 혐의가 100개 가까이 되는 겁니다. 윤리 의식에 문제가 있었던 거죠. 박근혜 씨는 역사 인식에 문제가 있었고요. 지금 생각하면 그때 판단을 잘못한 것 같아요. 차라리 박근혜 씨가 하고 지나가는 게 나았을 것 같습니다."

▼ 지역주의를 완화하려면 어떤 노력이 필요할까요.

"정치 구조를 바꿔야 합니다. 다당제로 가야 해요. 지방분권이 필요하고요. 지방에 법률 제정권도 줘야 한다고 봅니다. 지역주의 하려는 사람은 지역정당을 조직해 지방 분권에 참여하도록 해야 합니다. 중앙정치에 와서 싸움하지 말고 지역 안에서 자기들끼리 해결해야 해요. 조금이라도 더 먹는 쪽이 완전히 싹 쓸어가는 대통령 5년 단임제 상황에서는 지역주의를 막을 수가 없습니다."

▼ 이명박 정부 시절 남북관계가 꼬였을 때 목사님께서 남북간 협상을 직간접으로 지원했다고 들었습니다. 현대아산 직원 유성진 씨가 개성공단에 억류됐을 때도 문제 해결에 도움을 줬다고 들었고요. 남북 정상회담 사전 논의에도 발을 담근 것으로 압니다. 이명박 정부의 남북협상이 최종 결과물을 내놓지 못한 원인은 뭔가요.

"우리민족서로돕기운동본부가 오랫동안 북측과 관계를 맺으면서 신뢰를 형성했습니다. 유성진 씨는 현정은 현대그룹 회장이 북측과 협의해 데려온 것처럼 돼 있지만, 북측에서 나를 통해 협상했습니다. 정부가 잘 뒷받침해줬어야 하는데, 혼자 여러 가지를 책임지느라 고생을 많이 했습니다.

우리가 주선해 남북 정상회담이 성사 직전까지 간 적도 있는데 부처 간의 공 다툼, 이해관계 때문에 국가적 대사가 망가지기도 한다는 것을 뼈저리게 느꼈습니다. 어떤 곳에서 열심히 하면 다른 곳에서 방해하는 공 다툼을 많이 하더라고요.

이명박 정부가 대북정책과 남북협상에서 실패한 것은 남북문제 해결을 맡아 하려는 개인적 이기심, 기관의 조직적 이기주의, 공 다툼 탓이었습니다. 공 다툼, 이기주의, 영웅주의가 민족 문제를 해치는 결과를 가져오는 것을 똑똑히 지켜봤습니다. 수년 후 말할 수 있을지 모르겠지만, 당시 얘기를 지금 구체적으로 밝히기는 어렵습니다."

▼ 민주화운동에 몸담았고 보수정당에도 참여했습니다. 지금 보수우파, 진보좌파 간 대립이 극심합니다. 감정적 충돌이 많고 인신공격까지 일삼습니다. 두 진영이 국가의 미래를 위해 정책으로 경쟁하는 풍토를 만들려면 어떤 노력이 필요할까요.

"양쪽 다 성숙해야죠. 진보와 보수의 갈등이 일어나는 게 정치의 본질이죠. 충돌이 없으면 보수, 진보라고 따로 이름 지을 까닭도 없습니다. 그런데 한국은 패거리 정치일 뿐이에요. 앞서 말했듯 다당제가 필요합니다. 보수세력 지지층 30~40%가 굳건합니다. 30~40%의 지분으로 독식하는 겁니다. 다당제를 생각해봅시다. 보수세력이 집권하려면 10%, 20%를 가진 정당 혹은 정당들과 연합해야 합니다. 근본적인 문제를 해결할 수 있어요."

"구애(求愛)가 아니라 협박"

▼ 보수 정권인 박근혜 정부 등장 이후 역설적이게도 사회주의 국가인 중국과는 전보다 가까워진 반면 자유민주주의에 기초한 전통적 동맹인 미국

과의 관계는 삐걱거린다는 견해가 많습니다. 미국이 주도하는 TPP (환태평양 경제동반자협정)에는 소극적인 반면 중국이 주도한 AIIB (아시아 인프라 투자은행)에는 참여했습니다. 한중 FTA에는 적극적인 반면 안보적 차원에서 중요한 고고도미사일방어(THADD) 문제에서는 모호한 위치에 서 있고요.

"한미동맹이 균열하는 것, 대일관계가 악화하는 것을 크게 걱정합니다. 둘 사이에 연관이 있다고 생각합니다. 우리 국민 중 일본에 감정 좋은 사람이 있겠습니까. 나도 마찬가지고요. 하지만 감정은 감정이고 현실은 현실인데, 현실 인식에 감정이 섞인 것 같습니다. 전임 이명박 정권 때 미국과 너무 가까웠던 탓에 일어난 반작용이 아닌가 싶기도 합니다.

한미관계, 한중관계를 잘 다루면 중국, 미국을 각각 견인할 수 있겠지만, 잘못하면 미국에 차이고 중국에 굴종하는 아주 복잡한 처지에 있는 게 우리예요. 미국이 우리가 중국 쪽으로 경사되는 것을 우려하는 상황이 된 것은 우리 정부의 전략에서 비롯한 것도 아니라고 봅니다. '어떻게 하다보니 이렇게 됐다'는 게 정답인 것 같아요.

윤병세 외교부 장관이 양쪽에서 관심을 받는 것은 좋은 일이라는 식으로 말했는데, 압력과 구애를 착각한 것 같아요. 중국에서 누가 왔다 가면 협박 받는구나, 미국에서 누가 온다고 하면 협박하겠구나, 이렇게 인식되지 않습니까. 협박받고 있는 거죠. 착각도 그런 착각이 없습니다. 걱정이에요. 이같은 상황을 해결할 방안 중 하나가 북한 이슈를 활용하는 것입니다."

▼ 남북문제에서 돌파구를 찾는다?
"남북문제를 풀지 못하면 한국 사회의 이념 갈등을 해결하지 못합

니다. 경제 문제를 해결할 통로 또한 북한이라고 생각해요. 개성공단 같은 곳을 북한에 여러 개 만들어야 해요. 대통령 직속 통일준비위원회 정종욱 부위원장이 흡수통일을 언급한 것으로 알려져 논란이 일었는데, 그런 생각은 매우 위험하다고 봅니다. 통일을 말할 때가 아니라 경제협력을 할 때입니다. 남북경협이 활발해지면 중국에 매달릴 까닭이 줄어듭니다. 북미수교, 북일수교를 우리가 앞장서 주선해야 합니다. 북한이 핵무기를 내려놓을 수밖에 없는 여건을 만들어줘야 해요.

박근혜 정부가 핵 문제 해결과 관련해 중국의 대북 영향력을 기대하고 지금처럼 행동하는 것으로도 보이는데, 그로 인해 미국이 우리를 의심합니다. 남북문제를 우리가 주도적으로 풀어야 합니다. 남북문제에 약점이 있으니까 미국, 중국이 우리를 깔보는 겁니다."

"기독교가 나서면 될 일도 안돼"

▼ 한국 기독교계를 대표하는 인물 중 한 분이신데, 현대사에서 기독교는 민주화에 기여했을 뿐 아니라 한미동맹을 뒷받침하는 주춧돌 구실도 했습니다.

"미국의 기독교도 미국 정부에 대한 영향력이 줄고 있어요. 미국 교회도 보수화했습니다. 우리와 함께 일한 미국 기독교의 옛 주류는 쇠퇴하고 있습니다. 카터 행정부 때 그분들이 미군 철수 반대운동을 하면서 영향력을 행사하였죠. 한국 교회의 상황도 비슷합니다. 영향력 있는 인물이 없어요. 사회에 대한 역할도 크게 줄었고요. 앞으로 교회가 한미관계 이슈에 나서면 오히려 악영향을 끼칠 소지가 큽니다.

과거의 기독교는 오늘날과 달랐습니다. 제헌국회 때 이승만 대통령이 성경에 손을 얹고 선서하는 게 용인될 정도였죠. 일제강점기 독립운동 때도 기독교의 공이 컸습니다. 6·25전쟁 때도 활약이 대단했고요. 그런데 민주화운동을 한 이후에는 기독교가 공이 없습니다. 사정이 이러니 일반 국민이 기독교에 신뢰를 보내지 않아요. 신뢰가 없는 집단이 한미관계에 어떤 도움을 주겠습니까. 우리가 나서면 될 일도 안 된다니까요. 가만히 있는 게 나아요."

"역사 문제에 몽골 활용해야"

▼ 기득권 이미지가 교회에 덧씌워져 있는 듯합니다.

"그런 이미지가 아주 심하죠. 걱정하는 게 하나 있어요. 우리나라에서 친미를 얘기하면 올드 패션, 촌놈, 고루한 사람으로 보는 경향이 있어요. 대놓고 미국이 좋다고 얘기하기가 상당히 어렵거든요. 미국도 반성해야 하고, 한국 정부에도 문제가 있다고 생각합니다. 얼마 전 주한 미국대사 피습 사건이 있지 않았습니까. 일어나서는 안 될 불행한 일이죠. 그런데 우리 기독교에서 쾌유 기원 부채춤을 추고… 이래서 되겠어요? 정부도 과했습니다. '뉴욕타임스' 등을 읽어보면 미국 사람들조차 거북스러워하잖아요. 박근혜 대통령의 청와대에 정신이 제대로 박힌 사람이 있는지 걱정입니다. 대통령이 왜 대사 병문안을 갑니까. 과공(過恭)은 비례(非禮)라고 했습니다. 격에도 안 맞고요. 비공개로 전화 한 통 하면서 위로하는 정도였어야죠. 이런 행동이 국민으로 하여금 미국에 정 떨어지게 하는 겁니다."

▼ 코리아몽골포럼 이사장을 맡는 등 한국과 몽골의 협력, 발전을 위해 다양한 활동을 해왔습니다. 몽골은 한국의 미래에 어떤 의미가 있습니까.

"미래의 의미뿐 아니라 역사적 관계도 소중합니다. 우리 뿌리를 찾아가면 몽골이 나옵니다. 중국과의 관계에서 역사 논쟁이 적지 않습니다. 몽골로 거슬러 올라가면 과학적 해결 방안이 나옵니다. 현실적으로 몽골이 우리를 필요로 하고 우리도 몽골이 필요합니다. 남북관계를 해결하는 데서도 몽골이 구실을 할 수 있어요. 몽골은 북한과 오랫동안 우호관계를 맺어왔습니다."

(이 글은 「신동아」 2015년 6월에 발표된 내용으로, 허락을 받아 기재하였다.)

언 론

인명진 목사의 말은 라디오와 TV가 중계하고
포털이 뉴스로 받아 올린다.
인 목사는 이제 방송국을 경영하지 않지만
자기 자신이 방송이 되어 새로운 방송선교의 지평을
열고 있는 것이다. 1997년 그랬던 것처럼
인명진 목사의 새로운 방송선교는
지금도 계속되고 있다.

공론의 주도자, 인명진

고성국
(정치평론가, 방송인)

최근 들어 사회와 정치에 미치는 언론의 영향력이 날로 커지고 있다. 특히 이명박 정부 때 시작된 종합편성채널 방송으로 인해 국민다수가 하루 종일 시사와 정치 프로그램에 노출되어 있다. 어느 때보다 올바른 정론의 필요성, 올바른 공론수렴의 중요성이 강조되고 있는 이유이다. 종편뿐만 아니라 tvN을 비롯한 케이블 채널들이 다양한 시청자 층의 요구와 입맛에 맞추어 수많은 콘텐츠를 생산, 공급하고 있다. 텔레비전과 라디오를 통해 본방시간에 시청 혹은 청취하는 소비자들도 많지만 모바일을 통해 자기가 편한 시간에 원하는 프로그램만 보는 젊은 세대들이 방송시장의 주 고객으로 부상한지 오래되었다. 가히 방송의 일대 전환이 진행되고 있다 할 것이다.

인명진 목사는 우리 방송계에서 매우 독특한 위상을 가지고 있다. 오랜 민주화운동과 노동운동, 인권운동, 통일운동의 경험을 갖고 있는 사회원로로서 인 목사의 발언은 그 영향력이 적지 않다. 거기에 다양한 정치경험에서 우러난 정치적 통찰력과 상상력으로 정치권을 해부하고, 촌철살인의 한마디로 우리나라의 정치가 나아갈 길을 밝혀주는 인 목사의 정치평론은 그의 견해에 찬성하는 쪽이든 반대하는 쪽이든 경청하지 않을 수 없다.

목사라는 직책, 목회자라는 직분이 보통의 경우에는 사회적 발언이나 정치적 발언의 영향력을 제한하게 마련이지만, 인 목사의 경우에는 오히려 시너지를 만들어내는 것 같다. 이것은 인 목사가 목회자로서나 사회운동가로서나 시종 일관된 행보를 해 오셨기 때문이라고 생각한다. 필자가 인 목사를 모시고 진행하는 프로그램이 세 개 있는데, 이 각각의 프로그램에서 인 목사의 위상과 영향력을 살펴보면 필자의 설명을 이해할 수 있을 것이다.

담담타타

연합뉴스 tv에서 진행하는 「담담타타」는 정론을 지향하는 정통 정치시사토크 프로그램이다. 연합뉴스 tv 자체가 국가기간 통신사라는 공공적 성격을 갖고 있어서 연합뉴스 tv는 종편들과 달리 뉴스의 객관성, 공정성을 무엇보다도 중시한다. 연합뉴스 tv의 유일한 대담프로그램이라고 할 수 있는 「담담타타」 또한 객관성과 공정성을 가장 중요한 제작기준으로 삼고 있다. 그러면서도 복잡하게 전개되는 정치현상의 이면을 정확하게 해석해야 하기 때문에 상당한 이론과 정치현장에 대한 경험이 축적되지 않으면 감당하기 어려운 프로그램이다. 인명진 목사는 「담담타타」에서 타의 추종을 불허하는 정치평론의 경지를 보여주고 있다.

일주일에 한번 인 목사가 「담담타타」에 나올 때마다 방송사의 전화가 불이 나듯 뜨겁고, 포털의 실시간 검색어에 인 목사의 이름이 오르내린다. 이같은 선풍적 인기와 관심이 다른 종편들과 같은 선정주의가 아니라 정론과 당당한 주장에 의한 것이기 때문에 더욱 가치 있다고 생각한다. 여야를 막론하고 정치권이 인 목사의 평론을 경청하고 자신들의 정치행보를 결정하는 과정에 참조하고 있는 것도 같은 이유 때문이다. 「담담타타」에서 인 목사의 역할은 한 사람의 지성인이 정치적 발언만으로 어떻게 사회와 정치에 영향을 미칠 수 있는지를 보여주는 좋은 사례라고 할 수 있을 것이다.

오마이갓

tvN에서 진행하는 「오마이갓」은 종교간 대화와 화합을 모토로 하고 있다. 목사님, 신부님, 스님 그리고 일반인이 참여하는 「오마이갓」은 세계 최초의 종교인 토크 프로그램이다. 지난번 해외촬영 때 바티칸의 토랑 추기경도 대한민국에 이 같은 종교인 토크프로그램이 일회성 이벤트가 아니라 정규프로그램으로 진행되고 있고, 이를 많은 시청자들이 열광하며 좋아하고 있다는 사실에 놀라움을 표한 바 있다. 「오마이갓」은 각 종교계의 지도자들로부터 의미 있는 프로그램으로 평가받고 있으며 많은 신도들로부터 열광적인 지지를 받고 있다.

인명진 목사는 「오마이갓」이라는 프로그램이 탄생되는 전 과정에 주도적으로 관여하셨고, 지금까지도 프로그램의 가장 중심적인 인물로 활동하고 있다. 이것은 인 목사가 그동안 목회활동을 함에 있어 폭넓은 사회적 관심을 행동으로 표현해 오셨기 때문에 가능했던 것이고, 그동안 종교간 대화와 화합을 위해 가장 앞장서서 행동해 오셨기 때문에 가능한 것이었다.

세상인들의 이러저러한 고민에 응답하는 종교인들의 목소리를 가감 없이 담아내고 있는 「오마이갓」은 앞으로도 사회적 관심과 인간에 대한 관심을 더 넓고 더 깊게 가져갈 것이고 이에 따라 인 목사의 역할도 더 커질 수밖에 없을 것이다.

고성국의 아침저널

BBS불교방송 「고성국의 아침저널」에 인명진 목사가 매주 고정적으로 출연하시는 것은 그 자체로 엄청난 충격을 주는 사건이라고 할 수 있다. 매주 월요일 마가스님과 함께 진행하는 종교인 대담은 대다수가 불교신자인 불교방송 청취자들로부터도 격찬 받고 있다. 처음에는 '기독교 목사가 왜 불교방송에?'라는 의문을 제기하는 청취자들도 없지 않았지만, 종교인 대담이 진행되는 과정에서 이분들은 거의 대부분 인 목사의 열렬한 팬으로 변하였다. 어디에도 구애받지 않고 어떤 편견도 없이 목회자의 길을 당당하게 걸어가고 불교방송에서까지도 하나님의 말씀을 정직하게 전하고 있는 인 목사를 불교방송 청취자들도 이해하고 존경하게 된 것이다.

한국 사회에 진정한 공론이 필요한 때이다. 어느 때보다 사회적 공론이 나라의 미래에 큰 영향을 미치고 있다. 공론의 장인 언론의 중요성이 날로 커지고 있다. 제대로 된 언론이 없다고 비판하기는 쉽다. 그러나 그 언론을 제대로 된 공론의 장으로 만드는 것은 쉽지 않다. 인 목사는 그동안 여러 프로그램에서 이 쉽지 않은 일을 감당하여 왔다.

　시청자와 청취자들의 요구를 감안하면 앞으로 인 목사가 감당해야할 몫은 더 커지면 커졌지 줄어들 것 같지 않다. 인 목사의 건강을 기원하며 더 활발하고 적극적인 언론활동을 기대한다. 이것은 필자의 개인적 바람이기도 하지만 시대적 요청이라는 점을 인 목사께서 무겁게 받아들이실 것을 간청하는 바이다.

〈참고문헌〉

인명진, 홍창진, 마가, 고성국 공저, 『신들의 수다』, 국커뮤니케이션, 2015.
인명진, 고성국 공저, 『삼우지삼로』, 국커뮤니케이션, 2013

인명진, 방송선교의 새 지평을 열다

서현철

(전 기독교복음방송 부사장)

D-day는 1997년 11월 16일이었다. 정말 인터넷을 통해 방송을 볼 수 있는지조차 확실하지 않았던 시절 인터넷상에 동영상이 구현되는 인터넷 방송 사이트를 오픈하기로 한 날이다. 인명진 목사가 시무하던 갈릴리교회 사무실 한편에 책상 1개를 두고 그해 여름부터 법인 설립 준비와, 서버구입, 기술테스트, 홈페이지 개발 등을 위해 직원들이 바쁘게 움직였다. 당시 직원은 사장 인명진 목사와 기획실장 서현철 목사 그리고 웹마스터 박용환 과장 3명뿐이었다. 일손이 부족해 영어를 잘하고 IT에 밝은 갈릴리교회 이명석 부목사도 참여했다.

작은 사무실에서 시작한 방송

회의실에 몇 안 되는 직원들이 함께 모여 토론했다. 가장 큰 고민은 도메인을 무엇으로 할 것인가였다. 처음 한국기독교인터넷 방송

설립계획서를 브리핑했을 때 인명진 목사는 명칭에서 '한국'을 빼야 한다고 말했다. 인터넷은 글로벌인데 전 세계에 선교하는 매체에 맞지 않는다는 말이었다. 세계교회협의회와 아시아교회협의회 등 수많은 국제교회 협력 경험에서 나온 거시적 판단이었다. 그런데 글로벌 선교매체를 표방하면 CO.KR 뿐만 아니라 꼭 .COM(닷컴)이 필요했다. 선교방송의 도메인 이름을 정하기 위해 그리스도(Christ), 기독교(Christianity), 교회(Church), 교인(Christian)을 검토하던 중 모두 앞 음절이 C로 시작하기 때문에 C로 시작하는 3음절의 조합을 찾았다. 그러나 3음절의 쉽고 단순한 조합은 도메인 회사들에 의하여 이미 모두 선점되어 있었다.

역시 세계 선교는 글로벌 전쟁이었다. 그래도 글로벌 선교와 미래를 위해 .COM과 .CO.KR 그리고 .NET, 이 3가지는 반드시 확보되어야 한다는 원칙을 세웠다. 아무래도 숫자를 넣어야 3음절 안에 도메인 확보가 가능해 보였다. 그때 여러 가지 의견이 제시되자 인명진 목사가 말했다. "C3TV로 하자! 3은 삼위일체 하나님을 상징하는 기독교에 중요한 숫자이다." 그래서 C1TV도 아니고 C2TV도 아닌 'C3TV'라는 이름이 탄생되었고 방송국 캐치프레이즈를 'Christian! Church! Communication!'으로 정했다. 수백만 명의 크리스천들이 설교와 성경과 찬송을 보고 듣고 읽기 위해 컴퓨터 자판을 두드리는 C3TV.COM이 탄생된 것이다.

C3TV는 한국 최초의 기독교 인터넷 방송과 케이블 방송으로 알려졌지만, 사실 세계 최초의 설교 방송이다, 모든 것이 최초였기 때문에 과감한 판단을 한 인명진 목사와 그 판단을 믿어준 이사장 곽선희 목사의 신뢰가 절대적인 성공의 원동력이었다. 곽선희 목사가 이

사장을 하시기로 하고 이사진이 구성됐다. 그때 곽선희 목사가 처음 출자해 주신 돈이 7천 7백만 원이었다. 곽선희 목사는 인터넷을 이용하지 않으시지만 인명진 목사가 하는 일은 지금까지 지켜본 것처럼 믿는다고 하셨다. 이런 대단한 신뢰가 없다면 아마 C3TV는 설립되지 못했을 것이다. 인명진 목사가 사람들에게 신뢰받는 삶을 살아왔기에 필요한 순간에 필요한 도움을 받을 수 있었던 것이다.

초기 비용이 예상보다 많이 들어갔다. 지금은 국산화가 되어서 장비가 대폭 저렴해졌고 개인 인터넷 방송도 있지만 당시로서는 모든 장비들이 고가였다. 국산 서버나 장비로는 24시간 트래픽을 감당하며 안정적으로 방송하는 것이 불가능했다. 지금처럼 인터넷 데이터 회사도 없는 시절이기 때문에 직접 초기에 웹서버를 구매해야 하고, 동영상을 위한 미디어 서버를 마련해야 하는데 국내산으로는 어려웠다. 아직 인터넷 스트리밍 서비스를 한 경험이 국내 업체에는 없기 때문이다.

인명진 목사는 당시 한국 내에서 MBC방송국이 뉴스를 겨우 동영상으로 서비스하고 있는 것을 알고 그곳에 직원들을 보내 기술적인 자문을 구했다. 그리고 MBC 장비 제조사와 같은 최고 사양의 서버인 오라클 서버를 구매했다. 서버 컴퓨터 한 대 값이 당시 잘나가던 그랜저 자동차 한 대 가격이었다. 비용의 어려움은 그뿐만 아니었다. 지금은 윈도우 미디어 등 많은 플러그인 소프트웨어가 있지만 당시 동영상을 송출하고 볼 수 있는 어플리케이션은 리얼미디어였다. 인터넷 방송의 기술은 스트리밍인데 파일을 짧게 잘라 계속적으로 이어서 보내주는 방식이다. 그런데 스트리밍 기술을 갖고 있던 리얼미디어사의 판매 정책이 특이해서 동시접속자 10명, 100명, 1,000명

등 숫자 단위로 라이센스를 판매하고 있었다. 동시 접속자들이 많아지면 그만큼 많은 라이센스 비용을 내야 하는데 사용료가 몇 천만 원 단위였다. 또 인터넷 회선 비용은 상상할 수 없을 정도로 비쌌다. 지금은 집에 단 돈 몇 만원에 인터넷 회선이 설치되고, 사무실에서도 고속 회선을 저렴한 비용에 사용하지만 당시 인터넷 방송 품질을 위한 전용회선 하나를 사용하는데 수백만 원이 매월 들어갔다.

초기 투자 자본으로 장비만 구입하면 큰 비용이 안 들어갈 줄 알았는데 이처럼 소프트웨어와 네트워크에 많은 비용이 발생했다. 그런데 엎친 데 덮친 격으로 그해 12월 IMF가 발생했다. 많은 기업들은 도산하고 있는데 그 한복판에 C3TV를 설립한 것이다. 직원들은 당황했다. 멀쩡한 기업들도 문을 닫는데 새로 시작할 수 있을까 하는 걱정을 했다. 그때 인명진 목사는 사회가 어려울수록 복음을 전해야 한다면서 오히려 더 열심히 해야 한다고 격려했다.

1997년 12월 25일 인터넷 방송국 정식 개국을 서둘렀다. 물심양면에 많은 도움을 준 한국목회지원센터 손은경 목사의 도움으로 법인 주소지를 마련한 다음 논현동에 있는 7평 남짓한 오피스텔로 사무실을 옮겼다. 시기상 차이는 있지만 이후에 C3TV 법인에 당시 각 교단의 존경하는 어른들을 영입했다. 지금은 소천하신 사랑의 교회 옥한흠 목사, 한신교회 이중표 목사, 그리고 지금도 정열적으로 설교하시는 명성교회 김삼환 목사, 금란교회 김홍도 목사, 인천순복음교회 최성규 목사 등 한국의 내로라하는 목사들께서 방송설립에 뜻을 모으고 초기 출자를 해 주셨다.

논현동 거평 프레야에 마련한 사무실은 책상 3개 들어가고 나면 화장실 앞에 책상 하나 더 놓을 수 있는 작은 곳이었다. 이곳에서 본

방송을 위해 디자이너와 방송콘텐츠를 엔코딩할 직원을 채용했다. 디자이너도, 엔코딩할 직원도 어떻게 하면 인터넷 방송이 가능한지 몰라 밤새워 공부하던 시기였다. 인명진 목사는 성공할지 실패할지 모르는 새로운 방송국 설립에 집중했다. 한국 교회와 한 약속이니 꼭 성공시켜야 한다는 부담감이 있었는지도 모른다. 인명진 목사는 회사 창립이래로 직원들 선발할 때 직접 면접보거나 특별히 관여하지 않았다. 다만 입사가 결정되면 신입직원에게 꼭 묻는 같은 질문이 있다. "재미있냐?" 자기가 재미있는 일을 해야 열심히 일할 수 있고, 잘할 수 있고, 행복할 수 있다는 생각을 인 목사는 갖고 있었다. 재미있는데 그것이 복음을 전하는 일이라면 더 열심히 해야 한다는 것이 인 목사가 선교기관 사역자들에게 바라는 바였다.

인터넷에서 C3TV의 도전이 시작되다

1997년 12월 25일 드디어 공식 개국을 했다. 국내 최초의 인터넷을 통한 선교 방송이었으니 일간지에 기사가 크게 실렸다. 당시 한국 교회의 유명 설교가들의 설교가 C3TV를 통해서 전 세계에 알려지기 시작했다. 반응은 예상대로 해외에서 먼저 왔다. 평소 존경하던 목사님들의 설교를 외국에서 들을 수 있어서 얼마나 감사한지 모른다는 메일들이었다. 특히 선교사들이 보낸 메일은 감동 그 자체였다. 선교지의 열악한 선교환경에서 복음을 위해 일하다가 영적으로 탈진해서 집에 돌아와 듣는 한국 목사님들의 귀한 말씀이 생수와 같다는 이야기에 모든 직원들은 비로소 보람을 느낄 수 있었다.

사실 C3TV가 처음부터 설교방송을 기획한 것은 아니다. 방송의 메인 콘텐츠를 무엇으로 해야 하는지에 대해 직원들 간의 열띤 토론이 있었다. 영어성경을 해야 한다, 인터넷 특성상 5분 메시지를 해야 한다, 젊은 층을 위한 음악을 해야 한다 등 많은 고민들을 했다. 인터넷에서는 모든 콘텐츠를 다 할 수 있지만 한정된 재원과 홈페이지의 인터페이스를 고려하면 방송의 분명한 방향을 정해야 했다. 주일예배 설교를 올리자는 의견이 있었지만 40분 넘는 설교를 누가 인터넷을 통해 다시 볼 것인가에 대해 회의적인 분위기가 있었다.

콘텐츠 회의를 하던 인명진 목사가 말했다. "설교를 중심으로 하자, 해외에 나가서 우리 교회 목사님이 지난주일 무슨 설교를 하셨는지 궁금해 하는 교인들이 있을 것이다. 지방에 출장 가서 목사님의 설교를 듣고 싶어 하는 교인들도 있다. 목회를 해보면 안다. 목사는 설교를 하면서 이 설교를 어떤 집사가 들으면 영혼의 양식으로 정말 좋을 텐데 하는 아쉬움을 갖는다. 나중에라도 챙겨 듣게 할 수만 있다면 좋은 것이다." 그런데 정말 인명진 목사의 생각대로 그렇게 긴 동영상을 즐겨 시청하는 사람들이 생겨나기 시작했다. 심지어는 일하면서 설교를 연결해서 계속 듣는다고 연속듣기를 해달라는 요청까지 왔다. 한국 교회는 설교로 부흥한 교회임을 여실히 실감할 수 있는 사건이었다.

인명진 목사는 오랜 기간 국가의 중요한 직책을 맡으면서 한 번도 교회 목회 현장을 떠나지 않았다. 자기 자신이 목사이며 목회자로서 은퇴하고 싶다고 입버릇처럼 말했다. 인 목사가 목회 현장에서 목회했기에 한국 교회에 정말 맞는 인터넷의 선교 방향을 초기에 잘 잡을 수 있었다고 생각한다. 지금 생각하면 당연한 것을 당시에는 아무도 알려주는 사람이 없었고, 배울 수 있는 사람도 없었다. 모든 것이 최초였으니 그동안의 경험으로 판단할 수밖에 없었다. C3TV는 현장 목회자의 철저한 목회 인식 속에 탄생한 것이다.

결국 C3TV의 메인 콘텐츠는 설교 방송이 되었고, 지난 20년 동안 방송된 목회자들의 설교 수만 편이 아카이브화 되어 보관되었다. 보관된 것만 아니라 전 세계 어디에서든 주제별로 검색해 확인해 볼 수 있다. 설교가 동 시대를 살아가는 콘텍스트에 대한 해석이라면 한국 교회는 C3TV를 통해 한국 교회 동시대 역사에 대한 교회의 메시지를 신앙의 유산으로 후대에 자랑스럽게 물려줄 수 있게 되었다. 이것이 C3TV가 향후 100년 200년을 지나가더라도 주님이 오실 때 까지 해야 할 미션이라고 생각한다.

C3TV의 성공적인 인터넷 방송의 성과를 교계 안에서만 평가받는 것은 아니었다. 1999년 조선일보에서 인터넷 대상을 수상하고, 언론인 고용지원센터 지원으로 디지털 PD과정을 개설했다. 당시 인터넷 방송 분야에서 영상 제작과 인터넷 서비스 전 과정을 담당할 인력을 많은 일반 언론들이 필요로 했고 인터넷 방송 붐이 일었기 때문이다. 그래서 매주 많은 양의 콘텐츠를 디지털 편집하는 기술력을 갖고 있는 곳이 C3TV이었기에 당시 교육 의뢰가 많이 들어왔다.

인터넷을 넘어 TV 방송으로

인터넷 방송을 통해 방송의 영역을 확장해 가던 C3TV는 당시 부도 위기에 있던 기독교텔레비전의 위탁경영 제안에 참여하게 된다. 인명진 목사는 교계 방송이 과당경쟁해서는 안되고 서로 자기의 영역에서 최선을 다하며 협력해야 한다는 소신을 지니고 있었다. 그런 이유로 1997년 C3TV 정식 개국 전 기독교텔레비전과 프로그램 협력 협약을 체결하고 기독교텔레비전 프로그램을 인터넷으로 송출했다. 그런데 IMF 위기 후에 기독교텔레비전 경영이 악화되었고, 이사회가 위탁 운영할 경영주체를 찾아 나섰다.

2000년 1월 당시 위탁선정 공고에 따라 C3TV(사장: 인명진), 기독교방송(CBS사장: 권호경), 두란노서원(대표: 하용조), 크리스찬엠버시(이사장: 이상운) 등 4개사가 경영참여 의향서를 냈다. C3TV 이사회는 위탁경영을 제안하기로 결의했다. 당시 위탁법인의 잔고증명 제출 금액이 50억 원이었는데, 실제 잔고증명 50억 원을 제출했다. 그랬더니 기독교텔레비전에서 사실여부를 확인하겠다며 통장 비밀번호를 알려달라고 했다. 너무나 어이없는 요청에 50억 원을 누가 책임을 질것인지 물었다. 인명진 목사는 기독교텔레비전 이사회가 주최한 제안 설명에서 기독교텔레비전이 그동안 C3TV와 협력관계에 있었지만 기독교텔레비전의 빠른 회생을 위해서는 기독교텔레비전의 주식 감자와 이사진의 책임을 요구했다. 그러나 이러한 요구는 받아들여지지 않았다.

당시 인명진 목사가 감자와 이사회 책임을 요청하지 않았다면 기독교텔레비전을 위탁 운영할 수 있었을지도 모른다. 그러나 인명진 목사는 경영부실에 대해서는 반드시 이사진의 책임이 있어야 하고 주주들은 그 책임으로 감자해야 새롭게 시작할 수 있다는 생각을 신념처럼 가지고 있었다.

인명진 목사는 이런 원칙을 남에게만 적용하는 사람은 아니었다. 실제 별도의 법인으로 설립한 기독교위성 방송이 IPTV 런칭 등으로 새로운 투자를 해야 하는 시점이 되었을 때, 새로운 경영자에게 과거의 부담을 모두 지울 수 없다며 과감하게 감자를 했고 사장직을 물러나기까지 했다. 인명진 목사는 방송에 관한 중대한 판단을 해야 할 때 매번 그냥 절충하거나 봉합하고 넘어가는 것이 아니라 원칙을 중시했다. 아마도 인명진 목사가 경실련을 창립하고 행정개혁시민연합 집행위원장과 대통령직속 행정쇄신위원회 위원을 하면서 갖게 된 일종의 개혁적 업무 방식이 몸에 밴 탓이 아닐까 생각된다.

기독교텔레비전의 위탁운영과는 별도로 인명진 목사는 기독교위성방송 법인을 설립한다. 당시 전국에는 케이블 방송 외에 공청을 통해 방송을 보던 지역 중계유선 가입자가 있었는데 정부에서 케이블 방송을 통폐합하면서 공청을 통해서 방송하는 유선방송사업자들이 기존 케이블 방송을 재전송하기 어렵게 되었다. 전국의 케이블 방송은 지상에 매설된 전용망을 사용하지만 중계유선방송은 낙도와 산골 오지에 흩어져 있어서 안테나와 위성으로 공중파 신호를 받아 자신들이 전봇대를 통해 설치한 방송선을 통해 각 가정에 방송하고 있었다.

기독교위성방송은 지역중계유선에 기독교 채널을 보내기로 했다. 이를 위해서는 위성을 사용해야 하는데 무궁화 위성의 커버리지가 중국 동북부에 미친다는 점에 착안해 연변과학기술대와 중국에 있는 조선족 교회에 위성 안테나를 보내기 시작했다. 또 한 가지 위성방송을 시작한 이유는 앞으로 한국디지털위성방송 스카이 라이프가 설립되면 기독교채널을 하겠다는 계획을 가지고 있었다. 이후 명성교회의 수석장로인 이원희 장로가 전무이사로 방송국 경영에 참여하면서 전국의 중계유선과 케이블 방송에 하나씩 런칭되기 시작했다.

인명진 목사는 CTS 기독교텔레비전은 케이블 텔레비전을, C3TV
는 인터넷과 위성을, 그리고 CBS는 라디오와 지상파나 일반 종합편
성이나 뉴스 채널에, FEBC 극동방송은 복음적인 라디오 방송에 집
중해야 한다고 생각했다. 인명진 목사가 한국 교회의 방송선교에 대
해 이런 패러다임을 생각한 것은 단순히 C3TV 사장으로서의 생각이
아니었다. 인 목사는 1996년부터 2000년까지 한국방송공사(KBS)
의 이사를 역임하였고, 이사회 예산소위원을 맡기도 했다. KBS 이사
재직 중에 한국방송공사의 미래 전략을 위해 해외 유명 방송국 시찰
을 수차례 했고, 그때마다 한국 미디어 환경이 어떻게 변할지에 대해
공부를 했다. 인명진 목사는 앞으로의 방송은 편성을 중심으로 한 방
송이 될 것이고 제작은 외주중심으로 가면서 방송국 크기는 줄어들
지만 방송사가 많이 생겨 경쟁은 심화될 것으로 보았다. 그래서 인명
진 목사는 교계 방송선교기관들이 역할을 분담해 불필요한 경쟁을
줄이고 상호 선교의 시너지 효과를 내야 한다고 생각했다. 실제 KBS
이사 시절 인명진 목사가 파악한 대로 한국 방송계의 변화가 시작되
었다. 많은 일반 방송국들이 생겼고, 교계에도 많은 TV방송들이 생
겨났다. 그러나 지금 한국 교계 방송은 이와 정 반대의 길을 가고 있
다. 방송국 숫자는 많아졌으나 서로 역할이 중복되고 있는 것이다.
선교적 효과는 투입에 비해 반비례할 수밖에 없다.

당시 한국디지털 위성방송의 방송채널 사업자 선정 결과 CBS가
결정되었다. 인명진 목사는 이때 크게 아쉬워했다. 우리 기독교위성
방송이 안 되더라도 차라리 기독교텔레비전이 되어야 한국 교회
가 앞으로 사회를 향한 더욱 큰 방송선교를 하는데 도움이 되는데,
CBS가 기독교 영상 채널을 하게 되면 이제 종교간 형평성 문제 때문

에 더 이상 한국 교회가 지상파 채널을 받기 힘들다고 생각했다. 한 번 명분을 잃어버린 한국 교회는 나중에 다채널 시대가 열려도 한국 교회가 종합편성채널이나 뉴스채널을 하나도 받지 못할 것이라고 생각했다.

이것은 인명진 목사의 혜안이었다. 실제 이후로 기독교텔레비전이 위성방송의의 채널에 진입했지만 반대로 CBS도 케이블 방송에 진입했고, 케이블 방송 경우에 어떤 곳에서는 오전에 기독교텔레비전이 나오고 오후에 CBS가 나오는 웃지 못할 한국 교회 방송선교의 민낯이 드러나 버렸다. 이후 한국의 선교방송은 일대 혼란을 겪을 수밖에 없었다. 방송 채널들이 남발되기 시작했고 방송 채널 쟁탈전이 소모적인 교회 내부의 경쟁으로 격하되어 버렸다. 이제 더 이상 한국 사회를 향한 지상파나 종편, 뉴스채널은 한국 교회의 의제가 되지 못했고, 한국 교회도 한국 사회를 향해 말을 꺼낼 수 없는 형편에 이르렀다. 한국 최초의 민간방송을 갖고 있는 한국 기독교가 사회를 향한 선교 도구로서 지상파나 종편, 뉴스채널을 갖지 못한 데는 선교방송사 책임자들이 근시안적 시각과 자사 이기주의와 더불어 한국 사회와 한국 교회를 관통하는 역사의식과 선교적 인식 부재에서 기인한다고 본다.

인명진 목사가 방송과 관련한 설교를 할 때 잘 인용하는 성경구절이 있다. 에베소서 말씀으로 "그 때에 너희는 그 가운데서 행하여 이 세상 풍조를 따르고 공중의 권세 잡은 자를 따랐으니 곧 지금 불순종의 아들들 가운데서 역사하는 영이라"(엡 2:2). 이 세상은 공중 권세를 잡은 자를 따르기 때문에 이 시대에 교회가 방송 전파를 잡아야 한다고 늘 말하면서 기독교 미디어의 사회적 영향력이 중요함을 역설했다. 그러나 지금 시점은 '한국 교회 선교방송들이 과연 기독교미디어의 사회적 영향력을 위해 무엇을 하고 있는지 반성해야 할 때가 아닌가'하고 교계의 의식 있는 지도자들이 모두 한 목소리를 내고 있다.

인명진 목사는 한국 사회에 영향력은 미치지 못하고 교회 내에서 후원을 위한 과장 경쟁을 하는 기독교 채널들에 대해 늘 아쉽게 생각한다. 이제는 한국 교회가 협력하여 기독교 채널들의 역할분담을 이루어내지 못하면 한국 교회가 결국 과당 경쟁하는 기독교채널 방송들에게 등을 돌릴 것이라고 말한다. 한국 교회는 새로운 방송의 시대를 열어가야 하는 중대한 시점에 와 있으면서도 과거로 회귀할 뿐 아니라 성공모델을 따라 중복 투자함으로서 서로 어려움을 겪는 구조로 가고 있다.

인터넷과 TV에서 모바일 선교방송 시대로

인명진 목사는 C3TV가 설교방송을 중심 콘텐츠로 시작했지만 인터넷 미디어 환경에서 단순히 설교만 반복해 들려주는 방송이 아닌 사회 선교의 의미를 부여하는 방송이 되기를 원했다. 그래서 시작한 것이 C3TV의 우수한 시설과 자원을 이용해서 공명선거실천협의회와 함께 총선거에 대한 시민법정을 생중계하기도 했고, 많은 NGO의 생중계를 지원하는 등 시민운동에 기여하도록 했다. 인명진 목사는 C3TV가 기술력을 이용해 방송 영역뿐 아니라 목회를 돕는 기능을 하기 원했다. 그래서 2002년 창립한 것이 엠랜드다. 지금은 모든 사람들이 스마트폰을 가지고 다니기 때문에 교적 관리나 설교

원고 보관이 이동 중 편리했지만, 당시 심방이 많던 목회자들의 목회를 모바일 기술을 이용해 돕겠다는 것은 혁신적인 생각에 가까웠다. 그래서 개발된 모바일 소프트웨어가 포이맨이다

당시 단말기는 삼성의 PDA 넥시오였다. 말이 PDA이지 이동하면서 인터넷 풀 화면 접속이 가능하고 사진기와 전화가 모두 가능했다. 이 기능이 좀 더 작아져서 2007년 애플의 스티브잡스가 아이폰을 미국에서 출시했고, 한국에는 KT가 2009년 말에 출시했다. 한국에 아이폰이 들어오는데 2년이나 걸린 이유가 WIPI(위피)를 의무적으로 탑재하도록 한 정부의 정책 때문이었고, 결국 이 정책이 폐기된 후 한국에 출시되게 된다. 당시 혁신적인 삼성의 단말기 넥시오의 문제는 통신 요금이었다. 정부가 무선 데이터 요금을 정액제로 한다고 말만 하고서 차일피일 미루는 바람에 사용자들이 월 10만 원 정도의 요금 폭탄을 맞은 것이다. 단말기를 목회자들이 구입해도 요금이 무서워서 사용하지 못하는 상태가 지속되었고, 당시 넥시오를 통해 한국의 모바일 시장을 세계로 펼쳐가겠다던 삼성의 진대제 사장이 정보통신부 장관으로 옮겨가면서 삼성의 넥시오 부서가 아예 없어져 버렸다.

엠랜드는 모바일 목회지원 프로그램인데 단말기 생산이 중단되어 버렸으니 사업을 이어갈 수 없게 되었다. 이후 온라인 서비스로 변화를 시도했으나 기존 온라인 서비스가 있는 상태에서 더 이상 차별화하기 힘든 상태에 이르렀다. 정보통신 분야는 국가의 정책 및 국제 미디어 발전과 맥을 함께 하기 때문에 그 흐름이 순조롭게 이루어지지 않으면 예기치 않은 어려움에 봉착할 수 있다.

C3TV경우에도 설립 초기부터 일반 이용자들의 인터넷 요금 인

하가 주요한 관건이었다. 당시 KT가 1997년 ISDN 서비스를 했고 전화 접속의 경우 종량제로 인한 요금 폭탄 때문에 인터넷 방송을 시청하는 것이 큰 부담이었다. 그러나 정부가 정보통신 강국 건설을 위해 통신요금 정액제를 실시할 것을 발표했고, 몇 해 후 정액제가 실현됨으로 인해 폭발적으로 방송 가입자와 신청자가 증가했다. 당시 일반 가정용 모뎀으로 볼 수도 없는 인터넷 방송을 향후 정보통신의 발달과 정부정책의 변화까지 내다본 인명진 목사의 판단력과 과감성이 C3TV의 설립을 가능하게 했다.

인명진 목사가 한국 교회 최초로 방송한 사업 중 하나가 위성 DMB 사업이다. 엠랜드를 통한 모바일 서비스를 진행한 경험을 갖고 있던 인 목사는 지상파 DMB와 위성 DMB 사업에 진출하기로 하고 사업 제안서를 제출했다. 당시 위성 DMB사업자는 SK 티유 미디어였는데 오디오북 라디오 채널에 선정되었다. 인명진 목사는 오디오북 장르라면 C3TV가 누구보다 잘 할 수 있다고 생각했다. 성경이 책 중의 책인데 성경을 아는 사람이 가장 좋은 책 방송을 할 수 있다는 목회자다운 생각을 갖고 있었다. 위성 DMB 라디오 방송을 위해 북채널이라는 오디오 방송을 만들었고 위성 DMB 방송을 이어나갔다. 그러나 2009년 스마트폰 열풍이 불었고 지상파 DMB는 명맥만 유지했으며 위성 DMB는 사업을 지속하기 어렵게 되었다.

그러나 그동안 라디오 채널을 운영하고 있으면서 쌓아 두었던 콘텐츠가 가치를 발휘하기 시작했다. 콘텐츠를 기반으로 스마트폰 어플리케이션을 개발했고 그 경험으로 성경과 여러 어플리케이션을 개발해 수익을 올리기 시작했다. 모바일 광고의 시대가 열린 것이다. 엠랜드에서 시작된 모바일 분야 사업은 북채널의 모바일 DMB에서 콘텐츠를 확보했고 결국 C3TV가 모바일 분야 매출을 올릴 수 있는 초석이 되었다.

이후 인명진 목사는 대한예수교장로회 총회 정보통신위원장이 되면서 한국 교회 목회의 전산화를 위해 총회 홈페이지와 교적 및 재정관리 프로그램 보급에 앞장서서 일하면서 총회와 교회의 전산화에 기여했다.

IPTV시대 인터넷과 TV가 융합된 새로운 도약

인터넷 방송과 모바일 방송을 하던 인명진 목사에게 새로운 기회가 왔다. 2008년에 대한민국에 IPTV가 도입되기 시작한 것이다. 지금까지의 방송은 케이블 방송사가 방송케이블을 통해 영상 신호만 보냈고, 부가적으로 인터넷 서비스를 했다면 이제는 광케이블이 포설되면서 초고속 인터넷 회선에 방송을 할 수 있게 된 것이다. 인명진 목사는 엠랜드 시절의 모바일 경험을 통해 이미 KTF와 모바일 설교 방송 서비스를 하고 있었기 때문에 기독교서회 미디어와 협력해 KT의 메가 TV에 기독교CUG(Closed User Group)를 런칭하게 된다.

기독교 CUG의 컨셉은 대단히 파격적인 것이었다. 개별 교회는 시청자들도 많지 않고, 보는 사람들도 결국 자신의 교회 교인들이 중심을 이루는데, 많은 돈을 들여 방송국 설립을 하지 말고 CUG 방송에 가입하면 KT방송을 통해 얼마든지 방송할 수 있는 방식이다. KT 가입자라면 누구나 선택해서 가입할 수 있는 방식인데 1만 명 가입 때까지 월 1천만 원의 회선비용을 부담하기로 하고 KT와 공동 개발한 플랫폼이다. 그러나 우려와 달리 조기에 1만 명을 넘어 현재는 30

만 가구가 넘어서고 있어 국내외에 성공한 IPTV CUG 모델이다. KT의 이영렬 본부장은 IPTV의 뉴미디어적 가치를 누구보다 잘 알고 있었다. 그는 CUG 모델을 IPTV의 중요한 경쟁력으로 인식했고 그 가치를 인정해 주었다. 이후 국내 처음으로 시도한 CUG가 초기의 시행착오를 빠른 시일 내에 수정해 성공하도록 큰 도움을 주었다.

IPTV로 인해 한국의 방송현황에 지각변동이 생겼다. 2008년 6월 C3TV는 IPTV 진입을 위해 기독교위성 방송을 감자 후 합병을 했다. 이후 케이블 방송 런칭도 호조를 보였다. 인명진 목사의 지인 조재구 회장이 적극 도와주었다. 몇 년간에 걸쳐 현대방송과 티브로드 및 씨제이 헬로비전 등 모든 디지털 방송에 런칭이 되었다. 그리고 2008년 11월 KT 메가TV 채널에 런칭된다. 이후 SK브로드밴드 전신인 하나TV 시절부터 콘텐츠를 공급한 기반으로 SK브로드 밴드에서도 방송을 하기 시작함으로 명실상부한 전국을 커버리지로 하는 TV방송이 되었다.

C3TV가 인터넷 방송을 시작한 이래 11년 만에 전국 TV방송을 하게 된 것이다. 인터넷부터 시작해서 위성을 통한 중계유선(RO)방송과 연변지역 위성선교방송, 엠랜드와 북채널을 통한 모바일 방송과 위성 DMB를 통한 오디오북 사업을 경험하면서 결국 IPTV에 제1번 채널로 KT에 런칭을 했고, IPTV와 케이블 방송에 송출되는 전국방송이 되었다. 인명진 목사는 케이블에 런칭하면서도 기독교텔레비전이 있기 때문에 아날로그 채널 런칭을 시도하는 일을 하지 못하도록 했다. 아날로그는 기독교텔레비전이 잘 방송하면 된다는 생각이었다. 그리고 오로지 디지털 채널에만 진출했다. 아날로그 진출이 현실적인 어려움이 있어서이기도 하지만 같은 기독교 채널들끼리 사

회에 나가서 경쟁하는 모습이 비 선교적이라고 생각했기 때문이다.

이후 인명진 목사는 자신이 한국 교회 방송선교를 위해서 할 일을 다 하였고, 이제 젊고 콘텐츠가 있는 목회자들이 이 일을 이어 발전시켜야 한다고 생각했다. 2009년 공동 대표이사에 오륜교회 김은호 목사와 여의도순복음교회 이영훈 목사가 취임하게 되었고, 2010년 10월 정성진 목사가 공동대표이사가 되었다. 이후 인명진 목사는 회장으로 일선에서 물러나게 되었고 나중에는 이사직까지 물려주었다.

김은호 목사는 사장 재임을 하면서 기독교복음방송의 TV 채널 명을 GOODTV로 변경하고 양평동 사옥을 준공하며 제2의 도약기의 발걸음을 내딛었고, 현재 여의도순복음교회 이영훈 목사가 대표이사 의장으로서 글로벌 선교방송으로 방송국을 경영하고 있다.

다시 방송선교의 새로운 지평으로

인명진 목사가 방송 관련 설교를 하면서 자주 사용하는 예화가 있다 "모든 길은 로마로 통한다는 말이 있다. 로마는 다른 나라를 정복하기 위한 전쟁을 위해 도로를 만들었다. 그러나 예수님께서 오셔서 교회를 세우시고 난 후에는 복음 전도자들이 세계복음화를 위해 이 길을 사용했다. 로마의 길이 복음을 전하는 통로가 된 것이다. 역사를 주관하시는 하나님은 전쟁을 위해 건설된 도로를 복음을 전파하는 길로 사용하신 것이다. 인터넷과 뉴미디어를 사람들은 세상의 문화와 소식을 전하는 도구로 만들었지만 교회는 복음을 전하는 통로로 삼아야 한다"

인명진 목사는 뚜렷한 복음에 대한 선교적 의식을 가지고 있었다.

그리고 그 복음을 전하기 위해 세상의 도구를 누구보다 잘 활용해야 한다고 생각했다. 목회자들이 개 교회 목회와 교단의 정치에 골몰하고 있을 때, 인명진 목사는 불특정 다수의 익명의 사람들을 향해 끊임없이 복음을 전하기를 원했다. 그의 복음 전파의 강렬한 열망이 오늘의 C3TV를 만든 원동력이라고 본다. 많은 사람들은 누구나 복음 전파의 열망이 있다고 말한다. 그리스도인치고 복음 전파의 열망이 없는 사람이 누구이겠는가? 그러나 인 목사는 다른 사람들과 달랐다. 우리 사회의 불특정 다수의 사람들에게 어떤 유형으로든지 지속적으로 복음을 전하기를 원한 것이다.

인명진 목사가 케이블의 각종 프로그램에 고정 게스트로 나오고, 여러 시사 프로그램에 초대받아 의견을 말하고, 언론은 국가적 이슈가 있을 때마다 인 목사에게 생각을 물어본다.

일부 사람들은 왜 목사가 사회의 문제에 대해 발언하느냐고 한다. 그러나 우리 사회의 문제에 대해 한국의 언론이 목사에게 묻는 것만 해도 한국 교회 입장에서는 감사한 일이다. 한국 사회에 대한 날선 비판의 이야기를 할 때 앞뒤에 목사라고 아나운서가 불러주는 것만으로도 한국 교회는 감사하다. 한국 사회는 한국 교회가 하는 이야기에 귀를 닫았다. 아니 귀를 닫은 정도가 아니라 교회가 먼저 개혁하라고 말한다. 부끄러운 일이다. 사회로부터 도덕성까지 의심받은 한국 교회가 연합과 일치에 귀를 막고 각자 자기 좋은 대로 제 갈 길을 가는 한 우리 사회는 더 이상 교회의 사회적 메시지에 귀를 기울이지 않을 것이다.

인명진 목사는 방송선교를 위해 플랫폼을 만드는 일에 집중했다. 그 플랫폼을 통해 한국 교회의 설교, 음악, 성경과 같은 콘텐츠를 보냈다. 그리고 방송국 경영 일선에서 물러난 지금은 그 자신이 콘텐츠가 되어 지상파 종합편성채널, 뉴스채널 그리고 일간지 신문에 메시지를 보낸다.

　인명진 목사의 말은 라디오와 TV가 중계하고 포털이 뉴스로 받아올린다. 인 목사는 이제 방송국을 경영하지 않지만 자기 자신이 방송이 되어 새로운 방송선교의 지평을 열고 있는 것이다. 1997년 그랬던 것처럼 인명진 목사의 새로운 방송선교는 지금도 계속되고 있다.

인명진을
말한다

노동, 인권
그리고
민주화

잔업 강요, 부당해고와 같은 처우를 개선하고
노동자들의 권익을 찾아 주기 위하여
노동정책과 노동법을 연구하였으며
노동조합을 결성하게 되었다. 자연스럽게
한국 사회 인권운동과 민주화운동으로 연결되었고,
부분적으로는 민주화운동의 원동력으로까지
작용하게 되었던 것이다.

영등포산업선교회 노동운동이 한국 사회 민주화와 인권운동에 끼친 영향 – 인명진의 구술 기억을 중심으로 | 김명배

인명진의 노동과 산업선교 | 이근복

영등포산업선교회 노동운동이 한국 사회 민주화와 인권운동에 끼친 영향
— 인명진의 구술 기억을 중심으로

김명배

(숭실대학교 교수)

1. 들어가는 말

한국개신교회는 선교초기 정교분리론을 내세운 선교사들의 영향 아래 사회참여에 일정한 거리를 두고 있었다. 그러다가 해방 후 이승만을 중심으로 한 개신교인들이 정권을 담당하자, 다수의 한국개신교회와 교인들은 국가권력과 협력하는 친정부적인 성향을 지니게 되었다. 그러나 이승만 장기독재로 인한 4.19혁명과 정권의 붕괴, 그리고 곧이어 일어난 박정희 군부독재의 탄생은 한국 교회로 하여금 소극적으로나마 사회참여를 시작하게 하였다. 특히 한국 기독교인들은 1970년대 유신체제가 탄생한 후, 1987년 6.10항쟁을 통하여 민주정부를 수립하기까지 다양한 부문의 사회참여 운동을 전개하여 한국 사회 민주화운동에서 빠뜨릴 수 없는 존재가 되었다. 특히 기독교 지식인들은 권위주의 체제를 비판하면서 한국 사회의 민주화를 진전시켜 나가는 데 중요한 역할을 담당하였고, 반독재민주화 운동을 비롯한 몇몇 부문 운동들에서는 그 운동의 형성과 전개에 중요한 영향을 미쳤다. 이러한 한국 교회 민주화 운동에 관한 연구는 지금까지 다양한 차원에서 이루어졌다.

1970년대부터 교회사 연구자들에 의해 일제시기 '기독교민족운동'연구가 이루어지기 시작되고, 민족주의나 민족의식을 다룬 논문이『기독교사상』이나『신학사상』등 신학 잡지에 실리기 시작하였다. 1980년대에 이르러서는 교회사나 한국사 영역에서 '기독교민족운동'에 대한 연구가 진행되었지만, 이것은 일제시대에 국한된 연구들이었다.[1] 결국 4.19혁명이후 1970년대의 기독교사회참여 운동에 대한 연구는 1980년대에 이르러서야 시작되었다. 그런데 지금까지 기독교 사회참여에 대한 연구사를 개관해 보면 다음과 같은 방향으로 연구되어 왔다.[2] 첫째로 기독교 사회참여운동의 배경과 논리에 관한 연구이다.[3] 둘째로 기독교사회참여운동의 주도세력의 현실 인식과

---

1 한규무, "한국기독교민족운동사 연구의 현황과 과제,"『한국기독교와 역사』, 제 12호 (서울: 한국기독교역사연구소, 2000), 76.
2 조배원, "기독교사회참여운동 연구의 현황과 과제,"『한국기독교사회참여운동관련문헌해제』, (서울: 민주화운동기념사업회, 2003)에 요약 정리되었다.
3 이 주제를 다룬 글들은 다음과 같다. 문유경, "1970년대 기독교 민주화운동-발생배경과 특성을 중심으로,"(미간행석사학위논문, 연세대학교, 1984); 최길호, "한국현대사의 사회변동과정에서 나타난 기독교 신앙의 제 양태 연구" (미간행석사학위논문, 감리교신학대학교, 1993); 최형묵, "사회변혁운동 이념과 기독교신학-1980년대 한국상황을 중심으로" (미간행석사학위논문, 한신대학교, 1987); 김용복, "민중신학과 토착화 신학,"『기독교사상』, (1991. 6); 송건호, "기독교사회참여-70년대를 중심으로,"『기독교사상』, (1984. 11).

지향도에 관한 연구이다.4 셋째로 기독교 사회참여운동에서 반독재·
민주화운동이 언제 대두되었느냐 하는 문제이다.5 넷째로 기독교의
반독재·민주화운동 의 주체가 누구인가 하는 문제이다.6 다섯째로
노동운동, 도시빈민운동, 청년학생운동, 여성운동 등 부문운동에 관
한 연구이다.7

　　그러나 이상과 같이 한국기독교의 민주화운동에 대한 활발한 연
구가 있지만, 지금까지의 연구들은 진보적 시각의 이데올로기적 접
근법을 택하여 독재정권의 탄압에 대한 저항에 그 초점을 맞추었다.
특히 이들 연구의 대부분은 한국기독교의 사회참여과정에서 나타난
각종 '성명서', '선언문', '자료집', '신학잡지', '기독교신문', '일간지',

---

4 이 주제를 다룬 그들은 다음과 같다. 이영숙, "한국진보적 개신교 지도자들의 사회변
　동 추진에 대한 연구-1957-1984년을 중심으로," 「기독교사상」 (1991. 3월-5월);
　이원규, "한국개신교회의 정치참여(1970년대 기독교진보주의 종교이념의 발전과 그
　수용문제를 중심으로," 『한국교회와 사회』 (서울: 한국신학연구소, 1989).
5 이 주제를 다룬 그들은 다음과 같다. 김상근, "1970년대의 한국 기독교운동." 『기독교
　사상』, (1984. 11); 조승혁, "민주화와 한국 교회의 역할," 『한국 사회 발전과 민주화
　운동』, (서울: 한국기독교산업개발원, 1986); 김진배, 『1970년대 민주화운동: 기독교
　인권운동을 중심으로, Ⅰ.Ⅱ.Ⅲ』 (서울: 한국기독교교회협의회 인권위원회, 1987); 김
　병서, "한국사회의 민주화와 기독교," 『한국사회발전과 기독교의 역할』 (서울: 숭실대
　학교 기독교사회연구소, 2000); 기독교사회문제연구원, 『1970년대 민주화운동』조사
　연구자료 19 (서울: 기독교사회문제연구원, 1984); 강인철, "한국개신교교회의 정치
　사회적 성격에 관한 연구: 1945-1960" (미간행박사학위논문, 서울대학교, 1994).
6 이 주제를 다룬 글은 다음과 같다. 이호대, "한국 민주화운동에서 교회의 정치적 역할
　에 대한 연구" (미간행석사학위논문, 서강대학교, 1999).
7 이 주제를 다룬 글들은 다음과 같다. 조승혁, 『도시산업선교의 인식』 (서울: 민중사,
　1981); 이원규, "도시산업사회와 교회," 『한국교회와 사회』 (서울: 한국신학연구소,
　1989); 정명기, "도시빈민선교," 『한국역사 속의 기독교』 (서울: 한국기독교교회협의회,
　1985); 한국기독청년협의회, "기독학생운동의 역사와 과제," 『한국역사 속의 기독교』,
　(서울: 한국기독교교회협의회, 1985); 한국기독청년협의회, "기독청년운동의 전개과
　정-70년대 이후 교청, 교단청년, EYC운동을 중심으로," 『한국역사 속의 기독교』 (서
　울: 한국기독교교회협의회, 1985).

'총회회의록', '보고서', '일지', '편지' 등을 사용한 문헌적 연구방법론을 사용하여 역사적 사실에 입각한 실증주의적 역사 서술 내지는 거대담론의 주관성에 입각한 역사 서술을 택해왔다. 그리하여 이상과 같은 연구들과 역사서술은 한국기독교 민주화운동의 전체상을 정립하였다고 말하기 어렵다. 특히 노동운동, 농민운동, 도시빈민운동의 경우와 같은 부문의 운동들은 거대담론의 역사 쓰기로는 담아낼 수 없는 미시사적 다양한 역사적 층위들이 존재하기 때문이다.

이러한 관점에서 본 논문은 한국기독교 민주화운동에 대한 역사를 일반화된 설명이 아닌 당대의 당사자들이 경험한 것에 대한 기억을 통해서 새로운 역사내용을 찾아내고자 한다. 이러한 작업은 그동안 과거의 재현을 독점해온 기존의 역사를 새로이 점검하도록 이끄는 자기성찰적 작업이 될 것이다. 그러므로 본 논문은 기존의 역사서술이 보여준 거대담론의 설명을 지양하고 민주화 운동의 현장에서 있었던 분들의 구술을 통해 나타나는 미세한 역사적 층위의 단면을 발굴하는데 초점을 맞추고자 한다.[8]

본 논문은 한국현대사의 민주화와 인권운동 과정에서 한 부문운동을 형성했던 노동운동을 구술사적 방법론을 사용하여 기존의 역사 쓰기가 생략한 역사적 층위를 드러내고 발굴하고자 한다. 이러한 목적을 위하여 본 논문은 먼저 이 글의 역사 서술의 방법을 제공해주는 구술사와 기억의 의미에 대하여 살피고, 이어 영등포산업선교회의 역사를 기존의 문헌적 연구 방법을 통하여 간략히 고찰할 것이다.

---

8 박양식, "기독교 민주인사의 70년대 감옥기억." 인문사회과학회, 「현상과 인식」, 2010, 제 34권 3호, 115. 이글은 한국기독교의 민주화운동에 대한 최초의 구술사적 연구논문이다.

이어 한국현대사의 민주화와 인권운동, 특히 영등포산업선교회를 통하여 노동운동에 투신했던 인명진 목사의 구술 녹취록을 통하여 영등포산업선교회 산업선교 운동의 동기와 역사적 내용, 그리고 산업선교가 지닌 역사적 함의를 살필 것이다. 특히 본 본문은 영등포산업선교회의 대표적인 지도자인 인명진 목사의 구술녹취록을 통하여 기존의 문헌적 연구를 통하여 밝혀진 사실들과 다른 역사적 차이들, 또는 역사적 층위를 드러내는데 그 목표를 두고자 한다.

2. 구술사의 개념과 기억의 문제

1) 구술사의 개념

20세기 역사학에서 주목할 만한 현상 중의 하나는 구술사의 발전이다. 구술사는 기억을 재현시켜서 정리한 구술 자료들을 바탕으로 역사를 기술한 것이다. 따라서 구술사는 기억의 역사, 또는 '기억으로 쓰는 역사'이다.[9] 그러나 구술사는 주관적 기억이 객관적 역사가 될 수 있다고 주장하여 전통사학으로부터 많은 비판을 받았다.[10] 그럼에도 불구하고 20세기 중반 이후 '아래로부터의 역사의식'을 지닌 포스트모던 역사학이 등장하여 구술사의 가능성을 제공해 주었다.[11]

---

9 윤택림 편역, 『구술사, 기억으로 쓰는 역사』 (서울: 아르케, 2010); 이국헌, "양화진, '기억의 터로'서 교회사의 의미", 미간행논문, 한신대학교 현대한국구술사연구사업단이 주최한 학술 심포지엄에서 발표한 자료집, 2011, 7.
10 이국헌, 앞의 글. 7.
11 김기봉 외, 『포스트모더니즘과 역사학』 (서울: 푸른역사, 2002), 325.

실제로 구술사는 문헌자료의 한계로 구성해 낼 수 없는 많은 역사들을 살려냄으로써 담보상태에 빠진 역사학의 새로운 지평을 열어 준 것으로 평가된다. 특별히 역사 현장에 참여했던 평범한 사람들의 기억은 '아래로부터의 역사'를 구성하는 데 있어서 매우 중요한 역할을 하였다.[12]

　구술사와 관련하여 이야기할 때 가장 먼저 나오는 문제는 구술사의 개념과 정의에 대한 문제이다. 대체로 미국의 구술사 전통은 구술사가의 기록관리사적인 측면을 강조하여, 구술자료의 수집과 관리에 연구의 초점을 맞추었다. 반면 유럽의 구술사 전통은 구술의 서술적 측면과 해석을 중시하였다. 서구의 대표적인 구술사가인 영국의 폴 톰슨(Paul Thompson)과 벨기에의 역사학자이며 인류학자인 얀 반시나(Jan Vansina)는 경험주의적 내지는 실증주의적 입장에서 구술을 다룬다. 이들은 구술자료가 문헌자료만큼 신뢰할 수 있는 경험적 자료임을 증명하는 동시에 문헌자료가 줄 수 없는 정보를 제공할 수 있다는 사실을 주장한다. 폴 톰슨(Paul Thompson)은 사회사학자로서 노동자 계급의 경험과 구술에 기초한 역사 쓰기에 전념하여 구술사의 정당성과 가치를 증명하고자 노력했다. 그는 구술사가 역사의 내용과 목적 모두를 변형 할 수 있는 수단이 될 수 있다고 주장한다. 그에 의하면, 구술사는 역사가들이 갖고 있던 가정과 이미 용인된 관점에 도전하고 또한 그동안 무시되었지만 실제 존재했던 집단을 인정함으로써 역사의 모든 분야에서 점진적인 변화의 과정이 진행된다. 그리하여 역사 서술 자체의 폭도 넓어지고 풍성해져서 민주

---

12 Edward Palmer Thompson, Dorothy Thompson, *The Essential E. P. Thompson* (New York: The New Press, 2001), 481-487.

적인 역사 서술이 이루어진다고 주장하였다.[13] 한편 이탈리아의 구술사가인 알렉산드로 포르텔리(Alessandro Portelli)는 구술 자체의 내재적 특성, 즉 역동성에 주목한다. 그에 의하면, 구술 자료가 다른 자료와 달리 역사가들에게 주는 가치는 바로 구술자의 주관성이다. 구술자료는 인공적이고 가변적이고 부분적이며 객관적이지 않다. 따라서 구술사 연구는 항상 진행 중인 미완성의 작업이다. 그는 초기의 구술연구자들처럼 구술 자료를 문헌 자료처럼 인정받고자 하는 것이 아니라, 구술 자료의 특수성을 조명하고 그것을 어떻게 활용할 것인가에 관심을 기울인다. 그에 의하면, 구술사는 우리에게 사건에 대해서보다 의미에 대해 말해준다. 이러한 입장의 차이는 톰슨과 반시나가 초기의 구술사가로 실증주의 역사학의 비판에 맞서야 했던 반면, 구술사가 학문적으로 인정된 시기의 구술사가이므로 방어적일 필요가 없었기 때문이다.[14]

2) 기억의 문제

1980년대 이후 역사학에서 기억은 중요한 위치를 차지하게 되었다. 역사가 생생한 개별적 체험과 점차 유리되어 가고 현실성을 결여한 형이상학이 되었다는 비판이 생겼다. 이어서 역사란 단지 주관적으로 구성된 거대서사로 격하되는 상황이 벌어졌다. 그러자 개개의 체험에 의미를 부여해 줄 수 있는 새로운 논리적 기제가 필요해졌다. 이에 기억이 부름을 받았다. 기억은 형이상학의 외투를 벗기는 역사

---

13 윤택림 편역, 앞의 책, 40-43.
14 윤택림 편역, 앞의 책, 10.

라는 위상을 부여받았다. 기억이 역사학에 수용되면서 역사에 새로운 차원이 열린 것이다. 기억이 역사학의 결점을 보완해주고 역사에 새로운 활력을 제공한 것이다. 그리하여 얀 반시나(Jan Vansina)는 "역사가의 모든 자료는 기억의 산물이라고 보고, 모든 것이 신화의 산물이다"라고 선언하였다. 그녀는 "과거로부터 직접 오는 메시지는 최소한 한 목격자의 기억을 통해, 많게는 일련의 목격자들의 기억을 통해 전해진다"고 하여 기억의 역사성을 주장하였다.15

그런데 기억의 역사성 혹은 역사적 기억을 이야기할 때, 우리는 기억에 관한 두 가지 논점을 만나게 된다. 하나는 집합기억의 문제이고, 다른 하나는 기억의 터의 문제이다. 프랑스의 사회학자 모리스 알박스(Maurice Hallbwachs)에 의하면, 기억은 사회적 틀을 지니고 있다. 그는 스승인 철학자 베르그송의 영향을 받아 순수 기억의 주관주의를 극복하고 기억을 사회적 현상으로 해석하려고 시도했다. 또한 그의 다른 스승인 뒤르켐의 영향을 받아 기억이란 '사회적 틀'(cadre sociaux)을 통해서만 매개되며 오직 그 내부에서만 유효하다고 주장하였다.16 그러므로 그에 의하면, 사람은 단지 사회적 집단의 한 성원으로서만 기억한다. 개인의 회상의 특수성, 환원할 수 없는 창의성은 사실 그것들이 우리가 소속된 다양한 사회적 집단들, 예를 들어 가족, 친구들, 정당, 사회적 계급, 국가에 상응하는 몇 개의 일련의 기억들의 엇갈림에 의해 만들어진다는 것이다. 개인의 기억은 그가

---

15 윤택림 편역, 『구술사, 기억으로 쓰는 역사』 (서울: 아르케, 2010), 55; 박양식, "기독교 민주 인사의 70년대 감옥기억", 한국인문과학연구회, 「현상과 인식」, 2010, 가을호, 116.

16 전진성, 『역사가 기억을 말한다』 (서울:휴메니스트, 2005), 48; 박양식, 앞의 글, 117.

부분적으로 포함되어 있는 사회적 연대의 중첩적인 연계망의 정점이다. 알박스는 이것을 집단들의 집합기억(Collective Memory)으로 부르고, 인류의 보편적 기억은 존재하지 않으며, 공간과 시간적으로 제한되어 있는 특정 집단의 집합기억이 있음을 말한다.[17]

한편 피에르 로라는 "기억의 터"를 말한다. 그에 의하면, 역사의 가속화로 인해 과거와 단절되었다는 의식이 생겼는데, 이런 의식이 기억이 찢겨 나간다는 느낌과 연결되면서 기억의 터에다 기억을 구현하는 문제가 제기 되었다.[18] 피에르 노라에 의하면, 과거에는 유명한 가문들, 교회, 국가가 주도했던 기억과 역사를 통합하던 것이 오늘날에 와서는 다양한 부류의 사람들이 자신의 기억을 남기는 일에 적극적이 되었다. 이처럼 기억하는 작업은 모든 사람을 역사가로 만든다. 이렇듯 역사-기억의 해체와 함께 새로운 종류의 역사가 출현한 상황에서 기억하는 자신이 기억의 터가 되어 간다.[19] 이러한 기억의 터로는 국기, 애국가, 국경일, 기념식, 묵념행위들도 있으며, 기억을 환기시키는 영향력을 지닌 특정한 사물이나 장소, 기억을 담고 있는 상징적 행위와 기호 또는 기억을 구축하고 보존하는 기능적 기제들을 총망라하는 개념들로 이해된다.[20] 본 논문은 이러한 기억의 장소인 영등포산업선교회의 역사를 먼저 문헌적 연구방법을 통해 간략히 살펴보고자 한다.

---

17 윤택림 편역, 앞의 책, 104-108.
18 Pierre,Nora, "기억의 장소", 윤택림 편역, 앞의 책, 122.
19 Pierre,Nora, 앞의 글, 132, 134, 149.
20 박양식, 앞의 글, 118-119.

3. 문헌적 연구를 통해 본 영등포산업선교회의 역사

1) 초기 산업전도의 시기(1957-1967)

1957년부터 장로교회의 어커트(R. Urquart)가 산업선교를 시작함으로써 한국에도 산업선교 시대가 도래하였다. 그해에 장로교회는 총회 안에 산업전도위원회를 두기로 결정 하였다.[21] 감리교회에서도 1960년대 초반에 오글(G. Ogle) 선교사가 인천지방에서 산업선교를 시작하였으며, 1961년에 대한성공회, 1963년 기독교장로회, 1965년 구세군 등 각 교단도 잇달아 산업 전도를 위한 활동 기구를 설치하여 서울, 인천, 황지, 부산, 대구, 대전 등지에서 활동을 전개하였으며, 1966년에는 연합조직인 한국 산업전도 실무자 협의회가 조직되면서 산업전도 활동은 본 궤도에 오르기 시작하였다. 이 당시의 산업전도의 성격은 교회전도의 연장으로서 "복음을 어떻게 노동자들에게 선포하고 어떤 방법으로 이들을 교회로 인도 할 것인가"하는 산업사회에서의 단순한 교세 확장이라는 관점에서 출발한 것이었다.[22]

영등포산업선교회는 예장(통합) 안에서 가장 최초로 활동을 시작했고, 한국 교회 산업선교 활동의 가장 중심에 서서 가장 오랜 기간 동안 선교활동을 해왔다. 영등포산업전도위원회는 1958년 4월 19일 창립했고 초기 실무자는 강경구 전도사였다. 초기 활동은 주로 노

---

21 김인수, 『한국기독교회사』 (서울: 대한예수교장로회출판국, 1993), 367.
22 한국기독교사회문제연구원, 『1970년대 민주화운동과 기독교』 (서울: 기사연, 1984), 85.

동자들의 개인 구원을 목적으로 노동자들을 조직해서 정기적인 예배와 전도모임을 가졌다. 산업전도 관계자들은 예배를 주관하고 근로자 가정과 기숙사를 방문해서 질병, 결혼, 종교, 직장, 가정 문제 등을 상담했다.[23] 이런 선교방법은 교회의 전도방식을 공장안에 적용한 것이었으나 노동자들은 고용주들이 종교를 이용하여 노동자들의 불만을 무마하려 한다고 생각했다. 따라서 실무자들은 산업전도를 기존교회의 방식과 내용을 벗어나야 하며, 노동자와 노동현장에서 생겨나는 문제와 사건, 과제를 다루어야 한다는 새로운 자각을 하게 되었다.[24] 그 결과 산업전도 활동은 실무자 중심에서 평신도 중심으로 전환하게 되었다.

1964-1967년 영등포산업전도는 산업신도들의 조직화와 평신도 산업전도 교육에 중점을 두었다. 조지송 목사[25]가 부임하기 전 영등포사업전도위원회는 40여 명의 노동자들이 '신봉회'를 조직하고 매월 예배를 드렸다. 1964년 6월 12일 '신봉회'는 14개 공장의 대표들로 구성된 '평신도산업전도연합회'로 개편되어 각 공장의 신도조직화 사업에 주력했다. 그 모임의 내용은 '예배, 좌담회, 교양 강좌, 친목회, 음악 감상, 기도회, 강습회, 각종 회의' 등이었다. 한편 1964-1965년 사이에는 도림동교회, 양평동교회, 영남교회 안에도 '산업전도회'가 결성되었다. 1965년에 '평신도산업전도연합회'는 50여개의

23 대한예수교장로회 영등포산업선교회, 『영등포산업선교회 40년사』(서울: 영등포산선, 1998), 58-59.
24 위의 책, 58-59.
25 당시 조지송 목사는 1961년 장신대를 졸업하고 산업전도 훈련을 받은 후, 1963년에 산업전도목사로 안수를 받았다. 그리고 그는 1964년 2월 18일 영등포지국 산업전도위원회 실무목사로 부임해서 20여 년간을 산업선교에 헌신하였다.

기업체와 관계를 갖고 있었고 5개 교회가 산업전도회를 운영하였다.[26]

2) 노동조합을 통한 산업선교 시기(1968-1972)

1960년대 후반 들어 급격한 산업화의 추진에 따라 노동 현장의 문제가 양적으로 증대되고 질적으로 심화되는 상황 속에서 이러한 전통적인 방식의 산업전도는 도전을 받지 않을 수 없었다. 복잡하고 전문화하는 산업화 현장 속에서 교회의 울타리를 벗어나지 못한 전통적인 전도방식으로는 노동자들에게 진정한 복음의 메시지를 전달할 수 없다는 자각이 일어나기 시작하였다. 이와 같은 산업전도에 대한 비판적 극복의 노력은 1968년 EACC 홍콩회의에서 '산업전도' (Industrial Evangelism)라는 말을 '도시산업선교'(Urban Industrial Mission)로 바꾸면서 명실상부 새로운 단계로 접어들게 되었다.[27] 이에 따라 각 교단의 '산업전도'기관들은 '도시산업선교'로 명칭을 바꾸고, 단순한 교회의 목회의 연장으로서의 예배 중심적 활동에서 노동법, 노동조합에 관한 문제 등 노동운동에 구체적으로 필요한 사항들에 강조점을 두게 되었으며, 신학적으로도 교회의 울타리를 뛰어넘어 사회 구원에 역점을 두는 '하나님의 선교' 신학적 입장을 확고히

---

26 정병준,『총회 도시산업선교 50주년 기념도서』(서울: 대한예수교장로회 총회국내
   선교부, 2007), 44-45.
27 한국기독교사회문제연구원, 앞의 책, 88. 한국의 산업선교의 역사에 관한 기존의 연
   구는 거의 일치하여 1968년을 전환의 시점으로 삼고 있다. 즉 제 1기(개척기)는
   1957-1967, 제 2기 (발전기 또는 전환기)는 1968-1972, 제 3기(수난기 또는 투쟁
   기)는 1972-현재까지의 3단계로 구분하고 있다. 조승혁,『산업선교의 인식』(서울:
   민중사, 1981).

천명하였다.[28]

영등포산업선교회의 실무자들은 이 시기 노동자들의 문제가 산업선교의 과제라는 것을 깨닫게 되었고, 노동자들의 권익을 지키는 가장 좋은 방법을 노동조합이라고 생각했고, 노동조합을 신학화하게 되었다. 그리하여 이 시기의 영등포산업선교회의 활동은 교육훈련사업, 조직 확대, 노동현장에 대한 적극적 개입으로 나타났다. 교육훈련사업은 노동 문제와 노동조합에 대한 강연회, 좌담회, 세미나를 통해 평신도, 노동조합간부, 일반노동자를 대상으로 훈련 사업을 전개했다. 평신도산업선교교육은 1972년 6월까지 20회에 걸쳐 진행되었는데 현장에서 필요한 노동조합, 근로자기준법, 협동조합, 건강과 윤리를 교육했다. 특히 노조간부 및 노조지도자들을 교육하였는데, 한국노총과 협력하여 3년간 21회에 걸쳐 12,000명의 지도자를 훈련했다. 이 시기 영등포산업선교회와 경인지역 산업선교회들은 100여개 기업에 노동조합을 조직했고 조합원 수는 4만 명에 달했다.[29]

3) 소그룹 활동을 통한 산업선교 시기(1972-79)

영등포산업선교회의 활동은 1960년대에 실무자 중심 활동에서 평신도중심 활동으로 전환했다가, 1968년-1972년의 기간에 주로 노동조합을 통해 산업선교 활동을 했다. 그러나 부패한 노동조합과 한국노총의 한계를 깨닫고 1972년부터는 소그룹 활동을 통한 노동

---

28 한국기독교사회문제연구원, 앞의 책, 88-89.
29 정병준, 앞의 책, 46-47.

자들의 의식화 활동을 했다. 특히 1972년부터 1980년까지는 조지
송 목사의 뒤를 이어 인명진 목사[30]가 영등포산업선교회의 총무로
활동한 시기로 영등포산업선교회 역사상 가장 활동적이고 투쟁적인
시기였다. 이시기 영등포산업선교회는 소그룹 운동을 통하여 노동
자들을 의식화시켰고, 훈련된 노동자들은 노조를 개혁하고, 권리를
찾는 일에 적극적으로 나섰다. 아래의 표는 당시 영등포에서 노동자
소그룹 활동이 얼마나 활발하게 이루어졌는가를 보여준다.[31]

년도	모임 횟수	참가 인원	그룹 수	주제
1973	1,648	11,536		종교, 사회, 경제, 노동, 교양, 가정, 취미, 건강, 친교, 음악
1974	891	7,915	70	노동자 의식계발, 신앙과 교양
1975	1,662	16,544	80	교양, 노동법, 사회, 경제, 종교 등 30여종
1976				노동, 경제, 정치, 여성, 가정, 교양, 종교, 사회 등 152가지
1977	1,988	22.564		
1978		5,000		
1979	5,200	62,400	100	

---

30 인명진 목사는 1946년 6월 1일 충남 당진에서 기독교 가정에서 태어나 한신대학교
와 장신대학교에서 신학을 공부하고 목사안수를 받았으며, 1972년부터 1979년까
지 영등포산업선교회의 총무로 활동하면서 노동운동과 민주화운동에 투신 1972년
긴급조치 1호위반으로 구속된 후 모두 4차례에 걸쳐 투옥되다. 1987년대에는 민주
쟁취 국민운동본부 대변인과 상임집행위원을 역임하였으며 기독교환경운동대표,
NCCK 교회와 사회위원장, 갈릴리교회 담임목사 등을 역임하였다.
31 정병준, 앞의 책, 65.

영등포산업선교회가 조직한 소그룹은 1974년 70개, 1975년 80개, 1979년 100개로 꾸준히 성장해갔으며, 1973년 1,648회였던 소그룹 모임의 횟수는 1979년에는 5,200여 회로 증가했다. 여기에 참가한 노동자의 수도 1973년 11,536명에서, 1977년 22,564명, 1979년 62,400명으로 급격히 증가했다.[32] 영등포산업선교회의 소그룹 운동의 조직 원칙과 내용은 다음과 같다. (1) 같은 회사, 같은 부서, 같은 자리의 노동자로 조직했다. (2) 한 그룹을 7-9명 단위로 하였다. (3) 소그룹 활동을 여성 근로자들을 대상으로 했으며, 한 그룹 내에 남녀 혼성으로 조직하지 않았다. 각 그룹은 각자 나름의 이름을 갖고 외부 간섭 없이 스스로 운영해 나갔다. 각 그룹은 대표와 총무를 두었는데 민주적으로 선출되었고 대개 6개월 간격으로 바꾸었다.[33] 이러한 소그룹 활동을 통한 의식화 교육의 결과는 제일 먼저 어용노조에 대항하는 노동조합의 투쟁으로 나타났다. 대한모방 강제예배반대투쟁(1973), 남영나일론 투쟁(1976), 방림방적체불임금 요구투쟁(1977), 해태제과 8시간 노동투쟁(1979) 등은 모두 소그룹 활동을 통한 노동조합 지원 투쟁의 대표적 사례들이다.[34]

또한 이 당시 영등포 산업선교회는 근로자 권익을 찾기 위한 투쟁을 지원하였다. 강제노동, 장시간노동, 폭행, 체불임금, 체불퇴직금, 법정휴식시간, 법정휴일실시, 부당해고, 비인격적인 언행, 중간간부들의 횡포, 산재보상, 노동조합결성방해, 노동조합개혁 등과 같은

---

32 『영등포산업선교회 40년사』, 135-137; 김재성, "도시산업선교가 노동운동에 미친 영향," 『한국개신교가 한국근현대의 사회문화적 변동에 끼친 영향 연구』 (서울: 한국신학연구소, 2005). 517.
33 『영등포산업선교회 40년사』, 138-144; 김재성, 앞의 책, 518.
34 『영등포산업선교회 40년사』, 154-177; 김재성, 앞의 책, 518.

문제들을 지원하는 활동을 했다.35 1974년 인명진 목사와 김경락 목사가 감옥에 있을 때 '엑소더스'라는 주일 오후 기도모임이 시작되었고, 기도, 성경읽기, 예배 등으로 발전했다. 처음에는 호응이 적었으나 1974년에는 15명 내외, 1975년에는 30여명, 1976년에는 100여명이 모였다. 1977년 3월 13일 노동교회가 창립되었고 매주일 50여명이 모여 예배를 드렸다. 1979년에는 21명이 세례를 받았고 당시 70-80명이 예배를 드렸다. 한편 영등포산업선교회는 노동자들의 경제활동에 도움을 주기 위해 신용협동조합, 공동구매조합, 주택조합을 자체적으로 운영하였다. 1975년에 한문야학을 신설했고, 1978년에는 역사반과 치과치료활동을 했다. 1979년 독일교회와 국내교회의 후원으로 당산동에 영등포산업선교회관을 건립하였다. 1979년 6월에는 최초로 중고 옷 나누어 입기 운동 '한울안 운동'을 시작했다. 1975년 감리교회는 구로지역에 산업선교회관을 건립함으로 연합활동을 분리하였다.36

---

35 정병준, 앞의 책, 65. 1975년 21개 기업체 근로자들의 권익옹호, 1976년 45,000여 명의 노동자들의 방문과 25개 기업체 근로자들의 권익옹호, 1978년 21개 기업체 근로자들의 권익옹호, 1979년 해태제과임금투쟁과 8투쟁시간 노동투쟁, 롯데제과 부당해고 복직투쟁 및 휴업수당 청구투쟁 등을 지원.

36 앞의 책, 66.

4. 기억을 통해 본 산업선교의 동기와 원동력

1) 열악한 노동 현실

산업선교는 초창기에는 고용인이나 고용주 어느 한 편만을 위해서 활동하는 것이 아니라, 기독교 윤리에 기초하여 생산성 향상과 직업윤리, 노사협조를 강조하는 방향으로 나갔다. 그러나 1960년대 후반 이후 노동 문제에 관심을 가지면서 사용자와 산업선교 사이에는 다소 긴장이 생기기 시작했다. 1960년대 후반에는 산업선교의 노동 문제에 대한 관심과 개입의 정도가 깊어질수록 사용자들과 산업선교의 간극은 벌어지기 시작했다. 1960년대 말까지도 산업선교는 사용자와 노동자에게 모두 좋은 조언자로서 양자 가운데 있기를 원하였다. 그러나 노동자들의 열악한 현실과 그들을 도우려는 산업선교의 입장으로 인하여 산업선교가 절대로 중립적일 수는 없게 되었다. 부당한 노동현실을 시정하기 위해 노동자들과 함께 싸우기 시작하였던 것이다.[37] 인명진 목사는 산업선교회의 목사들이 노동운동에 뛰어들게 된 동기에 대해 다음과 같이 말한다.

인명진: 우리 신봉회, 그 크리스찬 평신도들 모임 가운데 해고되는 사람들이 생겼어요. 제일 먼저 해고된 사람이 제일제당에서 일하던 사람이었어요. 도림교회 교인이었는데, 이만… 누군지 해고됐어요. 그러니까 이거, 암만 보수적인 목사라도 자기 교회 교인이 해고되면 관

---

[37] 성공회대학교 사회문화연구소, 『1970년대 산업화 초기 한국 노동운동사』 (서울: 노동부, 2002), 230; 김재성, 앞의 책, 519.

심을 갖지 않을 수 없지요. 억울하게 해고됐단 말입니다. 그래서 이런 문제에 관심을 가지기 시작을 하면서 점점 노동 문제로 접근을 하게 된 거예요. 그러니까 이거는 우리가 처음부터 노동자들의 문제를 뭐 어떻게 해야 되겠다 해서 시작을 하고 노동 문제에 끼어든 게 아니에요. 노동자들하고 우리가 가진 문제, 정말 살다가 보니까 가깝게 살고 그들의 삶을 같이 하다가 보니까 그 사람들의 문제를 보게 된 거죠. 그 삶의 현장에서. 그 사람들의 삶의 현장이라는 건 노동 문제 아니에요?[38]

인명진 목사의 구술문에서 보듯이, 한국 사회는 1960년대 말부터 본격적인 산업화 시대가 도래하면서 노동현장에서 복잡한 문제들이 발생하였다. 노동 인권 문제, 노동 조건의 문제, 노동 환경 문제, 노동조합 등이 발생하였다. 특히 열악한 노동 환경 속에 처한 노동자들은 사측의 부당한 노동 조건의 강요와 인권유린 등으로 신음하고 있었다. 이러한 부당한 노동 현실은 산업선교 목사들에게 노동운동에 눈을 뜨게 하는 계기가 되었다. 이들은 열악한 노동 환경에서 발생하는 노동자들의 산업재해 문제를 해결하고, 근로기준법이 정한 하루 8시간 노동을 지키지 않는 잔업 강요, 부당해고와 같은 처우를 개선하고 노동자들의 권익을 찾아 주기 위하여 노동정책과 노동법을 연구하였으며 노동조합을 결성하게 되었다. 그 결과 이들의 운동은 자연스럽게 한국 사회 인권운동과 민주화운동으로 연결되었고, 부분적으로는 민주화운동의 원동력으로까지 작용하게 되었던 것이다. 결과적으로 1970년대 초 목회자들은 산업전도 방식의 선교로는 노

---

38 인명진 목사 구술 녹취록, 2011년 1월 6일.

동자들의 열악한 노동환경과 사측의 부당한 노동조건과 처우라는 노동현실을 타계할 수 없다는 인식, 또한 불가피하게 가난하고 억눌린 자인 노동자의 편에 서서 그들의 해방과 자유를 위하여 함께 싸우지 않으면 안 된다는 인식[39]에 도달함으로 산업선교로 나아가는 계기가 되었던 것이다.

2) 내면 동력으로서 기독교 지도자들의 신앙과 노동자들의 변화에의 열망

개인적 차원에서 보면, 인명진 목사가 영등포산업선교회의 총무로 활동하면서 구속을 마다하지 않고 노동자들의 노동조건의 개선을 위해 활동하며 한국현대사의 민주화와 인권 운동에 역할을 한 것은 기독교 신앙이라는 내면 동력이 그 바탕을 이루고 있었다. 인명진 목사는 유년시절 할머니의 간절한 기도, 신학교 시절 교수님들을 통한 학문적 신앙적 자아정체성의 확립, 4차례에 걸친 투옥과 감옥에서의 성경읽기와 신앙적 체험 등이 자신의 노동운동과 산업선교의 토대가 되었다고 증언한다. 특히 아래의 인용문은 그의 산업선교의 내면적 토대가 무엇이었는지를 잘 보여주고 있다.

인명진: 나는 이념논쟁이 한참 휩쓸었을 때도 우리 후배들에게 얘기를 했어요. 어떻게 해서 예수가 맑스한테 쪽을 못 쓰냐. 어떻게 해서 예수가 모택동한테 쩔쩔매냐. 어떻게 해서 예수가 김일성한테 쩔쩔매냐. 어떻게 해서 성경이 주체사상한테 절쩔매냐. 우리는 예수 깃발을 딱

---

39 성공회대학교 사회문화연구소, 앞의 책, 230.

꽂고 살아야한단 말이야. 예수가, 이 성경이, 니들이 얘기하는 어떤 혁명보다 더 폭발적이야. 말하자면 혁명이, 혁명의 지침이 여기 있다. 내가 그래가지고 후배들한테 뭐 핍박도 받고 비판도 많이 받았지만, 어떻든지 간에 나는 뭐 산업선교회에서 일하는 것도 너무 너무 그냥 단순하게 해. 예수가 누구를 위해 일했나? 가난한 사람이다. 요즘 세상에 예수가 왔다고 하면 공장에 갔을 거다.[40]

이와 같은 인명진 목사의 구술에 의하면, 영등포산업선교회의 노동운동과 조직운영은 이념화를 철저히 배격하였다. 당시 여타의 다른 운동들이 사회과학적 방법론을 수용하여 전개하였지만, 영등포산업선교회는 철저히 기독교 신앙과 교회와의 관계를 돈독히 하며 운동을 전개하였다. 이러한 이유 가운데 하나는 당시 군사정권이 산업선교회의 노동운동을 북한의 사주를 받은 이데올로기 운동으로 덧씌워 산업선교회의 목회자들과 지도자들을 체제 전복의 불순한 세력으로 몰아가고 있었기 때문이었다. 그러므로 이러한 정부의 탄압에 맞서고자 산업선교회의 목회자들과 지도자들은 노동운동의 내면적 동력을 기독교 신앙에서 찾고자 했으며, 투옥 수감되어서도 더욱더 기도와 명상, 그리고 성경을 통해 기독교적 동력을 얻었다. 특히 인명진 목사에게 감옥 체험은 특별한 의미를 가져다주었는데, 감옥은 정권의 불의에 도전하는 민주세력을 격리하는 통제수단이었으나, 역설적이게도 그에게 감옥은 민주화 운동의 경력을 쌓는 훈련장이자, 내면의 신앙적 동력을 얻는 원동력이었다. 그에게 감옥은 하나

---

40 인명진 목사 구술 녹취록 2011년 1월 6일.

의 성찰적 장소였다. 그는 기도와 명상, 그리고 성경을 통해 신과의 만남을 더 깊게 할 수 있었다. 그러므로 이러한 사실들은 산업선교에 참여한 기독교 목회자와 지도자들이 기독교 신앙이라는 내면적 동력을 기초로 하여 노동자들의 인권 문제를 다루었고, 이것을 사회문제와 연결하면서 한국 사회 민주화와 인권 운동을 이끌었음을 보여준다.

그러나 이러한 기독교 목회자들과 지도자들의 기독교 신앙의 내면적 동기와 달리, 산업선교회의 하부구조를 이루었던 산업 현장의 노동자들이 산업선교 활동에 헌신하게 된 동기는 다른 역사적 사실, 역사적 층위를 내포하고 있었다. 영등포산업선교회에서 오랫동안 인명진 목사와 더불어 산업선교를 했던 여공 출신의 리더였던 김연자는 자신의 산업선교 운동의 헌신 동기를 다음과 같이 증언하고 있다.

김연자 : 저는 지금부터 '내가 신앙을 가져야 되겠다', 이렇게 생각한 건 아니에요. 그렇게 생각한 건 아니고, 노동운동의 시작은 그게 뭐 어떤 '내가 거창한 노동운동을 하겠다', 막 그렇게 생각해서 한 게 아니라 내 삶이 핍박받고, 도저히 살아갈 수가 없기 때문에 '우리의 권리를 찾아야 되겠다'라는 것을 자각한 거예요. 그 자각하는 과정은 산업선교의 어떤 교육이라든가 의식화, 뭐 그런 여러 가지를 하면서 된 거 같아요. 새문안교회 대학 청년부가 하고 있는 야학이라든가 그런 걸 경험하면서 이제 '노동운동을 해야 되겠다'라는 자각을 하게 된 거죠. 노동운동이라기보다 아까도 말씀드렸지만 '내 삶을 바꿔봐야 되겠다. 내 환경을…', '그럴 권리가 나한테도 있다. 노동자지만.' 뭐 이런 생각을 갖게 된 거고요. 그렇게 하다보니까 힘들고 어려운 일들을 너무

많이 겪었어요. '그걸 어떻게 견딜 수 있는가'라고 했을 때, 제가 어떤 신적인 존재에게 이끌리는 것처럼 그것이 기독교 신앙이다라고 생각 하진 않았지만 왠지 나도 모르게 하나님을 찾게 됐어요. 예, 저에게 그런 정신적인 지주가 필요 했을 때 나도 모르게 하나님을 찾게 됐고, 자연스럽게 신앙으로 가는 그런 계기가 됐던 거 같아요.[41]

이와 같은 김연자의 증언은 목회자들과 지도자들의 내적 동인과 는 달리 노동자들은 급격한 산업화의 과정 속에서 나타난 열악한 노 동현실과 자신들이 처한 삶의 현실에 대한 회의, 그리고 이 현실과 환경을 바꾸어 보고자 하는 강한 열망이 일차적으로 산업선교 운동 으로 인도했음을 보여준다. 김연자의 증언에서 보듯이 노동운동에 헌신했던 노동자들은 노동현장의 고단한 삶의 현실에서 자신의 삶 을 바꾸어야겠다는 강한 열망이 존재했다. 그들 대부분은 초등학교 를 졸업하고 고향과 부모를 떠나 산업현장에서 외롭게 삶을 꾸려가 고 있었다. 이들은 그 누구보다도 유린당하고 있던 인간으로서 권리 에 대한 자각이 내면에 깊이 자리하고 있었다. 이러한 상황 속에서 이들은 산업선교회를 이끌어가던 당시의 목회자들인 조지송, 인명 진 목사들로부터 받는 깊은 사랑을 체험하면서 노동운동에 발을 들 여놓게 되었던 것이다. 그리고 산업선교에 참여하면서 점차 기독교 신앙에 눈을 뜨게 되었고, 당시 영등포산업선교회가 운영하던 노동 야학에 참여하면서 점차 의식화 되어갔다. 이러한 증언은 영등포산 업선교회의 노동운동의 내면적 동력이 다층적 구조를 가지고 있음 을 알려준다. 즉 목회자를 비롯한 기독교 지도자들은 운동의 초기단

41 김연자씨 구술 채록문, 2011년 8월 6일.

계부터 기독교 신앙이라는 내면의 동력을 가지고 노동운동에 헌신하였지만, 다수의 노동자들은 열악한 노동환경의 개선과 임금인상과 같은 현실적 상황이 그들을 노동운동으로 이끌어 가게 했다는 사실이다.

3) 해외 선교회와 교회의 후원

기독교인의 민주화 운동에서 두드러진 특징 가운데 하나는 국제 네트워크의 형성을 통한 지원체제의 구축이었다. 각국에 흩어져 있던 기독교인들이 연대하면서 그들이 속해 있는 나라와 WCC(세계교회협의회)와 같은 국제교회기관을 통해 한국 민주화를 다각도로 지원하도록 이끌었다.[42] 그러므로 산업선교 운동 또한 시작부터 그 이론과 방법론적 토대, 그리고 재정적 지원을 해외의 기독교 단체들과 교회, 그리고 선교사들로부터 제공받아 그 역동성을 얻었다. 이를테면 미국장로교회의 조지 타드 목사, 연세대학교 도시문제연구소에서 실무교육을 담당했던 허버트 화이트 선교사 등은 한국 교회의 산업선교 목사들에게 조직운동가 알렌스키의 CO(Community Organization) 방법론을 교육하여 산업선교 현장에 적용토록 하였다. 재정적으로도 한국 교회의 산업선교는 WCC와 CCA(아시아교회협의회)의 후원을 받았는데 영등포산업선교회는 호주장로교회의 재정적 후원으로 산업선교 활동을 감당하였다. 이에 대하여 인명진 목사는 다음과 같

---

42 박양식, "구술사로 보는 새로운 역사", 「한국교회사학회」 제31집(2012), 195-196.
   예를 들면 세계기독학생연맹의 아시아 담당총무로 강문규가, 아시아기독교교회협
   의회 도시산업선교회의 간사로 오재식이, 미국에서는 이승만과 손명걸이 있었다.

이 증언하고 있다.

인명진: 내가 십 삼년 동안 영등포 산업선교회 있는 동안에 호주장로
교가 냈어요. 왜 내가 국내에서 못 찾았는가 하면 탄압을 하니까. 정부
에서 계속 교회마다 탄압을 하니까 교회가 돈을 댈 수가 없는 거예요.
옛날에 영등포 산업선교회는요, 기장산업선교회나 감리교 산업선교
가 우리와 다른 점이 있다고 한다면 뭐냐 하면, 기장이나 이런 데는
전부 외원을 가지고 했습니다. 외원. 외국 원조. CCA나 WCC나, 뭐,
독일 이런저런 외국 선교단체들의 도움을 받아서 그 돈을 가지고 한
거예요. 그런데 영등포산업선교회는 유일하게 외국 돈을 안 쓰고 산
업선교를 한, 산업선교회에요. 그러니까 뭘 가지고 했는가. 교회마다
십 만원씩 내고, 지금도 그건 그렇게 해. 십 만원씩, 이십만 원씩 내고,
오 만원씩 내기도 하고, 또 노동자들이 만 원 내고 천 원 내고 해서
그 돈을 가지고서 영등포 산업 선교회 운영을 했어요. 그러니까 인건
비는 따로 이렇게 밖에서 보조를 받고, 활동비는 그렇게 교회들이 내
고. 그러니까 외원이 끊어졌음에도 불구하고 영등포 산업이 살아남은
거야.43

이와 같은 인명진 목사의 증언은 산업선교를 비롯한 기독교인들
과 기독교단체의 민주화운동은 해외교회와의 연대를 통하여 정부의
혹독한 탄압 속에서도 견딜 수 있는 재정적 동력을 확보했음을 보여
준다. 그런데 이상의 인명진 목사의 증언에서 주목해야 할 점은 영등
포산업선교회가 다른 산업선교회들과 다른 특징을 지니고 있다는

---

43 인명진 목사 구술 녹취록 2011년 1월 6일.

사실이다. 일반적으로 지금까지 알려진 바는 대부분의 기독교 민주화운동은 WCC나 CCA 등 해외의 에큐메니칼 단체들의 재정적 지원과 후원으로 유지되었던 것으로 알려져 있었다. 그런데 예장 산하에 있던 영등포산업선교회는 선교회 지도자의 인건비를 해외의 지원에 의존했지만, 선교회의 운용비와 활동비 등은 한국 교회의 후원과 노동자들의 자발적 기금으로 유지되었다는 점이다. 그리하여 여타의 다른 산업선교회의 조직들이 외원이 끊기자 활동을 중단할 수밖에 없었던 반면, 영등포산업선교회는 교단 소속의 교회들로부터 재정적 후원을 받아 운영비와 활동비를 충당함으로써 지금까지도 교회에 소속된 기관으로 존속할 수 있었으며, 정부의 혹독한 탄압을 받을 때도 교단의 지지와 보호를 받을 수 있었던 것이다.

이와 같은 사실은 영등포산업선교회가 기장(기독교장로회) 측의 청주산업선교회와 감리교 측의 인천산업선교회 등과 다른 특징을 지니고 있음을 보여준다. 첫째로 기장 측과 감리교 측은 해외에서 활동하는 에큐메니칼운동가들의 도움을 받아 비교적 수월하게 해외의 원조를 받을 수 있는 해외의 네트워킹이 있었던 반면에, 예장은 그러한 조직이 미흡했음을 보여준다. 이는 예장 교단의 목회자들이 기장이나 감리교 측에 비해 상대적으로 에큐메니칼운동가들이 적었음을 보여주는 것이다. 둘째로 이러한 사실은 기독교 민주화와 인권운동, 노동운동에 참여하는 기독교 교단들이 각 교단의 다양한 입장과 태도, 신학적 노선의 차이 등이 존재했음을 보여주는 중요한 단초를 제공해 준다. 특별히 교단의 후원을 받았던 영등포산업선교회의 노동운동은 타교단의 산업선교 활동에 비해 상대적으로 보수적 성격을 띠도록 하였을 것이다. 그러므로 이러한 사실들을 통하여 우리는

1970년대 도시산업선교회의 운동이 다양한 역사적 층위를 지니고 있음을 알 수 있다.

5. 기억을 통해 본 산업선교의 내용

1) 대안적 교회로서 노동조합

산업전도 초기 단계에서는 노동 문제를 중심한 어떤 활동을 했다기보다는 노동조합을 돕는 프로그램을 주로 하였다. 주로 기독교인들인 노동조합지도자등을 훈련하고 노사 간에 분규가 발생할 때 노동자들의 편에서 그들의 문제에 참여하여 노동조합을 돕는 일을 하였다.[44] 그러나 1970년 전태일 사건을 기점으로 산업현장에서의 누적된 모순이 증폭되자, 산업선교는 노동조합을 통해 노동자들의 권익을 위해 노동조합의 조직과 육성, 노동자 의식화 교육에 중점을 두어 활동하게 되었으며 노동조합을 노동자들의 교회로 여기게 되었다.[45] 영등포산업선교회의 총무였던 조지송 목사는 노동조합을 "노동자들의 교회"라고 보았고, 산업선교 실무자들의 "목회현장"이며, "노동자 구원의 도구"로 보았다.[46] 인명진 목사도 "하나님은 노동조합 안에서도 정신적 가치를 창조하시고 계시며, 교회는 노동자들의 통일의 상징이요 권위 보호를 위한 유일한 노동조합을 지원할 수밖

---

44 조승혁, 앞의 책, 30.
45 성공회대학교 사회문화연구소, 앞의 책, 229.
46 대한예수교장로회 영등포산업선교회, 앞의 책, 112.

에 없었다"고 증언했다.[47] 이에 대해 인명진 목사는 다음과 같이 증언하였다.

> **인명진** : 노동운동이, 노동운동 지도자들이 완전히 유신정권을 지지하는 것으로 변질이 되는 거에요. 그러니까 우리는 그때 생각하기를… '노동 문제를 해결할 수 있는 방법은 노동조합밖에 없다. 아! 이 노동조합이 새로운 교회다. 대안이다. 노동자를 돌볼 수 있도록 하나님이 만드신 특별한 도구다.' 우린 그렇게 생각을 했어요. 그 노동조합이 결성되면 노동자들의 권익이 보장되고 노동 문제가 해결되고 다 잘될 거라고 생각했어요. 그래서 이 노동조합을 결성하고 노동조합지도자를 양성하고 노동조합을 만들고 하는 것이 우리 교회가 해야 될 일이라고 믿었어요. '그게 노동자들을 돕는 일이다. 노동자들을 지키는 일이며 노동자들의 인권을 찾고 지키는 일이다.' 그렇게 생각을 한 거예요.[48]

산업선교 목사들은 노동조합을 새로운 교회로, 하나님의 특별한 도구로 보았다. 더 나아가 노동은 기도이며, 노동자들은 예수와 같은 사람들이라고 볼 정도로 노동자들과 밀착해 있었다. 조지송 목사는 목사와 실무자들은 오히려 노동자들로부터 배워야 한다고 주장하면서 노동운동에 헌신적인 노동자들이 바로 '예수'라고 했다. 그러므로 조 목사는 기도할 때에 "예수의 이름으로 기도합니다"로 마치지 않고, "노동자들의 이름으로 기도합니다" 하고 마쳤다고 할 정도이다.[49] 이

---

47 앞의 책, 112-113.
48 인명진 목사 구술 녹취록, 2011년 1월 6일.

렇게 노동조합을 대안적 교회로 이해한 영등포산업선교회의 실무자들은 1969년부터 노동운동지도자 훈련 프로그램을 실시하였다.[50]

이와 같은 노동교육은 1969년부터 1972년 6월까지 약 3년간 21회에 걸쳐 실시되었고, 약 12,00명의 조직가를 훈련시켰다. 특히 의류피복기업에 종사하는 노동자들에게 역점을 두어 수천 명을 조직하는데 성공하였다. 이 기간에 영등포산업선교회를 포함하여 경인지역 산업선교 그룹들이 노동조합을 조직한 기업체 수는 100여개 기업에 이르며 노동자들의 수는 약 4만 명에 이르는 것으로 나타났다.[51] 1972년 당시 영등포산업선교회는 105개의 노동자 그룹을 조직, 운영하고 있었고, 그 모임의 대부분은 여성이었다. 또한 이시기 영등포산업선교회는 신용협동조합을 조직하여 노동자들에게 자주적이고 민주적인 역량을 길러주고자 했으며, 여러 사업체에 임금체불, 노조결성, 부당노동행위에 적극적으로 개입했다. 그러나 한국노총과 어용노조들의 무능과 부패가 드러나면서 산업선교는 서서히 기존 노동조합운동의 한계를 깨닫게 되었다.

2) 소그룹 활동을 통한 의식화 교육

영등포산업선교회는 1960년대에 실무자 중심 활동에서 평신도

---

49 민주화운동기념사업회에서 녹취한 "조지송 목사 구술녹취록"(2003년).
50 그 내용을 보면 노동운동의 실제와 이론 그리고 조직가의 자질과 조직의 기술 등이었는데, 교육내용으로는 기독교윤리와 노동운동, 미국노동운동사, 노동조합의 철학과 이념, 노사관계론, 노동조합법 해설, 노동쟁의법 해설, 근로기준법 해석, 노동조합론, 노동조합과 민주주의, 노사문제와 기독교윤리, 단체교섭법, 사례열거 등이었다.
51 대한예수교장로회 영등포산업선교회, 앞의 책, 120.

중심 활동으로 전환했다가, 1968년-1972년의 기간에 주로 노동조합을 통해 산업선교 활동을 하였다. 그러나 부패한 노동조합과 한국노총의 한계를 깨닫고, 1972년부터는 소그룹활동을 통한 노동자들의 의식화 활동을 통한 노동운동을 1980년대 초반까지 실시하였다. 인명진 목사는 이에 대하여 다음과 같이 진술하였다.

인명진 : 내가 영등포 산업 선교회에 갔었을 때에는 산업 선교가 그동안 해왔던 노동조합교육이 벽에 부딪힌 거죠. 이제 더 이상 계속할 수 있는 상황이 아니었어요. 노동자들을 정말로 돕는 게 아니라 노동자들에게 또 하나의 탄압기구, 또 하나의 착취기구를 우리가 만들어 주는 것밖에 안 된다 싶었죠. 노동조합 지도자들이 결국엔 정부에 넘어가서 정부의 앞잡이 노릇을 하고, 그러면서 옐로윈이라든지, 전혀 도움이 되지 않는 어용 노동조합이 되고 말아요. 그래서 영등포 산업선교가 노동조합 지도자를 중심으로… 지도자 양성을 하는 것을 중심으로 했던 사업이 다 없어진 거죠. 더 이상 할 수 있는 상황도 아니고. 드나들던 사람도 이제 무서우니까 영등포 산업선교회에 드나들 수 없고. 이런 상황이 1973년, 4년 이때 벌어졌죠. 그때 내가 영등포 산업선교회에 가게 되었어요. 이제부터 그러면 영등포 산업선교회를 어떻게 해야 하는가. 우리가 그때부터 시작한 것이 노동자들의 의식화 교육이예요. 그러니까 그게 뭐냐면 결국은 이 노동자들의 권리향상이라는 것은 밑바닥에 있는 노동자들의 의식이 변하지 않고는 불가능하다, 지도자가 하게 해서 되는 게 아니다, 무슨 뭐 노동조합이라는 기구가 하는 것이 아니다, 조직이 하는 것이 아니다, 노동자들 자신이 노동자의식을 가지고 권리를 스스로 찾을 때 가능하다라고 생각한

것이지요.52

인명진 목사에 의하면, 소그룹을 통한 의식화 운동은 1974년부터 시작되었다. 정부의 탄압으로 노조 지도자들이 변절하고, 이들에 의해 부패한 어용노조가 결성 되는 등 노동조합을 통한 지도자 교육이 벽에 부딪치자, 산업선교회의 목사들은 더 이상 노동조합과 같이 조직이나 지도자들이 노동자들의 권익을 옹호해줄 수 없다는 사실을 깨달았다. 그리하여 이들은 노동자들의 권리향상은 밑바닥 노동자들의 의식의 변화에 있다고 보고, 소그룹 운동을 통한 노동자들의 의식화 교육을 시작하게 되었다. 그런데 이 영등포산업선교회의 소그룹 운동은 조직 원리와 운영에 있어서 매우 독특한 것이었다. 인명진 목사에 의하면, 다른 지역의 산업선교회들과 도시빈민선교회는 자기이익(Self-Interest)에 기초한 알렌스키의 조직이론(CO)을 적용하였는데, 영등포산업선교회는 이 이론을 조직 원리로 삼지 않고 독창적인 조직 원리를 개발하여 사용하였다. 이에 대하여 김연자와 인명진 목사는 조직 원리의 방법을 교회공동체의 구역제도에 영향을 받은 것으로 주장하면서 다음과 같이 구술하였다.

김연자 : 그 첫 번째 제일 대가가 박정희이고, 새마을운동을 통해서 이렇게 조직을 해왔기 때문에. 이제 그 뒤에 대가가 조용기 목사다. 조용기 목사가 어떻게 했느냐. 사실 그 소문이 막 있잖아요. 그 사람들이. 구역을 정해가지고. 그러니까 결국은 우리도 그렇게, 그 방법인 거거든요.53

---

52 인명진 목사 구술 채록문, 2011년 1월 6일.

인명진 : 그래서 이제 보통 일곱 명에서 열 명 이내로 한 그룹을 조직합니다. 여섯 명에서 열 명 이내로, 일곱 명에서 열 명 이내로… 내가 경험해 본대로는 가장 단단한 조직, 조직의 논리 가운데 가장 강력한 조직이라는 것은 혈연조직이고… 그리고 조직 단위는 혈연조직. 혈연조직이 아니면 인연조직이라고. 그러면 이 조직단위가 몇 명이여야 되는가. 여섯 명에서 열 명 이내여야 된다. 더 이상 넘어서면 조직 단위로서는 강력해지지 못한다. 가장 강력한 조직은 구성원이 여섯, 일곱에서 열이다. 우린 일곱에서 열로 했어요. 한 공장에 다니는 사람들이 있어요. 한 부서에서 일하는 사람들이 있어요. 그러니까 에이비씨(ABC)반이 있으면 에이(A)반, 한 공장 한 부서에 한 반, 에이(A)반이면 에이(A)반. 교대(쉬프트)가 같은, 한 부서에서 일하는 그런 사람들로 일곱에서 열을 조직을 했어요.[54]

이상의 구술을 정리해보면, 첫째로 영등포산업선교회의 소그룹 활동은 당시 유행했던 알렌스키의 조직원리를 받아들이지 않고 독창적인 교회구역 제도를 차용하여 소그룹을 조직했다는 사실이다. 그 이유에 대해 인명진 목사는 자기 이익에 기초한 알렌스키의 조직원리는 가족주의적 공동체성에 기반한 한국의 문화적 상황과는 맞지 않았기 때문에 교회의 구역 제도를 도입하게 되었다고 주장한다. 둘째로 영등포산업선교회 소그룹 운동의 조직원칙과 내용은 1) 한 그룹을 7-9명 단위로 하였으며, 2) 같은 회사, 같은 부서, 같은 자리의 노동자로 조직했고, 3) 소그룹 활동을 여성 근로자들을 대상으로

---

53 김연자씨 구술 채록문, 2011년 8월 6일.
54 인명진 목사 구술 녹취록, 20011년 1월 6일.

했으며, 한 그룹 내에 남녀 혼성으로 조직하지 않았다는 것이었다. 여기에서 중요한 것은 소그룹의 조직 원리가 점조직으로 구성된 비밀 조직이었다는 것이다. 이는 어떤 소그룹 조직이 회사 측에 의해 발각되어도 다른 조직에 영향을 미치지 못하도록 보호하기 위한 조치였던 것이다. 한편 영등포산업선교회의 소그룹의 의식화 교육 방법과 내용을 살펴보면 남미의 파울로 프릴과 다른 매우 독특한 것이었다. 인명진 목사는 이에 대하여 다음과 같이 증언하였다.

> **인명진** : 의식화 교육. 파울로프릴의 파다고지. 그거에 비해서 우리 영등포산업선교회가 채택했던 노동자들의 소그룹활동을 통한 의식화 교육. 이건 굉장히 독특한 의식화 교육이었고… 굉장히 성과가 있었고 70년대 노동운동을 주도했던, 큰 노동운동을 해왔던 그런 중요한 하나의 조직논리, 교육의 방법이었다. 이렇게 얘기를 할 수가 있습니다.
>
> **면담자** : 소그룹 모임의 주제는 무엇들이었나요.
>
> **인명진** : 그룹모임 주제가 여러 가지야. 근로 기준법, 뭐 그 다음에 결혼 생활에 대해서, 우리나라 정치에 대해서, 경제에 대해서 뭐 다양한 여러 가지… 자기들이 주제를 정해서, 목사님 이거 해 달라, 저거 해 달라 그러면 그룹 모임을 정하는 거예요. 우리 모임에는 한 달에 두 번 이상 무조건 모여야 돼. 두 번, 세 번 이상. 잘 모이는 그룹은 한 주일에 한 번씩 모이는 거예요. 한편으로는 계속해서 그룹을 늘려. 소그룹을 늘려나가는 거지. 근데 이게 점조직이 되어가지고 옆에 사람이 몰라요. 누가 무슨 그룹을 하는지를 모르는 거예요. 서로 모르는

거예요. 같은 공간에서 같은 공장에서 일하지만은 누가 무슨 그룹인지를 몰라. 부딪히지도 않고, 서로 알지도 못하고. 점조직이니까, 그 그룹 일곱 명중에 한 사람이 들키면…. 회사에서 들켰다 이거야. 그러면 그 일곱 명만 없어지는 거야. 나머지 조직은 보존이 되는 거예요.[55]

인명진 목사에 의하면, 영등포산업선교회 소그룹 활동의 주제는 처음 활동을 시작하는 모임들은 주로 취미 활동인 꽃 만들기나 결혼 문제, 이성교제 문제, 시간, 돈 사용법, 에티켓 등 교양문제를 많이 취급하여 여성근로자들이 소그룹 활동에 쉽게 적응하도록 유도하였다. 그룹을 시작한지 3-4개월이 지나면 자연스럽게 자기들 회사의 노동 문제, 노동법, 정치, 경제 등의 토픽을 스스로 선택하여 의식화시켜 나아갔다. 이렇게 의식화된 노동자들 가운데 일부는 회사에 전문적으로 소그룹 조직을 만드는 일에 전념하기도 했으며, 어떤 특정 회사의 노동환경이 열악한 경우 노동 문제를 해결해야 한다는 적극적이고 의도적인 생각으로 회사에 침투하여 조직 활동을 하기도 했다. 당시 영등포에서 노동자 소그룹 활동이 얼마나 활발하게 이루어졌는가를 보면, 소그룹은 1974년 70개, 1975년 80개, 1979년 100개로 꾸준히 성장해갔으며, 소그룹의 모임 횟수는 1973년 모임횟수 1,648회에 참가인원이 11,536이었으며 1979년에는 모임횟수가 5,200회에 62,400명의 인원이 참여하였다.[56] 이와 같이 영등포산업선교회의 소그룹 운동은 노동자들을 의식화하고, 의식화된 노동자들을 통해 근로기준법에 의거한 근로환경 개선, 8시간 노동 등 근로

55 인명진 목사 구술 녹취록 2011년 1월 6일.
56 정병준, 위의 책, 65.

조건을 개선함으로 한국현대 노동운동사에 있어서 금자탑을 일구어 낸 역사적 사건이었다. 인명진 목사는 영등포산업선교회의 노동운동의 의의에 대해 다음과 같이 진술한다.

> **인명진** : 그런 노동자들의 근로 조건을 고쳐준 것뿐만 아니라 이 문제를 가지고서 노동 문제를 드디어 사회문제와 결합시킨 사회 문제화하는 데 성공을 했다. 그리고 민주화 운동이라는 거, 인권운동이라는 게 실체가 있어야 될 거 아닙니까. 그러니까 이게 민주화 운동과 인권운동의 노동운동이라는…. 우리가 영등포에서 하고 있는 산업선교가, 이 노동자들의 인권, 이 노동 문제가 민주화 운동의 토대가 됐단 말입니다. 인권운동의 실체가 되고 알맹이가 됐단 말입니다.[57]

6. 나가는 말 : 구술로 본 영등포산업선교회의 역사적 함의

지금까지 본 논문은 먼저 기억의 장소로서의 영등포산업선교회의 역사를 기존의 문헌들을 통해 간략하게 살펴보았다. 그리고 산업선교가 본격적으로 시작된 1960년대 말부터 1970년대 말까지 전개된 산업선교 운동을 인명진 목사의 구술을 통하여 그들의 기억에 나타난 산업선교의 동기는 무엇이었으며, 그리고 영등포산업선교회의 대표적 활동인 노동조합운동과 소그룹운동을 살펴봄으로 그 역사적 내용을 살펴보았다. 마지막으로 본 장은 이러한 구술기억에 의지하

---

57 인명진 목사 구술 녹취록 2011년 1월 6일.

여 산업선교, 특별히 영등포산업선교회 노동운동의 역사적 함의를 찾고자 한다.

그동안 산업선교를 다양하게 해석해 왔다. 부정적인 견해는 산업 선교를 낭만적이고 비과학적인 노동운동의 전형으로 해석했다. 그리하여 산업선교는 극복되고 거쳐야할 낮은 단계의 노동운동이라고 보았다. 즉, 산업선교에 대한 일반 운동권의 평가는 "기독교의 개량 주의적, 조합주의적, 기회주의적 영향을 극복하지 못한 점"58이라는 것이다. 그러나 이와 반대로 긍정적으로 보는 견해는 산업선교는 진보적인 노동운동의 출발이며, 1980년대 후반부터 올라온 진보적 노동운동을 예비한 운동이라고 이해한다. 이들은 산업선교를 개량주의적이라거나 도덕주의적이라고 평가하는 것은 하나님의 선교입장과 일반 사회과학적 인식 사이의 차이를 유의하지 않거나 초기 도시 산업선교 실무자들의 진지하고도 열정적인 실천을 도외시한 채, 1980년대 와서 드러난 결과만 보고 판단하는 것59이라 평가한다.

이상과 같은 견해들과 달리 우리는 본 논문에서 영등포산업선교 회를 이끈 인명진 목사의 구술 증언을 통해서 영등포산업선교회의 노동운동의 함의를 다음과 같이 정리할 수 있을 것이다. 첫째로 영등 포산업선교회의 노동운동은 기본적으로 기독교 정체성을 지닌 보수적 운동이었다는 것이다. 인명진 목사의 증언에 의하면, 산업선교에 투신한 내면적 동력은 기독교 신앙이었으며, 노동자들을 의식화 시킨 소그룹의 조직원리 또한 교회의 구역조직에서 도입하였다. 특히 영등포산업선교회의 노동운동은 해외교회와 국내교회의 재정적 지

58 성공회대학사회문화연구소, 앞의 책, 177.
59 김재성, 앞의 글, 529.

원과 교단의 지지와 보호에 힘입어 전개하였다. 이런 점에서 영등포산업선교회는 원칙적으로 교회적이고 보수적인 운동이었으며, 끝까지 영등포산업선교회가 교회의 기관으로 남을 수 있었던 것이다.

둘째로 영등포산업선교회의 노동운동은 노동자들의 근로조건만을 고쳐 준 것이 아니라, 이를 사회 문제화하여 한국 사회 민주화와 인권운동의 토대를 형성하였다는 점이다. 다시 말하면 인명진 목사의 구술은 산업선교는 노동자들의 의식화 투쟁에 대한 지원을 통해 단순히 임금이나 근로조건 개선 투쟁을 고취했던 것이 아니라, 보다 보편적인 가치라고 할 수 있는 민주주의와 인권, 그리고 평등의 사상을 불어넣었으며, 무엇보다도 노동자들 스스로가 자신의 문제해결의 주체로 나서도록 할 수 있게 하였다는 것이다. 이런 점에서 1970년대 기독교 진영의 노동운동을 '경제적 조합주의'라 부르거나, 그 실패의 원인을 교회에 돌리는 것은 타당하지 않다는 것이다.

셋째로 1970년대 기독교회의 산업선교 운동은 다양한 역사적 층위를 지니고 있다는 점이다. 우선 인명진 목사의 구술에 의하면, 예장(통합)의 영등포산업선교회와 기장과 감리교의 산업선교와는 다른 특징을 지니고 있었다. 즉 기장과 감리교의 산업선교와는 달리 영등포산업선교회는 해외의 원조에만 의존하지 않고 교단내의 교회의 후원과 노동자들의 지원금으로 운영하였다. 이러한 사실은 예장(통합)과 기장과 감리교 등 각 교단의 다양한 입장과 태도, 그리고 신학적 노선의 차이가 산업선교의 내용의 차이를 가져왔다는 것이다. 또한 산업선교에 헌신한 동기도 계층에 따라 각각 달랐다는 사실이다. 즉 목회 그룹을 대표하는 인명진 목사에 의하면, 그가 산업선교에 참여하게 된 계기는 열악한 노동현실과 내면적인 기독교 신앙에 있었다. 그러나 여성노동자 출신의 김연자의 증언에 의하면, 산업선교에 헌신하게 된 계기는 자신의 삶에 대한 회의와 변화에 대한 열망이었다. 이러한 차원에서 볼 때 영등포산업선교의 노동운동은 다양한 사회문화적 역사적 층위가 존재함을 보여준다.

〈참고문헌〉

김연자씨 구술 채록문, 2011년 8월 6일.

인명진 목사 구술 녹취록, 20011년 1월 6일.

강인철, "한국개신교교회의 정치사회적 성격에 관한 연구: 1945-1960," 미간행 박사학위논문, 서울대학교, 1994.

기독교사회문제연구원, 『1970년대 민주화운동』, 조사연구자료 19, 서울: 기독 교사회문제연구원, 1984.

김기봉 외, 『포스트모더니즘과 역사학』, 서울: 푸른역사, 2002.

김명배, 「인명진 목사 구술 녹취록」, 2011년 1월 6일.

김병서, "한국사회의 민주화와 기독교," 『한국사회발전과 기독교의 역할』, 서 울: 숭실대학교 기독교사회연구소, 2000.

김상근, "1970년대의 한국 기독교운동." 『기독교사상』, 1984. 11.

김인수, 『한국기독교회사』, 서울: 대한예수교장로회출판국, 1993.

김용복, "민중신학과 토착화 신학," 『기독교사상』, 1991. 6.

김진배, 『1970년대 민주화운동: 기독교 인권운동을 중심으로, Ⅰ. Ⅱ. Ⅲ』, 서 울: 한국기독교교회협의회 인권위원회, 1987.

김재성, "도시산업선교가 노동운동에 미친영향" 「한국개신교가 한국근현대의 사회문화적 변동에 끼친 영향 연구」, 서울: 한국신학연구소, 2005.

대한예수교장로회 영등포산업선교회, 『영등포산업선교회 40년사』, 서울: 영 등포산선, 1998.

민주화운동기념사업회, 「조지송 목사 구술녹취록」, 2003년.

문유경, "1970년대 기독교 민주화운동-발생배경과 특성을 중심으로", 미간행 석사학위논문, 서울: 연세대학교, 1984.

박양식, "기독교 민주인사의 70년대 감옥기억." 인문사회과학회, 『현상과 인 식』, 2010, 제 34권 3호.

성공회대학교 사회문화연구소, 「1970년대 산업화 초기 한국 노동운동사」, 노동부, 2002.

송건호, "기독교사회참여-70년대를 중심으로", 『기독교사상』, 1984. 11.

이영숙, "한국진보적 개신교 지도자들의 사회변동 추진에 대한 연구-1957-1984년을 중심으로," 『기독교사상』, 1991. 3월-5월.

이원규, "한국개신교회의 정치참여(1970년대 기독교진보주의 종교이념의 발전과 그 수용문제를 중심으로," 『한국교회와 사회』, 서울: 한국신학연구소, 1989.

이원규, "도시산업사회와 교회," 『한국교회와 사회』, 서울: 한국신학연구소, 1989.

이호대, "한국 민주화운동에서 교회의 정치적 역할에 대한 연구", 미간행석사학위논문, 서강대학교, 1999.

윤택림 편역, 「구술사, 기억으로 쓰는 역사」, 서울: 아르케, 2010.

전진성, 『역사가 기억을 말한다』, 서울: 휴메니스트, 2005.

정명기, "도시빈민선교", 『한국역사 속의 기독교』, 서울: 한국기독교회협의회, 1985.

정병준, 「총회 도시산업선교 50주년 기념도서」, 서울: 대한예수교장로회총회 국내선교부, 2007.

조배원, "기독교사회참여운동 연구의 현황과 과제," 『한국기독교사회참여운동관련문헌해제』, 서울: 민주화운동기념사업회, 2003.

조승혁, 『도시산업선교의 인식』, 서울: 민중사, 1981.

조승혁, "민주화와 한국교회의 역할", 『한국사회 발전과 민주화 운동』, 서울: 한국기독교산업개발원, 1986.

최길호, "한국현대사의 사회변동과정에서 나타난 기독교 신앙의 제 양태 연구", 미간행석사학위논문, 감리교신학대학교, 1993.

최형묵, "사회변혁운동 이념과 기독교신학-1980년대 한국 상황을 중심으로", 미간행석사학위논문, 한신대학교, 1987.

한국기독청년협의회, "기독학생운동의 역사와 과제," 『한국역사 속의 기독교』, 서울: 한국기독교교회협의회, 1985.

한국기독청년협의회, "기독청년운동의 전개과정-70년대 이후 교청, 교단청년, EYC운동을 중심으로,"『한국역사 속의 기독교』, 서울: 한국기독교교회협의회, 1985.

한국기독교사회문제연구원,『1970년대 민주화운동과 기독교』,

한규무, "한국기독교민족운동사 연구의 현황과 과제,"『한국기독교와 역사』제12호, 서울: 한국기독교역사연구소, 2000.

이국헌, "양화진, '기억의 터로'서 교회사의 의미", 미간행논문, 현대한국구술사연구사업단, 2011년 학술 심포지엄.

Thompson, Edward Palmer, Dorothy Thompson, *The Essential E. P. Thompson*, New York: The New Press, 2001.

인명진의 노동과 산업선교

이근복

(크리스챤아카데미 원장)

1. 만남

인생에서 속도보다는 방향이 더 중요하다고 말한다. 그런데 방향을 잡는다고 좋은 인생을 영위하는 것이 아니라 삶의 방향에서 맺는 인간관계가 인생을 결정한다. 영등포산업선교회에서 인명진 목사를 만난 것은 필자의 인생에서 큰 행운이었다. 산업선교 훈련을 받았고 노동자들과 함께하는 삶의 가치를 배울 수 있는 기회였던 까닭이다. 지금도 우리 정치사회와 교회를 향한 인 목사의 시의적절한 발언과 실천에서 깨닫는 바가 많다.

인명진 목사를 이전에 뵌 적이 있지만 제대로 대면한 때는 1979년이었다. 대학을 졸업하고 장신대 신학대학원에 입학하자마자 입대하게 되었고, 제대하고 복학을 기다리는 때였는데, 영등포산업선교회가 개설한 역사교실에 강사가 필요하다고 하여 찾아가 뵈었다. 그런데 거기서 뜻밖의 만남이 있었다. 나는 새문안교회 대학생회가 영등포 문래동에 개설한 노동자야학에, 1학년 때인 1973년에 참여하여 4년간 활동하였는데, 바로 영등포산업선교회관에서 문래동에서 야학할 때 학생이었던 여성노동자들과 다시 만나게 된 것이다. 영등포산선에서 만난 인명진 목사를 통하여 접한 산업선교와 또 야학에서 여성노동자들과 맺은 뜻밖의 관계가 나로 하여금 신학교를 졸업하고 영등포산업선교에서 사역하게 된 결정적인 동기가 되었다.

1983년 1월에 영등포산업선교회에 간사로 부임하면서 동기생인 손은하 전도사에게 같이 일하자고 제안하였고, 엄혹한 시대에 두 젊은 전도사들이 노동자 사역을 시작한다.

2. 고난의 시대

1972년에 서서히 시작된 영등포산업선교회 말살정책은 1978년부터 더 노골적이 되었다. 노동자들의 의식이 깨어나고 소그룹운동을 통한 노조결성과 어용노조 민주화운동, 노동조건 개선투쟁은 군부독재정권의 경제성장정책에 대한 강력한 도전으로 발전하였다. 노동자들이 억압적인 국민통치에 맞설 수 있는 세력으로 등장하자 군사정권은 영등포산업선교회에 대한 대대적인 음해, 왜곡, 모략선전에 나섰다.

대표적으로 서울시 경찰국 제2부국장 김재국 장로(영도교회)와 홍지영을 통해 이루어졌다. 김재국 장로는 『한국기독교의 이해』라는 책을 통해 "산업선교가 공산주의와 연결되어 있다"고 주장하였는데, 이 책자는 경찰과 공무원들에게 무료로 배포되고 공무원 교육교

재로 사용되었다. 그리고 전 안기부 직원이었다고 알려진 홍지영은
『산업선교는 무엇을 노리나』라는 책을 제작하였다. 군사정권의 적
극적인 권장으로 전국적으로 퍼져나갔는데 당시 경상남도 도지사가
다음과 같은 '안내말씀'을 써서 도내 주요 단체에게 보내기도 하였다.
"산업선교라는 괴물이 여러분과 근로자들의 틈새를 스며드는 기회
를 주지 말아야 하겠으며…" 이 책자는 한국노총을 통해 노동계에도
조직적으로 배포되었다(『영등포산업선교회 40년사』, 192-193).

　1978년 4월 17일, 청주산업선교회가 주최한 '억울한 농민을 위한
기도회'에서 설교내용이 대통령 긴급조치 9호에 위반된다고 인명진
목사를 구속하면서, 영등포산업선교회를 말살하려는 전면적인 탄압
이 시작되었다. 공장에 다니던 산업선교 회원들을 집단 해고하고 갑
근세가 면제된 영등포산업선교회 총무였던 조지송 목사와 실무자들
에게 벌금을 내리고, 6월 17일에는 호주인 선교 동역자 라벤더를 추
방하였다. 또 신용협동조합을 불법으로 조사하고 벌금을 부과하더
니, 1978년 6월에는 아예 인가를 취소하였다. 고애신 전도사가 부임
한 구미산업선교회도 극심하게 탄압을 받아 거의 활동할 수 없는 지
경이 되었다.

　1979년에 군사정권은 YH사건을 빌미로 인명진 목사, 문동환 교
수 등을 배후조종 혐의로 구속하였고, 정부는 특별조사반을 조직하여
조사하고 보고서를 만들었다. 보고서에 이런 내용이 적시되어 있다.

"일부 소수의 '도산목사'들은 산업선교를 한다는 명목 하에 복음 전파
　등 순수한 종교적 차원이 아니라 근로자들에게 노동관계법규를 위반
　하면서 불법적인 투쟁방법을 교사 및 선동한 사례도 아울러 발견되었

음…"(앞의 책, 201).

　　그리고 박정희 정권에 장악된 어용언론들은 산업선교에 대한 탄압을 지지하고 합리화하였고, 대대적인 왜곡보도를 시작하였다. MBC, 서울신문, 중앙일보, 한국일보, 경향신문 등이 앞장선 것이다.

　　1979년 10.26 이후 경제적 파탄이 심화되어, 실업이 증가하고 공장 가동률 저하에 따른 휴폐업의 증가로 대량 해고 사태가 일어났으며 노동자들의 생활은 극도로 악화되었다. 이와 함께 노동운동은 매우 활발하게 진행되어 어용노조 퇴진운동이 파급되고 개헌운동으로까지 연결되었다. 이에 전두환 군사정권은 불법으로 장악한 권력이 위협을 받자, 민주화운동과 노동운동을 억압하더니 5.17 광주민중항쟁을 무력으로 제압하였다. 체육관 선거로 성립된 제5공화국 군사독재정권은 구조적 불황을 탈피하기 위하여 개방경제정책과 민간주도의 경제 정책을 행했는데, 이 정책의 기반은 저곡가정책과 노동운동에 대한 법적, 물리적 억압과 강력한 임금동결정책, 노동 강도의 강화에 기초한 저임금정책이었다. 더구나 많은 노동운동가들을 현장에서 축출하고 삼청대로 무지막지한 순화교육을 보내고, 블랙리스트를 만들어 산업선교회원이나 노동운동가들의 취업을 원천적으로 봉쇄하고, 노동법을 개악하고 민주노조를 파괴하였다.

　　그러나 83년 말부터 노동운동은 들불과 같이 번져서, 민주노조 복구운동이 일어나고 블랙리스트 철폐투쟁, 저임금정책에 맞서서 '임금 10만 원 받기 운동'이 벌어졌다. 1984년에는 대구 택시기사 파업이 노동운동에 활기를 주었고, 그해 11월, 택시기사 박종만 씨의 분신사건은 노동자탄압정책에 대한 대표적인 저항사건이 되었다

(앞의 책, 256-258).

　노동운동에 대한 대대적인 탄압과 함께 영등포산업선교회는 극심하게 탄압을 받았는데, 1982년 미국 다국적회사 콘트롤데이터가 철수하는 과정에서 절정에 달한다. 콘트롤데이터는 기술적인 문제로 한국공장을 폐쇄하기로 한 것인데, 군사정부는 이 회사의 공장폐쇄가 마치 영등포산선의 조종을 받은 노동조합의 과격한 투쟁 때문인 것으로 조작하고 '도산(영등포산업선교회)타도' 캠페인을 벌였다(앞의 책, 207).

　이는 고립화 작전으로 군사정권의 언론을 동원한 대대적인 왜곡선전은 그해 9월 말에 있었던 원풍모방 노동조합 파괴사건 때에 확연하게 재연되었다. 교묘한 탄압으로 인하여 영등포산업선교회는 활동이 많이 위축될 수밖에 없었지만 인명진 목사를 중심으로 새로운 길을 열어간다.

3. 영등포산업선교의 인명진 목사

1) 신앙고백적 삶

　인명진 목사는 1978년 4월 17일, 청주산업선교회가 주최한 '억울한 농민을 위한 기도회'에서 설교한 내용이 대통령 긴급조치 9호에 위반된다고 구속되었는데, 군사정부가 트집을 잡은 것은 설교내용에 담은 미가서 2장 1절과 7장 3절이었다. 목사를 구속하기 위해 설교 본문인 성경을 불온문서와 같이 취급하여 법정에서 심판을 받게 한 어처구니없는 사건이 벌어진 것이다.

이런 억울한 사건이 벌어졌지만 인 목사는 낙담하지 않았었다. 네 차례 감옥살이를 하면서도 결코 굽히지 않았는데, YH사건으로 세 번째 구속되었을 때 인 목사는 가족들에게 이런 내용의 편지를 보냈다.

"예수께서는 고기 잡는 어부에게, 세금 걷는 세리에게 거침없이 나를 따르라고, 모든 것을 버리라고 강요하십니다. 오늘 지금, 이 땅에도 이런 위대한 사건이 다시 일어나야 하겠다고 나는 생각합니다. '나를 따르라'는 주의 부르심을 듣는 사람, 그리고 이에 응답하여 모두를 즉시—계산 없이— 떨쳐버리고 따라 나설 사람을 지금 이 민족, 한국 교회, 우리 노동계는 필요로 하고 있습니다."

고난 속에서도 계속하여 예수님의 부름에 응답하여 나아가고자 하는 결심이 담겨 있었다.

이는 인명진 목사가 오로지 신앙에 기초하여 산업선교를 했다는 증거이다. 산업선교에서 일할 때, 인 목사는 노동자들의 아픔에 공감하는 능력이 대단하다는 것을 많이 느꼈다. 노동자들과 같이 웃고 우는 것은 아무나 할 수 있는 것이 아니다. 이는 예수 그리스도의 사역의 동기가 긍휼이었다는 점(마 9:35-37)과 맥을 같이하는 것으로, 이 공감이야말로 신앙의 핵심이고, 여기서 인 목사의 신실한 신앙이 드러난다.

일각에서 영등포산업선교회가 사회과학적인 접근이 다소 약했다고 비판을 하였는데, 인 목사의 사역이 신앙중심이었다는 점이 그 빌미가 되었을까?

2) 타고난 조직가

영등포산업선교회는 초기부터 노동자 소그룹 활동을 전개하였는데 인명진 목사의 시절에 그 꽃을 피웠다. 소그룹활동은 소수의 지도자 중심의 활동에서 '밑바닥의 노동자'로 '훈련과 교육'이란 방법에서 '의식화 작업'으로 전략이 변경되었음을 의미한다고 평가한다(앞의 책, 135).

소그룹활동은 실무자들과 노동운동 지도자들이 구속되는 억압적인 상황에서 노동자들이 주체적으로 문제를 인식하고 스스로 풀어가는 방안이 되었다. 이전에 작은 소그룹으로 존재하였던 교양취미활동이 이제는 스스로 '의식화'하는 과정이 되었는데, 1980년에는 100-150여 개의 소그룹이 활동하였다고 한다. 인 목사는 이 소그룹운동을 조직적으로 발전시키고 내용을 확충하였다.

인명진 목사가 기록한 자료에 의하면 소그룹은 같은 회사의 같은 부서, 같은 자리의 노동자로 조직하여 의식화되면 곧 행동하여 변화를 가져올 수 있게 하였다. 한 그룹을 7-9명 단위로 하였고, 혼성으로 하지 않고 여성노동자들을 대상으로 하고, 비슷한 연령과 취미, 관심을 가진 사람들끼리 한 그룹이 되도록 하였다. 이 소그룹에서 노동자들은 삶을 나누며 가슴으로 변화되도록 하였고, 바른 관계를 갖고 더불어 살아가는 공동체가 되도록 하여 삶의 변화를 경험할 수 있었다. 각 그룹은 각자 간단한 규칙으로 회비, 모임에 관한 규정, 결석, 지각에 대한 규정들을 스스로 정하였다. 이 자치적인 활동에 대하여 영등포산선은 전혀 간섭하지 않았다고 한다(앞의 책, 138-141).

그런데 실무자들의 중심이 너무 확고하여 영등포산업선교회의 노동자들의 주체적인 지도력 형성이 미흡하였다고도 평가받기도 하는데, 입장이 강한 인 목사가 자치적이어서 때로 느슨할 수 있는 소그룹모임을 활성화하였다니 대단한 조직가라고 할 수 밖에 없다.

3) 창의적인 돌파

1980년, 서울의 봄을 짓이기고 광주민중항쟁을 무력으로 제압한 전두환 군사정권은 정권에 가장 위협적인 노동운동과 산업선교를 압살하려고 하였다. 많은 노동운동지도자들을 삼청대로 끌고 가 강제순화교육을 하였고, 산업선교 회원들을 해고하고, 산업선교에 대한 왜곡선전을 강화하였고, 영등포산업선교 회관 주변에 경찰과 기간원들을 동원하여 철저하게 감시하였다. 이는 영등포산업선교회를 노동자 세계에서 완전히 고립·단절시켜 고사시키려는 작전이었다.

이 어려운 상황에서 새롭게 노동자들을 조직하기 위한 획기적인 전환이 필요할 때, 인 목사는 새로운 돌파구를 만들었다. 그것은 우선 성문밖교회를 강화하는 것이었고, 노동자들이 쉽게 참여할 수 있는 부드러운 프로그램을 만든 것이었다. 아무리 폭압정권이라고 공적 예배를 막을 수는 없다는 것을 활용하여 교회이름은 '노동교회'에서 좀 더 대중적인 '성문밖교회'로 바꾸고 본격적으로 기독교신앙공동체의 발전을 꾀하였다. 1974년부터 노동자들의 성서연구모임인 '엑소더스'가 있었는데 이 소그룹을 기초로 1977년 '노동교회'가 창립되어 신앙공동체가 세워진 것이다. 성문밖교회는 은혜로운 예전과 가슴에 파고드는 인 목사의 탁월한 설교로 주일예배는 감동적인 시간이었고 수요저녁예배도 신설하였다. 70년대에 왕성하였던 노

동자 소모임을 교회의 '구역'으로 재편하고 세례교인 수련회를 강화
하였다.

인 목사는 노동자들이 부담 없이 참여할 수 있도록 하는 새로운
창의적인 프로그램을 고민하며 실무자들과 협의한 결과 한울안운
동, 명화감상, 노동문제상담전화, 기타반, 풍물반, 도서실 등을 운영
하였다.

'한울안운동'은 노동자들이 편하게 찾아오게 할 의도와 동시에 검
소한 경제생활철학을 가르칠 목적을 담고 있었다. 교회에서 입을만
한 중고 옷을 기증받아, 성문밖교회당에 전시하여 상징적인 가격을
받고 판매하는 방식이었다. 지금은 '아름다운 가게' 등에서 중고 옷
매매가 보편화되었지만, 우리나라에서 처음 실시한 이 한울안운동
은 저임금에 시달리던 노동자들에게 큰 인기를 끌었고, 종로 5가의
기독청년들도 많이 이용하였다. 그래서 종로 5가에는 '성문밖 패션'
이 유행하기도 하였다. 또 노동자들이 매주 금요일 저녁에는 큰 사랑
방에서 비디오로 명화를 감상하며 생각을 나눌 수 있도록 많은 좋은
영화들을 상영하였다.

정치권력이 매스컴을 동원하여 영등포산선을 '무서운 곳', '이상
한 단체'란 이미지를 만든 까닭에 노동자들이 쉽게 접근할 수 없었다.
체불이나 해직을 당하여도 직접 영등포산선을 방문하여 상담할 수
없는 처지였기에 새로 개설한 '희망의 전화'는 부담 없이 상담할 수
있어서 호응이 컸다. 실무자들의 주요활동 중의 하나는 저녁 퇴근시
간에 맞춰 가리봉역과 당산역 등에서 노동자들에게 명함 크기의 안
내장을 나누어 주는 것이었다. 이 '희망의 전화'는 많은 호응을 받았다.

그리고 새로운 형태의 대중적인 노동자 문화교육으로 기타반, 풍

물반, 연극반을 개설하여 노동자들이 드나들며 산선과 친밀한 관계를 맺고, 저임금과 장시간 노동의 고통스런 삶을 문화 활동으로 풀어낼 수 있었다. 또 구역학교란 명칭으로 노동자야학의 성격인 한문반, 역사교실, 노동법교실을 열었는데, 대학생들에게 노동자·교육에 참여할 수 있는 기회를 주었다.

이와 같은 새로운 활동을 통하여 작은 기업의 여성노동자들과 남자 노동자들이 새롭게 영등포산업선교회의 회원이 되었고, 서서히 산업선교는 부활하기 시작하였다.

4) 민중교회 세우기

군사독재권력의 산업선교에 대한 대대적인 탄압과 왜곡선전은 더 이상 '산업선교'라는 이름을 걸고 노동자선교를 할 수 없게 되었다. 이 엄혹한 현실을 정확하게 인식한 인명진 목사는 노동자선교를 원하던 장신대 신대원의 현대신학연구회 소속의 졸업예정자들에게 '민중교회'를 제안하였다. 노동자들이 많이 일하는 공단지역에 '산업선교'라는 간판이 아닌 '민중교회'를 세우면, 현장교회를 통해 산업선교를 할 수 있다는 것이었다. 이에 대한 진지한 협의 끝에 뜻을 모으고, 1984년부터 본격적으로 민중교회 사역자를 위한 훈련을 시작하였다. 민중교회를 자원한 전도사들에게 6개월의 공장노동은 우선적인 훈련과정이었는데, 이 기간 동안 매주 공장생활을 체크하였고, 그 후 사회과학공부와 목회훈련으로 1년 이상의 훈련과정이 진행되었다. 훈련을 마친 이들은 연고지에 상관없이 전국의 지도를 놓고 산업선교가 요청되는 공장지역에 전략적으로 배치되었다.

이 민중교회는 지역노동운동의 발전과 노동자들의 권리증진에 크게 기여하였고, 다른 교단들의 민중교회들과 더불어 '한국민중교회연합'을 결성하여 민중운동은 물론 민주화운동에서도 훌륭하게 역할을 하게 된다. 1987년 이후에 인 목사는 민중교회가 소속노회의 협조를 얻어 노동문제상담소를 설치하도록 지도하였다. 민중교회가 공교회 조직인 노회와 협조하는 것은 공공성을 발휘하는데 매우 효과적이었다.

그런데 민중교회를 세워가는 과정에서 인 목사는 현대신학연구회 전체모임에서 민중교회의 중요성을 강조하다가 "일반교회는 다 쓸데없다"고 발언하였다. 이로 인하여 일반 교회에서 사역하게 된 현대신학연구회의 목회자들이 마음에 상처를 입게 된 일이 발생하였다. 이것이 민중교회가 일반교회와 더 친밀하게 협력하는데 다소 걸림돌이 되기도 하였다. 워낙 몰입하는 성격인지라 민중교회의 중요성을 강조하다보니 자신의 생각을 절대화하는 경향이 나타났다고 볼 수 있다. 한때 인 목사가 군사정권에 뿌리를 둔 한나라당 윤리위원장으로 역할을 하시는데 대하여 예장 민중교회 목회자들이 문제제기를 하기도 하였다.

5) 공간의 힘

과연 산업선교회가 독자적인 공간을 만들어야 하는가에 논란이 있었다는데 인명진 목사의 주도로 건축된 영등포산업선교회관은 엄혹한 시기에 그 자체로 많은 역할을 하여 노동운동과 민중운동이 발전하는 토대가 되었다. 4층짜리 회관은 최신 시설로서 예배당, 노동자 교육장, 신용협동조합, 민주화운동단체들의 모임터, 의료 진료실, 학생들을 위한 직업훈련장, 파업 노동자들의 피난처가 되고 많은 노동자 집회가 열렸다. '영등포산업선교회 40년사'에 보면 기록된 대형집회만도 다음과 같이 기술되어 있다.

1984년 6월 20일/ 블랙리스트 해고노동자를 위한 복직대회

6월 24일/ 청계피복노동자들의 창각 마당극 공연

7월 15일/ 제2회 경찰폭력 추방을 위한 기도회

9월 25일/ 청계피복노동조합을 위한 기도회

9월 29일/ 주민문제 공청회

1985년 4월 7일/ 전태일 노래극 "불꽃"공연 등 노동자 집회 5회

1986년 3월 10일/ 한국기독노동자총연맹 주최 "86 노동절 기념대회"

등 노동자 집회 4회

1987년 2월 25일/ 한국기독노동자총연맹 주최 "86 노동자 함성제"

등 노동자 집회 7회(앞의 책, 261-262)

이런 집회나 교육이 있을 때마다 영산회관 주변에는 정복과 사복 경찰과 안기부 기관원이 감시하고, 많은 경찰차들이 주변에 어김없이 대기하였다. 그리고 종종 집회자체를 원천봉쇄하였고, 폭력사태가 빈번히 발생하였다. 외부단체가 회관에서 집회를 하면 많이 불편하고 활동에 지장이 많았지만, 이를 기꺼이 감수하며 공간을 내어줌으로 노동자들에게 영등포산선회관은 '우리 집'이라는 인식이 강하게 심어지게 되었다. 영등포산업선교회관은 산업선교라는 내용을 담아내는 그릇이었던 동시에 노동운동과 노동문화를 확산하는 형식

을 갖춘 아름다운 하나님의 집이었다.

6) 호주 교회와 협력

영등포산업선교회가 노동자의 편을 드는 활동이 활발해지자, 국
내 교회들은 대부분 부담을 느끼고 산업선교에 대한 지원을 끊고 오
히려 멀리하였다. 이런 상황에서 독일 교회 등 해외 교회가 세계교회
협의회를 통하여 지원을 아끼지 않았다. 그중에서도 호주 교회의 지
원은 큰 힘이 되었다. 인명진 목사는 당시 장신대에 교수로 와 있던
존 브라운 목사와 가까이 지내며 호주연합교회로부터 더 많은 협력
을 견인하였다.

호주의 평범한 노인들이 정성껏 헌금하여 후원한다는 사실을 알
고, 인 목사는 때때로 실무자들에게 종이 한 장도 아끼라는 말씀을
자주 하셨다. 호주연합교회는 재정적으로 후원할 뿐만 아니라 직접
호주 선교사를 보내어 적극적으로 영등포산업선교회와 협력하였다.
동역하던 선교사들 중에 누구보다 군사독재정권에 맞서 적극적으로
활동한 라벤더 선교사는 1978년 6월 결국 추방당하였다. 그럼에도
호주 교회는 최근까지 선교사를 파송하며 산업선교와 연대하고 있
다. 인 목사의 창의적이고 헌신적인 사역, 고난을 마다하지 않는 신
앙적 열정에 호주 교회는 물론 WCC(세계교회협의회)와 CCA(아시아
기독교협의회)가 감동을 받아, 영등포산업선교회가 노동자선교의 모
델로 세계에 설 수 있게 되었다.

4. 맺으며

이 글에는 필자가 인 목사와 관계를 맺은 시절인 1980년 이후를 중심으로 기술한 까닭에 많은 중요한 사역이 공백이라고 본다.

원고를 청탁받으면서 인 목사의 사역에 대한 비평적인 목소리가 있으면 그것도 일부 지적해달라는 부탁을 받았다. 사실 살아계신 분을 비평하는 것은 쉽지 않을뿐더러, 글을 쓰며 특별히 신경을 써서 문제점을 찾아보았지만 뚜렷이 드러나는 점이 없었다. 간혹 비판적인 평가가 있었지만, 교회의 공적 선교기관인 영등포산업선교회의 특수성을 간과한 것이거나, 학생운동이나 사회운동의 관점에서 노동운동을 평가하는 경우가 대부분이었다. 또 공장에서 노동하여 먹고 살아야 하는 노동 당사자들의 입장이 제대로 반영되지 않고 과도하게 이념적인 잣대를 들이대는 경우도 있었다고 본다.

더구나 일반 노동운동사와 단위노동조합운동사에서 영등포산업선교회가 기여한 바를 쏙 빼놓고 기술하는 경우가 대부분인데, 이는 무례한 처사이고 노동운동사에 대한 분명한 왜곡이다. 자녀가 성장했다고 자기를 낳은 어머니를 무시하는 것과 다를 바가 없다.

몇 년 전, 3년마다 한국 교회의 사회적 신뢰도를 조사 발표하는 책임연구원인 경제학교수와 식사하며 이야기를 나눈 적이 있다. "요즘 한국 교회가 계속하여 사회적 신뢰가 추락하는데, 이렇게 추락하는 그 신뢰도는 해방 이후에 언제 어떻게 형성된 것입니까"라고 내가 물었다. 보수적인 교회에 다닌다는 그 교수는 이렇게 대답하였다. "제가 연구 조사해보니 한국 교회의 성장의 토대가 된 사회적 신뢰를 형성한 것은 1970-1980년대 교회의 산업선교와 농민선교 등 민중선교와 인권운동, 민주화운동과 통일운동이었습니다."

아무런 선입견 없이 연구 조사하는 과정에서 내린 한 교수의 결론이라는 점에서 이 발언은 참 소중하다. 영등포산업선교회가 고난을 받으면서도 굴하지 않고 노동자들을 섬기고 연대한 이 민중선교는 한국 교회가 1970-1990년대에 급성장하는 밑거름이 된 것이다. 그 중심에 조지송 목사와 인명진 목사께서 계셨다. 참으로 한국 교회사와 노동운동사에 빛나는 자랑스러운 하나님의 일꾼들이다. 이 위대한 사역을 우리 후배들이 제대로 계승하지 못하여 죄송할 뿐이다.

〈참고문헌〉

영등포산업선교회 40년사 기획위원회,『영등포산업선교회 40년사』, 영등포산업선교회, 1998.
예장총회 국내선교부 편,『내 아버지께서 일하시니 나도 일한다』, 서울, 2007.

인명진을 말한다

환 경

인명진 목사는 한국 사회에 한국공해문제연구소
(현 기독교환경운동연대와 부설 한국교회환경연구소)를
촉발시킨 사람이다. 현재의 환경운동연합이
'한국공해문제연구소'에서 출발했다는 점에서
환경운동 제1세대는 인명진 목사로부터
시작되었다고 할 수 있다.

한국 기독교환경운동과 인명진*

유미호
(기독교환경운동연대 연구실장)

1. 한국공해문제연구소의 시작

우리나라 환경운동의 시작은 '한국공해문제연구소'(이하 공문연)
이다. 1980년대 산업화가 계속되면서 온산공해병 등 크고 작은 환경
사건들이 있었는데, 이를 '공해'라는 개념으로 정리하고 그를 여론화
하고 사회화시킨 곳이 바로 공문연이다. 공문연은 조직적이고 체계
적으로 공해 문제에 접근한 첫 NGO이고 인간만이 아닌 환경을 화두

---

* 필자는 인명진 목사가 연구소장으로 취임한 직후인 1991년 4월부터 연구소에서 활동
을 시작했다. 당시는 환경 문제가 날로 우리의 생존을 위협하고 있던 시기로, 인 목사
를 통해 내딛은 기독교환경운동 초창기에 '생명의 소중함과 창조주에 대한 경외심'을
깨달아 지금까지 활동을 이어오고 있다. 이 글은 그 동안의 경험과 이미 기고한 바 있
는 '피조물과 함께해 온 기독교환경운동 25년: 현대신학자들의 신학과 윤리(대한기독
교서회)', '대한예수교장로회(통합) 총회 환경운동사', 그리고 기독교환경운동연대 25
주년 기념도서인 『하나님, 자연, 사람, 그 창조의 숨결: 기독교환경운동연대 25년사』
(성백걸, 기독교환경운동연대 엮음, 한들출판사)에 실린 글이 토대가 되었다. 그리고
당시 연구실장과 연구원으로 활동했던 김종환(한국표준산업기술원), 유영초(산림문
화콘텐츠연구소)의 글도 수록해 놓았다.

로 사회변혁의 새로운 패러다임을 연 곳이다.

"그때는 광주사건 직후라 세 사람만 모여도 범법자로 몰리는 살벌한
상황이었다. 그런데 교회는 그렇게 심하지 않았다. 환경 문제를 교회
안에서 시작하면 좋을 것 같았다. 운동이란 표현을 쓸 수가 없어서 연구소
라고 이름을 지었다. (중략) 자금은 URM(Urban Rural Mission) 돈을 썼
다. 공해 문제 해결을 위한 주민조직운동(Anti-Pollution Organization)
에 대한 지원이었다."[1]

공문연 설립 당시 한국교회사회선교협의회(이하 사선협) 총무였
던 권호경 목사의 인터뷰 내용이다. 인터뷰에서 보듯 공문연은 사선
협의 지원을 바탕으로 주민조직 운동에 '반공해' 이슈가 덧붙여 생겨
난 조직이다.

그런데 기독교사회선교운동에 '공해' 문제가 접목된 데는 인명진
목사의 영향이 컸다. 당시 영등포산업선교회에서 노동자 인권 문제
와 민주화 운동에 적극적으로 참여했던 인 목사는 김대중 내란음모
사건에 연루돼 옥고를 치루다 호주장로교회의 초청으로 호주로 추
방되어 그곳에서 공해 문제에 대해 깨닫게 된다.

"김대중 내란음모 사건에 연루되어 투옥되었는데 호주장로교회의 초
청에 응하는 조건으로 석방되었다. 호주에서 환경 문제의 심각성에
눈을 떴다. *Sydney Morning Herald*에 실린 고리 핵발전소 고장소식을

1 성백걸, 기독교환경운동연대 엮음, 『하나님, 자연, 사람, 그 창조의 숨결: 기독교환경
운동연대 25년사』(서울: 한들출판사, 2008), 33.

보고 충격을 받았다. 호주 환경단체를 소개받았는데, 그들은 우리나라에 전술 핵무기가 1천기나 되는 것과 원전현황도 훤히 꿰고 있었다. 울산, 온산에 일본 공해산업벨트가 있는 것도 크게 우려하고 있었다. (중략) 그들은 우리나라의 민주화는 시간문제일 수 있고, 공해 문제가 더 심각하다고 지적하였다. 산업재해와 직업병 문제에 깊은 관심을 두었기에 그 의미를 금방 알아차렸고, 1981년 귀국해 사선 총무인 권호경 목사에게 군부독재나 핵문제를 정치나 반미구호가 아닌 공해 문제로 다루자고 제안했다."[2]

귀국 후 인 목사는 사선 총무에게 제안했고, 그것이 받아들여져 여러 종교 및 사회 운동가들이 함께 하는 '반공해운동'의 산실인 '한국공해문제연구소'가 탄생하게 된 것이다. 1982년 4월 13일의 일이다. 그는 1983년 신구교 성직자 80여 명이 참석한 가운데 '공해 인식의 확산과 대중화를 위한 공개강좌'에서 '공해 문제에 대한 교회의 책임'이란 제목으로 강의를 했고[3], 그 이듬해부터는 영등포산업선교회 총무로서 연구소 이사로 참여하게 된다.

2. 한국교회환경연구소로의 전환

이후 다양한 활동 속에서 함께했던 인명진 목사는 1990년 11월 연구소가 새로운 도약의 지점을 찾는 가운데 6대 소장을 맡게 된다.

2 성백걸, 같은책, 34.
3 성백걸, 같은책, 56.

1987년 이후 시민 환경단체들이 여럿 생겨나면서, 연구소의 운동 방향과 내용을 전환해가던 때였다. 1989년 오충일 목사가 소장을 맡으면서 반핵운동의 새로운 지평을 연 이후 '한국반핵반공해평화연구소'라는 이름으로 활동하고 있을 때였다. 시대적 상황의 변화에 따라 응답해가고 있었지만, 아직 충분하지 않았고 조직 운영 특히 재정상태가 좋지 않았던 때였다.

우선 인 목사가 소장으로서 새로운 도약의 지점으로 찾은 곳은 '교회'였다. 취임 후 바로 단체명을 '한국교회환경연구소'로 바꾸고 본격적인 기독교환경운동을 전개하였는데, 연구소 창립 10년, 다양한 시민환경단체가 일어난 지 5년 만의 일로 연구소의 출발 지점에서 자기 정체성을 찾아 기독교환경운동으로 자리매김한 것이다.

당시 한국 교회 내에 환경의식이 깨어나고 있다고 보았는데, 이는 1990년 'JPIC 세계대회'와 1992년 '브라질리우회의'의 영향이 컸다. 인 목사는 새로 발생하고 있는 한국 교회 환경운동의 넓은 흐름을 지도할 '전문성'을 지닌 환경단체가 필요할 뿐만 아니라 교회 전반과 그리스도인들에게 깊게 뿌리내려 '대중성'을 확보할 조직이 필요하다고 보았고, 이에 연구소가 응답하도록 이끌었다. 시대적인 요청에 응답해 자기 변화를 시도하게 한 것이다.

"1982년 공해문제연구소로 출발하여 우리나라 공해 문제를 사실상 처음으로 일반에 널리 알렸던 저희 연구소는 이제 질적, 양적으로 환경운동이 성장함에 따라 하나님의 창조질서를 되살리려는 본래의 사명을 더욱 충실히 감당하기 위하여 교회의 환경운동을 적극 지원할 것입니다."[4]

인 목사가 말하는 '교회가 환경운동을 해야 하는 이유'는 당시 펴낸 '평화와 환경소식'지에 실린 환경 설교문에 잘 담겨 있다.

"자연은 인류에게 주신 하나님의 최고의 축복이요, 최대의 선물입니다. 땅은 우리의 어머니요, 물은 우리의 생명이며 공기는 우리 삶의 기운입니다. 우리 인류는 자연으로부터 생명을 공급받으며 살아왔고 이는 또한 하나님의 창조의 섭리이기도 합니다. 그런데 참으로 심각한 것은 이 자연이 지금 위급한 병에 들어 죽어가고 있다는 것입니다. (중략) 우리 민족에게 주신 금수강산도 구석구석마다 공해에 찌들고 속속들이 골병이 들었습니다. 우리 인간들의 끝없는 욕심, 자기밖에 생각지 않는 이기심 때문입니다. (중략) 교만한 죄 때문입니다. 아니 하나님께서 주신 선물인 아름다운 강산을 지키고 가꾸지 못한 우리들 모두의 부족함과 불순종의 죄 때문입니다."[5]

3. 교회, 교단 및 한국기독교교회협의회 환경운동의 기초

물론 본래 연구소에서 교회와 함께하는 환경운동이 시작된 것은 1984년 5월의 일이다. 세계환경의 날(6월 5일)을 기념하면서 6월 첫 주일을 '환경주일'로 정했고 환경주일설교자료집을 배포하여 강단에서 환경설교가 선포되게 하였다. 1987년에는 '공해문제성직자협의

4 한국교회환경연구소, 〈평화와 환경소식〉 창간호(1992), 1.
5 인명진, '한국교회의 새로운 사명', 한국교회환경연구소, 〈평화와 환경소식〉 제7호 (1992), 6-7.

회'가 조직되어 몇 년 간 활동을 하기도 했다. 하지만 교회가 주체가 되어 사회 속의 환경운동과 교회 속의 환경운동을 전개한 것은 인명진 목사가 연구소 소장으로 오면서부터라고 보는 것이 적절하다.

개 교회 차원의 환경운동은 여전도회를 중심으로 묵묵히 생활 속 환경운동으로 전개되었다. 이들은 쓰레기 분리수거를 실천하며, 무공해세제를 만들어 사용하고, 또 물과 전기를 아껴 쓰고, 절약을 통해 쓰레기를 줄이기 위해 애썼다. 연구소는 그들의 실천을 도왔다. '폐식용유를 자원화 하여 비누를 만듦으로써 물 오염을 줄이는' 1석 2조의 실천을 위해 일본 미나마따의 비누공장을 직접 다녀와 교육하고 홍보하는 일도 전개했다.

이 실천의 토대 위에 정부와 대기업의 개발우선정책을 올바로 이끌어낼 교단별 또는 범 교단적 환경운동을 위해서도 애썼다. 당시 각 교단은 창조보전을 위해 교회가 맡아야 할 역할을 새롭게 인식하고 그를 선교적 과제로 삼아 신앙고백과 실천으로 참여하고 있었다. 1990년 서울에서 열린 '정의 평화 창조질서 보전(Justice Peace Integrity of Creation, JPIC) 세계대회'를 계기로 한국 교회가 창조질서의 붕괴와 인간관계의 파괴라는 문제에 응답할 것을 약속하고 결단한 것이다.6 물론 그들이 따로 또 같이 활동하기 위해서는 뒷받침할 곳이 필요했는데 '한국교회환경연구소'가 그 역할을 했다.

연구소는 교단의 환경운동을 지원한 것만이 아니라 교단협의체인 한국기독교교회협의회 환경위원회의 활동에 적극적으로 협력하였다. 아니 설립 배경이었다고 해도 과언이 아닐 것이다. 어찌 되었

---

6 한국교회환경연구소, 〈평화와 환경소식〉 2호(1992), 6.

건 두 단체는 서로 자율적이면서도 유기적인 관계 속에서 늘 협력했다. 그 대표적인 사업이 지금까지도 이어지고 있는 '환경주일'의 선포와 공동자료집 제작이다. 그 후로도 여러 사업이 공동으로 이루어지는데, 한국 교회 환경학교의 운영(1992년)과 '녹색교회 선정'(2006년)이 그것이다.

그리고 당시 교회들이 본격적으로 전개해가던 환경운동은 그가 공동대표가 되면서 '녹색교회' 의제로 정리되었고 구체적인 이행계획도 만들어져 전국교회로 확산된다. 후임 소장은 김영락 목사가 맡았는데, 무임이 아닌 전임이었다. 이는 1998년의 일로서, '녹색교회 21' 의제는 교회가 하나님과 인간, 자연 안에서 어우러지고 삶의 공간과 생산의 공간이 조화를 이루는 지속가능한 공간으로 만들기 위한 비전과 계획으로 마련되었다. 그리고 다음해 19개 지역에서 순회 설명회를 통해 교회들에게 전달되었다.

4. 본격화된 예장총회의 환경운동[7]

대한예수교장로회(통합) 총회가 환경 문제에 대해 처음으로 언급한 것은 1984년(69회기) 총회 3차 실행위원회 때의 일이다. 총회 실행위원들은 정부로 하여금 공해 문제에 심각하게 대처하도록 촉구하는 건의문을 작성하여 보내기로 하고, '환경 문제와 교회의 대응'이라는 주제로 환경 공해 문제 연구 세미나를 개최할 것을 결의했다. 1989년(74회기)에는 협동간사를 훈련하면서 연구소와 연계하였는

7 유미호, '대한예수교장로회(통합) 총회 환경운동사', 총회 100주년 백서, 2013.

데, 시기적으로 인명진 목사가 연구소의 이사직을 맡고 있을 때였다.

총회 역시도 환경운동이 본격화된 것은 인 목사가 연구소의 소장을 맡으면서부터이다. 1992년 총회 산하 특별위원회로 '환경보전위원회'가 조직되었고, 위원회는 정책세미나를 열어 위원장인 인 목사의 '환경운동의 현황과 교회의 역할'이란 제목의 발제를 듣고 나날이 심각해져가는 환경오염에 대한 대책을 논한다. 그리고 거기서 다음과 같은 결의를 한다.[8]

1. 총회가 각 노회로 공문을 내어 노회나 산하 각급 단체에서 모임을 가질 때 환경강좌를 실시한다.
2. 6월 5일 세계환경의 날이 있는 주일을 환경주일로 지키며 환경주일 예배자료를 발간한다.
3. 보다 많은 사람들이 절박하고 심각한 환경회복 문제에 눈을 뜨고, 일상생활의 작은 것부터 실천할 수 있는 지침서를 제작 배포하기로 한다.

이때 이후로 총회는 '창조보전'의 차원에서 교회와 사회가 할 수 있는 노력을 꾸준히 해왔는데, 대표적인 일은 한국기독교교회협의회 생명윤리위원회와 그 회원 교단 그리고 연구소(현 기독교환경운동연대)와 공동으로 환경주일을 제정하고 회원 교회들과 더불어 지키는 것이다.

---

8 한국교회환경연구소, '평화와 환경소식' 2호, 1992년 2월 29일, 8.

5. 연구소 재정 자립의 토대 마련

연구소를 운영함에 있어 중요했던 것은 안정적 재정 확보였다. 사실 연구소의 시작도 해외 교회의 후원이 있어 비교적 안정적이었다. 독일교회의 '세계를 위한 빵'(Brot fur die Welt)의 8백 26만원 지원을 시작으로 해외 교회의 후원은 아시아기독교교회협의회(CCA)의 도시농촌프로그램(URM)의 1,500만원 지원으로 이어졌다가 해마다 줄어 1996년에 완전히 종료되었다.[9]

인 목사가 소장을 맡으면서 떠안게 된 빚은 격리병원 163,000원과 미지급된 전임 실무자들의 인건비와 인쇄비 등이었다. 당장 새로운 각오로 출발하는 연구소의 연구 공간도 없었다. 우선 인 목사는 무임 소장으로 일하면서 연구소 사무실을 구로구 구로6동 98-15에 위치한 갈릴리교회 2층으로 옮겨놓았다. 교회 공간은 이미 인 목사가 맡아 운영하고 있는 여러 기관들이 있었는데, 갈릴리교회 예배당 이외에도 맞벌이 부부의 자녀를 돌보는 어린이집인 '희망의집', 총회 노동상담소 사무실, 산재병원 준비위 사무실, 문화공연장, 그리고 본 연구소 사무실이 함께 사용하였다.

갈릴리교회로 옮겨온 것은 재정적 부담을 덜기 위한 것도 있었지만, 사회운동은 물론 종로 5가를 중심으로 한 기독교사회운동과 일정한 거리를 둔 채 교회 본래의 사명과 과제에 몰두하게 하려했던 소장의 의도가 담겨 있었다. 환경 등 사회문제에 능동적으로 대처할 역량 있는 교회는 물론 단체가 없다는 데 대한 안타까움이었다고도

---

9 성백걸, 같은책, 48.

할 수 있다.

그래서 실무자들은 재정을 염려하면서도 한편으로는 시대가 요청하는 사업을 열심히 연구하여 힘껏 전개하였다. 현실적이면서도, 미래지향적이고 합리적인 판단을 내리는 소장이 보기에는 많이 부족했겠지만, 현실 분석을 토대로 적절히 사업내용을 설명하면 함께 방향을 정립한 후 재정에 대한 걱정 없이 맘껏 활동할 수 있도록 지지하여 든든한 버팀목이 되어주었다.

물론 때때로 조직 운영의 안정성을 위한 그리스도인 한 사람 한 사람의 소액 후원을 언급하곤 했다. 연구소가 특정한 집단에 의해 영향을 받지 않으면서도 지속적으로 안정적인 활동을 하려면 회비에 기초한 회원단체로 든든히 서야 한다는 당부였다. 이는 한국 교회를 향해 요청하는 소장으로서의 글에도 잘 드러나 있다.

"지금껏 외국 교회의 헌금과 이사 몇 분의 후원으로 꾸려져 왔습니다. 그러나 이 정도로는 하고 싶은 일, 해야 할 일을 다 감당하기 어렵게 되었습니다. 또 해외 헌금이 크게 줄어들고 있습니다. 이제는 그 몫을 우리 한국 교회가 맡아야 할 때입니다. 한국 교회가 이만한 규모의 연구소 하나를 스스로 책임질 수 있는 힘이 있고 또 그렇게 해야 한다고 생각합니다. 지금 개인이나 가정, 교회가 펼치고 있는 구체적인 작은 실천들은 몹시 중요한 일입니다. 더불어 활동을 돕고 이끌어나갈 전문 연구기관을 키우는 일 또한 빼놓을 수 없는 일입니다. 우리 연구소가 환경선교의 디딤돌 구실을 다할 수 있도록 힘을 실어주시고 기도해주십시오."[10]

그의 바람대로 시간이 흐르면서 뜻을 함께하게 된 개인과 교회회원은 늘었고, 자료판매 등의 수익도 생겼다. 한 사람 한 사람의 관심과 정성이 담긴 것이니만큼 소중히 여겼다. 그리고 그것은 시민사회운동진영에서 시행하게 된 회비납부 제도인 CMS(자동이체서비스)와 접목되어 연구소 재정자립에 크게 도움이 되었다.

결국 재정적으로 어려웠던 시기 무임 소장으로 활동을 시작한 인 목사가 후임을 전임 소장으로 활동하게 했고, 재정[11]도 안정화시켜 1993년의 결산이, 수입은 79,645,308원, 지출은 73,796,040원으로 이월금이 5,849,260원이나 되었다.

6. 현안 대응을 넘어 정책제안과 실현

인 목사는 앞서 설명했듯 연구소의 중심과제를 '교회와 함께' 하는 환경운동에 두었다. 하지만 그것이 교회 안에만 머물게 하는 것을 의미하지는 않았다. 소장으로 취임하자마자 대구 두산전자의 낙동강 페놀사건이 일어나 전 국민의 환경의식이 고취된 탓도 있지만, 교회가 환경 현안에 대한 대응을 넘어 올바른 정책을 수립하고 대안을 세워야 할 책임이 있다고 생각했다. 그 책임을 다한 것 중에 하나가 '쓰레기 재활용의 이상을 현실화한 것'인데, 그 내용은 당시 연구실장으로 일했던 김종환 씨의 '쓰레기 재활용의 이상을 현실화한 주인공'이란 제목의 글로 옮겨 놓는다.

---

10 본 연구소, 〈평화와 환경소식〉 제4호(1992), 1.
11 성백걸, 같은책, 172.

"요즘 우리는 집집마다 매주 한 번씩 쓰레기를 각각 종이, 플라스틱, 유리병 따위로 나누어 내놓아야 한다. 이 규칙을 계속 어길 경우 이웃이나 관청으로부터 비난과 불이익 처분을 받게 되고, 무엇보다 양심의 가책을 받을 것이다. 오늘날 쓰레기 재활용은 지구 환경에 이롭고 녹색 순환경제의 핵심이라는 것이 상식이 되었지만 예나 지금이나 개인적으로, 그리고 행정적으로 번거롭기 짝이 없는 일이다. 인명진 목사가 소장을 맡아 한국교회환경연구소를 구로동 갈릴리교회에서 운영하던 시절은 쓰레기 재활용이 말은 그럴 듯하지만 그저 생태지상주의자의 이상론쯤으로 여겨지던 시절이었다.

인명진 목사의 비전은 달랐다. 그는 한국교회환경연구소를 이끌고 높은 현실론의 벽에 맞서 쓰레기 분리수거와 재활용의 이상을 우리 사회가 당연한 습관으로 받아들이게 하고, 이를 위해 환경정책의 변화에 선도적인 역할을 했다. 연구소는 무엇보다도 환경부(당시는 환경처)가 서울에 11개의 소각장을 지어 하루 1만6천5백 톤의 쓰레기를 태워 없애려던 계획을 1993년에 저지했다. 당시 일본 중공업회사들은 자국내 쓰레기소각장 건설 시장이 포화되자 일본국제협력기구(JICA)를 앞세워 우리나라(1983-1985)를 비롯해 동남아 각국에 소각 중심의 쓰레기처리 계획을 세워주고 있었다. 바야흐로 우리나라에도 모든 쓰레기를 태워 없앨 55개의 쓰레기소각장이 들어서기 직전이었다. 우리나라에 재활용 체계가 상당 기간 들어설 여지를 없앨 위기였다.

인명진 목사는 당시 연구원들과 함께 서울 상계동과 목동을 비롯하여, 전국의 쓰레기 소각장 반대운동을 조직하는 한편, 연구진을 일본에 파견, 일본의 쓰레기 처리정책의 현실을 조사하게 하여 환경부 정책의 문제점을 냉정하게 분석한 보고서를 1993년 7월에 발간하였다. 이 보고서는 당시 김영삼 정부의 청와대 민정수석실에 제출되어 감사원의 환경처 정책감사를 이끌어냈다. 한편으로는 국회의 김병오, 원혜영, 제정구 의원 등과 협력하여 소각로 중심의 쓰레기 정책을 질타하고 관련예산을 반으로 삭감하고 재활용 정책으로 선회하게 하는 데 성공하였다.

이밖에도 당시 연구소가 앞서 이끌어간 환경 이슈는 여럿 있다. 주한미군기지의 지하수오염에 관한 정보와 주한미군주둔군지위협정(SOFA)이 책임추궁을 어렵게 하는 문제를 처음 제기하였다. 이는 그 무렵 연구소가 맞섰던 주한미군의 전술 핵 배치와 함께 다른 시민단체나 언론이 몰랐거나 언급을 피하던 사안이었다. 월남전 참전용사들의 고엽제 후유증이 다이옥신에 의한 피해라는 점을 여론에 부각시켜 이들의 보상과 치료가 이루어지는 데 큰 힘을 보탰다."

이외에도 인 목사는 반핵과 반공해 운동을 통해 참 평화와 공해 없는 아름다운 세상을 이루는 여러 가지 일에 집중했다. 핵발전소의 부당성과 핵 폐기장 문제에 대해 전 국민적 관심을 불러일으키면서 기독교방송에는 '핵발전소 광고방송을 중지해주시기 바랍니다'라는 항의문을 보내는 등 교회들이 핵에 대해 올바로 인식할 수 있게 했다. 한국 교회와 칼을 쳐서 보습을 만들고 창을 쳐서 낫을 만들고자 (미가 4:27) '방위비 삭감을 촉구'하는 1000만 서명운동을 전개하고, 국제평화운동단체와 '지구정상회담에서 군축과 군사행동이 환경에 미치는 영향을 다루어야 한다'는 연대 성명을 발표하기도 하였다.

한편 아시아 생태계와 개발에 관한 한국 교회의 역할과 책임에도 관심을 두고 있었다. 우리나라 공해 문제도 심각했지만, 아시아의 다른 저개발 국가들이 우리나라의 환경파괴 행위를 비난하고 있음을 알고 있었기 때문이다. 그래서 1992년에는 아시아교회협의회의 '생태계와 개발' 회의에 참석하였고, 그 내용을 국내에 알리는 일에 쏟기도 했다.[12] 일본의 플루토늄 생산과 비축문제를 사회적인 이슈로 만들기도 했는데, 정부 5개 부처에 질의하여 기본입장을 응답받고 NCC 환경위원회와 함께 일본과 러시아 핵폐기물에 대한 성명서를 발표하게 도왔다.[13] 일본의 플루토늄 문제 대처와 반핵아시아포럼 한국위원회에 주도적으로 참가하여 국내 반핵운동의 활성화에 기여했고 해외(동남아) 단체와의 연대활동을 강화하는 계기도 마련했다.[14]

7. 교회 '환경교육의 길잡이'

연구소는 교회와 학교의 환경교육과 환경행사에 관한 상담을 많이 받았다. 처음 환경운동 내지는 교육하려는 이들에게 필요한 자료를 만들어 달라는 요청을 많이 받았다. 그들을 위한 책으로 만들어진 것이 단행본 『환경교육의 길잡이』(도서출판 늘벗)이다. 이 책은 전문가의 지도 없이도 환경 문제의 기초 원리와 다소 전문적인 내용까지도 쉽게 이해할 수 있도록 만들어져 있다. 인 목사는 당시 재직 중이던 김종환, 유영초, 유미호, 장명은 연구원들이 일반인의 눈높이에

---

12 한국교회환경연구소, 〈평화와 환경소식〉 4호(1992), 2-3.
13 한국교회환경연구소, 〈평화와 환경소식〉 8호(1993), 18.
14 한국교회환경연구소, 〈평화와 환경소식〉 11호(1993), 16.

맞추어 기초 이론부터 실천 프로그램까지 힘써 연구하여 담아낼 수 있도록 지원해주었을 뿐만 아니라 함께 했다.

발간 후에는 전국 주요서점은 물론 교회, 교회학교 교사강습회를 직접 찾아다니며 강연하고 판매했는데, 환경에 대한 우리의 부주의함의 대가를 미래세대가 치르게 해서는 안 된다는 생각에서였다. 환경에 미치는 피해를 사전에 방지하고 재생이나 순환 가능한 물질을 사용하고 폐기물을 최소화함으로써 자원을 보전해야겠다는 생각에서였다.

한편 환경교육에 대한 관심은 교회 현장 속 지도자를 세우는 일로도 이어졌다. 1992년 한국기독교교회협의회 환경위원회와 공동으로 연 '한국교회 환경학교'에는 여러 교단과 단체의 관계자들이 참여하였는데, 그들은 이후 한국 교회와 교단의 환경운동을 활성화시켰다. 그리고 '창조질서 보전의 신학적 배경(김경재)', '환경 문제에 대한 성서적 이해(김지철)', '수질오염(유영제)', '생태계와 환경윤리(김정욱)', '환경선교와 교회의 역할(인명진)' 등의 강의안은 '환경통신강좌' 교재의 기초가 되었다. 환경통신강좌는 1994년 이후 지금까지 12가지 주제에 대해 '말씀묵상', '환경이론', '생활훈련'을 시켜주는 교육프로그램이다. 많은 그리스도인들이 환경이 무엇이고 어떤 문제를 안고 있는지 그리고 그 문제를 해결하기 위해서는 무엇을 어떻게 해야 하는지 깊이 깨닫고 실천하도록 해주었다.

이외에도 환경의식을 일깨운 것에는 계간지 「평화와 환경」과 창조질서 회복을 바라는 이들에게 전해진 〈평화와 환경〉 소식지, 그리고 각종 신문에 실린 공해 관련 기사를 모은 것으로 총론, 대기오염, 수질오염, 농약, 중금속공해, 원자력, 소음공해로 분류하여 새로이 편집한 〈핵과 공해 문제 신문자료모음〉이 있었다.

8. 연구소 실무자와 어질고(仁) 큰 나무(木)

이 글을 준비하면서, 연구소에서 함께 일했던 실무자와 잠시 추억에 젖었다. 20여 년이 흘렀지만 여전히 그 시절 기억이 생생한 것은 지금 우리가 서 있는 자리가 기억 속 소중했던 경험에서 비롯된 것이란 생각이 들었다. 그때 인명진 목사는 실무자들에게 위기의 환경을 교회와 더불어 어떻게 구할 것인가 깊이 고민하게 하였다. 연구실 문에 못질을 하면서까지 열심을 내게 하되, 그 진행 과정까지 꼼꼼히 확인하면서 이끌었다. 그렇게 하였기에 우리는 교회는 물론 시대가 요청하는 일에 나름 용기 있고 신나게 헌신할 수 있었다. 두 명의 실무자들(김종환, 유영초)과 함께 나눈 기억을 당시 연구원으로 활동했던 유영초 씨의 글로 옮겨 놓는다.

"돌이켜보면, 인생에서 전성기가 아닌 때가 어디 있으랴만, 그래도 유난히 생생하고 그리운 시절은 누구에게나 있을 것이다. 나에게는 한국교회환경연구소 시절이 그렇다. 80년대 말, 소련, 동구가 무너지고, 이데올로기란 저물어가는 노을빛만도 못한 그저 타다 남은 한줌 잿빛에 불과하다는 것을 어렴풋이 깨달아갈 때였다. 그나마 노동현장에서의 투혼과 의지가 갈 길을 몰라 헤매고 있을 때 환경운동은 나에게 한줄기 빛과 같은 것이었다. 특히나 결혼을 하고, 첫애가 나온 즈음이어서 생활의 안정과 하고 싶은 일을 동시에 만족하기란 어려운 때였다. 그때, 그런 환상의 활동공간을 열어준 분이 바로 인명진 목사다. 그렇게 실무자들이 활동할 수 있게 판을 만들어주고, 그늘이 되어주고, 봉급을 챙겨주는 분이 얼마나 어렵고 소중한 분인지 그때는 사실 잘 몰랐다. 갓 서른을 넘긴, 이념과 사상의 객기가 빠지지 않을 때라, 그저 그런 자리가 당연한 줄만 알고 지냈었다. 그리고 나는 환경운동이라는 거창한 일을 하고 있는지라, 그런 보상은 너무도 당연한 건 줄만 알았던 것이다. 여전히 사회에 헌신한다고 스스로 우쭐대던 때였으니까 말이다.

사실, 한편으로는 우쭐댈 만도 했다. 한국 환경운동사에서 혹은 환경운동 판에서 우리 한국교회환경연구소 말고, 어느 단체가 미군기지의 환경오염 문제, 원자력의 문제를 가지고 아시아 네트워킹을 주도하고 협력할 수 있을지 싶을 정도로 그때는 아직 정권이 두려운 시기였기 때문이다. 필리핀에 아직 미군이 주둔하고 있었고, 일본만 해도 요코스카 공군기지 등의 기지 반대운동이 있었지만, 우리나라에서 미군기지 문제는 늘 성역에 가까웠다. 그러나 우리는 소장의 해외 네트워크를 기반으로 이런 활동이 가능했던 것이다. 나는 소장의 네트워크를 언덕으로 하여 글도 쓰고 활동도 하고, 시위도 하였다. 특히 반핵아시아포럼의 주도적 실무자로 참여했던 것은 인생에서 가장 보람되고 뜻 깊은 일이었다. 지금은 사회의 환경운동 역량이 커지고 활발해져서 그렇지만, 반핵운동이나 미군기지와 환경운동, 군대와 전쟁의 문제 등을 누구보다 빨리 사회적 의제로 발굴하고 실천적 활동으로 이끄셨던 분이다. 반전반핵의 선구적 활동가이셨던 것이다.

그런데, 우리는 이러한 소장의 활동과 국제적 연대에 금이 가게 하는 큰 사건을 저지르고야 말았다. 나는 일본에서 기지의 평화 전환 국제회의에 참석하기로 되어 있었는데 출국 전날까지도 발표할 보고서를 목사님께 검토 받지 못했다. 아예 검토 받을 생각도 안했던 것 같다. 생각해보면, 상상도 할 수 없는 일이다. 적어도 한 단체의 이름을 걸고 국제회의에 참여하는 마당에, 그 단체의 실무자가 대표자에게 한 줄 보고도 없이 나가려고 했던 것이다. 이런 어이없는 실무자들을 혼쭐을 내주셨으니, 이른바 사무실 대못 사건이다. 사무실 문에 대못을 박고 폐쇄해버렸던 것이다. 때문에 나는 국제회의에 참석을 못한 것은 물론 우리 모든 실무자들은 길거리로 나앉아야 했다. 그리고 몇날 며칠을 연구소 사무실이 있었던 교회 앞에서 빌어야 했었다. 며칠 뒤 용서받기는 했지만, 그 사건은 정말 일생일대의 큰 가르침이 되었다. 우리는 늘 목사님을 애칭이자 비칭으로 '인목'이라 불렀다. 그러고 보면 진짜 어질고(仁) 큰 나무(木)이셨다. 그렇게 우리가 마음껏 일하게 해주고, 밥을 꼬박꼬박 챙겨주셨고, 정치적으로 울타리가 되어주셨다."

9. 나오는 말

앞서 보았듯 인명진 목사는 한국 사회에 한국공해문제연구소(현 기독교환경운동연대와 부설 한국교회환경연구소)를 촉발시킨 사람이다. 한국공해문제연구소가 한국 사회의 환경단체들의 시초라고 할 수 있으니, 그는 한국 사회의 환경운동에 한 알의 밀알 역할을 한 것이라 할 수 있다. 아울러 1990년 이후로는 한국 교회가 환경 문제를 창조신앙의 관점에서 들여다보면서 교회 안팎에서 환경운동을 전개하게 하였으니, 한국 교회의 본격적인 환경선교에 든든한 기초를 놓았다고 볼 수 있다.

이제 그 후로 34년이 흘렀다. 그를 이어 연구소의 첫 전임(專任) 소장으로 일한 김영락 목사는 자신을 제1호 환경목사로 임명한 인 목사를 상임대표로 하여 한국 교회의 환경 선교가 활짝 꽃 피게 하였다. 동강댐 백지화, 새만금 살리기 등의 '교회들의 사회 속 환경운동'은 물론, 녹색교회(교회를 푸르게, 생명밥상 빈그릇, 초록가게, 교회절전소 등) 운동으로 대표되는 '교회 속 환경운동'이 한국 교회 내에 지금까지 활발하게 전개되게 하였다.

안타깝게도 아직도 우리 사회의 환경 문제는 여전하다. 아니 기후 변화는 물론 생존에 필수적인 식량과 물 그리고 에너지의 위기로 보면 더 심각해졌다. 사람들마다 실질적이고 근본적인 대안에 목말라 있다.

그러니 환경 문제는 전에도 그랬듯 여전히 교회가 책임 있게 다루어야 할 중대한 과제이다. 중요한 건 죽음의 막다른 골목으로 치닫고 있는 우리의 걸음을 어떻게 돌이켜 생명 길로 인도하느냐 하는 것인데, 그건 우리 그리스도인과 교회에 달려 있다.

인명진 목사가 연구소 소장으로서 '교회'들을 주목하고 그들이 구체적 행동에 나서도록 '상식적인 수준의 홍보와 계몽을 넘어 산적한 환경 문제를 풀게 하는 전문적 대안을 찾아 제시하고, 그것을 토대로 창조보전 프로그램을 개발하여 전하고 교육했던' 것은 지금도 우리가 풀어가야 할 숙제로 남아있다. 대응해야 할 문제의 내용은 바뀌었는데, 연구소가 문제를 풀어가면서 좀 더 교회에 초점을 맞추고 문제를 풀어갈 수 있게 해야 한다는 점에는 변함이 없다. 달라진 것이 있다면 문제의 심각성이다. 노력에도 불구하고 상황이 더 심각해져서, 길을 열고 닦아온 이에게 죄송한 마음 크지만 그렇다고 실망할 것은 아니다.

"생명을 주고 또 그 생명을 더 풍성하게 하시기 위해 오신"(요10: 10) 주님이 우리 모두를 공존하며 풍성한 삶을 누리도록 초대하였으니, 우리의 신앙과 삶을 위기의 상황은 물론 창조신앙의 관점에서 더욱 깊이 성찰하고 그 속에서 실질적 대안을 찾아 끊임없이 살아내는 것이 옳다.

내 필요를 넘어 다른 생명의 것까지 빼앗아 지구를 지속불가능하게 하는 것이 있다면 내려놓고, 내 삶에서 더 이상 도둑이 도둑질하고 죽이고 멸망시키는 일이 없도록 노력함이 마땅하다. 이미 알고 있었으나 애써 인정하지 않고 풍요와 편리함에 안주하고 있었다면, 그 두려움에서 벗어날 수 있도록 용기를 불어넣어 볼 일이다. "개발의 최종목표는 성장이 아닌 자신이 소중히 여기는 삶의 방식을 선택할 수 있는 역량을 증대시키는 것"이니 말이다. 더 이상의 성장이 아니라 지금의 위기로부터 우리를 구할 적절한 삶의 방식을 선택할 수 있는 용기가 우리에게 필요하다.

이제 장년이 된 기독교환경운동의 자리에 서서 그리스도인들마다 '성장을 향한 마음을 돌이켜 진정 풍요로운 삶을 누리는' 열매를 보게 되기를 기도한다. 더불어 섬기고 있는 교회에서도 '탈'성장의 기쁨을 나누며 세상 속에서 '선택해야 할 것을 선택하는 용기와 역량'을 발휘함으로 신음하는 이웃을 마음껏 사랑할 수 있게 되기를 기도한다.

〈참고문헌〉

성백걸, 기독교환경운동연대 엮음,『하나님, 자연, 사람, 그 창조의 숨결: 기독
　　교환경운동연대 25년사』, 한들출판사, 2008.
유미호, "피조물과 함께 해온 기독교환경운동 25년",『현대 생태신학자의 신학
　　과 윤리』, 이정배 외 지음, 한국교회환경연구소 엮음, 대한기독교서
　　회, 2006.
유미호, "예장 총회 환경운동사", 예장총회 100주년 백서, 2013.
한국교회환경연구소, 〈평화와 환경소식〉, 1~13호, 1992-1993.
한국교회환경연구소,『환경교육의 길잡이』, 도서출판 늘벗, 1993.

인명진이 몽골에 간 까닭은

오기출
(푸른아시아 사무총장)

황사가 불어오는 날의 첫 만남

2009년 3월 9일에 황사가 불어왔다. 그날 오전 10시에 인명진 목사를 처음 만났다. 당시 한국청소년수련원을 맡고 있었던 김동흔 이사장의 만남 제안이 있었기에 가능하였다. 2008년 세 번 정도 몽골을 방문하고 청소년들과 함께 몽골 황사와 사막화방지를 해온 김동흔 이사장께서 인 목사를 만나자는 이야기는 이러하였다.

"인명진 목사님께서 몽골에 관심이 많아요. 이미 몽골에서 10년 활동을 해온 오기출 사무총장이 만나서 몽골 이야기도 해주면 참 좋겠어요. 이어서 함께 점심 식사를 하면 어떨까요?"라는 제안이었다.

인 목사는 1980년 대 영등포산업선교회 총무와 성문밖교회 목사를 맡아 노동운동과 민주화운동을 해 온 명사라서 그 명성에 대해서 알고는 있었다. 나는 80년대 학생운동과 전국 민주화운동 단체에서 정책 실무자로 활동하면서 영등포산업선교회의 활동에 대하여 지워

지지 않는 인상을 갖고 있었다. 그 인상이란 80년대의 전투적인 분위기와 겹쳐져서 심각하고 신중하고 무척 비밀스럽고 조심스러운 이미지였다. 뿐만 아니라 선교회 총무를 맡았던 인명진 목사에 대해서는 명석하지만 다소 엄격하고 과격한 이미지를 갖고 있는 분으로 알고 있었다.

그런 분을 만나보자고 김동흔 이사장이 제안을 하니 다소 긴장이 되었다. 그렇지만 기대는 별로 하지 않았다. 과거 민주화 운동을 10년 이상 함께 했던 친한 선배들에게 국제적인 현안인 기후변화, 사막화, 빈곤, 환경난민, 황사, 미세먼지에 대해 이야기를 하면 보통은 귓등으로 들었다. 친한 선배들도 자신의 과제로 생각하지 않는데 처음 만나는 인 목사에게 무엇을 기대할 것이 있었겠는가?

보통 선배들은 일방적으로 자신의 이야기만 하는 경우가 많아 이번에도 그렇겠지 하는 생각에 만날까 말까 망설이다가 김동흔 이사장의 제안이 정성스럽기도 해서 받아들이기로 했다.

하필 황사가 오는 날 오전 10시에 약속 장소인 서울 안국동의 수운회관 9층에 있는 작은 사무실을 찾아갔다. 이미 인 목사는 먼저 와 있었다. 그는 아주 유쾌하고 밝은 웃음으로 먼저 손을 내밀었다. 매우 호기심이 가득한 표정으로 내가 하고 있는 일에 대해 많이 듣고 있었고, 아주 관심이 많다는 이야기를 먼저 해 주었다. 그날 만나서 3시간을 함께 보냈다. 이렇게 인명진 목사와의 인연이 시작되었다. 그는 몽골이라는 나라에 무척 관심이 많았고 심지어 몽골 역사, 문화 특히 몽골 사람들의 삶과 한국에 있는 몽골 사람들의 일상에 대해서도 많은 것을 알고 있었다. 뿐만 아니라 기후변화의 심각성에 대해서는 매우 진지하게 이야기를 경청해 주었다.

그는 과격하거나 엄격하거나 어둡거나 심각하거나 비밀스러운 분이 전혀 아니었다. 아울러 인류적인 현안을 매우 잘 이해했고, 그저 과거 민주화운동과 노동운동을 해온 분들과는 매우 달랐다. 보통의 선배들은 우리나라의 현안에 대해서는 박식하고 열정적이지만 아시아와 지구, 다시 말해 지구적 현안과 인류의 현안으로 가면 분위기가 다소 어려워지는 경향이 있는데 인명진 목사는 그런 분이 아니었다. 오히려 이런 인류적인 과제에 열정적이고 능수능대를 하는 분이었다.

오히려 내가 인명진 목사에게 호기심이 생기기 시작하였다. 이 세대에 참 보기 드문 분을 만났던 것이다. 무엇이 그를 여기로 이끌었을까? 이렇게 한 사람의 통이 커 보이는 까닭이 무엇일까? 인 목사의 미래는 어디로 가는 것일까?

작은 일에 충성하였으매

무엇이 인 목사를 여기로 이끌었을까? 2012년 5월 중순 인명진 목사와 약 30여 명의 민간단체 대표들과 종교인들이 몽골에 나무 심으러 갈 때의 일이다. 5월 15일 오후 인천공항이 다소 혼잡했는데 몽골 울란바타르행 비행기를 타기 위해 수속을 하고 있었다. 수속 시간이 40분 이상 걸릴 것 같았는데 인 목사는 이런 상황이 익숙한 지 태연하였다.

이때 대한항공 직원이 목사님을 알아보고 "아니 인명진 목사님 아니신가요? 목사님, 어디로 가시는지요?"라고 묻자 몽골로 간다고 했다. 그러자 잠시 자신이 도와주겠다고 하면서 인 목사를 퍼스트클래스 체크인하는 곳으로 안내를 하겠다고 했다. 물론 인 목사는 괜찮다고 했지만 대한항공 직원의 간곡한 요청에 작은 소동이 일어났다. 함께 가는 일행들도 인 목사에게 항공사 직원이 원하는 것을 잘 들어주는 것도 목사의 할 일이라고 직원의 편을 들었다.

이후 항공사 직원은 바람대로 퍼스트클래스 체크인 하는 곳에 인 목사 대신 직접 수속을 하고, 자리도 좋은 앞자리를 주고, 퍼스트 클래스 라운지 이용권도 주었다. 이때까지 이 직원은 매우 자랑스러운 표정이었다. 무엇인가 몽골에 큰일을 하러 가는 분을 도왔고 자신도 덩달아 큰일을 해냈다는 표정 그것이었다.

그러면서 그 직원이 궁금증을 참지 못해 "목사님, 몽골에 왜 가십니까?"하고 물었다. 그러자 인 목사님은 "나무 심으러 갑니다"라고 하였다. 나는 그때 그 직원의 표정을 보았다. '나라에 큰일을 하러 가는 줄 알았는데 겨우 나무를 심으러 가는가?'라는 실망스러운 표정이었다.

인 목사도 그 표정을 보았을 것이다. 그런데 그 직원의 실망스러운 표정을 보고 미소를 짓고 있었다. 나는 몽골에 도착해서 목사님께 나무 심는 것에 대하여 어떻게 보시느냐고 물어 보았다. 그런데 이런 이야기를 해주었다.

"바로 몽골 오기 직전에 송아지를 전달하러 베트남에 갔습니다. 거기서 하노이 시에 있는 크리스천 기업인들 모임인 한국기독실업인회 조찬기도회에 초청을 받아 말씀을 전하게 되었습니다. 기도회를 마치고 호텔에서 식사를 하면서 마침 평소에 친분이 있던 분인데, 한국에서 장관을 지내고 방송국 사장도 하셨던 분을 만나게 되어 어떠한 일로 하노이에 오셨는지 물었습니다. 그랬더니 그분 말씀이 한국에서 오케스트라 단원 40명과 함께 공연을 하기 위해 와서 어제 저녁에도 하노이에서 공연을 가졌는데 성황리에 마쳤다고 했습니다.

그러면서 그분이 내게 '목사님은 이곳에 무슨 일이십니까?' 하고 물었습니다. 그래서 송아지 때문에 오게 되었다고 말했더니 의아한 표정을 지었습니다. 제 느낌에 무슨 대단한 일 때문에 베트남에 왔는지 알았는데 송아지 때문에 왔다고 하니까 그분이 조금은 실망스러워하는 것 같았습니다."

이 이야기는 인명진 목사의 신념을 잘 보여주는 사례일 것이다. 송아지를 전달하고 나무를 심고, 또 아픈 어린이들을 데려와서 치료하는 이런 행동에 대해 세상은 하찮은 일로 생각할 수 있다. 그런데 세상이 보는 그런 하찮은 일 때문에 인 목사는 시간을 내고 돈을 내어 동분서주한다. 그것도 본인이 직접 기획과 실무까지 하면서 정성을 들인다.

인명진 목사가 하신 다음의 말씀은 그가 왜 그렇게 남들이 관심을 가지지 않는 일을 위해 살아가는 지를 잘 보여주고 있다.

"우리가 사는 세상에서는 하찮은 일을 하는 것보다 대단한 일을 하는 사람을 더 훌륭하다고 생각합니다. 그래서 마을 이장보다는 면장, 면장보다는 군수나 도지사를 더 훌륭하게 생각하고, 구 의원보다는 나라 일을 하는 국회의원을 더 훌륭하게 생각합니다. 잡다한 일을 하는 사원보다는 사장을 더 큰 인물로 인정해주는 것이 세상의 논리입니다. 작은 일보다 더 큰 일을 하기 원하고 사람들이 알아주고 인정해주기를 바라는 것이 우리와 함께 살아가는 모든 사람들의 생각입니다. 그런데 성경은 다릅니다. 큰일을 하는 사람보다는 작은 일을 하는 사람을 더 인정하고 더 생각해주는 모습을 성경에서 찾아볼 수 있습니다. (성경이 추구하는 바는) 목마른 사람에게 먹을 것을 주고, 오갈 데 없는 사람을 따뜻하게 맞이하는 것입니다. 생각해보면 너무도 유치하고 작고 하찮은 것입니다. 그런데 성경은 그것을 우리 인생의 평가 기준으로 삼겠다는 것입니다.

결국 성경이 가르치는 결론은 큰일을 하지 말라는 것입니다. 높은 자리에서 대단한 일을 하지 말라는 것입니다. 작은 일에 소홀하지 말라는 것입니다"(시민일보, 2012.5.31.).

인명진 목사는 정말 작은 일을 실천하고 있었다. 그를 평생 이끌어 온 믿음이 그를 여기로 데려온 것일지도 모르겠다.

큰일과 결혼하려면 연애부터

2009년 3월 9일 처음 인명진 목사를 만났을 때 그가 한국과 몽골이 함께 공존, 번영할 수 있는 구상으로 '한·몽 국가연합'이 가능하겠느냐는 질문을 나에게 하였다. 2009년 당시에는 북방과 대륙에 관심이 있던 사람들이 한·몽골 국가연합을 아이디어로 내어놓고 있었다. 미래전략연구원 구해우 대표도 그랬고, 소설가 황석영은 몽골과 남북한이 만들어 가는 '알타이 연합' 안을 내놓은 시점이었다.

특히 이명박 대통령은 이미 서울 시장 시절에 몽골을 여러 차례 방문했다. 그러면서 몽골 인구가 1천만 명이라면 부담스럽겠지만 현재 280만 명이기 때문에 한국 인구 4천 800만 명이 감당할 수 있다고 생각했다. 이명박 대통령이 사실상 '한·몽 국가연합'을 서울시장 시절에 제안을 한 원조였다. 그런 사람이 대통령이 된 것이다. 어쩌면 한번 해볼 만한 시도였을 것이다. 구상을 가진 사람이 대통령을 하고 집권을 했으니 걸릴 것이 없다고 생각했을 수도 있다. 특히 '신동아'는 이 논의를 전파하는 중심에 서 있었다.

인 목사도 그런 상황을 아는지라 최근 '한·몽 국가연합'이 논의되고 있는데 가능한 이야기냐, 중국이 반대하지 않으면 가능한가를 질문했다. 나는 여기에 대해 '황당한 이야기!'라고 답했고 그는 왜 그런지를 물었다.

"한국 몽골 국가연합이 되기 위해서는 한국만 꿈꾸면 안 됩니다. 중국도 당사자가 아닙니다. 문제는 몽골입니다. 몽골 지식인들에게 물어보시길 바랍니다. 그분들은 자신들이 생각도 하지 않고 있는데 한국인들만 그런 꿈을 꾼다고 이야기합니다. 가능할까요? 지난 300년 간 중국의 식민지 경험을 한 몽골 사람들에게 '한·몽 국가연합' 이야기를 하면 일종의 식민지론으로 보고 매우 불쾌하게 생각할 것입니다."

인명진 목사도 몽골 드림의 하나로 '한·몽 국가연합'에 대해 생각한 것으로 알려져 있다. 그는 1970년 대 이후 긴급조치위반, YH 사건, 김대중 내란음모 사건으로 4차례 투옥의 경험이 있다. 영등포산업선교회에서 출발했지만 1987년 6월 민주항쟁 때 그 항쟁의 중심부에 있었던 국민운동본부 대변인도 지냈다. 아울러 2007년 한나라당 윤리위원장을 지냈다. 이명박 정부가 만들어 진 이후로는 대통령에게 아픈 조언과 쓴 소리를 과감하게 날린 분이다. 그런 그도 몽골에 관심이 무척 많은 분으로서 몽골을 돕기 위해서라도 당연히 '한·몽 국가연합'을 대안으로 생각했을 것이다.

그렇지만 그런 질문을 한 이후 인명진 목사는 깊은 고뇌를 하는 것으로 보였고, 다시는 한국과 몽골 국가연합을 직접 이야기하지 않았다.

그러다가 인 목사는 2009년 5월 12일 몽골에 나무를 심으러 갔다. 그때부터 그는 몽골에 나무를 심기 시작하였다. 그는 몽골 수도 울란바타르 서쪽 200㎞에 위치한 대표적인 모래먼지 폭풍 발생지역이면서 사막화된 바양노르 군에서 주민, 학생들과 함께 나무를 심었다. 그러면서도 몽골 사람 어느 누구에게도 '한·몽 국가연합'에 대해 말하지 않았다. 매우 신중했다.

누구나 처음으로 기후변화와 빈곤으로 고통을 받는 나라에 가게 되면 주민들이 모든 재산을 잃고 환경 난민으로 살아가는 생활을 보게 된다. 이때 한국인의 경우, 좀 잘사는 나라에 산다는 이유로 자랑하고 싶은 유혹이 생긴다. 힘이 좀 있다는 자부심이 작동해서 그런지 그런 사람들은 떠벌리고자 하는 유혹에서 벗어나지 못하는 것을 종종 본다.

그렇게 하다 보면 자신이 충동적으로 하고 싶은 말을 하고, 지킬 수도 없는 약속을 하고 한국으로 가버린다. 그분들은 한국에 돌아가 자신의 말과 약속을 모두 잊어버리거나 한번 해본 이야기로 자신을 위로하고 끝낸다. 문제는 이 말과 약속을 들은 몽골 사람들의 반응이다. 몽골 사람들은 자존심이 강하고 말로 한 약속을 무겁게 생각한다. 몽골 사람들의 자존심에 상처를 준 말과 또 지키지 않는 약속은 두고 두고 회자가 된다. 그러다 보면 한국에 대해 어떻게 생각하겠는가?

문제는 국제적인 활동에서 신뢰가 모든 것의 바탕임에도 불구하고 이를 지키는 사람들은 참으로 드물다는 것이다. 특히 지도층 인사들 중에 별로 없다. 그 이유는 우리가 한국에서 벗어나서 아시아, 유럽, 아프리카 등에서 활동을 한 경험과 시행착오를 하면서 쌓아 놓은 노하우가 너무 적기 때문이다.

그런데 특이하게도 인명진 목사는 그러지 않았다. 이미 국제활동을 하는 것이 몸에 체화되어 있었다. 참으로 그 연배에 놀라운 국제적인 감각을 지니고 있었다. 그가 어떻게 이런 국제적인 감각과 가이드라인을 몸에 익히게 되었는지는 이 글에서 다시 정리하겠지만, 그 후에 가서 알게 되었다.

2009년 5월 14일 몽골에서 과학자들과 몽골 정부 관계자, 대학 총장, 인명진 목사, 한국 전문가들이 참여한 한국 몽골 콘퍼런스가 몽골 울란바타르 국제대학에서 열렸다. 몽골 역사, 문화, 경제, 기후 변화, 사막화 등에 대한 종합적인 논의가 있었는데, 그때 한국에서 참여한 전문가가 한·몽골 국가연합에 대해 제안을 했다.

인명진 목사는 이때 몽골 지식인들이 보인 태도를 분명히 보았다. 한마디로 냉담했다. 한국에서 온 손님들이 이야기를 하니 손님 대접을 하느라 겉으로는 무표정으로 일관했지만 회의석상에서 분명하게 표현을 했다. "우리는 그것을 생각하지도 않고 있고, 자존심 상하는 이야기입니다."

인명진 목사는 그 이후 언론과의 인터뷰에서 '한·몽 국가연합'에 대해 매우 냉정하게 다음과 같이 정리를 하였다. "황석영 씨는 소설을 썼을 뿐이고, 나는 기도를 했을 뿐이다." 그는 언론과의 인터뷰에서 '결혼하려면 연애부터'해야 한다는 것을 명백히 밝혔고 또한 스스로 깨달았던 것이다.

연애는 아기자기하게 적은 것부터 시작하면서 호감을 얻어가야 한다. 상대가 원하지도 않는 약속을 하고 지키지 못할 큰 약속을 하고서 연애가 되겠는가? 한국과 몽골 사이에는 중매쟁이도 없다. 이 경우 연애 없이 결혼을 할 수 있겠는가? 큰일을 앞에 두고 작은 일에 충성할 줄 아는 것, 이것이 사실 그의 연애론이 아닐까?

제1세대 환경운동가

인명진 목사가 전개하는 환경운동은 따라 하기가 쉽다. 그런데 효과는 크다. 예컨대 '이면지를 사용하고, 전기를 절약하고, 샤워를 3분 이상 안하고(참고로 인 목사는 샤워를 3분 이상 하지 않는다), 겨울에는 내복을 입고, 실내온도를 18도 이상 안 하고…'를 실천하는 데서 출발한다.

그런데 중요한 것은 이런 실천을 하면서 절약한 돈을 지구 기후변화를 해결하는데 사용하도록 목표를 정하는 것이다. 즉 이산화탄소(CO_2) 헌금이 그것이다. 기후변화 대응을 위하여 본인도 실천하면서, 동시에 지구에 기여하도록 하는 프로그램이다.

"2011년 5월 17일부터 몽골 사막화 지역에 나무 심으러 갔다 왔어요. 헌금 중에 'CO2 헌금'이라는 것이 있어요. 지구 기후변화 문제가 심각한 인류의 문제죠. 기독교적으로 하나님이 주신 자연, 창조의 질서가 무너져서 우리가 회복해야 한다는 정신에 입각하여 이 프로그램을 진행하고 있어요. 산업화 과정에서 이산화탄소가 많이 발생했고, 이로 인하여 가장 피해를 많이 입고 있는 지역은 몽골, 태평양

섬 등이 있죠. 우리는 몽골에 나무를 심는데, 일상생활에서 에너지를 절약하여 나무비용을 모으고자 합니다. 예를 들면 이면지를 사용하고, 전기를 절약하고, 샤워를 3분 이상 안한다든지, 겨울에 내복을 입어서 실내 온도를 18도 이상 안한다든지 하여 헌금을 하라는 말을 전합니다. 우리는 1년에 2,000그루의 나무를 심고 있는데 3-4년째 진행하고 있습니다"(경향신문 2011. 5. 23).

이러한 아이디어를 내고 프로그램을 실행하는 것이 기도만으로 가능할까? 오랫동안 쌓인 실천을 통하여 생길 수 있는 아이디어이고 프로그램이다. 어떻게 인명진 목사에게는 이것이 가능했을까?

우리가 몰랐던 이야기가 있다. 인명진 목사는 민주화운동과 노동운동을 한 사람으로 보통 이해하고 있다. 물론 그것도 맞지만 그는 제1세대 환경운동가이다. 인 목사는 1980년 군부정부에 의해 강제 추방을 당했는데, 마침 그곳이 오스트레일리아였다. 약 3년간 망명 생활을 한 것으로 알고 있는데, 호주에서 그는 환경운동에 눈이 열린 것이다.

호주의 환경운동의 역사는 매우 길고 운동방식이 매우 구체적인 것으로 알려져 있다. 일상적으로 시민들은 환경 문제를 제기하고 캠페인하면서, 생활 속에서 실천하는 다양한 활동을 하고 있었다. 자본주의가 자연에 가한 파괴행위로 인하여 기후변화, 사막화, 물 부족, 식량부족, 공해, 대기오염 등이 발생하였고, 이에 대하여 시민들이 펼쳐가는 다양한 활동을 호주에서 경험한 그는 한국에서 이를 실행하기로 결심을 한다.

그래서 1982년 한국에서 최초로 본격적인 환경 단체인 '한국공해 문제연구소'를 만든다. 이를 기초하고 이끈 분이 인명진 목사이다.

당시 군사정부의 탄압으로 노동운동의 진공상태며 암흑기였는데, 이때 '환경'이라는 이슈를 제기하였다는 평가를 받고 있다.

현재의 환경운동연합이 '한국공해문제연구소'에서 출발했다는 점에서 환경운동 제1세대는 인명진 목사로부터 시작되었다고 할 수 있다.

그 연구소는 또 하나의 반정부 단체로 주목을 받기도 했으나 공해문제를 폭로하며 자신의 위치를 확보해 나가기 시작했다. 연구소의 성과로는 온산 공해병, 소각장 건설에 대한 문제점 지적, 핵발전소의 위험성 고발 등 당시 누구도 관심을 보이지 않던 일들이었다. 이 성과는 현재의 기독교환경운동연대로 이어지고 있다. 인 목사가 기후변화의 가장 큰 피해지역인 몽골에 나무를 심고, 환경운동을 열정적으로 하고, 정성을 다 하는 이유를 이해할 수 있는 배경이다.

몽골에 간 까닭은?

인명진 목사가 몽골에 기도만 하러 갔을까? 2009년 5월 11일 인 목사는 코리아 · 몽골 포럼 이사장으로 몽골에 가게 된다. 그 이후 2016년 현재까지 시민대표와 청소년들과 함께 매년 몽골에 가고 있다. 앞서 언급하였듯이 나무 심으러 간다.

처음 간 몽골에서 그는 몽골 수도 울란바타르에서 200여 킬로미터 서쪽에 있는 바양노르솜이라는 지역에 가게 된다. 바양노르란 몽골 말로 호수(노르)가 많은(바양) 지역이란 뜻이다. 1990년 대 이전 바양노르에는 호수가 15개가 있었다. 당시 대초원 지역이었다. 그리고 비타민나무라고 불리는 차차르간 나무를 전국에 보급하는 지역이기도 했다. 그 당시에는 풍요로운 지역이었다. 그런데 2009년 인명진 목사가 방문한 바양노르솜은 전혀 다른 상황에 처해 있었다. 바양노르 지역을 이해하기 위해서는 몽골의 기후변화와 사막화 현황을 먼저 정리해 볼 필요가 있다.

1990년 대 이후 몽골은 빠른 속도로 기온이 상승하고 사막화되었다. 그 이후 동아시아에서 기후변화와 사막화 피해가 가장 심한 나라로 변화했다. 국토면적은 한반도의 7배이고 인구는 우리나라 인천광역시 인구에 해당되는 300만 명밖에 되지 않는 유목의 나라 몽골에 왜 이런 일이 발생하였을까? 몽골에는 공장도 거의 없다. 내적으로 기후변화가 일어날 이유가 별로 없다는 이야기다. 그런데 어떤 이유로 몽골이 최대의 기후변화 피해지역이 되었을까? 그 이유는 주변 산업국에서 발생한 기후변화가 몽골에 심대한 영향을 주었기 때문이다. 지난 1960년대 이후 중국, 한국, 일본, 대만, 러시아의 산업화는 몽골의 기온을 연 평균 2.1도까지 상승시켰다. 그 결과 지구에서 온도가 가장 높게 오른 나라가 되었다. 그 결과 1990년대 이후 몽골의 호수 1166개, 강 887개가 사라지게 되었다. 본래 몽골 국토의 40%가 고비 사막이었는데 인 목사께서 몽골로 간 2009년에는 이미 국토의 78%가 사막화되고, 식물 종의 2/3가 멸종된 뒤였다. 아울러 모래먼지 폭풍도 1990년에는 매년 평균 10일간 발생했지만. 2009년에는 5배인 평균 48일 발생하게 되었다.

인 목사는 이런 몽골을 어떻게 느꼈을까? 성경에 나오는 최후의 심판 모습이 아니었을까? 바양노르솜 그곳도 마찬가지로 몽골 기후변화와 사막화 피해지역의 중심이고 전형이었다. 호수 15개 중 9개는 이미 사라졌고, 싱싱한 대초원은 쥐만 번식하는 모래땅으로 바뀌어 버렸다.

그러면서 바양노르는 몽골 서부 모래먼지 폭풍 발생지가 되었다. 물도 사라지고 초원도 사라지면서 바양노르 주민 중 절반이 기르던 가축을 잃고 환경난민이 되었다. 유목민에게 가축은 모든 것이고 전 재산이다. 그런데 바양노르에 물과 풀이 사라지면서 가축들도 굶어 죽어 대규모 환경난민들이 발생하고 있었다.

2009년 5월 13일 바양노르솜에서 인명진 목사는 바양노르 군수 인 잉크태왕 솜장(군수)을 만나게 된다. 당시 함께했던 분은 한국청 소년수련원 김동흔 이사장과 푸른아시아 오기출 사무총장이다. 푸 른아시아는 2007년부터 바양노르솜에서 3년 동안 사막화방지 활동 을 하고 있었고, 이미 3명의 활동가를 바양노르솜에 장기 파견한 상 황이었다. 당시 바양노르솜 주민 30여 가구와 함께 이 활동가들이 나무심기, 과일나무 심기, 농사짓기를 하면서 주민자립 모델을 실천 하고 있었다.

잉크태왕 바양노르솜장은 코리아몽골포럼 이사장인 인명진 목사 에게 다음과 같은 부탁을 하였다.

"인명진 이사장님, 저의 요청을 들어 줄 수 있나요? 바양노르솜에 아직도 남아 있는 큰 호수가 있습니다. 이 호수를 내버려두면 3년 이 후에는 모두 고갈되어 사라지게 될 것입니다. 그래서 호수 뒤에 있는 언덕에 관정을 파고, 그 물을 호수에 공급하는 프로젝트를 만들어 줄 수 있나요?"

인명진 목사는 망설이지 않았다. 즉시 그 호수에 가보자고 했다. 잉크태왕 솜장과 인명진 목사 일행은 말라 사라질 위기에 처한 호수 에 갔다. 현장에서 상황을 보고 여러 가지 상황설명과 대책 논의가 진행되었다.

인 목사는 말하였다. "관정을 파서 물을 공급하는 것은 하책 중에서 하책이다. 관정을 파서 물을 공급하다 보면 그 주변 모두가 사막화 될 것이고, 그 과정에서 호수도 사라지고 땅도 사막화된다."

다른 대안이 필요했다. 잉크태왕 솜장도 급해서 이런 제안을 하였는데, 다른 방법이 있다면 좋겠다고 하였다. 우리가 호수 주변에서 이런 논의를 하고 있을 때 유목민들이 데려온 가축들이 나타났고, 다음과 같은 장면이 목격되었다. 한 번에 수십 마리, 수백 마리의 말, 염소, 양, 소들이 계속 그 호수에 들어가서 물을 마셨다. 그러지 않아도 말라가는 호수에 가축들이 들어가 물을 마시고 있다는 것을 보고 이래서는 호수 복원이 힘들겠다는 생각이 들었다.

그래서 인 목사는 "가축들이 호수에 들어가지 않도록 막아야 하는 것 아닌가?"라는 질문을 솜장에게 했다. 솜장은 무척 난감해 하면서 "이 마을에 남은 호수가 여기 하나고, 이 마을에서 키우는 가축들은 모두 이 호수에 의존하고 있다"는 사실을 털어 놓았다.

결국 이 지역 가축 5천 마리가 호수의 물을 매일 마신다면 호수는 3년이 아니라 1년도 버틸 것 같아 보이지 않았다. 인 목사 일행과 잉크태왕 솜장은 장시간 호수에 관한 논의를 하였다. 그래서 나온 아이디어는 다음과 같다.

"현재 호수를 살린다는 것은 기적이다. 우선 호수가 사라지는 악순환의 고리들을 정리해볼 필요가 있다. 기후변화, 호수 주변 사막화, 건조화, 호수주변 토지 퇴화로 인해 내린 비와 눈을 합친 연 강수량의 100%에서 1,000%가 증발하고 있다. 그 영향으로 지표수가 사라지고, 지표수로부터 물을 공급받는 호수도 사라지고 있다. 아울러 주변 가축들이 모두 이 호수의 물을 먹고 있기 때문에 호수는 더욱 빠른 속도로 사라질 것이다.

문제를 해결하려면 악순환의 고리를 선순환의 고리로 바꾸어야 한다. 이를 위해 호수주변 사막화지역을 토양복원해서 지표수의 대규모 증발을 방지하고 토양의 습기를 유지하는 방법을 찾아야 한다."

푸른아시아가 그동안 진행해 온 방법인 주민참여를 통한 생태복원을 호수주변의 사막화된 땅에서 진행하기로 하였다. 나무를 심으면서 사막화 지역을 초원으로 복원해보자는 제안이었다. 토양복원을 하면 표층이 만들어 진다. 이 표층이 토양내부의 증발을 막고 강우량의 일부를 저장하는 역할을 할 수 있도록 해보자는 아이디어였다.

그래도 남는 문제는 여전히 가축이 먹는 엄청난 양의 호수 물이었다. 가축 한 마리가 하루에 이십 리터 즉 이십 킬로그램의 물을 먹는다고 했다. 그러면 오천 마리가 하루에 십만 킬로그램, 즉 백 톤의 물을 소비한다. 대책 마련이 필요했다. 그래서 호수에 방책을 치고 가축이 호수에 접근을 못하게 해서 당분간 호수 복원 기간을 두고, 대신하여 가축이 먹을 물을 다른 곳에 우물을 파서 해결을 해보자는 제안을 했다. 그러나 유목민들이 반대한다는 이유로 받아들여지지 않았다.

인명진 목사는 이 논의를 어떻게 받아들였을까? 사실 불가능한 일에 도전한다는 심정이었을 것이다. 악순환의 고리가 참으로 다양한데 우리가 할 수 있는 것은 그중 한두 개의 선순환 고리를 만드는 것이 전부였다.

그럼에도 불구하고 인명진 목사의 행동은 신속했다. 하나라도 해보겠다는 마음이 작동한 것으로 보인다. 한국에 돌아오고 한 달 뒤에

'몽골바양노르솜호수살리기 추진위원회'를 제안했다. 그해 11월 27일 다양한 인사들과 단체들이 참여하여 추진위원회를 '몽골바양노르솜호수살리기시민연대'로 발족하였다.

나는 그의 추진력을 보고 다소 놀랐다. 무엇이 그를 이렇게 만들어 내었을까? '바양노르솜호수살리기시민연대'를 만들고 있었던 2009년 8월 신동아 기자가 인 목사를 인터뷰했다. "몽골에서 나무 심는 일은 잘되고 있습니까?"라고 기자가 물었다. 이에 대해 인 목사는 다음과 같이 답했다.

> "지구온난화와 관련해 우리가 몽골에서 할 일은 많다. 몽골의 위협은 중국과 사막화다. 호수가 몇 십 개씩 없어진다. 한국을 비롯해서 먼저 산업화한 국가의 책임이다. 국가연합을 하겠다는 사람들이 가만히 보고만 있는 것은 이율배반 아닌가? 몽골에 대한 원조를 늘리고 사막화를 막는데 우리가 앞장서야 한다"(신동아, 송홍근, 2009. 8. 1).

그 뒤 바양노르솜호수살리기시민연대 상임대표로서 인명진 목사는 2012년까지 호수 주변 십이만 평(40ha) 땅에 조림을 하고 태양광발전소를 설치해서 생태복원을 했다. 이 지역을 2013년 몽골 국립사막화방지연구소가 조사를 하면서 중요한 사실을 발표했다. 연구보고의 결과는 이렇다. "6개월간 몽골 사막화방지연구소는 (바양노르솜호수살리기시민연대가) 생태복원을 실시한 바양노르 호수 주변 토양의 수분함유량 조사결과는 다음과 같다. 연간 평균 강우량의 100%에서 1,000%까지 증발을 해 온 이 토양에 현재 1%의 수분이 보존되고 있음을 확인하였다."

인명진 목사는 이 보고서를 보고 눈물을 흘렸다. 토양이 갖고 있는 수분이 모두 증발해 바싹 마른 토양, 1,000%까지 증발하는 땅에 드디어 토양 수분이 보존되기 시작한 것이다. 1%의 수분 보존을 별 것 아닌 것으로 생각할 수 있다. 그런데 1,000%가 증발하는 곳에서 1%의 수분이 돌아온 것은 1,001%의 변화가 일어났다는 말이다. 기적이 일어난 것이다. 희망이 시작되었다. 수 십 개의 악순환의 고리 중 이제 하나의 선순환이 만들어 진 것이다.

당시 나는 수천 마리의 가축이 물을 마시고 있는 이 호수가 빠르면 1년, 늦어도 3년이면 사라질 것이라고 생각했다. 7년이 지난 2016년 현재 이 호수는 계속 물이 점차로 줄고 있기는 하지만, 그럼에도 남아 있다. 하루 일백 톤의 이상의 물을 여전히 가축이 먹고 있는데도 말이다. 예상컨대 이 속도로 가면 호수 자체는 조만간 사라질 것으로 보인다. 그런데 희망이 있다. 유목민들의 경우 호수의 물이 고갈되면 또 다른 호수를 찾아서 이동하거나, 대체 호수를 찾지 못하면 그들이 기르는 가축들이 굶어 죽을 것이다.

그렇지만 호수를 둘러싼 생태는 점차 복원을 해 나갈 것으로 보인다. 물론 그런 기적이 일어날지는 아무도 모른다. 좀 더 관리를 하면서 선순환의 방법을 더 찾다 보아야 할 것이다. 그렇지만 물이 다시 돌아올 것이라는 희망만은 1%의 수분을 머금은 땅이 보여주고 있다.

2015년 3월 22일 몽골 정부는 '세계 물의 날'을 맞이해서 인명진 목사에게 '몽골 자연환경우수지도자 훈장'을 추서했다. 이 훈장은 외국인에게 주는 훈장이 아니라 몽골 내국인에게 수여하는 훈장이다. 우리나라도 내국인에게 주는 훈장을 외국인에게는 잘 주지는 않는다. 몽골 정부는 인 목사의 노력과 공헌을 인정하여 내국인에게 주는 환경 분야 최고의 훈장을 수여했다, 이것은 그가 몽골에서 지금까지 활동한 것을 말해주기도 하지만, 앞으로 인 목사가 하여야 할 일이 무엇인지를 보여주는 상징이기도 하다.

아무 것을 하지 않는다고 아무 일도 안 생기는 것이 아니다. 기후변화 앞에서는 아무 것도 안하면 결국은 더욱 악화되는 것을 보게 된다. 그러나 하나라도 시작하고 실천할 때 희망을 만들 수 있다. 이 교훈은 이번 바양노르솜 호수 살리기 과정을 통해 참여한 모두가 배웠을 것으로 보인다.

인명진 목사가 몽골에 간 까닭은 결국 무엇일까? 가장 기후변화가 심각한 나라인 몽골, 긴급하고 취약한 몽골에서 기후변화로 붕괴되어 가는 지구의 생명과 인류를 위해 우리가 갖고 가야할 희망의 끈을 찾아가기 위해서가 아닐까? 나에게 인 목사의 활동은 이러한 의미로 다가온다.

직책이 없어도

인명진 목사는 종교인, 민주화인사, 노동운동가, 시민운동가, 다문화 활동가, 최근에는 정치 평론가까지 다양한 이력을 갖고 있다. 그의 삶을 관통하는 본질적 정체성은 무엇일까? 미래에는 어떤 모습으로 삶을 추구해 나갈까? 연세가 들었지만 권위주의를 내세우는 분은 분명 아니다.

인 목사는 내가 활동하고 있는 푸른아시아에서 무슨 대표나 혹은 그 흔한 자문직이나 고문직함을 갖고 있는 분이 아니다. 푸른아시아에서는 아무런 직책도 직함도 없다. 어쩌면 보통의 인간관계라면 인연이 맺어지지 않을 수 있다.

인 목사는 그럼에도 푸른아시아 활동에 자주 참여를 하고 있다. 3년 전 겨울 어느 날, 강추위로 도로가 얼어붙고 눈이 많이 내렸다. 인 목사께서 신도림에서 전철을 타고 서대문에 있는 푸른아시아 사무실에 퇴근 시간 즈음 찾아 오셨다. 기후변화와 사막화, 환경난민 문제를 해결하기 위해 고생하는 활동가들에게 저녁을 사겠다고 오신 것이다. 강추위로 흘러내린 콧물이 얼어 있는 것을 보고 매우 송구하고 미안한 마음이 들었다. 인명진 목사가 앞으로도 푸른아시아 사무실에 자주 찾아 주시길 바라지만, 그래도 날씨가 좋을 때 오시라고 부탁드리고 싶다.

나는 인명진 목사를 보면 창세기의 한 구절이 떠오른다.

"하나님이 이르시되 우리의 형상을 따라 우리의 모양대로 우리가 사람을 만들고 그들로 바다의 물고기와 하늘의 새와 가축과 온 땅과 땅에 기는 모든 것을 다스리게 하자 하시고"(창 1:26).

이것이 그의 정체성 한가운데를 관통하는 본질이 아닐까 생각해 본다. 인류가 지구의 생명과 조화롭게 지내거나 제대로 경영하지 못하고 파괴를 하는 한, 지구에서 퇴출될 수 있다는 점을 그는 강조하고 있다. 물론 인 목사가 그 경계를 넘나드는 모습을 보고 불안하게 생각하는 사람들도 있을 것이고, 그것을 좋지 않게 생각하는 사람들도 있을 수 있다. 그렇지만 내가 만나본 인명진 목사는 언제나 적극적인 실천가이고, 문제를 앞장서서 해결해 나갔다.

우리는 살아오면서 한 사람을 만나 중대한 역사적 전환을 만들 수 있다. 결론은 나에게 인명진 목사와의 만남이 그랬다. 나는 인 목사를 알게 된 것을 가장 잘한 일 중에 하나라고 생각하고 있고, 만남을 제안해 준 김동흔 이사장께도 감사한다.

인 목사께서 국제원조를 하는 실행기구인 한국 코이카(KOICA)의 이사장을 맡았으면 참 좋겠다고 생각한다. 현재 한국이 제대로 국제사회에 기여하기 위해서 다수가 공감하는 것은 코이카의 혁신이다. 인명진 목사라면 해낼 수 있을 것이라는 신뢰가 크기 때문이다.

〈참고문헌〉

경향신문, "어려운 이들과 함께하며 신 앞에 부끄럽지 않기", 서울, 2011. 05. 23.
몽골 바양노르솜호수살리기시민연대, "출범식 자료", 서울, 2009.
송홍근, "인명진 목사의 몽골 드림", 「신동아」, 서울, 2009.
유은영, "작은 일에 충성하였으매", 〈시민일보〉, 서울, 2012. 5. 31.
오기출, "기후변화 위기와 새로운 도전", 서울: 푸른아시아, 2013.

인명진을
말한다

교회와 목회

인명진 목사는 탁월한 안목으로
산업선교가 나아갈 길에 대해
민중교회라는 패러다임의 전환을 시도하였다.
그리고 그 시도는 역사적 상황에서 올바른 방향이었다.
많은 후배 목회자들이 인명진 목사가 만들어 놓은
훈련 과정을 통해 민중교회 목회자 길을 걸어가고 있다.

인명진의 목회와 신학

장윤재

(이화여자대학교 교수)

"서울 시내 어느 곳에서든 한자리에서 10개 이상의 십자가를 셀 수 있는데 우리는 왜 그 틈에 또 하나의 십자가를 세우려 하는 것입니까?"

1986년 인명진 목사의 갈릴리교회 창립예배 설교문에서 가장 가슴에 와 닿는 질문이다. 인 목사는 스스로 "호주에 갔다가 돌아와서 올데갈데없어서 제 일자리를 마련하려고 세운 교회가 갈릴리교회"라고 답한다. 물론 우리는 이 말을 곧이곧대로 믿지 않는다. 이 해학 (諧謔, humor)의 뒤에는 예수 그리스도의 교회가 어떤 교회여야 하는지, 그리고 그 교회의 의미와 역할은 무엇인지에 대한 인 목사의 확고한 신념과 고백이 숨어 있기 때문이다.

가난한 사람들의 교회

"무슨 급한 일이 있어서 (부활하신) 예수님은 새벽에 갈릴리로 가신 것일까요?"

인 목사는 갈릴리교회 설립의 성서적 배경이 마가복음 16:1-8절의 말씀이라고 설명하면서, 부활하신 예수님이 어머니도 계시고 이모도 있는 예루살렘은 제쳐두고 왜 그리 급하게 날도 밝기 전 갈릴리로 서둘러 가셨는지를 묻는다. 그리고 이렇게 답한다.

"가난한 사람을 찾아가신 것입니다. 지금도 예수님은 가난한 사람들과 함께 계십니다."

'가난한 사람들'(the poor)이 키워드다. 과연 가난한 사람들은 누구인가? 성서에서 그들은 어떤 의미와 지위를 가지는가? 성서에서 가난한 사람들은 하나님의 특별한 관심과 사랑을 받는 존재들이다. 성서 곳곳에서 우리는 하나님이 가난한 사람들의 하나님이며, 고아나 과부나 나그네들로 대표되는 가난한 사람들에게 특별한 관심과 애정을 쏟으신다는 예언자들의 목소리를 듣는다. 하나님과 맘몬(Mammon, 재물신) 사이의 화해할 수 없는 적대적 관계는 기독교를 포함한 모든 종교들이 가르치지만, "하나님과 가난한 사람들 사이의 파기할 수 없는 계약관계"를 가르치는 것은 오직 기독교의 성서뿐이다. 가난한 사람들이 오직 가난하다는 이유만으로 하나님은 그들을 우선적으로 돌보신다. 이것을 우리는 '가난한 사람들에 대한 우선적 선택'이라고 말한다. 예수님은 "가난한 사람들에게 복음을 전"하기 위해 이 땅에 오셨음을 분명히 하셨다(눅 4:18). 그리고 "너희 가난한 사람들은 복이 있다. 하나님의 나라가 너희의 것이다"(눅 6:20)라고 그의 복음의 핵심을 요약해서 선포하셨다. 이런 확신 때문에 인 목사는 이렇게 말한다.

"우리가 가난한 사람을 찾아서 일부러 구로동을 왔습니다. 가난한 사람을 찾아서 구로동에 온 우리 교회에 가난한 사람의 발걸음이 끊어진다면 우리 교회의 존재이유가 없어지는 것입니다."

갈릴리교회 창립 당시의 구로동은 서울 시내에서 가장 소외되고 가난한 사람들이 사는 열악한 지역의 하나였다. 거기는 "시커먼 연기가 나는 삭막하기 그지없는 곳"이었으며, "숨을 쉴 수 없는 매연과 유독가스가 나오고" 또 "다닥다닥 붙어있는 벌집들"로 가득한 곳이었다. 인 목사는 이곳을 '일부러' 찾아왔다고 했다. 거기가 한국의 '갈릴리'였기 때문이다. 거기에 예수님이 먼저 와 계시기 때문이다. 그는 그것이 갈릴리교회의 창립 이유이고 교회의 존재 이유(raison d'être)임을 확신하고 있었다.

교회의 존재이유는 가난한 사람들을 섬기고 그들을 예수님처럼 대접하는 것이다. 그래서 가난한 사람이 교회에서 보이지 않고 그리스도인들의 삶이 가난한 사람들의 삶과 이어져있지 않으면 그것은 교회가 아니고 그들은 예수님을 믿는 사람들이 아니라고 말할 수 있다. "예수님은 가난한 자의 모습으로 우리 곁에 계십니다. 이것은 제가 하는 말이 아니라 성경에 있는 말입니다. 가난한 사람들을 보면 이들이 혹시 예수님이 아닐까 긴장해야 합니다. 이주노동자들이 우리 교회에 오면 저는 마음속으로 예수님이 오신다고 생각합니다." 가난한 사람들이 혹 예수님이 아닐까 '긴장해야 한다'는 말에 인 목사의 삶과 신앙이 압축되어 있다. "성자(聖者, saint)는 남이 못 보는 것을 보는 사람이 아니라 남이 보는 것을 똑같이 보되 '다르게' 보는 사람"이라고 했던가. 헐벗고 굶주린 이 땅의 노동자들과 이주 노동자들의 얼굴 속에서 예수님의 얼굴을 볼 수 있는 사람이 성자고 그리스도인이다. 그래서 그들은 가난한 사람들을 볼 때마다 떨리고 '긴장'하지 않을 수 없는 것이다. 이런 영적 긴장감이 평생 인 목사를 사로잡아 지탱해준 힘이다. 깊은 성서적 신앙과 신학적 통찰에서 나온 이 긴장감은 하나님께서 주신 특별한 선물이다.

마태복음 25장 31-46절 최후의 심판 기사에서 예수님은 "여기 내 형제(자매) 중에 지극히 작은 자 하나에게 한 것이 곧 내게 한 것이니라"고 말씀하시면서 자신과 가난한 사람들을 동일시(identify) 하신다. 예수님과 가난한 사람들은 하나다. 그리고 그리스도께서 가난한 사람들에게 복음을 선포하시고, 또 가난한 사람들과 자신을 동일시하셨다면, 그 분은 지금 가난한 사람들 가운데 가장 진정으로 현존(現存)하고 계신다. 그러므로 '가난한 사람들의 교회'(church of the poor)가 곧 예수 그리스도의 '참된 교회'(true church)라고 말할 수 있는 것이다.

가난한 사람들의 교회는 초대 교회의 정신과 보다 잘 일치한다. 초대 교인들은 보통사람들이었고 그들 대부분은 가난한 사람들이거나 심지어 노예들이었다. 그들은 엘리트주의를 배격했고 교회의 선교도 세상 권력에 의존하지 않았지만 교인이 크게 증가했다면(행 2:41, 47), 이는 분명 초대 교회가 예수 그리스도의 희망의 메시지를 몸소 체현(體現, embody)하고 있었기 때문일 것이다. 참된 교회란 바로 이렇게 예수 그리스도의 현존과 희망의 메시지를 몸으로 간직한 교회인 것이다.

어떤 신학자는 이런 교회가 되기 위해서는 "교회가 이 세계의 지옥으로 내려가야 한다"고 말한다. 이 세계의 지옥이란 가난한 사람들이 매일 생존의 문제로 힘겹게 씨름하는 역사의 현장이다. 이 역사의 밑바닥에서 교회는 죽고 다시 태어나 '가난한 사람들의 교회'로 부활해야 한다. 즉 교회는 "역사의 주변부로 이동해 십자가에 달리신 하나님의 발아래서 가난한 사람들의 힘없음을 함께 나눔으로써 거기서 기독교의 희망을 일구는" 교회가 되어야 한다. 이런 '가난한 사람들의 교회'(church of the poor)는 가난한 사람들에 대한 윤리적 혹은 자선적 관심을 가진 '가난한 사람들을 위한 교회'(church for the poor)와 다르다. 가난한 사람들의 교회란 가난한 사람들을 섬기는 일이 교회의 한 대외적 사업이 아니라 교회의 존재이유이고 중심인 교회다. 그런데 교회가 '가난한 자의 교회'가 되는 것은 어떤 특별한 혹은 대안적 교회를 세우는 것이 아니다. 그것은 교회를 본래의 교회답게 하는 것이다. 가난한 사람들에게 기쁜 소식을 전했던 예수 그리스도의 참된 교회가 되게 하는 것이다. 그러므로 신학적으로는 교회가 가난한 사람들을 복음화하는 것이 아니라 가난한 사람들이 교회를 복음화한다고 말할 수 있다. 가난한 사람들이 교회를 교회답게 하기 때문이다.

그래서 교회에 가난한 사람의 발길이 끊어지면 교회의 존재 이유가 사라진다. 그것은 곧 예수님이 발길을 끊으시는 것을 의미하기 때문이다. 예수님이 발길을 끊으신 교회는 제 아무리 화려해도 더 이상 예수 그리스도의 교회는 아니다. 이것이 인 목사가 평생 일관되게 강조한 것이다. 이것이 그의 목회철학의 시작이고 끝이다. 그리고 그의 목회철학은 말로만이 아니라 실제 행위로 드러났다. 갈릴리교회는 헌금이 갈릴리교회의 것이 아니라고 말한다. 헌금에는 가난한 사람들의 몫이 들어 있다고 말한다. 그러므로 교회 예산의 50%를 무조건 사회선교를 위해 사용한다. 그것을 자랑이 아니라 당연한 일로 여긴다. 그래서 "헌금을 교회를 위해서만 사용하는 교회는 헌금을 하나님의 말씀대로 사용하지 않는 도둑질"이라고까지 말한다. 철저하고 고집스럽다.

> "우리 교회에 대학졸업하고 번듯한 직장에 다니면서 월급을 타는 사람만 있다고 하면 우리 교회는 갈릴리교회라고 할 수 없고 예루살렘교회인 것입니다. 이것은 우리 교회가 지향하는 것이 아닙니다. 우리 교회를 처음 시작할 때 우리 교회에 돈이 많고 공부 많이 하고 사회적으로 지위가 있는 사람도 와야 하지만, 가난하고 세상에서 행세 못하는 사람, 공부 못하고 사회적 지위가 낮은 사람들도 주눅 들지 않고 어깨를 펴고 당당하게 교인으로 친교를 나눌 수 있는 교회여야 한다고 생각했습니다."

그 뜨거웠던 1980년대 거센 이념의 폭풍 시대, 이제 더 이상 교회는 필요 없다고, 교회의 역할은 끝났다고 말하던 그 질풍노도와 같던 시대적 상황 속에서 갈릴리교회는 "예수께서 너희보다 먼저 갈릴리로 가시나니"(막 16:7)라는 이 한 말씀에 전율되어 갈릴리로 가는 길이 곧 한국 사회의 새로운 소망과 변혁의 길임을 믿고 세워진 교회다. 그러므로 갈릴리교회의 '갈릴리'는 단순한 지명이 아니다. 그것은 예루살렘을 떠나지 못하는 우리의 주저함에 대한 참회이며, 예수님이 맨발로 걸으시며 날마다 하나님 나라의 기적을 일으키시는 그 푸른 갈릴리 호숫가에 대한 설렘을 표상한다. 그것은 신앙의 이상이고 매일의 행진이다. 그것은 폭력과 지배와 탐욕으로 죽어가는 이 세상을 구원하고 변혁하는 새 길이고 새 원리다.

갈릴리교회는 '이 세상에서 마가복음 17장을 쓰는 교회'로 태어났다. 그것이 갈릴리교회 탄생의 의미이고 존재의 이유다. 하나님은 마가복음 16장 이후를 백지로 남겨두셨다. 거기에 새로운 이야기를 쓰라고 몽당연필 하나 쥐어주셨다. 잉크로 된 펜이 아니라 연필을 쥐어주신 이유는 쓰다가 잘못 써도 지우고 다시 쓸 수 있게 하시기 위해서이다. "마가복음 17장[에는] 스토리가 있어야 합니다. 몇 명이 모이고 헌금이 얼마가 되었고, 교회당을 얼마나 크게 지었는가, 장로가 몇 명이고 권사가 몇 명인지는 스토리가 아닙니다. 가난한 사람을 어떻게 섬겼는가 하는 것이 마가복음 17장의 스토리입니다." 가난한 사람들을 섬기는 예수 그리스도의 교회, 그것이 갈릴리교회가 되고자 했고 또 되고자 하는 단순하고도 유일한 소망이다.

공동체로서의 교회

교회가 되는 길엔 두 가지 다른 길이 있다. 하나는 '제도'적인 교회의 길이고 다른 하나는 '공동체'로서의 교회의 길이다. 전자는 위로부터 아래로 일하고 후자는 아래로부터 위로 발전한다. 인명진 목사는 이렇게 말한다. "저는 교회는 교회당 건물이 아니라 신앙고백이라고 생각합니다. 역사적으로 교회가 세 종류가 있습니다. 국가교회가 있고 지역교회가 있고 공동체교회가 있습니다… 우리 교회는 뜻을 중심으로 모인 공동체교회입니다… 우리 교회는 갈릴리공동체계약을 중심으로 해서 모인 교회입니다."

갈릴리교회는 처음부터 공동체교회를 지향했다. 공동체로서의 교회를 지향한 갈릴리교회는 전통적인 교회법에 따른 조직교회로 시작하지 않았다. 모든 교인이 참여하는, 평신도 중심의 민주적인 교회를 지향했다. 기존의 수직적이고 권위주의적이며 폐쇄적인 성직자 계급주의(clericalism)에 반대하고 "성도가 서로 교통(communion)하는" 교회를 추구한 것이다. 또한 공동체로서의 교회를 지향한 갈릴리교회는 처음 시작할 때 교회당 건물을 가지지 않겠다고 다짐했다. 교인이 2백 명이 넘으면 자발적으로 분리하겠다고 생각했다. 왜냐하면 교회는 교회당 건물이 아니라 신앙고백을 함께 하는 사람들의 공동체로 이해했기 때문이다. 하지만 조직교회를 지향하지 않고, 교회당을 짓지 않으며, 예산의 50%를 사회선교에 쓴다는 3가지 원칙 가운데 지금까지 지켜오는 것은 세 번째의 원칙뿐이다.

앞의 두 가지 원칙들은 지킬 수 없었고 이로 인해 찬반논쟁이 생겼으며 교회가 분열되는 아픔을 겪었다. 공동체로서의 교회가 되겠다는 처음의 이상과 이후 조직교회로 자립하지 않으면 안 된다는 현실적인 요구 사이에서 갈등과 아픔을 겪은 것이다. 이러한 갈등과 아픔은 출애굽 이후 가나안 땅에 정착한 이스라엘 역사에서도 찾아볼 수 있다.

파라오의 모진 학정에서 탈출한 히브리 노예들은 가나안 땅에 들어가면서 다시는 이 땅의 왕을 세우고 싶지 않았다. 왕이 지배에 진저리가 난 것이다. 그래서 그들은 인류 역사의 보편적 발전단계라고 하는 부족연맹에서 고대국가로의 발전경로를 거꾸로 밟아 오히려 왕을 세우지 않고 사사 혹은 판관이 지배하는 느슨한 부족연맹 체제를 2백 년이나 지속시켰던 것이다. 하지만 주변국들이 왕을 중심으로 단결해 군사적으로 도전해오자 자기들도 왕을 세워 응전하지 않으면 안 된다는 현실적 요구에 직면했다. 결국 출애굽 이후 바빌론 포로기까지의 이스라엘의 역사는 이 땅의 왕이 아닌 하늘의 왕의 백성, 즉 '하나님의 백성'(people of God)으로 살아가자는 본래의 이상과 자신들도 왕을 세워 부강한 나라를 만들고 싶다는 현실적 요구 사이의 갈등과 충돌의 역사라고 말할 수 있다. 신명기 역사서(여호수아, 사사기, 사무엘상·하, 열왕기상·하)가 '왕조사'를 반영한다면, 예언서(이사야, 예레미야, 에스겔, 호세아, 요엘, 아모스, 오바댜, 요나, 미가, 나훔, 하박국, 스바냐, 학개, 스가랴, 말라기)는 '왕조견제사'를 반영한다. 이스라엘의 역사는 왕조사와 왕조견제사의 혼합이고 각축이며 변증법적 통합인 것이다.

사무엘상 8장에는 사사시대의 종언과 왕조시대의 시작이 기록되어 있다. 이스라엘의 장로들이 다 모여서 마지막 사사인 사무엘을 찾아가 모든 이방 나라들처럼 자기들에게도 왕을 세워 그 왕이 다스리게 해달라고 간청한다. 사무엘은 자신을 반대하는가 싶어 맘이 상했지만 하나님은 그들이 하나님을 반대하는 것이라고 말씀하시면서, 그들의 요구를 들어주되 앞으로 그들은 스스로가 선택한 왕 때문에 고통을 받게 될 것이며 그 때가서 하나님께 울부짖겠지만 하나님은 응답하지 않을 것임을 경고하고 왕을 주라고 하신다. 결국 이 경고대로 이스라엘 통일왕정은 단 3대만인 솔로몬 왕에 이르러 그의 무리한 공역(公役)으로 인한 막대한 세금과 강제노역의 부과로 온 백성이 고통을 당하게 되며 결국 솔로몬 사후 이스라엘은 남북으로 분열되고 이후 북이스라엘과 남유다가 각각 멸망의 길로 나아가게 된다. 이 때 예언자들이 분연히 일어나 무소불위의 왕권을 견제하고 고아와 과부와 나그네들을 특별히 돌보시는 하나님의 자비와 정의를 외쳤던 것이다.

이스라엘의 역사는 왕을 세우지 않으려 했던 본래의 이상과 왕을 세우지 않을 수 없었던 현실의 필요 사이의 고뇌의 역사라고 할 수 있다. 갈릴리교회의 역사도 공동체로서의 교회라는 본래의 이상과 조직교회로서의 현실적 필요 사이에서 고뇌한 역사라고 말할 수 있다. 그러면서 나름 창의적 해법을 추구한 역사라고 말할 수 있다. 이 땅에 찾아온 헐벗은 나그네들을 섬기는 외국인 노동자 선교에 위기가 왔다. 갈릴리교회를 찾는 외국인 노동자들의 숫자는 이미 갈릴리교회의 교인 숫자를 훨씬 넘어서고 있었다. 예상대로 담임목사가 바뀐 소망교회는 갈릴리교회에 하던 지원을 계속하지 않았다. 결국 갈릴리교회는 지금까지 해오던 선교를 포기하든지, 아니면 스스로 자립해서 계속하든지 선택의 기로에 서게 되었다. 하지만 자립하기 위해서는 교인이 늘어나야 하고 시설도 커져야 하며 조직도 갖추어야 한다. 이는 본래 조직교회를 지향하지 않고 교회당 건물도 갖지 않겠다던 처음의 이상을 포기하는 것을 의미했다.

이 딜레마 속에서 갈릴리교회는 교회의 제도는 수용하면서 교회의 제도화를 제도적으로 막아 본래 공동체로서의 교회의 본질을 보존하려는 창의적인 노력을 기울였다고 할 수 있다. 갈릴리교회는 현재 매우 독특한 교회조직을 가지고 있다. 필요에 따라 대표자를 세우지만 선거제, 임기제, 할당제 등을 도입하여 항존직의 독주를 막고 지도력의 민주적 순환을 제도화함으로써 제도교회의 병폐를 막으려 노력한다. 창립하면서 서리집사를 선출하게 하고 재신임을 받게 하더니, 이후 장로뿐만 아니라 목사도 임기제를 도입하고 재신임을 받도록 하였으며, 여성과 청년들의 목소리가 구조적으로 반영되도록 그들의 참여를 제도적으로 보장했다.

사실 공동체로서의 교회라 하더라도 계층 질서가 발생하고 행정의 필요성이 제기된다. 하지만 이는 공동체를 위해 복무하기 위한 도구여야 하지 그 자체가 목적이 되어서는 안 된다. 갈릴리교회의 직제는 이 점을 가장 중요하게 생각한 것이다. 장로교회가 가진 대의제를 수용하면서도 그것이 민주적으로 운영되도록 창조적으로 적용함으로써 현재 한국 교회 전체가 봉착하고 있는 문제, 즉 지도력의 불통과 독선이라는 보편적인 문제의 대안을 일찌감치 보여주었던 것이다.

사실 갈릴리교회는 끊임없이 초대 기독교 공동체의 모습으로 돌아가려는 열정이 살아있다. 갈릴리교회는 특히 예배 공동체로서의 초대교회의 모습을 강조한다. "우리 교회의 예배의식이 다른 교회에 비해 조금 다릅니다. 우리 교회가 드리던 교회의 예전이 AD 4세기경에 교회가 드리던 본래의 예배와 아주 가까운 예전입니다. 우리 교회의 예배순서 가운데 중요한 것이 죄의 고백입니다. 다른 교회에서는 별로 중요하게 여기지 않고 그냥 넘어가는 교회도 많이 있지만 우리 교회는 10분정도 합니다." 요즘 젊은이들의 문화적 감성을 자극하는 다양한 예배들이 있지만 진정한 참회가 있는 깊은 영적 예배는 찾기 힘든 상황 속에서 갈릴리교회의 예배는 매우 특별한 의미를 가진다. 또한 갈릴리교회가 매년 초에 드리는 공동체 계약갱신 예배 역시 성서적인 초대 교회 공동체로 돌아가기 위한 노력의 하나로 이해될 수 있겠다.

예배공동체와 계약공동체로서의 갈릴리교회는 또한 개교회주의를 벗어나 넓은 의미의 열린 지역공동체를 지향하는 공동체라고 말할 수 있다. 인 목사는 갈릴리교회에서 세 가지가 갈릴리교회의 것이 아니라고 강조한다. 그 중에서 첫째는 무엇보다 목사가 갈릴리교회의 것이 아니라고 단언한다. 목사의 소속은 노회이며 갈릴리교회는 영등포노회에 속해 있다. 그렇다면 갈릴리교회의 목사는 갈릴리교회의 일만 돌보는 개교회의 목사가 아니라 이 지역의 교회들을 돌보는 지역의 목사여야 한다. 그러므로 목사가 개교회주의에서 벗어나 우리 지역사회와 민족을 위해 일하는 것은 당연한 의무가 되는 것이다. 이러한 폭넓은 공동체주의적 발상은 교회당도 갈릴리교회의 것이 아니며 지역사회에 개방되어야 할 공공재(公共財)라고 말하는 대목에서 확연히 드러난다. "또 하나 교회당이 우리 것이 아닙니다. 교회는 지역사회의 믿는 사람이든 안 믿는 사람이든 누구든지 쓸 수 있는 공동의 장소입니다… 본당을 외국인에게 예배드리기 위해 내준 교회는 우리나라에 우리교회밖에 없을 것입니다… 한국 교회가 교회당은 너무 아끼는 것은 잘못된 것입니다… 교회는 하나님 앞에 예배드리는 거룩한 곳이지만 어떠한 사람도 사용할 수 있어야 합니다." 갈릴리교회는 그리스도인이 아닌 지역사람들과도 공동체적 삶을 이루기 위해 자신을 여는 열린 교회공동체라고 할 수 있다.

분명 공동체 교회로 출발한 갈릴리교회는 제도교회의 모습을 수용하였다. 이 변화 자체가 좋다 나쁘다고 평가되기는 어려워 보인다. 이러한 변화의 정당성과 역사적인 평가는 갈릴리교회가 앞으로도 계속해서 가난한 사람들이 오고 그들을 예수님처럼 섬기는 교회가 되느냐 아니면 다른 교회들처럼 결국은 일반적인 제도교회의 하나가 되느냐에 달려있다고 해도 과언이 아니다. 갈릴리교회가 이 땅에 존재하게 된 이유를 잊지 않고 늘 기억하면서 그렇게 살려고 노력하느냐 아니냐에 달려 있다고 해야 할 것이다.

하지만 인명진 목사는 위험성을 감지하고 경종을 울린다. "갈릴리 사람들이 우리 교회에 있어야 하는데 다 예루살렘 사람들만 있다는 것이 우리 교회의 약점이며 부끄러움이며 25년 동안 우리 교회가 잘못한 일 중에 하나라고 생각합니다." 세계 어디에서나 예수 그리스도의 교회를 위협하는 가장 미묘한 위험은 교회가 한 사회에, 한 제도에 무비판적으로 동화되는 일이다. 그렇게 되면 하나님은 갈릴리교회에 품으셨던 기대와 갈릴리교회에 맡기셨던 사역을 다른 곳으로 옮기실 것이다.

인 목사 스스로 이렇게 이야기한다. "이주노동자 사역을 하면서 여러 가지 감격스러운 일들이 많이 있었습니다. 그러나 하나님께서 언제까지 이 일을 우리에게 맡겨주실지 모르겠습니다… 교회일은 절대로 사람이 없어서 못하는 것이 없습니다. 우리가 순종하고 충성을 하면 우리에게 계속 맡기시지만 그렇지 않으면 다른 사람에게 옮겨가십니다. 사람 때문에 지체하지 않습니다. 하나님이 하시는 일은 급하고 중요합니다. 이 사람이 꼭 이 일을 해야 한다고 생각하지 않으시고 안 한다고 하면 다른 사람에게 옮겨가십니다. 촛대를 옮기시는 것입니다."

갈릴리교회는 공동체교회로 출발했다. 도중에 제도교회의 형식을 수용했다. 교회사적으로 제도교회가 다 사라질 수 있다고 기대하지는 않는다. 하지만 공동체로서의 갈릴리교회는 제도로서의 교회에 대한 대안으로, 그리고 교회의 갱신을 위한 효소로서 자기 자신을 자리매김할 때 하나님의 눈에 더욱 특별하고 소중한 존재로 남아있을 것이다.

하나님 나라의 표지로서의 교회

'교회가 무엇인가'에 대한 이해는 '구원이 무엇인가'에 대한 이해에 따라 달라진다. 인명진 목사의 설교를 살펴보면 그의 구원론은 통전적이고 참여적이다. "요한복음 3장 16절을 보면 하나님이 세상을 이처럼 사랑하자 독생자를 주셨으니 라고 했습니다… 사람만 구원하는 것이 아니라 온 세상 자체를 구원하기 위해서 예수님이 오신 것입니다." 실제로 요한복음 3장 16절을 신약성서의 원어인 그리스어로 읽어보면 여기서 말하는 '세상'은 '코스모스'(cosmos), 즉 우주다. 그러니까 이 구절을 다시 번역하면, "하나님이 우주를 이처럼 사랑하사 독생자를 주셨으니"가 된다. 하나님의 사랑은 우주적 사랑(cosmic love)이다. 하나님은 인간만을 사랑하지 않으셨다. 인간의 영혼만을 사랑하지 않으셨다. 하나님은 온 우주를 뜨겁게 사랑하셨고 그래서 전 우주를 구원하시기 위해 자신의 독생자를 보내주신 것이다.

그러므로 인 목사에게는 당연히 자연도 하나님의 구원의 대상에 포함된다. "로마서 8장을 보면 사람만이 아니라 자연도 구원을 받아야 한다고 합니다. 19절 말씀에 '피조물이 고대하는 바는 하나님의 아들들이 나타나는 것이니' 라고 했습니다. 사람의 아들이 자연을 구원해 줄 것을 기다리고 있다는 것입니다." 그의 구원론은 이렇게 통전적이다. 이런 통전적인 구원론 위에 인 목사는 세계 참여적인 적극적 구원론을 피력한다. "세계는 뒤죽박죽이 되고 사람만 뽑아내서 구원하시는 것은 아닙니다. 그것은 잘못된 구원에 대한 생각입니다. 예수님의 구원의 대상은 사람만이 아니라 온 우주만물 그 안에서 움직이는 질서 자체가 하나님의 뜻으로 회복되는 것입니다."

여기서 말하는 구원은 이 세계로부터의 도피가 아니다. 오히려 이 세계 안으로 들어가는 것이다. 사람들이 사는 질서, 온 우주만물이 움직이는 질서 안으로 들어가 그 질서 자체가 본래 하나님의 뜻으로 회복되는 것이다. 인 목사는 세계의 정치·경제·사회질서가 "원래의 하나님의 질서, 하나님의 뜻으로 회복되는 것이 완전한 구원"이라고 말한다. 그에게 구원은 이 세계 밖으로의 도피가 아니다. 구원은 이 세계의 파멸로서의 새 하늘과 새 땅이 아니다. 구원은 하나님께서 세상을 처음 여실 때 보시기에 '좋다'고 하신 그 본래의 질서를 회복하는 것이다.

그렇다면 이러한 구원론 아래서 교회는 어떤 교회여야 하는가? 이런 통전적이고 참여적인 구원론 아래서 교회는 하나님의 우주적 사랑을 보여주는 '은총의 표지(sign)'이자 하나님 나라의 질서를 이 땅에 이루기 위해 일하는 '섭리의 도구(instrument)'가 된다. 이 말은 교회 자체가 교회의 목적이 아니라는 말이다. 갈릴리교회는 교회 자체가 잘 되게 하려고 지어진 교회가 아니다. 우리가 교회가 무엇인지 숙고할 때 가장 경계해야 할 것은 교회 본위로 교회를 생각하는 '교회 중심주의' 사고다. 하지만 교회는 교회가 수행하는 역할과 기능을 통해 자신의 배후에 있는 실재(實在, reality)를 드러내주는 표지에 불과하다.

실재는 하나님의 우주적 사랑이고 하나님 나라의 질서다. 그러니까 교회는 눈에 보이지 않는 하나님의 큰 사랑을 눈으로 볼 수 있게 해주는 은총의 표지요 온 세상과 우주의 질서를 주관하시며 만물의 회복을 위해 일하시는 하나님 나라의 도구가 되어야 하는 것이다. 이렇게 하나님의 우주적 사랑과 하나님 나라의 질서를 드러내주는 표지로서의 교회는 자신의 성장과 완성을 목표로 하지 않는다. 교회의 구조와 제도과 규범은 하나님 나라에 복속되어야지 그 반대가 되어서는 안 된다는 뜻이다.

달리 말하면 교회의 존재 이유는 '자기 자신'에게 있는 것이 아니라 '타자'(他者)에게 있다는 뜻이다. 여기서 타자란 그리스도와 성령이 현존하시는 이 세계다. 그러므로 교회는 그리스도와 성령께서 친히 현존하시며 활동하시는 곳, 즉 이 세계를 향해 나아가지 않으면 안 된다. 구원은 역사와 자연 한가운데서 일어나는 구체적 사건이며 그리스도의 역사는 교회의 울타리를 넘어 작용한다. 그러므로 교회는 세계를 위한 존재가 되어야 한다. '타자를 위한 존재'로서 타자와 함께 해야 한다. 갈릴리교회가 한국 기독교뿐만 아니라 이 나라와 민족의 역사에서 '최초의' 일을 많이 할 수 있었던 것도 교회를 위한 교회가 아니라 세계를 위한 교회로 스스로를 이해하고 살아온 남다른 신학 때문이다.

하나의 거룩한, 보편적, 사도적 교회

서기 381년에 열린 콘스탄티노플 공의회는 교회가 다음과 같은 4가지 표시(mark)를 갖는다고 정의했다. 그것은 '하나의'(one), '거룩한'(holy), '보편적'(universal) 그리고 '사도적'(apostolic) 교회이다. 과연 이런 전통적인 교회론의 기준에 갈릴리교회는 얼마나 부합하는가. 갈릴리교회는 인종과 문화와 국적을 초월해 다양한 사람들이 하나님의 동등한 백성이 되고자 한 '하나의' '보편적' 교회요, 가난한 사람들에게 하나님 나라의 기쁜 소식을 전하면서 나그네의 모습으로 우리 가운데 오신 거룩하신 예수님을 섬기는 '사도적'이며 '거룩한' 교회라고 말할 수 있다.

우선 갈릴리교회는 한국인들로만 이루어진 단일인종의 교회가 아니라 여러 인종과 국적과 문화를 가진 사람들이 평등한 교회연합을 이루고 있는 일종의 옴니버스 교회와 같다. 한마디로 갈릴리교회는 다문화교회, 다인종교회, 다국적교회이다. 갈릴리교회에는 한국어로 예배를 드리는 한국 교회가 있고, 몽골어로 예배드리는 몽골교회가 있으며, 인도네시아어로 예배드리는 인도네시아교회, 파키스탄어로 예배드리는 파키스탄교회, 그리고 영어로 예배드리는 GIC교회 등 모두 5개의 교회가 '하나의' '보편적' 교회를 이루고 있다. 이주 노동자 교회는 각각 독립해 자기 나라 출신의 목회자들을 세워 스스로 신앙생활과 교회활동을 하고 있으며, 그들이 하지 못하는 복지와 인권 및 부족한 재정을 한국인 교회가 돕고 있다.

이와 같은 이주 노동자 사역은 세계선교의 역사에서 유례를 찾기 힘든 선교로 높이 평가받고 있지만, 이른바 21세기 다문화 시대의 속에서도 교회론적으로 다문화, 다인종, 다국적의 사람들이 하나의 보편교회를 이루는 매우 중요한 의미를 갖고 있다. 돈을 벌기 위해서 한국에 왔다가 지금까지 갈릴리교회를 통해 세례를 받은 사람들이 무려 800명에 이르고, 여기서 세례를 받고 고국으로 돌아간 사람들이 인도네시아 자카르타와 몽골 울란바토르에 갈릴리교회를 세워

신앙생활을 계속하고 있다는 것 역시도 그리스도의 교회가 지역과 국경을 초월해 하나의 보편적 에큐메니칼 교회의 모습을 보여준다는 점에서 높이 평가되어야 할 것이다.

갈릴리교회는 소망교회와도 하나의 보편적 교회의 모습을 이루기 위해 협력한 경험을 가지고 있다. 소망교회와 갈릴리교회의 협력은 보수적인 교회와 진보적인 교회의 협력이었다고 말할 수 있다. 인 목사는 "저는 신앙적으로 곽선희 목사님과 맞지 않습니다. 곽 목사님은 훨씬 보수적이고 저는 훨씬 더 진보적입니다"라고 털어놓는다. 그래서 소망교회에서는 갈릴리교회 때문에 말이 많았고 갈릴리교회에서는 소망교회 때문에 말이 많았다. 하지만 "곽 목사님과 제가 서로 이해하면서 각자 해야 할 일이 있습니다. 이것이 바울의 지체론입니다." 한 교회는 가난한 사람들이 들어가기에 문턱이 너무 높은 교회였지만 갈릴리교회는 그 교회도 그리스도의 한 몸으로서 이 시대에 함께 감당해야 할 하나님의 선교에 참여하도록 협력을 이끌어낸 것이다. 갈릴리교회와 소망교회가 협력했던 경험은 부자교회와 가난한 교회의 협력의 모델, 보수적 교회와 진보적 교회의 협력의 모델, 그리고 부자 교회가 가난한 교회를 통해서 일을 하게 되었다는 세 가지 의미가 있다고 인 목사 스스로 정리한다.

이렇듯 '하나의' 그리고 '보편적' 교회를 지향한 갈릴리교회는 또한 '사도적'이고 '거룩한' 교회로서의 직능을 잘 수행했다고 평가할 수 있다. 갈릴리교회가 "예수께서 너희보다 먼저 갈릴리로 가시나니"(마가 16:7)라는 말씀에 감전(感電)되어 이 땅의 가난한 사람들에게 하나님 나라의 기쁜 소식을 전하는 '사도적' 교회로 살아왔음은 이미 앞에서 충분히 이야기했다. 그런데 갈릴리교회는 또한 '거룩한'

교회라는 측면도 훌륭히 가지고 있다. 갈릴리교회에서는 이주노동자들이 먹는 음식을 '홀리 푸드'(holy food)라고 한다. 우리 가운데 지극히 작은 자 하나에게 한 것이 곧 자기에게 한 것이라고 말씀하신 예수님이 오늘 이주 노동자의 모습으로 우리에게 오셨기 때문에 그들이 먹는 음식이 곧 예수님이 드시는 거룩한 음식이라고 생각한 것이다. 어떤 이주 노동자는 한국에 오면서 갈릴리교회 주소 하나만을 들고 오기도 했다.

갈릴리교회는 수많은 인종과 문화권에서 온 사람들 모두가 공통적으로 좋아하는 음식이 닭튀김과 바나나와 콜라임을 알았고, 인 목사는 이 음식을 '천국의 음식'이라 불렀다. 실로 그 음식은 "길과 산울타리가로 나가서 [경계 밖에 있는] 사람들을 강권하여 데려다가" 베푼 하나님 나라의 큰 잔치(누가복음 14장)에 차려진 거룩한 음식인 것이다. 특히 한번밖에 쓰지 않은 신선한 기름으로 튀겨낸 고소한 닭튀김 때문에 이주 노동자들은 갈릴리교회를 '치킨 처치'(chicken church)라고 부르기도 했다. 치킨이나 바나나나 콜라도 하나님의 일을 위해 구별되어 사용될 때 거룩하게 될 수 있는 것이다.

갈릴리교회는 예수 그리스도에 대한 특권적 증언자들이었던 사도들을 통해 예수께서 선포하신 하나님 나라라는 '좋은 소식'(good news)을 가난한 사람들에게 선포하고 실제 나그네의 모습으로 교회를 찾아오신 헐벗고 굶주린 예수 그리스도에게 먹을 것과 마실 것과 입을 것을 드린 '사도적'이며 '거룩한' 교회다. 또한 갈릴리교회는 인종과 국경과 문화와 진보를 넘어 머리 되신 예수 그리스도 안에서 한 몸을 이루고자 애쓴 '하나의' 그리고 '보편적' 교회이다. 전통적인 교회론의 기준과 시각에서도 갈릴리교회는 교회의 4가지 표시를 자기 몸에 분명하게 지니고 있다.

나아가며

근래 많은 한국 교회가 파산하고 있다는 좋지 않은 소식이 들려온다. 교회당 건물과 부지가 경매로 나오고 있다는 것이다. 미국에서도 로버트 슐러 목사가 시무하던 거대한 수정교회(Crystal Church)가 부도가 나 교회당 건물이 경매로 팔렸다고 한다. 모두 은행 빚을 끌어와 대형교회를 추구하다 생긴 일이다. 인명진 목사는 사람들이 바벨탑처럼 큰 교회를 세워서 자기 교회가 세계 제일이라고 자랑하려고 하는데 이는 "예수님이 오셔서 하시지 않을 일을 하고 있는 것"이라고 개탄한다. 그는 또 "지금의 기독교는 예수님의 가르침이 없는 전혀 새로운 기독교"가 되고 있지 않은지 우려한다. 실로 바벨탑을 쌓았던 교회들이 지금 흔들리고 있다. 한 대형교단의 총회에서는 가스총과 용역이 등장했고, 목사직 세습으로 논박이 이어지며, 목사는 '먹사'로, 기독교는 '개독교'로 불린다. 교회가 세상을 걱정하는 것이 아니라 세상이 교회를 걱정하는 참담한 현실이다. 실로 한국 교회가 앞으로 10년이나 20년 안에 커다란 위기를 맞이할 것으로 예상된다.

"예수는 믿되 예수의 하나님 나라 복음은 믿지 않는 사람들이 넘쳐나는" 수많은 교회들 앞에서, 그리고 "그런 자들이 많이 모이는 현상을 부흥이라고 말하는" 한국의 많은 교회들 앞에서, 지금으로부터 26년 전 한국의 갈릴리 구로동에 '일부러' 찾아간 갈릴리교회의 역사는 가난한 사람들에게 기쁜 소식을 전했던 예수 그리스도의 참된 교회는 어디 있느냐고 묻고 있다. '풍요가 빈곤을 낳는' 오늘의 역설적인 세계 질서 안에서, 그리고 오로지 더 많은 물질적 풍요가 하나님의 축복이라고 가르치는 수많은 한국의 교회들 앞에서, 갈릴리교회의 지난 26년간의 역사는 고아와 과부와 나그네들을 특별히 돌보시는 자비로운 하나님, 성서의 가난한 사람들의 하나님은 어디 계시느냐고 묻고 있다.

갈릴리교회는 위기의 한국 교회 앞에 주어진 답은 아니다. 갈릴리교회는 아직도 몽당연필로 마가복음 17장의 역사를 쓰고 있다. 갈릴리교회는 하나님께서 이 땅의 교회들 앞에 던지신 질문이다. 가난한 자의 모습으로 우리 곁을 찾아오신 예수 그리스도께서는 오늘 그가 머무실 곳이 어딘지 묻고 계시다. 신새벽 이른 아침에 어머니도 뵙지 않고 서둘러 갈릴리로 가신 예수께서는 오늘도 교회가 있어야 할 곳, 교회가 향해야 할 자리가 어디냐고 묻고 계신다. 갈릴리교회의 역사는 아직 완성된 답은 아니다. 갈릴리교회의 역사는 위기의 한국 교회 앞에 던져진 하나님의 질문이다.

〈참고문헌〉

인명진,『갈릴리교회 25주년의 역사 - 마가복음 17장을 쓰는 교회』, 갈릴리교회 문서선교부, 2011.
인명진,『내 사랑, 갈릴리교회 - 갈릴리교회 창립주일 설교모음집』, 갈릴리교회 문서선교부, 2012.
김명배, "현대 한국사 발전의 내면적 동력을 찾아서 - 민주화와 산업화를 이끈 종교인의 구술자료 수집과 연구", 한신대학교, 2011.

인명진의 총회 활동과 에큐메니칼운동 공헌

변창배
(예장통합 총회 기획국 국장)

1. 들어가는 말

인명진 목사의 총회 활동과 에큐메니칼운동을 위한 공헌을 짧은 글 한 편에 담기는 불가능하다. 그가 감당한 산업선교나 사회 활동 그리고 목회가 총회나 에큐메니칼운동에 미친 직·간접 영향은 가늠하기조차 쉽지 않다. 40년이 넘는 세월에 걸쳐서 총회와 한국 교회를 위하여 그가 펼쳐낸 이상은 수많은 사람들에게 감동을 주었고, 그가 감당했던 활동의 영역을 헤아리기도 쉽지 않을 뿐만 아니라, 그로 인해서 얻은 결과를 일일이 헤아릴 수 없기 때문이다. 이 글은 다만 인명진 목사가 위원이나 총대로 대한예수교장로회 총회의 활동에 참여한 일과 에큐메니칼운동에 공헌한 일을 총회 회의록의 기록을 중심으로 조사하였다. 에큐메니칼운동에 있어서도 총회와 관련된 것에 한하여 조사하였다. 이 조사 연구는 그의 활동의 편린을 더듬어 봄으로써 그가 기여한 바를 기록하기 위한 것이다.

2. 인명진 목사의 총회 활동

1) 산업선교

인명진 목사가 총회 회의록에 처음 이름을 올린 것은 1972년 9월에 서울 동신교회에서 회집한 제57회 총회이다. 대부분의 목회자가 그렇듯이 총회 고시위원회가 목사고시 합격자 명단을 총회에 보고할 때에서 그의 이름이 처음 기록되었다. 그해 시행된 총회 목사고시 응시자는 모두 142명이었고, 합격자는 97명, 불합격자는 45명이었다. 인명진 목사는 충남노회 추천을 받아서 목사고시에 합격하였다.[1] 그러나 다른 목사고시 합격자들과는 달리 인명진 목사의 이름은 목사고시 합격자 명단 외에도 총회 전도부 보고에 기록되어 있다. 이는 그가 산업선교에 투신하였기 때문에 이루어진 일이다.

정병준의 글 "총회 도시산업선교 50년사(1957~2007)"에 따르면 총회는 이미 1957년에 산업전도를 시작하였다.[2] 1971년에 총회 전도부는 위원회의 명칭을 산업전도위원회로부터 도시산업선교위원회로 개칭하였다.[3] 이는 전도만으로는 노동 조건과 환경, 노동자의 구원이 불가능하다는 산업전도 실무자들의 인식 전환에 따른 것이다. 해외에서 유입된 세계교회협의회 중심의 에큐메니칼운동이나

---

1 대한예수교장로회 제57회 총회(1972. 9. 21~25, 서울 동신교회당) 고시위원회 보고 중에서, "제57회 총회 회의록" (서울: 대한예수교장로회총회교육부, 1973), 35.
2 총회의 도시산업선교에 대한 간략한 역사는 다음 글 참조. 정병준, "총회 도시산업선교 50년사(1957~2007)", 대한예수교장로회총회 국내선교부 편, 『총회 도시산업선교 50주년 기념도서 - 내 아버지께서 일하시니 나도 일한다』 (2007), 25-110.
3 "대한예수교장로회 총회 제56회 회의록" (서울: 대한예수교장로회총회, 1972), 126.

하나님의 선교 신학의 영향도 컸다.

총회 전도부 도시산업선교위원회는 인명진 목사가 목사고시에 합격한 해인 1972년에 영등포지구위원회에 도시산업선교훈련원을 설치하고 본격적인 산업선교 실무자 훈련을 실시하였다.[4] 대한예수교장로회 제57회 총회록의 총회 전도부 보고에 따르면 인명진 전도사는 목사고시에 응시하던 그 해에 정진동 목사와 함께 첫 번째 실시된 산업선교 실무자 훈련에 참여하였다.[5] 1972년 10월 유신이 일어났다는 사실을 생각하면 인명진 목사는 카이로스의 때에 산업선교에 참여하였던 것이다.

그 뒤로 인명진 목사의 이름은 1981년에 회집한 제66회 총회 때까지 산업선교와 관련하여 총회 회의록에 기록되고 있다. 제58회 총회의 전도부 보고에는 2년차에 접어든 인명진 목사의 훈련을 위하여 1973년 4월부터 호주선교회에서 매월 2만 4천 원씩 보조를 하였다고 기록하였다.[6] 도시산업선교를 통한 호주교회와의 관계도 일찍부터 시작되었음을 알 수 있다. 한편으로는 피훈련생인 인명진이 조지송, 함부만, 지신영 등과 함께 영등포지구위원회의 실무자로 활동하

---

4 전도부 도시산업선교위원회(위원장 문창권)는 도시산업선교 실무자 훈련을 다음과 같이 영등포지구에서 실시하고 있다는 사실을 총회에 보고하였다: "산업선교 훈련원 ㉠ 목적: 전문적인 산업선교 실무자 양성, ㉡ 기간: 2년간 (훈련원 1년, 현지 1년), ㉢ 훈련 내용: 노동체험, 이론, 실무 등 다각적이고 전문적인 훈련으로 근로자 선교에 이바지하도록, ㉣ 훈련 대상: 남자 35세, 여자 30세 이하로 신학교 졸업자, ㉤ 경제 부담: 2년간 본[도시산업선교] 중앙위원회에서 인건비 50%, 훈련비 전액을 담당함(인건비 50%는 노회 부담), ㉥ 현재 상황: 1972년 4월부터 2명이 훈련 중이며 추가 모집 중." "대한예수교장로회 제58회 총회 회의록" (서울: 대한예수교장로회총회교육부, 1974), 141.
5 대한예수교장로회 제57회 총회 전도부 보고 중에서, "제57회 총회 회의록," 62.
6 "대한예수교장로회 총회 제58회 회의록," 140.

였다는 것도 기록하고 있다.7 특기할 것은 전년도와 비교할 때 영등포지구위원회의 활동이 눈에 띄게 활발해졌다는 점이다.8

총회 회의록은 인명진 목사가 1974년 1월부터 1975년 2월 13일까지 긴급조치 위반으로 구속 수감된 뒤 복역하다가 석방된 사건9을 제59회기 총회 전도부가 "실행위원회의 결의에 따라서 구속 수감 중에 있는 인명진 목사(충남노회 소속)와 도시선교 실무자 김진홍 전도사 가족을 위로 방문"10하였다고 기록하고 있다. 총회 전도부는 인명진 목사가 석방된 직후인 1975년 3월 21~22일에 선명회 수양관에서 도시산업선교 연구회 모임을 갖고 "산업선교 중앙위원과 각 노회 지구위원 대표와 실무자들이 모여 산업선교 전반에 대한 평가와 산업선교 정책"11에 대해서 연구한 뒤, 3월 31일에 산업선교 중앙위원회의 결의로 도시산업선교 정책 「대한예수교장로회 도시 산업선교의 기본자세에 대해」를 발표하였다.12 이 정책문서가 본 교단이 산업

---

7 "대한예수교장로회 총회 제58회 회의록," 140.

8 전도부 도시산업선교위원회는 당시의 영등포 지구위원회 활동을 다음과 같이 요약하여 보고하였다: "㉠ 산업선교 그룹 활동: 1,958회, 연 참가인원 23,490명, 각 공장에 100여 그룹이 있음, ㉡ 파이오니어 모임: 산업선교 그룹의 모임이며 6회에 298명, ㉢ 노사문제: 8개 회사에서 9차에 걸쳐 1,542명의 진정을 받고 최선을 다하여 노력했으며, ㉣ 여성강좌: 공장 내의 평신도 훈련사업인데 5회에 걸쳐 172명에게 실시한 일이오며, ㉤ 교회지도자 연구회: 산업선교의 보다 나은 이해를 위하여 2회에 76명 참가한 일이오며, ㉥ 구강진료: 장로교 가정봉사회 후원으로 매주 1회씩 30회에 166명에게 실시, ㉦ 문서전도활동: 근로자들에게 매주 약 500매의 전도지 전달, ◉ 신용조합: 680명의 조합원의 1,120만원의 출자금으로 잘 운영되고 있는 일 등입니다." "대한예수교장로회 총회 제58회 회의록," 140-141.

9 "대한예수교장로회 총회 제60회 총회록" (서울: 대한예수교장로회총회교육부, 1976), 96.

10 "대한예수교장로회 총회 제59회 회의록" (서울: 대한예수교장로회총회교육부, 1975), 99.

11 "대한예수교장로회 총회 제60회 총회록," 95.

선교에 대해서 발표한 첫 문서로 기록되어 있다. 또 1975년 8월 25~27일에는 장로회신학대학에서 도시산업선교 중앙위원과 전국 실무자들이 총회 전도부원 및 각 노회 전도부장과 함께 도시 산업선교 문제 연구회를 가졌다.[13] 총회 회의록은 이러한 정책의 발표나 연구회 소집에 참여한 면면을 자세히 기록하고 있지 않으나 출소한 인명진 목사의 참여가 영향을 미쳤으리라는 것은 쉽게 짐작할 수 있다.

총회의 도시산업선교는 1976년에 들어서면서 유신정권이 산업선교 활동을 불온하게 여기고 탄압을 시작하면서 위축되기 시작하였다. 도시산업선교가 "경제성장 정책과 권력에 장애가 된다고 판단"[14]한 것이다. 총회 전도부의 도시산업선교회 보고에서도 이러한 교회 내·외부의 탄압에 따른 위축현상을 볼 수 있다. 한때 전국에 10개 이상에 달하던 지구위원회가 1976년의 제61회 총회에 보고한 기록에는 6개로 축소된 것이다.[15] 반면에 영등포지구위원회는 조지송, 인명진, 명노선, 신영희, 라병도 등의 5인의 실무자가 활동하고 있다고 보고를 해서 여전히 활발하게 산업선교를 하고 있었다는 사실을 알 수 있다. 1977년 제62회 총회의 도시산업선교회 보고는 조직 보고 외에는 일체의 기록을 남기지 않았다. 그 조직 보고에 따르면 실무자가 있는 지구는 서울(김영승, 오영승), 영등포(조지송, 인명진, 명노선, 라병도), 대전(박진열), 구미(고애신)의 4개에 불과하게 되었

---

12 "대한예수교장로회 총회 제60회 총회록," 95-96. 정책문서는 『총회 도시산업선교 50주년 기념도서 - 내 아버지께서 일하시니 나도 일한다』, 351-352에도 부록으로 수록되어 있다.
13 "대한예수교장로회 총회 제60회 총회록," 97.
14 정병준, "총회 도시산업선교 50년사(1957~2007)", 55.
15 "대한예수교장로회 총회 제61회 총회록" (서울: 대한예수교장로회총회교육부, 1977), 133.

다.[16] 뚜렷한 감소현상을 기록한 것이다.

정부의 탄압에도 불구하고 도시산업선교회는 1978년 5월 27일에 총회 전도부 실행위원회의 인준 결의로 강신명, 김광훈, 김종대, 김형태, 림인식, 박조준, 박치순, 박종렬, 배명준, 백윤종, 유호준, 이종성, 이순경, 최중해, 한기원 등의 15명을 산업선교지도위원으로 추대하고, 1978년 7월 21일에는 총회 전도부 산업선교지도위원회의 지도하에 산업선교위원회가 "대한예수교장로회 산업 선교 원리 및 지침"을 제정하여 전도부 실행위원회의 결의를 얻어서 제63회 총회에 보고하였다.[17] 이는 총회가 외부의 억압으로부터 도시산업선교회를 보호하기 위하여 산업선교위원회의 선교는 복음과 교단의 교리에 기초하는 건전한 활동임을 천명하였다고 볼 수 있다. 당시 인명진 목사는 4월 17일에 행한 설교를 긴급조치 9호 위반으로 문제 삼아 5월 1일에 구속되어 11월 1일에 석방될 때까지 수감되어 있었다.[18]

1979년 8월에 YH사건이 일어난 직후에 개최된 제64회 총회는 전년도에 총회에서 확정한 산업선교 원리 및 지침을 재확인하면서 8월 15~17일에 개최된 전도정책협의회에서 산업선교의 구체적인 방향을 현재의 방향, 공장 채플린제도, 공단 목회 등의 세 가지로 하는 것이 좋을 것이라는 의견 일치를 보았다고 보고하였다. 도시산업선교위원회는 실무간사가 없어서 충분한 산업선교 관리와 지원이

---

16 "대한예수교장로회 총회 제62회 총회록" (서울: 대한예수교장로회총회교육부, 1978), 85.
17 "대한예수교장로회 총회 제63회 총회록" (서울: 대한예수교장로회총회교육부, 1979), 80-81.
18 정병준, "총회 도시산업선교 50년사(1957~2007)," 55-56.

원활하지 않음에도 불구하고 이러한 산업선교 원리와 지침, 사업 방향을 "각 노회와 지구위원회에 시달하여 선교활동을 지휘하고 있다"라고 기록하였다.[19] 그러나 그 동안 총회 회의록에 각 지구의 실무자를 기록하던 것과는 달리 제62회 총회(1978) 이래 65회 총회(1980)까지 실무자의 이름을 기록하지 않았다. 외부의 탄압에 위축된 교회의 모습을 반영하였다고 볼 수 있다.

민주화의 봄을 경험한 1980년대에 들어서 산업선교는 다시 활발하게 전개되었다. 1980년에는 총회 전도부의 도시산업선교위원회에서 "대한예수교장로회총회 산업선교 활동에 대한 입장"을 발표하여 "정의가 있고 평화가 있는 인간존중의 질서가 확립되는 것"을 총회 산업선교의 목표로 삼고 있다고 입장을 천명하였다.[20] 1981년에 접어들면서 총회는 24개 노회에 산업선교위원회를 조직하고 7개 현장에 실무자를 두어서 다시 활성화되었다. 인명진 목사는 영등포지구 실무자로 명단에 올라 있으나 "호주 유학중"이라는 부기가 달려 있었다.[21] 이후로는 인명진 목사는 산업선교의 실무자 명단에서는 찾아 볼 수 없다. 인명진 목사는 호주에서 귀국한 뒤로는 1984년 5월 11~12일에 아카데미 하우스에서 총회 전도부의 산업선교위원회가 개최한 지역실무자협의회에서 "교회와 산업목회 전망"에 대한 강의를 하였다.[22] 1987년에는 총회 전도부의 산업선교위원회가 주최한

19 "대한예수교장로회 총회 제64회 총회록" (서울: 대한예수교장로회총회교육부, 1980), 84-85.
20 "대한예수교장로회 총회 제65회 총회록" (서울: 대한예수교장로회총회교육부, 1981), 136-138.
21 "대한예수교장로회 총회 제66회 총회록" (서울: 대한예수교장로회총회교육부, 1982), 46-47.
22 "대한예수교장로회 총회 제69회 총회록" (서울: 대한예수교장로회총회교육부,

산업전도 세미나(1987. 7. 6~7, 속리산 관광호텔)에서 "산업전도의 미래"에 대하여 강의하였다.[23] 산업선교의 일선 실무자에서 한 발 물러나 지도자로 활동을 시작하게 된 것이다.

2) 노동 상담

인명진 목사는 대한예수교장로회 총회 제71회기 중인 1986년 11월 10일에 모인 전도부 실행위원회에서 윤두호 목사의 노동상담소 소장 사표가 수리되고 후임 소장으로 인준될 때부터, 제79회 총회에 후임 중앙노동상담소장으로 안기성 목사가 선임되었음을 보고될 때까지 소장으로 수고하였다.[24] 노동상담소는 노동상담 지도요원 교육을 실시하고 희망의 전화(02-864-0990)를 개통하여 근로자들을 위해서 각종 상담을 실시하였다. 노동상담 지도요원 교육은 1987년 1월 6~16일에 갈릴리교회에서 실시하여 주간반 63명, 야간반 18명 등 모두 81명을 교육하였다. 노동상담 지도요원 교육의 주요 내용은 노동 문제의 기본 인식과 상담 원칙, 노동조합법, 노동쟁의조정법, 근로기준법, 운수관계법, 산업재해보장법 등이었으며, 주 교육 대상은 목회자, 산업부 담당자와 회원, 관심있는 교인, 기독노동자들이었다. 희망의 전화 상담의 주요 분야는 체불임금, 산업재해, 퇴직금, 노동조합, 부당해고, 노사관계, 각종 수당, 법정 소송, 휴가 등 다양

1985), 232.

23 "대한예수교장로회 총회 제72회 총회록" (서울: 대한예수교장로회총회출판국, 1988), 328.

24 "대한예수교장로회 총회 제72회 총회록," 288쪽과 "대한예수교장로회 총회 제79회 총회록" (서울: 한국장로교출판사, 1995), 528.

한 분야를 망라하고 있다.

1988년에는 전국 공단지역인 안산지역, 태백지역, 영등포, 안산, 대전 등지에 희망의 전화를 확대 설치하기로 방향을 정하고 노동상담소를 확대해 갔다.25 1988년 2월 14일에 한무리교회에 안양노회 노동상담소를 개설하고 현판식을 가졌다. 이후 제74회 총회(1989년)에 보고한 바에 따르면 1989년 9월까지 중앙노동상담소(소장 인명진), 안양노동상담소(소장 박진석), 태백노동상담소(소장 유재무), 대전노동상담소(소장 김규복) 등의 4개 노동상담소가 설치 운영되었음을 알 수 있다.26 이듬해인 제75회 총회(1990년)에는 대구노동상담소(소장 안기성)를,27 제77회 총회(1992)에는 울산노동상담소를 추가로 설치되었음을 보고하였다.28 인 목사가 전도부의 산업선교 위원장으로 2년 연속 섬긴 이후에는 제78회 총회(1993)에 부산노동상담소(소장 안하원)와 구미노동상담소(소장 이동규)를 추가로 설치하였음을 보고하였으며, 노동주일을 4월 둘째 주일로 변경하여 지키게 하고, 산업선교의 정책을 새롭게 이해하고 인식하도록 홍보책자를 제작하여 배포하기로 결의하기도 했다.29

노동상담소는 희망의 전화를 통한 상담뿐만이 아니라 CBS 방송

---

25 "대한예수교장로회 총회 제73회 총회록" (서울: 대한예수교장로회총회출판국, 1989), 280-281.
26 "대한예수교장로회 총회 제74회 총회록" (서울: 대한예수교장로회총회출판국, 1990), 264.
27 "대한예수교장로회 총회 제75회 총회록" (서울: 대한예수교장로회총회출판국, 1991), 239-240.
28 "대한예수교장로회 총회 제77회 총회록" (서울: 한국장로교출판사, 1993), 294.
29 "대한예수교장로회 총회 제78회 총회록" (서울: 한국장로교출판사, 1994), 506-507.

을 통한 상담, 자료 및 출판사업, 문화행사, 영화 감상, 지역 주부대상 어머니교실 개설, 회사 방문 문화강좌, 산업보건교육, 스티커 광고 등 다양한 활동을 전개하였다. 제76회 총회에 보고한 바에 따르면 중앙노동상담소는 전화상담(281건)만이 아니라 방문상담(123건)도 실시하였으며, 노조간부를 위해서 올바른 노사관계와 교회 인식에 대한 노동조합 지도자 교육을 숙박교육으로 3회(1991. 2월~6월) 실시하였다.[30]

3) 총회 정책

인명진 목사는 제74회 총회(1989. 9. 25~29, 서울 영락교회당)에 처음으로 총대로 참석하였다. 목사 장로 각 630명, 총 1,260명의 총대 중에서 영등포노회의 18명의 목사 총대 중에서 17번째로 총대가 선출되어, 평화통일연구위원회의 위원(2년조)가 되었다. 인 목사는 평화통일연구위원회 서기로 선임되었다. 당시 위원장은 차관영 목사, 부위원장은 박관석 목사, 회계는 금문성 장로였다.[31] 평화통일연구위원회는 1988년에 발표된 한국기독교교회협의회(NCCK)의 "한반도 평화와 통일에 관한 한국 교회 선언"에 대한 제반 사항을 연구하여 총회의 평화통일에 대한 입장을 정하려는 목적으로 1988년 12월 5일에 처음 조직되었다.

제74회기(1989-1990)의 평화통일연구위원회는 NCCK의 "한반

---

30 "대한예수교장로회 총회 제76회 총회록"(서울: 대한예수교장로회총회출판국, 1992), 336-338.
31 "대한예수교장로회 총회 제74회 총회록," 77.

도 평화와 통일에 관한 한국 교회 선언"에 대한 찬반양론의 격렬한 대립을 피하여 숨을 고른 뒤 각 노회 대표와 평화통일연구위원, 북한 전도대책위원 등 99명을 초대하여 한 차례의 평화통일 정책수립을 위한 간담회(1990. 5. 3~4, 한국교회100주년기념관 제1연수실)를 가진 뒤 총회 평화통일정책을 위한 시안 작성을 전문가에게 맡기기로 하고 초안 위원으로 신인현, 황승룡, 김종우, 박화자, 윤신영, 유경재, 인명진 등의 7인으로 정하였다. 인 목사는 위원회 서기로서 조국평화통일을 위한 기독교인 동경회의(1990. 7. 10~13, 재일한국 YMCA)에 참가하였다.[32]

평화통일연구위원회는 대한예수교장로회 제76회 총회(1991. 9. 12~18, 서울 소망교회당)에 "한반도 평화통일에 대한 대한예수교장로회 총회의 입장"을 제안하여 2곳만 수정한 뒤 채택하게 하였다.[33] NCCK의 한국교회선언의 충격을 소화하고 서로 다른 입장을 조율하는 데에 서기인 인명진 목사의 능력이 긴요했음은 두 말할 나위도 없다. 뿐만 아니라 제76회 총회에서 평화통일문제에 관한 상설연구기관을 설치하자는 결의도 이끌어 냈다. 인 목사는 한국기독교교회협의회가 주최한 1995 희년을 향한 기독교평화통일협의회(1991. 8. 12~14, 라마다올림피아호텔)에 위원장 이의호 목사를 대신하여 교단 대표로 참가하기도 했다.

인명진 목사는 2004년 9월에 모인 제89회 총회가 시국성명서를 발표하기로 결의하였을 때 총회 임원회가 이종윤 목사, 이성희 목사, 서경석 목사, 이수영 목사, 김정서 목사와 함께 6인의 초안위원의 한

---

32 "대한예수교장로회 총회 제75회 총회록," 462-465.
33 "대한예수교장로회 총회 제76회 총회록," 85-86, 564-573.

사람으로 선정하여 이를 맡아서 시국성명서를 작성하였다.[34]

4) 정보통신

인명진 목사는 총회 특별위원회인 정보통신위원회와 커뮤니케이션위원회의 책임을 맡아서 총회의 정보화에 기여하였다. 총회가 처음 정보통신위원회를 설치한 것은 1994년 제79회 총회였으나, 1998년 제83회 총회에서 기구가 존속되지 못하고, 제85회 총회에서 정보통신자문위원회를 다시 설치하였으나, 본격적인 활동은 인명진 목사가 위원장을 맡고 난 이후 이루어졌다. 인명진 목사는 제86회기, 제87회기, 제88회기 총회의 3년에 걸쳐서 정보통신위원장을 맡아서 총회 정보화의 기초를 놓았고, 제90회기, 제91회기, 제92회기 총회의 3년에 걸쳐서 정보통신위원회의 명칭 변경에 따라서 커뮤니케이션위원장을 맡아서 총회 정보화의 토대를 확립했다.

정보통신위원장 첫 해인 제86회기는 각 부서의 전산화 현황을 조사하고 총회 홈페이지를 확대 구축하는 일로부터 시작해서, 인터넷 전용선(512kb) 설치, 랙 형 서버로 총회 서버를 구입, 홈페이지 인증제도 도입, 총회 각 부서 노회 지교회가 연동되는 홈 페이지 구축 시도 등의 실무를 추진하는 한편 총회 정보화 3개년 계획(2002. 10~2005. 08)을 수립하여 87회 총회의 결의를 얻었다.[35] 인명진 목사는 정보통신위원장으로서 총회의 정보화 사업을 위해서 은 소요 예산까지 확보하며 사업을 추진하였다.[36] 정보통신위원장 두 번째 해인

---

34 "대한예수교장로회 제89회기 총회 보고서" (서울: 한국장로교출판사, 2005), 16.
35 "대한예수교장로회 제86회기 총회 보고서" (서울: 한국장로교출판사, 2002), 711-715.

제87회기에는 총회 서버의 안정적인 운영을 위한 UPS 구입, 교세통계표 작성의 전산화, 총회 웹사이트 기술교육 실시, 인터넷 전용선을 6M로 업그레이드 등을 추진하였고,[37] 세 번째 해인 제88회기에는 목사, 장로 등록번호, 교회 등록번호 체계 도입 시도, 총회 정보화 프로젝트 계약, 랜(LAN)기반의 인트라넷 개발 등을 추진하였다.[38] 인 목사는 커뮤니케이션위원장으로서 PCK 홈메이커 및 PCK CMS 계속 교육 실시, 목사고시 합격자 발표 및 증명서 온라인 발급사업 등을 추진하였으며, 총회 VOD 서비스, 그룹웨어 및 EDMS 시스템 구축 완료, 총회 홈페이지 리뉴얼 및 세계선교부 정보화 프로젝트 진행, 총회 본부 및 IDC에 방화벽 구축, 총회 Media 서버 임대(5G) 등의 막대한 사업을 성취하였다.[39] 인명진 목사 특유의 추진력이 한껏 발휘된 것이다.

III. 인명진 목사의 에큐메니칼운동 공헌

인명진 목사는 제76회 총회에서 한국기독교교회협의회(NCCK) 총대로 선임되어 1992년 1월에 모인 NCCK 총회에 교단 총대로서 처음 참석하였다. 1993년에 NCCK 총무 권호경 목사가 임기를 마치

---

36 "대한예수교장로회 제87회 총회 회의록" (서울: 한국장로교출판사, 2002), 63, 164, 234, 235 참조.
37 "대한예수교장로회 제87회기 총회 보고서" (서울: 한국장로교출판사, 2003), 712-715.
38 "대한예수교장로회 제88회기 총회 보고서" (서울: 한국장로교출판사, 2004), 573-575.
39 "대한예수교장로회 제90회기 총회 보고서" (서울: 한국장로교출판사, 2006), 530-532. "대한예수교장로회 제91회기 총회 보고서" (서울: 한국장로교출판사, 2007), 672-673.

지 않고 기독교방송국(CBS) 사장으로 간 뒤 대한예수교장로회 총회가 NCCK의 개혁을 요구하였을 때 총회는 NCCK의 관계를 풀기 위하여 인명진 목사의 능력을 필요로 하였다. 당시 인명진 목사는 총회의 한국기독교교회협의회(NCCK) 대화위원회 서기를 맡았다. 제78회기에 처음 조직된 대화위원회는 위원장 김순권, 서기 인명진, 위원 김용복의 단출한 조직이었다.40 대화위원회는 총회의 정책 방향이 NCCK의 개혁임을 확인하고, 그동안 천명된 NCCK에 대한 총회의 정책과 기조의 일관성을 지키면서 대화에 임하여 민주적, 공개적 원칙을 가지고 대화를 추진하였다. 제79회기에는 위원을 보강하여 NCCK와 합의사항에 대한 구체적인 논의를 계속 추진하여 한국 교회 연합운동 개혁을 위한 제안을 채택하고, NCCK 개혁과 개방에 대한 기본원칙 6개항에 합의하기에 이르렀다.41 대한예수교장로회 총회와 NCCK의 관계가 완전하게 정상화되기까지는 지난한 과정을 겪어야 했다. 여러 차례의 대화와 한국 교회 일치와 연합을 위한 협의회를 개최한 뒤 "KNCC와의 합의사항 추진을 위한 예장의 제안"을 수용하고, NCCK는 임시총회(1996. 2. 15)에서 헌장을 개정하기에 이르렀다. 대한예수교장로회 총회 총대들이 1996년 2월 23일에 모이는 NCCK 제46회 총회에 참석하여 일단락되었다. 인명진 목사는 이 일을 성사시키기 위하여 전국의 노회장들에게 일일이 구두(전화)로 NCCK 참여에 동의를 얻는 수고를 하였다. NCCK 제46회 총회에

---

40 "대한예수교장로회 제79회 총회 총회록" (서울: 한국장로교출판사, 1995), 128.
41 위원회 조직을 위원장: 김순권, 서기: 인명진, 위원: 김상학, 김용복, 금영균, NCCK 총대 전원으로 확대하였다. "대한예수교장로회 제80회 총회 총회록" (서울: 한국장로교출판사, 1996), 87, 1001-1007.

서는 총회장 정복량 목사가 회장, 금영균 목사가 회계에 취임하였고, 인명진 목사는 10인의 실행위원의 한 사람으로 선출되었다.[42] 3년여에 걸친 대화의 과정에서 인 목사의 협상력이 유감없이 발휘되었다.

인명진 목사는 이러한 기여에도 불구하고 에큐메니칼운동에서는 두 번의 실패의 경험을 겪었다. 첫 번째는 아시아기독교협의회(CCA)의 회장에 선출되기를 희망하였으나 좌절된 일이다. 인명진 목사는 2010년 4월 14일부터 21일까지 말레이시아 쿠알라룸푸르에서 개최된 CCA 제13회 총회에 김경인 목사, 이훈희 씨와 함께 총대로 참석하였다.[43] 아시아기독교협의회 도시농어촌선교위원회 위원장을 역임한 인명진 목사는 회장에 선출되기를 희망하였으나 기대와는 달리 국내 다른 교단의 협조를 얻지 못하여 선출되지 못하였다. 그 이전에 인명진 목사는 CCA 제12회 치앙마이 총회에도 교단 총대로 참여하였다. 당시에 선정된 총대 4인은 조성기 목사(총회 사무총장), 인명진 목사(갈릴리교회), 이선애 씨(청년회전국연합회 총무), 문정은 목사(총회 기획국 차장) 등이었고, 옵저버(Observer)로 정태봉 목사, 김세권 목사, 손달익 목사, 김경인 목사가 선임되었다. 막상 2005년 3월 31일부터 4월 6일까지 태국 치앙마이에서 제12차 아시아기독교협의회 총회가 개최되었을 때에는 정태봉 목사(에큐메니칼위원회 서기), 김세권 목사(에큐메니칼위원회 위원), 김경인 목사(총회

---

42 대화위원장: 김순권, 서기: 인명진, 위원: 김용복, KNCC 대책위원 김창인, 김순권, 이정규, 김소영, 금영균, 유경재, 허일찬, 김용복, 인명진, 황화자. "대한예수교장로회 제81회 총회 총회록" (서울: 한국장로교출판사, 1997), 109, 1038-1041.

43 "대한예수교장로회 제94회기 총회 보고서" (서울: 한국장로교출판사, 2011), 86.

기획국장), 인명진 목사(영등포노회), 이선애(장청 총무), 문정은 목사(총회기획국) 등 6인이 참석하였다.[44]

두 번째는 기독교방송국과 관련된 일이다. 2001년에 인명진 목사는 기독교방송국에 교단 파송 이사로 정인수, 김현호 두 분과 함께 교단에서 추천을 받았으나 기독교방송으로부터 경쟁관계에 있는 기독교 인터넷방송 및 위성방송의 대표라는 이유로 선임될 수 없다고 반려되었다. 인명진 목사는 사의를 표하였으며, 이에 따라서 총회 교회연합사업위원회에서는 인 목사 대신 유의웅 목사를 파송하였다.

IV. 맺는 말

인명진 목사가 총회 활동에 참여한 것은 1972년에 총회 전도부의 도시산업선교회 실무자훈련에 참여하면서 시작되었다. 그 후 산업선교를 떠난 뒤에 갈릴리교회를 담임하면서 중앙노동상담소 소장으로 활동의 폭을 넓혔다. 인명진 목사는 영등포노회에서 대한예수교장로회 제74회 총회(1989. 9. 25~29, 서울 영락교회당) 총대로 처음 선임된 이래 제99회 총회(2014. 9. 22~25, 소망교회당)까지 제97회 총회 한 차례만 제외하고 모두 25차례 선임되어 총대로 총회를 섬겼다. 인 목사는 총회 총대로서 평화통일연구위원회, 전도부, 사회부, 세계선교부를 비롯한 주요 부서의 부장이나 서기, 실행위원을 맡아서 총회를 섬겼다. 두드러지는 것은 정보통신위원장과 커뮤니케이션위원장으로서 총회의 정보화를 위한 초석을 놓은 것이다. 교단의 평화

---

44 "대한예수교장로회 제89회기 총회 보고서" (서울: 한국장로교출판사, 2006), 78.

통일에 대한 정책을 다루는 일이나 한국기독교교회협의회와의 관계를 정상화하는 일과 같이 쉽게 접근하기 어려운 문제를 푸는 데에도 그 실력을 유감없이 발휘하였다. 그러나 에큐메니칼운동에서는 기대와는 달리 성취를 맛보지 못한 일도 두 차례 있었다. 교회나 사회를 위해서 공헌하는 일에는 크게 성공하였으나, 개인적인 성취를 추구할 때는 다른 결과를 얻었다고 할 수 있다.

인명진 목사가 펼친 총회의 활동은 실로 방대한 것이다. 비단 산업선교 한 분야에만 국한되지 않는다. 총대로서도 다방면에 걸쳐서 지도력을 발휘하였다. 인명진 목사는 이러한 공로를 인정받아서 2007년 11월 12일과 13일에 장로회신학대학교에서 총회 도시농어촌선교대회가 개최되었을 때 총회장 공로패를 수상하였고, 2015년에는 장로회신학대학교로부터 명예박사 학위를 수여받았다. 이를 모두 정리할 수 없으나 인명진 목사가 총대로서 총회의 각부, 위원회, 기관, 연합단체의 부원, 위원, 총대, 대표, 이사로 선임된 기록을 표로 정리하였다. 아래 표는 역대 총회록과 총회 보고서에 기록된 것만 정리하였다.

〈표 1〉 인명진 목사의 총회 부, 위원회, 기관, 연합기관 공천과 임명 기록

총회	개회연월	총회 부, 위원회, 기관, 연합단체에 공천 혹은 임명된 기록
제74회	1989. 9.	평화통일연구위원(2년조), 평화통일연구위원회 서기
제75회	1990. 9.	평화통일연구위원(1년조), 평화통일연구위원회 서기
제76회	1991. 9.	전도부원(3년조), 전도부 실행위원, 전도부 산업선교위원장, NCCK 총대
제77회	1992. 9.	전도부원(2년조), 전도부 실행위원, 전도부 산업선교위원장, NCCK 총대
제78회	1993. 9.	전도부원(1년조), 전도부 산업선교위원, NCCK 총대

제79회	1994. 9.	사회부원(3년조), 사회부 교사분과위원장, 전도부 산업선교전문위원(산업선교 정책수립을 위한 전문위원), NCCK와의대화위원회 서기, NCCK 총대
제80회	1995. 9.	사회부원(2년조), 사회부 환경보전위원, NCCK와의대화위원회 서기, NCCK 총대
제81회	1996. 9.	사회부원(1년조), 사회부장, 공천위원회 서기, NCCK와의대화위원회 서기, NCCK 총대, 한국장로교협의회 대표
제82회	1997. 9.	세계선교부원(3년조), 세계선교부 선교협력분과 위원, NCCK 총대 – 실행위원, 장로교연합과일치연구위원
제83회	1998. 9.	세계선교부원(2년조), 세계선교부 서기, NCCK 총대 – 실행위원
제84회	1999. 9.	세계선교부원(1년조), 세계선교부 실행위원, 세계선교부 선교협력분과위원장, 교회연합사업위원, NCCK 총대 – 실행위원
제85회	2000. 9.	전도부원(3년조), 전도부 산업선교위원
제86회	2001. 9.	전도부원(2년조), 전도부 산업선교위원, 정보통신위원장, NCCK 총대
제87회	2002. 9.	전도부원(1년조), 전도부 실행위원, 전도부 산업선교분과위원장, 총회 직장선교후원회 지도위원(당연직), 정보통신위원장, 생명살리기10년운동위원회 정보화시대의 언론홍보분과위원
제88회	2003. 9.	규칙부원(3년조), 규칙부 실행위원, 정보통신위원장
제89회	2004. 9.	규칙부원(2년조), 규칙부 실행위원, NCCK 총대 – 실행위원 – 국제위원장
제90회	2005. 9.	규칙부원(1년조), 커뮤니케이션위원장, 에큐메니칼위원회 전문위원, NCCK 총대
제91회	2006. 9.	정치부원(3년조), 커뮤니케이션위원장, 한국기독공보사 이사, NCCK 총대 – 실행위원 – 국제위원장
제92회	2007. 9.	정치부원(2년조), 정치부 실행위원, 커뮤니케이션위원장, 총회 산하 신학대학교를 위한 7인 비상대책위원, 한국기독공보사 이사
제93회	2008. 9.	정치부원(1년조), 정치부장, 커뮤니케이션위원, 노회경계조정특별전권위원, 합동정통교단과의일치와연합을위한대화위원, 한국기독공보사 이사, 한국기독공보사 실

		행위원, 한국기독공보사 예결산위원, NCCK 총대 – 국제위원회 부위원장, 재단법인 한.호기독교선교회(일신기독병원) 이사
제94회	2009. 9.	세계선교부원(3년조), WCC 제10차 총회 준비위원회 전문위원, 예장(백석)교단과의 일치와 연합을 위한 연구위원, NCCK 총대, 제13회 아시아기독교협의회(CCA) 총회 대표, 한.호 선교 120주년 기념대회(2009. 10. 2~11.) 참석, 한국기독공보사 논설위원
제95회	2010. 9.	세계선교부원(2년조), 예장(백석)교단과의 일치와 연합을 위한 연구위원, WCC 제10차 총회 준비위원회, NCCK 총대 – 실행위원, 아시아기독교협의회(CCA) 동북아시아 지역대표, 장로교단과의일치와연합을위한연구위원회 전문위원
제96회	2011. 9.	세계선교부원(1년조) 장로교단과의일치와연합을위한 연구위원회 전문위원, NCCK 총대 – 실행위원
제97회	2012. 9.	동북아시아 생명정의평화 연구팀
제98회	2013. 9.	세계선교부원(3년조)
제99회	2014. 9.	세계선교부원(2년조), NCCK 인권위원장

갈릴리로의 '위대한 부르심'에 응답하다
: 갈릴리교회 30년에 담긴 인명진의 목회정신 탐구

박명철
(프리랜서 작가, 전 기독교사상, 뉴스앤조이 기자)

1. 에큐메니즘 또는 '아버지의 집'

필자는 기독교계 매체에 종사하며 꽤 많은 교회들을 방문하고 많은 목회자들과 대화를 나눈 뒤 목회 관련 글들을 써왔다. 내가 만난 목회자들은 대부분 자신의 목회 현장에서 정성을 다해 목회하였고, 그 현장의 기록은 나름의 가치와 보람을 담고 있었다. 그러나 그들로부터 나는 늘 몇 가지 아쉬움을 느꼈는데, 가령 많은 경우 신학적으로 편향되어 허점이 컸거나, 생각과 현장이 조화를 이루지 못하여 불안하거나, 교회 안과 밖의 장벽이 높아서 게토로 고립되어 가는 경향을 보였다. 그 결과 그들의 정성은 퇴색되거나 희석되었다. 인명진 목사의 갈릴리교회는 바로 이런 한국 교회의 치명적인 결점들로부터 거리를 두었다. 희귀한 '대안'이었다.

나는 갈릴리교회의 역사를 관통하는 몇 가지 특징들을 담아낼 그

롯으로 '에큐메니즘'이라는 상징적인 단어 하나를 준비한다. 먼저 이 단어의 의미가 보여주는 중요하고 다양한 세계로 들어가 보자.

'에큐메니즘'(Ecumenism)은 그리스어 '오이쿠메네'(οικουμενη)에서 온 말이다. 우리는 '에큐메니칼운동'이라는 표현을 자주 사용하는데, 이를 단순히 '교회일치운동' 쯤으로 해석할 경우 그 의미를 협소한 테두리 안에 가둬버리는 잘못을 범하게 된다. 가끔은 '연합'이나 '통일'이라는 단어로도 사용하는데, 이 또한 오해를 불러일으킬 만한 가능성이 숨어 있다. 그것은 자기 자신도 모르게 연합이나 통일의 전제로 깔고 있는 강박적 본능 곧 '나와 다르면 틀리다'는 오해이다. 이 오만한 정서는 그야말로 '반(反)에큐메니즘'이다. 그럼에도 한국 교회는 이러한 배타적 하나 됨을 버리지 못함으로써 에큐메니즘의 가치를 파괴해 온 측면이 크다.

'에큐메니즘'이 지향하는 '하나 됨'은 그렇지 않아야 한다. 서로의 '다름'을 인정함으로써 한자리로 불러 모으는 너르고 깊은 그릇이어야 한다. 하나가 된다는 건 상대의 다름을 위협하여 나와 동질화시키는 게 아니라 서로의 다름이 주는 갖가지 불편들을 서로가 견딤으로써 서로를 향한 적의를 없애고, 나의 다름 때문에 피해당할 걱정을 하지 않아도 된다는 신뢰를 확보하는 일이다. 결국 '에큐메니즘'은 관용 곧 똘레랑스(tolerance, 견딤)를 실천함으로써 오히려 다양하고 풍성해지는 길이다.

그렇게 보아서 '에큐메니즘'은 사랑, 곧 하나님의 또 다른 얼굴이다. 우리가 '사랑'이라고 말할 때 이 단어의 의미는 매우 불분명하고, 그 범위도 지나치게 넓어서 뭐라 똑 부러지게 정의하기가 쉽지 않다. 그러니 사람마다 사랑의 정의란 다를 수밖에 없다. 그래서 나는 사랑의 구체적인 표현을 관용으로 본다. 나와 다른 생각을 가진 사람과 한자리에 앉으려는 마음, 그래서 다름이 주는 불편함을 견디며 더 감동적인 존재방식을 이뤄내는 수고, 이를 두고 사랑이라 말하고 싶다.

이런 사랑이 없는 하나 됨, 곧 '나와 같게' 만들고자 하는 안달하는 조급한 태도는 오히려 상대방을 배제하고 억누르는 경향으로 흘러간다. 피해자의 편에서 보면 이것은 곧 생지옥과도 같다. 욥기 41장의 괴물 곧 리워야단(Leviathan) 역시 이런 지옥 같은 사회를 말하는지 모른다. 다른 사람을 나처럼 만들고야 말겠다는 폭력의 도가니로 변질될 테니까. 이런 점에서 욥기 41장의 대조는 고린도전서 13장이어야 하지 않을까.

에큐메니즘을 파생시키는 그리스어 '오이쿠메네'는 '온 세상'이라는 의미를 갖는다. 나는 이 단어가 단순히 표면적인 뜻 '온 세상'에 멈추지 않고 한 걸음 더 나아가 '아버지의 집' 곧 성경에서 집 나간 탕자를 기다리던 그 '아버지의 집'이라는 의미로 다가온다. 아버지의 집은 곧 하나님의 통치 아래 만유가 하나 되는 세상이다. 유가에서 말하던 그 대동(大同)의 세상도 여기서 펼쳐진다. 모든 피조물이 하나님의 통치 아래서 하나님이 기대한 아름다운 삶을 살 것이다. 그러니 아버지의 집은 세상이 꿈꾸어야 할 '아름다운 집'이다.

아버지의 통치가 미치는 '오이쿠메네' 곧 '아버지의 집'은 괴물 같은 국가 '리워야단' 저 건너편의 세상이다. 인간의 권력, 권위, 착취, 억압…, 그 모든 괴물 세계의 통치 방식들이 중지된 전혀 새로운 땅이다. 하나님의 교회가 탄생한 이래 그토록 오랜 역사를 거쳐 이르고자 한 지점이다.

예수님은 "천국 복음이 모든 민족에게 증언되기 위하여 '온 세상'

곧 '오이쿠메네'에 전파되리니 그제야 끝이 오리라" 예언하셨다. 그러므로 '오이쿠메네'는 야만의 '리워야단'이 '아버지의 집'으로 뒤바뀌는, 그 변화의 역동성을 통해 도달한 공간이다. 그래야만 모든 민족이 비로소 복음을 증언하게 될 것이다. 이런 점에서 주님의 지상 명령이란 다름 아닌 '아버지의 집' 곧 '아름다운 집'을 향해 가는 모든 노력을 의미하는 것인지 모른다.

인명진 목사는 특히 갈릴리교회라는 목회 현장에서 이 '아름다운 집'을 지어 온 목회자이다. 그는 특히 갈릴리교회의 구성원 한 사람 한 사람이 하나님의 '아름다운 집'의 서돌이 되어야 한다고 말해왔고, 스스로 앞장섰다. 이로써 갈릴리교회는 에큐메니즘의 실현에 이바지해온 것이다.

2. 세상의 중심 '갈릴리'로 가다

발가락에 상처가 나면 온 몸의 신경이 몸의 끄트머리라는 발가락의 상처로 집중한다. 우리 몸이 그렇다. 집에서 키우는 강아지가 병이 나도 집안 식구들이 모두 강아지에게로 집중한다. 하물며 식구 중 누군가가 병이 나면 그때는 말할 나위도 없다. 가장 약한 곳, 그곳이야말로 세상의 중심이 되어야 한고, 이 말은 옳다. 하나님은 그런 세상을 인간이 살아가도록 배려하셨으므로 하나님을 머리로 삼는 교회 역시 마땅히 이런 배려로 충만해야 한다.

그래서 우리는 끊임없이 질문해야 한다. "주여, 어디로 가시나이까?"라고. 인명진 목사는 갈릴리교회의 첫 걸음을 이 질문으로써 출발했다. 갈릴리교회의 행적을 기록한 책 『위대한 부르심』은 마가복음 16장에서 '갈릴리'로 초청하시는 예수님과 그 부르심에 응답한 30년 전의 대답이 곧 갈릴리교회의 시작이었음을 증언한다.

내용은 이렇다. 예수님이 십자가에서 돌아가시고 안식일이 지난 첫 주일 아침, 막달라 마리아와 야고보의 어머니 마리아 그리고 살로메가 예수님의 무덤을 향해 달려간다. 무덤은 비어 있었고, 한 젊은이가 예수님이 남기신 메시지를 전했다.

"놀라지 마라. 너희가 십자가에 못 박히신 나사렛 사람 예수님을 찾고 있지만 그분께서는 되살아나셨다. 그래서 여기에 계시지 않는다. 보아라, 여기가 그분을 모셨던 곳이다. 그러니 가서 제자들과 베드로에게 이르기를 '예수님께서는 전에 여러분에게 말씀하신 대로 여러분보다 먼저 갈릴리로 가실 터이니 여러분은 그분을 거기에서 뵙게 될 것입니다' 하고 전하라"(막 16: 6-7).

마가복음은 여기서 막을 내리지만, 마가는 독자에게 예수님이 갈릴리에 계시며 예수님을 만나고자 하면 갈릴리로 오라는 메시지를 남긴 셈이다. 부활하신 예수님은 왜 갈릴리로 가셨고, 왜 거기서 제자들을 만나고자 하셨을까? 인명진 목사는 이렇게 해석한다.

마가복음의 부활하신 예수님은 지금 갈릴리에 계신다. 하늘나라도, 예루살렘도 아닌 갈릴리이다. 예루살렘은 기득권자들이 살고, 갈릴리는 가난하고 소외받고 천대받는, 사람 취급을 받지 못하는 사람들이 사는 곳이다. 사람들은 "너도 갈릴리 사람이냐?", "나사렛에서 무슨 선한 것이 나오겠느냐?"라며 갈릴리를 비하했다. 지역적으로 비하하고 차별하며 상대하지 않았다. 갈릴리 사람이란 곧 촌놈이라는 의미였다. (…)

예수님이 갈릴리에서 만나자는 말은 이스라엘의 갈릴리에서 만나자는 뜻이 아니다. 어느 곳이든, 가난한 사람들이 살고 있는 곳이면 거기가 갈릴리라는 말이다. 예수님은 그곳에서 가난한 사람들과 더불어 먹고, 마시고, 함께 눈물 흘리고 계신다는 말이다. 그리고 이 말씀은 마태복음 25장으로 이어진다. (…) 그분은 거기서 가난한 사람의 모습으로 또는 나그네의 모습으로 계신다. 우리는 굶주리는 예수님께 먹을 것을 드리고 병든 예수님을 보살펴드려야 한다. 그렇게 가난하고 병든 예수님을 만나서 섬기는 삶이야말로 신앙생활이다. 갈릴리교회는 굶주린 동포들이 있는 북한 또한 갈릴리라고 생각한다(『위대한 부르심』, 259-260).

인명진 목사에게 '갈릴리'는 예수님이 계신 곳이자 동시에 교회가 있어야 할 자리였다. 그리고 구로공단은 서울의 갈릴리였다. 그곳은 고향을 떠나와 젊고 고단한 도시의 나그네가 살아가던 지역이었다. 예수님은 구로를 갈릴리 삼아 노동자로 계시며, 그곳은 그럼으로써 서울의 중심이었다. 갈릴리교회가 있어야 할 자리였다.

한국 교회는 교회가 있어야 할 자리를 선택할 때 무엇보다 '있어야 할 자리'를 찾지 않고 '될 자리' 또는 '클 자리'를 찾았다. 교회의 존재 이유를 교회의 성장에 두었으므로 교회가 설 자리는 갈릴리가 아닌 예루살렘인 경우가 허다했다. 제법 권력이 있고, 부를 가진 사람들이 모이는 곳이야말로 교회가 '될 자리'이자 '클 자리'로 착각했다. 한국 교회에서 갈릴리는 예루살렘으로 둔갑한 셈이었다. 설령 예수님이 계신 갈릴리라 해도 그곳이 사람들로 붐빌 가능성이 없거나 성장 재원을 채울 가능성이 없는 곳이라면 교회 개척지에서 탈락되었다. 한국 교회에서 갈릴리는 결코 세상의 중심이 아니었다. 사람들에게 밀려난 그곳은 교회로부터도 밀려나 가장자리로 끊임없이 머물렀다. 갈릴리교회는 그래서 더욱 큰 의미를 가진 교회였다.

3. 30년 동안 한결같이 '가난한 나그네들의 교회'로

1992년 12월 2일, 이 날은 한국 교회의 역사에서 이주노동자선교의 막이 오른 날로 기록되어야 한다. 이 날 이주노동자들은 대한민국이라는 낯선 땅에 와서 처음으로 예배를 드렸다. 갈릴리교회는 그 자리를 마련하면서 이주노동자선교의 시대를 열었다. 구로공단에 새로운 나그네들이 정착하기 시작한 때와 맞물려서 갈릴리교회의 '새로운 예수'가 탄생한 날이기도 했다. 그들은 불안정한 불법체류자였고, 노동 현장에서 인권의 사각지대에 노출되어 있었다. 선한 사마리아인의 도움이 누구보다 필요한 이웃이었다. 인명진 목사는 이주노동자선교를 시작해야 하는데도 아직 여력이 없어 머뭇거리던 갈릴리교회 교우들을 설득하였다.

시작하고 나서 얼마 지나지 않아 700~800명의 이주노동자들이 교회로 몰려 왔다. 갈릴리교회 교우의 수는 겨우 150명 남짓이었다. '조선족교회'는 독립할 만큼 그 수가 많았다. 다시 교회당을 크게 지어 이사해야 했고, 그러면서 갈릴리교회의 교세도 커졌다. 그만큼 더 많은 일을 할 수 있게 되었다. 돈이 없어 할 일을 못하도록 내버려두시는 하나님은 아니다. 이 경험은 인명진 목사와 갈릴리교회에 큰 교훈이 되었다.

나는 목회를 하면서 여러 경험들을 겪으면서 특별한 깨달음이 생겼는데, 돈이 없어서 하나님의 일을 못하는 경우는 없다는 것이었다. 갈릴리교회가 앞으로도 내가 깨달은 이 사실을 잊지 않기를 바란다. 정말 우리 교회가 할 일이라면 돈과 관계없이 시작할 수 있는 믿음을 가져야 한다. 돈 때문에 교회가 해야 할 일을 포기하고 머뭇거려서는 안 된다. 특히 교회의 지도자들은 이것을 명심해야 한다. 정말 우리가 해야 할 일이라면 시작해야 한다. 이주노동자선교는 그 좋은 사례였다(앞의 책, 97).

갈릴리교회의 이주노동자선교는 한국 교회가 지금까지 펼쳐온 그 어떤 해외선교활동보다 눈부신 효과를 거두었다. 2014년까지 인명진 목사는 830명 이상의 이주노동자들에게 세례를 베풀었다. 그들은 신앙의 씨앗을 품은 채 가족들에게 돌아갔고, 자신의 조국에서 교회를 세우는 경우도 많았다. 수많은 선교사들을 파송하여 얻을 수 있는 일을, 하나님께서 갈릴리교회를 통해 이루신 셈이다.

갈릴리교회는 이주노동자들의 복지와 인권을 보살폈고, 겸손하게 순전한 마음으로 예수의 복음을 전했다. 무엇보다 한국 교회가 이주노동자선교를 '황금어장'이라는 표현을 사용하면서 교회 성장의 방편으로 덤벼들고자 하는 추태를 보일 때도 갈릴리교회는 품위와 예의를 다하여 갈릴리의 예수를 섬기듯 복음을 전하였다. 먼저 '예수를 믿어라' 권하기보다 닭튀김이 있는 사랑의 식탁을 정성을 다해서 차리는 쪽이었다. 예수를 믿도록 권하는 사람은 오히려 식탁에 초대받은 이주노동자 자신들이었다. 인명진 목사는 "닭튀김을 주면서 예수님을 믿으라 하면 닭튀김이 떨어질 땐 예수님도 떠나게 될 테니 예수님을 닭튀김으로 만들지 말라"고 경계했다.

선교를 단지 성과로 평가하지 않으려는 갈릴리교회의 태도가 이주노동자선교의 새 길을 열기도 했다. 처음에는 영어 예배를 드렸으나 차츰 영어 예배를 드리는 교회들이 생겨나면서 영어를 쓰지 못하는 이주노동자들을 위한 예배의 필요성이 커졌다. 인도네시아 몽골 등이 그들이었다. 갈릴리교회는 이제 그들의 나라에서 교역자를 초청하여 예배를 인도하도록 했다. 그러다 보니 나라마다 교회가 하나씩 생겨났다. 몽골 교회, 인도네시아 교회, 파키스탄 교회 등이 계속 생겼다. 갈릴리교회 안에는 그러므로, 다양한 나라의 다양한 교회들이 공존하게 되었다. 교회들마다 신앙의 색깔도 다양하고, 예배의 형식도 다양하다.

인명진 목사의 꿈은 갈릴리교회 안에서 둥지를 튼 많은 이주노동자들의 교회들이 갈릴리교회와 한 형제의 사랑과 자격을 누리는 데까지 자라가는 것이다. 가령 재정까지 차등 없이 통합하고 싶은 것이다. 그는 은퇴할 때까지 이 꿈을 이루지 못했다. 이것이 끝내 마음을 불편하게 만들었던지 다음과 같은 고백을 했다.

현재 갈릴리교회, 그러니까 한국 교회는 다른 네 교회(즉, 몽골 교회, 인도네시아 교회, 파키스탄 교회, 그 외 영어 예배를 드리는 교회)에 교역자의 생활비로 매월 얼마씩 보조하고 있다. 이 부분도 나로서는 양심의 가책을 느끼는데, 가령 갈릴리교회의 경우 담임목사는 물론 여전 도사까지도 사택이 준비되어 있는 반면 나라별 네 교회의 목사들에 대해서는 그들이 모두 우리 교회에 소속된 목사인데도 불구하고 사택을 제공하지 못하고 있다. 형제라고 말하면서 그렇게 다른 기준을 적용하는 것은 차별로도 볼 수 있어 마음이 불편하다. 나는 이 문제에 대해 갈릴리교회가 언젠가 하나님께 꾸중을 들을 것이라는 염려를 해보기도 한다(앞의 책, 121).

물론 갈릴리교회가 섬겨야 할 '구로의 나그네'는 이주노동자들뿐만이 아니다. 여전히 가난하고 소외된 이웃들이 모두 그들이다. 예수님의 말씀에 따라 가난한 이웃을 섬기고 그들을 예수님처럼 대접할 때에야 비로소 교회이기 때문이다. 인명진 목사는 아무리 많은 사람들이 모여서 열심히 성경공부를 하더라도 교회에서 가난한 사람들이 보이지 않는다면 그곳은 교회가 아니라고 가르쳤다.

자기 자식을 생각하듯 북녘의 어린이들을 생각해야 한다. 그래서 밥상에 밥 한 그릇 더 차리는 마음으로 헌금을 준비해야 한다. 온 교우들이 시신과 장기를 기증하는가 하며, 추운 겨울에 한 데서 잘지도 모를 노숙인들을 위해 교회 문을 잠그지 않아야 한다. 모든 잔치에는 가난한 이들이 초청되어야 한다. 결혼식, 회갑연, 돌잔치를 치를 때 갈릴리교회 교우들은 가난한 사람들의 몫으로 얼마를 책정하여 헌금하는데, 이 돈을 모아 교회에서는 베트남으로 송아지를 보냈다.

매주 수요일에는 라면을 받기 위해 가난한 어르신들이 교회에 나오고, 주일 오후에는 이주노동자들이 교회를 찾으며, 소문을 듣고 찾아오는 가난한 교우들이 있는 한, 갈릴리교회는 여전히 아름답다. 인명진 목사는 그래서 이분들이야말로 갈릴리교회의 VIP라고 고백한다. 그들이 곧 마태복음 25장에 등장하시는 바로 그 예수님이기 때문이다.

4. 갈릴리의 '시민'으로 살아가는 사람들

갈릴리교회는 매년 새해가 시작되는 1월 첫 주일에 공동체 계약 갱신 예배를 드린다. 전 교우들이 갈릴리공동체 계약서에 서명을 하고 다짐을 새롭게 하는 시간이다. 여기에는 하나님과 우리의 관계가 신앙고백에 근거한 계약관계이므로 늘 새롭게 갱신되어야 한다는 믿음이 작용한다. 곧 갈릴리의 '시민'임을 스스로 고백하는 일이다. 이 계약서는 특히 주일을 거룩하게 지킬 것과, 신앙고백적인 재물 소유의식을 강조하고 있다.

먼저 주일에 대해서는 나 자신은 물론 내가 가진 모든 것, 세상의 모든 것이 하나님께 속한 것임을 확인하는 날이며, 그 계약의 확인의식이 바로 예배임을 분명히 한다. 특히 계약서 전문에서 밝히듯 "옛 이스라엘 사람들이 여호와 하나님께로부터 받은 땅을 원래의 주인인 하나님께 되돌려 드림으로 땅이 하나님께 속한 것임을 확인했듯이, 주일은 세상의 모든 것 그리고 내가 가진 것은 물론 나 자신까지도 하나님께 속한 것임을 확인하는 날"이다. 이날 우리는 인간을 불행하게 하는 끝없는 경쟁의 무거운 인생의 짐에서부터 우리를 해방하는 참 안식이 이뤄져야 한다고 고백한다. '주일 없이 사람 없다'는 인권선언으로도 무방한 셈이다.

이런 고백의 연장선에서 갈릴리교회 교우들은 이 세상의 모든 것이 하나님의 것임을 고백하는 확실한 신앙 고백적 행위로서 헌금을 강조한다. 말 많은 십일조에 대해서도 이들의 고백은 단호하다. "이스라엘 공동체에게 있어서 십일조란 평등한 분배에 기초한 것으로서, 레위인들에게 뿐만 아니라 과부와 고아를 위하여 쓰였음을" 기억한다.

결국 주일과 헌금에 대한 올바른 신앙적 고백을 통해 하나님의 창조질서가 유지되기를 기도한다. "평등의 질서를 깨는 세상의 어떤 제도나 행위도 용납될 수 없는 것"이며, 이에 따라 이자놀이와 약자를 억압하는 행위를 철저히 금하고, 안식일 안식년 희년제도를 실시함으로써 평등 질서를 지키고 이를 회복하기에 힘을 기울인 하나님의 질서가 오늘날에도 새로운 계약공동체인 교회를 통해 우리 삶 속에 실현되어야 한다는 점을 강조한다. 그리고 이 뜻이 실현되는 것이 구원의 역사이자 갈릴리교회의 선교 과제라고 고백한다.

이 고백의 구체적인 실천 항목을 나열한 것이 갈릴리공동체 계약서이다. 주목할 만한 몇 가지 항목들을 꼽아보면 이렇다.

- 일정한 시간을 정해 기도와 성경읽기 및 봉사생활에 사용하겠습니다.
- 주일에는 과도한 사회활동을 자제하고 새롭고 올바른 삶을 위한 휴식을 갖도록 하겠습니다.
- 가정과 교회, 우리 삶의 모든 영역에서 남녀 차별이나 출신 지역에 대한 편견을 극복하고 모두가 한 형제자매로서 하나님 나라의 삶을 연습하고 실천하겠습니다.

- 자녀에 대한 지나친 교육열과 과잉보호 등의 부정적인 사회풍조를 개선하는 데 실천적으로 모범을 보이겠습니다.
- 잘못된 교육제도와 구조를 바꾸고 교육을 바로 세워나가는 운동에 적극 참여하겠습니다.
- 필요 이상의 넓은 주택이나 차량의 소유, 외제품 구입 등 과소비와 재물의 축적에 마음을 빼앗기지 않도록 노력하며 검소한 삶을 살겠습니다.
- 이방 나그네로서 물질적 가난과 인종차별로 인해 고통 받는 이주노동자들과 삶을 함께 나누고, 그들의 권익을 보호하기 위한 선교 봉사활동에 적극적으로 참여하겠습니다.
- 가난한 노동자들의 권익 보호와 평등 질서 회복을 위한 노동운동을 적극 지원하겠습니다.
- 쓰레기를 줄이고, 환경을 파괴하는 일체의 제품 사용을 삼가겠습니다.
- 유언을 미리 작성하도록 노력하겠습니다.

갈릴리교회가 공동체 계약서에 서명하고 이를 잘 지키고자 다짐하는 의식은 실제로 어떤 교육 훈련보다 강력하고 실제적인 효과를 보장한다. 하나님의 사람들은 하나님과 신앙고백으로 이어진 계약관계라는 본질에 착안한 이 의식이야말로 한국 교회가 선택해야 할 교육의 방법이 아닐 수 없다. 그러나 무엇보다 갈릴리공동체 계약서의 가치는 그 내용이다. 이스라엘 신앙공동체가 전해주는 성서적 교훈의 맥락에서 우리 시대의 과제들을 추출해 내고자 애쓴 흔적이 역력하기 때문이다.

5. 목사와 장로의 독단을 경계하며

인명진 목사는 갈릴리교회가 처음 생겨날 때 한 약속들 중 몇 가지를 지키지 못했다고 말했다. 그중 하나는 전통적인 교회법에 따라 조직 교회를 만들지 않겠다는 다짐이었다. 갈릴리교회는 이 다짐에 따라 12년 동안 조직을 갖추지 않았다. 그러다가 위임목사를 세워야 할 필요성이 생겼고, 위임목사를 세우자면 장로를 세우지 않을 수 없었으므로 어쩔 수 없이 교회 직분자들을 세웠다. 또 교인수가 200명을 넘으면 교회를 나누기로 한 약속, 평신도 중심의 교회를 지향하기로 한 약속 등을 결국 지키지 못했다. 조직 교회를 만들고, 교회당을 갖고, 교인이 200명이 넘어도 분리하지 않음으로써 오히려 갈릴리교회가 목표한 교회의 존재 의미를 더 뚜렷이 드러낼 수 있었다고 판단했다. 실제로 교단의 헌법에 따르면 장로가 없이 목사를 위임할 수 없고, 위임목사가 없으면 3년마다 노회에 목사를 청빙하여 임시목사를 세워야 하며, 임시목사는 부목사를 둘 수도 없다. 그러나 갈릴리교회는 부목사가 어느 교회보다 더 필요했고, 이로써 더 많은 유익을 가져올 수 있었다는 평가이다.

그렇다면 갈릴리교회는 왜 지키지도 못할 약속들을 해야 했을까? 그 이유는 그동안 조직 교회들이 보여준 행태에 대해 크게 실망한 까닭이었다. 목사와 장로 사이에 일어나는 갈등이 그러했고, 목사와 장로로 구성된 당회가 교인들 위에 군림하는 체제가 또 볼썽사나웠다. 당회 중심의 교회 운영은 교인들을 배제하는 결과를 낳았고, 심지어 목사와 장로가 돈을 함부로 사용하고 교회를 마음대로 운영해도 교인들이 비판조차 할 수 없는 상황을 불러왔다.

갈릴리교회는 처음부터 이런 교회의 잘못된 길을 경계하고자 모든 교인들이 직접 참여하는 민주적인 교회 운영을 시도했다. 그리고 갈릴리교회는 비록 조직 교회로 가더라도 여느 교회들이 걸어간 평범한 길은 거부했다. 조직 교회이되 특별한 조직 교회가 되기로 한 셈이다.

이에 따라 갈릴리교회는 장로직의 시무 투표 제도와 목사에게까지 시무 투표 제도를 도입했다. 목사에 대한 시무 투표는 매우 희귀하지만 인명진 목사는 이 또한 강행했다. 우리나라 교회들은 목사가 한 번 위임을 받으면 70세까지 한 교회에서 목회할 뿐 아니라, 장로도 이와 마찬가지이다. 특히 장로의 경우 한 번 선택을 받아 70세까지 계속 직분을 이어가는데, 이런 제도는 우리나라 교회가 유일하다고 해도 과언이 아니다. 대개 임기를 정하여 선출하고 후에 재임 여부를 투표하는 방식이다. 또 재임 후에는 무조건 퇴임하도록 하는 편이다.

이것이 옳은 까닭은 장로는 교인의 대표로 뽑힌 사람이기 때문에 그를 평생 대표로 인정하기보다 교인들의 생각을 물어서 시무를 연장하도록 하는 것이 바람직하다. 실제로 장로직을 임기제로 할 경우, 청년과 여성 등 다양한 교인들의 대표를 장로로 선출할 수 있다. 그렇지 않고 '장로'라는 단어의 울타리에 갇혀 연장자들만으로 장로회를 구성하게 되면서부터 그들이 교인들을 대표하기보다 현실을 긍정하려고만 해서 권위적이고 보수적인 당회로 전락해버리기 십상이다.

갈릴리교회는 1996년 장로 임직식을 가진 뒤 3년 후 1999년에 첫 시무 투표를 실시했다. 이 투표를 통해 투표자의 과반수를 얻지 못하면 시무가 정지된다. 목사, 장로, 권사, 안수집사 등 모든 직분자들에게 이 제도는 동일하게 적용된다. 교인 3분의 2 이상이 투표하여 3분의 2 이상이 선택해야 가능한 직분인데, 과반수에도 미치지 못한다면 시무가 정지되는 것이 당연하다고 보았다. 부목사는 담임목사가 불신임을 받으면 모두 불신임 받는 것으로 규정했다. 부목사와 전도사도 목회에 대해서 담임목사와 함께 책임지는 것이 바른 교회의 정신이라고 본 것이다. 다행스럽게도 갈릴리교회에서는 지금까지 별 탈 없이 이런 원칙이 잘 지켜졌다.

인명진 목사는 이 제도의 중요성 때문에 갈릴리교회가 이후로도 잘 지켜나가기를 기대한다.

이 제도가 후임 목사에게는 큰 부담이 될 테지만 오히려 이 때문에 목회를 더 열심히 하리라고 생각한다. 신임 투표 제도는 항존직들의 독주를 막고 보다 민주적인 교회로 만드는 길임에도 불구하고 교단 총회에서는 이와 같은 시무 투표 절차를 허락하지 않는다. 하기야 불허 명령을 내리는 위치에 있는 사람들이 목사와 장로들이니 자신의 신임을 묻는 절차를 자발적으로 결정할 턱이 있겠는가. 비록 총회의 입장이 그러하더라도 갈릴리교회는 지금도 그렇고, 앞으로도 이 전통을 계속 이어나가기를 바란다. 교회가 건강하고 민주적으로 운영되려면 목사와 장로가 교인들의 눈치를 보면서 일하는 것이 좋다. 이런 측면에서 이 제도를 계속해야 한다고 생각한다(앞의 책, 158-159).

교회의 개혁은 무엇보다 교회의 순수함을 잘 유지하고 그 기반 위에서 성경의 가르침을 보다 잘 실천하기 위해 중요하다. 한국 교회는 그러나 개혁에 실패함으로써 순수함을 상실했고, 결국 교회의 목소리는 사람들로부터 배척당해 버리는 꼴이 되었다. 목소리를 잃은 교회는 짠 맛을 잃은 소금처럼 사람들의 발에 짓밟히는 처지로 전락했다.

무엇보다 대형 교회들의 담임목사 세습 현상은 교회의 세속화와 타락을 가장 잘 보여주는 한 증표가 되었다. 세습이 아니더라도 리더십의 승계 과정에서 교회는 온갖 부조리를 드러냈고, 여기서 실망스러운 잡음들이 교회를 어지럽혔다. 이런 점에서 갈릴리교회가 인명진 목사의 은퇴와 후임자 청빙 과정에서 보여준 모습 역시 한국 교회에 던지는 메시지가 크다고 볼 수 있다.

갈릴리교회는 후임자 청빙 과정 전체를 교인들이 주도하고, 후임자의 자격을 갈릴리교회 신앙과 신학을 계승할 수 있는 목회자로 정했다. 이 원칙 위에서 교인들이 직접 심층 면접을 하고, 공청회 등을 거치면서 선임자의 어떤 입김도 받지 않은 채 중립적으로 선정했다.

후임자가 선정되었을 때 인명진 목사는 이렇게 말했다.

이제 은퇴를 앞두고 나는 가장 중요하고도 어려운 하나의 산을 넘은 셈이다. 후임자를 청빙하는 과정에서 공동체 안에 하나님의 뜻이 있다는 나름의 원칙을 지킬 수 있어 다행이었다. 무엇보다 갈릴리교회 다움이 청빙 과정 속에 고스란히 잘 드러났다. 목회자를 존중하는 정신과 함께 민주적인 절차에 따라 차근차근, 때로는 신속하게 처리해 가는 갈릴리공동체의 저력을 볼 수 있었다. 담임목사 교체 문제로 몸살을 앓는 한국 교회에 갈릴리교회의 전철이 중요한 모범사례가 되었으면 하는 바람이다(앞의 책, 175-176).

6. 갈등을 넘어 조화하는 교회로

좌익과 우익, 진보와 보수, 목사와 평신도, 남자와 여자, 어린이와 어른, 가난한 사람과 부자, 농촌과 도시, 북한과 남한, 전라도와 경상도, 작은 교회와 대형 교회, 종교와 종교⋯. 우리는 교회들이 이런 갈등의 요소들로 분열을 거듭하는 모습을 바라보며 안타까움을 금하지 못한다. 조화하기보다 한쪽에 치우쳐 다른 한쪽을 배제하고 억압하는 데 익숙하다. 그러다보니 교회는 자주 싸우고 깨지며 상처를 주고받는다. 이런 갈등이 교회를 병들게 만들고 고여서 썩게 만든다.

그렇게 보면 '교회다움'이란 갈등을 치유하고 보다 잘 조화함으로써 복음의 생명력을 활기차게 북돋우는 데 있다고 해도 과언이 아니다. 인명진 목사는 갈릴리교회를 통해 갈등을 조화로 우려내는 목회를 해왔는데, 이것이야말로 목회의 본질 가운데 하나이다.

가령 성직자는 물론 평신도들이 함께 예배를 진행한다든지, 신앙의 보증자 제도가 있어서 자라나는 세대가 어버이들의 신앙과 기도 속에 성장하도록 한다. 또 세대가 함께 예배를 드리는 자리를 정기적으로 마련하여 세대를 통합하려는 노력을 보였다. 이를 통해 세대의 갈등은 조화될 수 있었다. 또 여성들도 예배 순서에 참여하고, 남성들은 공동식사를 준비하거나 설거지를 한다. 진보적 신앙과 보수적 신앙의 조화도 중요하다. 특히 보수적인 신앙을 가진 강남의 대형 교회와 수많은 차이를 뛰어넘어 조화를 이룬 점은 한국 교회에 매우 큰 시사점을 준다.

갈릴리교회는 세 번 이사를 했는데, 두 차례의 이사 과정은 소망교회와 깊은 관계가 있었다. 나중에 이사한 두 교회당이 모두 소망교회와 곽선희 목사의 도움으로 건축되었기 때문이다. 소망교회의 지원으로 건축한 '희망의 집'에서 갈릴리교회는 구로의 더 많은 이웃들을 섬길 수 있었다. 특히 그곳에서 이주노동자선교를 시작했다. '희망의 집'이 이주노동자들로 가득 차 더 이상 발 디딜 틈이 없어지자 이번에는 더 큰 교회당을 건축하여 이사했다. 이때도 소망교회의 도움을 받았다. 가난한 갈릴리교회 교인들이 건축헌금을 하여 새 교회당을 짓는다는 건 생각할 수 없었다. 소망교회는 고맙게도 설립 20주년 기념사업으로 40억 원을 헌금하여 갈릴리교회당을 지어주었다. 갈릴리교회 교인들의 헌금으로는 내부 인테리어 비용만 부담했다.

갈릴리교회와 소망교회는 물과 기름처럼 이질적인 교회 문화를 가진 교회이다. 두 교회가 조화하기는 아무리 봐도 쉽지 않지만 소망교회는 갈릴리교회와 인명진 목사가 걸어온 길을 신뢰해 주었고, 갈릴리교회도 소망교회의 지원을 받아 소망교회가 할 수 없는 일에 전력질주했다. 결국 두 교회가 서로 유익한 결과를 낳았다. 소망교회로부터 건축비를 지원받기로 했을 때 갈릴리교회에서는 "우리가 거지냐?"고 반대하기도 했고, 일부 교우들은 교회를 떠나기도 했다. 소망교회에서도 갈릴리교회의 문화를 이해하지 못해 탈춤을 추고 풍물놀이를 하는 '운동권 교회'를 지원할 수 없다는 장로들이 많았다. 건축비를 회수하자는 요구까지 일어났다. 이런저런 갈등은 그만큼 한국 교회가 한쪽으로 치우쳐 갈등했다는 증거였다.

다행스럽게도 이런 갈등을 극복한 데는 곽선희 목사와 인명진 목사의 깊은 신뢰가 밑바탕이 되었고, 두 교회의 협력은 뒷말이 무성했던 것만큼 또 좋은 협력의 모델로 남았다. 무엇보다 두 교회의 협력은 부유한 교회와 가난한 교회의 이상적인 협력관계라는 점에서 의미가 깊다.

교회가 부유하면 무슨 일이든 다 할 수 있다고 생각하지만 사실은 그렇지 않다. 실제로 재원이 풍부한 교회는 그 재원을 어디에 어떻게 사용해야 할지 잘 모르는 반면, 가난한 교회 또는 가난한 사람들이 많이 모이는 교회는 재원이 꼭 필요한 곳을 잘 안다. 소망교회가 부자여서 이주노동자 사역을 직접 할 수 있다고 생각하지만 갈릴리교회만큼 잘 할 수는 없다. 이주노동자들이 갈릴리교회에서는 스스로 환영받는 느낌을 갖지만 소망교회에 가서도 그럴 수 있을 것이라고는 생각하기 어렵다. 단순히 동정으로, 불쌍한 마음으로 그들을 대접한다면 아무리 좋은 음식과 많은 혜택을 주더라도 그들이 찾아가고 싶지 않아질 건 뻔하다. 갈릴리교회는 평생 가난한 노동자와 함께 살아온 인명진 목사의 이력에서 보더라도 노동자들의 문화에 익숙하다.

그런 점에서 소망교회는 갈릴리교회를 통해 지혜로운 사역을 벌인 셈이었다.

곽선희 목사님은 소망교회가 할 수 없는 일과 할 수 있는 일을 나눌 줄 안다. 그래서 구로동의 갈릴리교회를 지원함으로써 가난한 사람들을 위해 소망교회가 할 수 있는 일을 선택한 것이다. 그러고 보니 나는 곽 목사님께 여러 차례 지원을 받았는데 언젠가 미안한 마음이 들어서 "목사님은 제가 만나자고 하면 돈 달라고 할까 봐 무섭지요?" 했더니 "나는 인 목사가 돈을 바로 쓸 수 있는 곳을 가르쳐주어서 고맙네. 우리 교회가 가난한 사람들이나 이주노동자들을 위해 돈을 쓸 기회가 없었을 텐데 갈릴리교회 덕분에 그 일을 함께하게 되었으니 감사한 일이지" 하셨다. 이것은 참 중요한 말이다. 돈을 많이 가진 사람은 누군가 가난한 사람을 위해 돈을 내라고 말하면 그에게 감사해야 한다. 그런 사람들이 언제 가난한 이들과 나누면서 살 수 있겠는가. 교회가 가난한 사람들을 위해 사용하려고 헌금을 내라는 것도 부담스럽게 생각할 게 아니라 고마워해야 한다. 덕분에 나만 생각하면서 살지 않고 가난한 사람들을 배려하여 함께 나눌 수 있기 때문이다(앞의 책, 84-85).

이런 점에서 인명진 목사는 오늘 한국 교회를 둘러싼 대형 교회 문제에 대해 좋은 해답을 제시해주는 셈이다. 특히 소망교회와 갈릴리교회의 협력은 보수적인 교회와 진보적인 교회의 협력 모델이라는 점에서도 꽤 의미를 갖는다. 교회는 곧 몸이다. 그러므로 저마다 역할이 다를 뿐 그 가치를 폄훼할 수가 없다. 보수적인 교회는 보수적인 교회대로, 진보적인 교회는 진보적인 교회대로 역할이 있다. 내가 가진 신앙을 소중하고 귀하게 여기는 만큼 다른 사람의 신앙도 소중하고 귀하게 인정해야 한다는 것이 인명진 목사가 교우들을 향해 강조한 가르침이었다.

다르다고 배척할 것이 아니라 어우러져 일하고 이해하는 열린 마음을 품어야 한다. 다름은 틀림이 아니다. 틀린 것은 바로잡아야 하지만 다른 것은 이해하고 수용해야 한다. 서로 다른 사람들이 살아가는 데는 배척하는 마음이 아니라 수용하는 넓은 마음이 필요하다. 모든 교회가 진보적인 신앙을 가진 교회여서도 안 되고, 모든 교회가 보수적인 신앙을 가진 교회여서도 안 된다. 서로 다른 신앙을 가진 교회들이

어우러져 하나님의 뜻을 이루어나가야 한다(앞의 책, 89-90).

이런 관용의 정신은 드넓게 이웃 종교와의 화해와 협력으로도 이어졌다. 갈릴리교회에는 성탄절마다 귀한 손님들이 찾아오는데 많은 불교 신자들로부터 존경을 받는 법륜 스님과 여러 분의 불자들이 그들이다. 이분들은 갈릴리교회 교우들 앞에서 찬송가를 부르며 예수님의 탄생을 축하해 주었다. 인명진 목사와 갈릴리교회 교우들도 부처님 오신날이 되면 법륜 스님이 있는 절을 방문하여 부처님의 탄생을 축하했다.

이런 모습들은 다종교 사회인 우리나라의 평화를 위해 무엇보다 귀한 모습이어서 여러 언론들이 조명하며 박수를 보내기도 했다. 특히 지나치게 배타적인 모습으로 일관해 온 개신교의 행태 때문에 오히려 교회를 멀리하려는 사람들이 많은 점을 감안하면 인명진 목사의 노력은 좋은 귀감이 된다. 특히 평화를 위해 함께 일해야 할 종교계의 협력에도 크게 기여했다는 평가를 받고 있다.

7. 한국 교회가 주목해야 할 갈릴리교회 30년

한국 교회의 원로인 손봉호 박사는 『위대한 부르심』 추천사에 인명진 목사가 목회한 갈릴리교회의 30년 역사를 다음과 같이 평가했다.

저는 이 책이 한국 교회 지도자들과 성도들에게 꼭 필요한 자극과 지침을 제공할 수 있다고 믿습니다. 너무 당연하게 생각해 오던 한국

교회의 운영과 성도들의 교회생활이 과연 성경적이며 올바른가를 심각하게 반성하게 할 것입니다(앞의 책, 13).

나 또한 갈릴리교회 30년 역사를 정리하는 일을 도우면서 한국교회가 주목해야 할 교회와 목회자가 여기 있음을 확신했다. 전가의 보도처럼 사용되는 '성경적'이라는 표현이 이보다 잘 어울리는 교회가 또 있을까? 보수 쪽으로 지나치게 치우친 한국 교회에서 참 보수가 무엇인지를 보여준다는 측면에서 갈릴리교회는 또 가장 '보수적'인 교회이기도 하다. 무엇보다 성경과 예배를 '지나치게' 강조해 온 점에서 보면 더욱 그렇다. 그러면서도 가난하고 약하고 소외된 갈릴리 사람들을 향한 교회였다는 점에서 갈릴리교회는 가장 '진보적'인 교회이기도 하다.

오늘날 한국 사회에서 교회는 그 존재의 위기를 맞고 있다. 심지어 교회의 붕괴 현상까지 나타나는 실정이다. 그래서 우리는 갈릴리교회와 인명진 목사의 목회를 주목할 수밖에 없다.

〈참고문헌〉

인명진, 『위대한 부르심 – 갈릴리교회 30년의 이야기』, 비전북, 2015.
인명진, 『내 사랑, 갈릴리교회』, 갈릴리교회, 2012.

성문밖교회, 성문밖공동체 운동으로

손은하
(전 성문밖교회 담임목사)

　　1982년 신학교 졸업반 겨울이었다. 필자는 이력서를 들고 이근복 동기와 영등포산업선교회를 처음 방문하였는데, 먼저 눈에 들어 온 것은 현관에 걸려 있는 한 성경구절이었다.

　　"주님의 성령이 나에게 내리셨다. 주께서 나에게 기름을 부으시어 가난한 이들에게 복음을 전하게 하셨다. 주께서 나를 보내시어 묶인 사람들에게는 해방을 알려 주고, 눈먼 사람들은 보게 하고, 억눌린 사람들에게는 자유를 주며, 주님의 은총의 해를 선포하게 하셨다"(누가복음 4장 18-19절).

　　이 말씀은 산업선교의 성서적 근거가 되는 핵심이라 할 수 있는데, 신학교를 갓 졸업하고 이제 첫 목회지를 찾는 나에게 어떤 의미로 다가오고 있는지 당시에는 잘 알지 못하였던 것 같다. 나는 이렇게 1983년 1월 영등포산업선교회에서 전도사로 사역을 시작하게 되었고, 인명진이라는 목회자 옆에서 성문밖교회도 섬기게 되었다.

1. 영등포노동교회와 성문밖교회의 탄생

1974년 당시 산업선교회의 실무자인 인명진 목사와 김경락 목사가 투옥되어 있었다. 이들이 감옥에 있는 동안에 그동안 해 왔던 소그룹활동도 어려워지고 지속되기가 불가능하여졌다. 그 소그룹 회원들 중 20-30명 정도가 자발적으로 모여 두 실무자의 석방을 위하여 기도하고, 성경공부를 시작하였다. 이들은 모임의 이름을 'Exodus'(출애굽)이라고 명하고, 고난에 대한 하나님의 뜻을 이해하려고 성경을 읽었다. 이들의 모임은 점차로 매 주일 오후 당산동 121번지 아파트에서 예배의 형식을 띄게 되었다. 이 예배는 그렇게 2-3년간 계속되다 1977년에 와서 이웃에 있던 당산동교회를 빌려 '영등포노동교회'라는 공식적인 이름을 가지게 되었다(『영등포산업선교회 40년사』, 145).

인명진 목사는 성문밖교회 30주년에 출판된 『그 길의 사람들』이란 책에 산업선교 운동 안에 교회를 시작하여야 할 이유를 세 가지로 들고 있다.

"첫째로는 정부와 노회로부터 산업선교에 대한 탄압이 너무 심했기에 산업선교회를 개 교회 구조로 바꾸어서 탄압을 줄여 보고자 하였다. 당시 군사정부의 노회에서 파송된 위원들에 대한 탄압은 대단하였다. 인천산업선교회는 위원회가 결국 해체되었으나 영등포산업선교회는 이정학, 차관영, 조남기, 이정규 목사님들이 정부와 노회의 압력으로부터 지켜주어 버틸 수 있었다.

두 번째로 재정문제가 있었는데, 정부의 탄압으로 국내에서 들어오는 헌금이 다 끊어졌고, 아직 외국에서 지원을 받던 시기는 아니었다. 그래서 교회의 틀 안에서 1만 원씩만 헌금하더라도 산업선교회의 재정을 유지할 수 있다고 생각했다.

세 번째로는 노동자들의 문제 역시 인간의 문제이며, 인간의 문제는 결국 복음으로만 해결 될 수 있다고 생각했다. 사람이 근본적으로 변해야 했다. (중략) 당시에 예수전도단을 데려왔고 당산동교회를 빌려 열린 예배 스타일로 진행했었다"(앞의 책, 84).

처음에 이 노동교회는 약 100명의 노동자들이 참여했지만 그 수는 갑작스럽게 줄었다. 결국 설립된지 3~4개월 만에 30~40명의 노동자들이 산업선교회 바닥에서 예배를 드리게 되었다.

이 노동교회가 실패한 원인을 인 목사는 네 가지를 지적하였다.

"(1) 노동자들이 예배를 따라 가기가 어려웠다. 모든 프로그램이 노동자들은 배제된 채 실무자들만의 의지와 계획에 의해 주도되었기 때문이다. (2) 예배의 인도자가 강조하는 개인적인 신앙의 경험과 산업선교회가 예배에 넣고자 했던 사회적 투쟁 사이에 연결고리가 약했다. (3) 기독교인 노동자들과 비기독교인 노동자들의 예배에 관한 기대에 차이가 있었다. (4) 빌려 쓰는 예배장소를 빌려 쓰는 것이 부적절하였다"(『성문밖 사람들 이야기』, 147-148).

이 후 1979년에 7월 8일 영등포산업선교회 회관이 준공되었다. 이곳은 수백, 수천 명 노동자들의 모임과 행사장소가 되고, 30여년 후인 2010년 대한예수교장로회 총회에 의해서 한국기독교사적지 제8호로 지정되고, 서울시에 의해서는 2013년 서울미래유산으로 지정되었다. 이 회관은 독일 정부와 독일 교회, 미국연합장로교회, 영락교회 그리고 노동자들의 헌금으로 지었는데, 교회는 바로 이 건물 3층에 위치하게 되었다.

마침내 1983년 1월 9일 성문밖교회로 이름이 바뀌게 됨으로서 성문밖공동체 운동이라는 새로운 접근방식을 내오게 된다. 인명진 목사는 후에 성문밖교회라는 이름에 관하여 다음과 같이 말하고 있다. "이 이름은 1974년 감옥에 갇혔을 때 히브리서 13장의 말씀 곧 "그리스도 예수도 자기 피로써 백성을 거룩하게 하려고 성문 밖에서 고난을 받으셨느니라"는 구절을 묵상하다가 내가 나중에 교회를 개척하면 '성문밖교회'로 해야겠다고 생각해둔 이름이었다. 예수님이 '성문 밖'에서 고난을 당하셨으니 우리도 '성문밖'으로 나가 고난을 당하자는 의미를 담았다. 예수님을 믿는 사람들의 삶은 곧 성문 밖으로 향하는 삶이기 때문이다"(『위대한 부르심』, 290).

당시 영등포산업선교회 건물 앞 모텔에 상주하고 있던 담당 형사는 노동교회에서 '성문밖교회'로 명칭을 전환한 것에 대해 "더 삐딱해졌다"하고 웃지 못할 발언을 하기도 하였다. 성문밖의 의미를 아주 잘(?) 이해하고 있는 사람이었던 것이다. 뿐만 아니라 산업선교회 위원들 중에서도 교회 이름을 고칠 것을 수차례 제안하기도 하였다.

노동자들의 교회 '노동교회'에서 성문밖 사람들의 교회 '성문밖교회'로 신앙 성숙과 기독 정신에 따른 공동체적 삶의 실현인 성문밖공동체 운동을 펼쳤다. 또한 영등포산업선교회는 70년대 왕성한 활동을 펼쳤던 소모임들을 '구역'으로 재편하였다. '구역'은 많은 사람들이 여러 가지 사정으로 영등포산업선교회에서 떠나간 조건에서 새롭게 영등포산업선교회 활동을 전개하기 위한 실질적 토대가 되었다. 영등포산업선교회는 이 '구역'에 기초하여 노동자들을 위한 새로운 여러 가지 활동들을 전개할 수 있었다. 각 구역들은 성문밖공동체의 기본축이 되었으며 이근복 목사와 송진섭, 신철영 선생 등 실무자들은 각 구역 활동이 원활하게 이루어지도록 지원하였다.

성문밖교회는 하나님의 정의와, 고난에의 연대, 노동 현장의 체험 속에서 성서를 이해하며 신앙을 실천하려 노력해왔다. 소그룹 활동을 지원하고 열악한 노동자들의 권익 개선을 지원하며, 기독노동자들을 위한 예배와 성경공부 모임에 힘을 쏟았다. 이름은 바뀌었지만 여전히 노동자들을 위한 노동교회로 이어졌다.

노동자들이 일상에서 겪은 많은 고난과 투쟁은 복음과 깊이 결합되어 있었다. 노동교회를 통해 예배와 노동자들의 삶이 연결되면서 완전한 일치가 일어나는 놀라운 일도 일어났다. 즉, 예배의 내용이 노동자들의 일상과 투쟁과 고난을 담게 되었고, 노동자들의 삶 그 자체를 고백하게 된 것이다. 게다가 노동자 예배에 동참하여 그들의 고난을 공유하는 학생이나 청년 등 일반적인 대중들과의 연대가 이루어졌다. 그러나 YH사건이나 10.26사태, 5.17군사쿠데타, 컨트롤데이터 사건, 원풍모방 사건 등 계속된 역경으로 인해 수적 증가는 되지 못했다.

당시 영등포산업선교회는 내외적인 어려움으로 인해 많은 고초를 겪었다. 비방과 악선전, 탄압, 그리고 교회 내적인 제약까지 작용하였다. 지역 교회나 총회와의 연대, 협력은 전무하였으며 관심을 갖는 것조차 꺼리는 분위기였다. 그러므로 산업선교에 대한 교회의 지원은 극도로 제한되었다. 이런 어려운 조건을 뚫고 노동자들과 함께 하기 위한 획기적인 전환이 성문밖교회 공동체를 통하여 이루어진 것이다.

2. 성문밖교회의 활동

성문밖교회로 새롭게 명칭을 전환하여 예배와 성경공부에 주력하고 다양한 활동을 펼치자 많은 호응이 있었고 점차 활성화 되어 갔다. 그 당시 인명진 목사와 여러 실무자들의 창의력 넘치는 구상과 실행력이 놀라운 결과를 가져 왔다. 밤늦도록 장시간 회의를 하고 야근도 많이 하면서 집중적 노력을 기울인 결과였다.

당시의 활동을 살펴보면 다음과 같다.

— 나눔과 섬김 운동으로 한울안운동
— 문화운동으로 명화감상, 문화교실: 풍물놀이, 기타반, 노래반, 공예반 등
— 교육운동으로 구역학교: 야학, 소그룹활동, 구역공동체 등
— 복지운동으로 의료봉사: 치과진료, 가정의학 진료, 한방진료, 요가체조, 단식요법, 건강체조 등
— 협동운동으로 다람쥐회(신용협동조합 1호) 등.

또한 교인 심방을 열심히 꾸준히 실행하였다. 결혼한 선배 노동자들을 비롯하여 신입 교우들을 직장으로나 산꼭대기 판자촌으로, 도보나 버스 아니면 택시를 타고 다녔으며, 땀 흘리며 정성을 다해 다녔다. 심방을 하면서 많은 배움과 깨달음의 은혜가 넘쳐 났다.

지금도 생생하게 기억나는 경험을 한 가지가 있다. 어느 눈 오는 추운 겨울, 시흥동 산꼭대기에 살면서 예배, 성경공부, 구역학교, 문화교실 등 열심히 나오는 한 어린 여성 노동자의 집을 방문했던 적이 있었다. 길이 미끄러웠고 가파르고 험해서 보통 힘든 걸음이 아니었다. 이 어려운 길을 매일 그것도 어두운 밤에 다닌다고 생각하니 아찔하였고, 집에 도착해 보니 더 기가 막힐 상황이었다.

방 한 칸을 십자 모양으로 합판으로 막아 네 집이 함께 사용하고 있었고, 들어가는 입구로는 눈이 들이쳐 신발 벗어 놓을 자리도 없었다. 현관이자 부엌인 좁은 공간에서 밥하고 빨래하며 조카까지 여러 명이 한방에서 살고 있었다. 그렇게 열악한 상황에서도 그 친구는 밝고 아름다웠다. 후에 그녀는 아주 훌륭한 지도자가 되었다.

인명진 목사는 한 인터뷰에서 산업선교회와 교회와의 관계를 다음과 같이 설명하고 있다.

"성문밖교회는 산업선교회의 기반이 되고 영적인 중심이 되어야 한다. 사실 산업선교회와 성문밖교회를 구분하는 이유를 모르겠다. 산업선교회가 하고 있는 사업들을 교회라는 틀거리에 어떻게 담을 수 있느냐를 고민하고 이를 실천해가는 게 성문밖교회 아닌가"(『그 길의 사람들』, 86).

노동자들에게 혹독했던 그 시절 성문밖교회는 노동자들의 모임 공간이 되었고, 많은 노동자들이 다양한 활동에 참여하면서 스스로 삶과 운동의 주체가 되는 발전을 이루었다. 또한 '기독노동운동'의 지평을 여는 데에도 기여한 바 있다. 이렇게 성장한 노동자들은 폭력적인 탄압에도 불구하고 노동 사회의 눈부신 발전을 이루어 나갔다.

3. 성문밖공동체 운동

성문밖공동체 운동을 인명진 목사는 다음과 같이 말하고 있다.

"성문밖공동체 운동은, 첫째, 예수운동입니다. 이 예수운동은 성문 밖에 오시고 성문 밖에서 성문밖 사람들과 어울려, 그들과 함께 먹고 마시며 사시다가 성문 밖에서 죽임을 당하신 예수를 따라 사는 운동입니다. 바로 예수가 역사의 주인이시며, 우리의 구주임을 고백하는 성문밖 사람의 운동입니다. 그러므로 성문밖공동체는 우리의 주이시오, 역사의 주관자이신 그분께 예배하며, 그분의 말씀을 공부하고, 우리의 부족을 겸손히 그분께 아뢰면 도우심을 간구하는 신앙생활을 그 터전을 하고 있는 것입니다.

둘째, 하나님 나라 건설 운동입니다. 하늘 위가 아니라 이 땅 위에, 먼 훗날이 아니라 지금, 저곳에서가 아니라 이곳으로부터 하나님 나라를 건설하려는 운동입니다. 이 운동은 우리가 바라는 세상, 하나님 나라의 표본을 창조하는 운동입니다. 성문밖교회는 우리가 지향하는 삶의 철학, 추구하는 가치관, 꿈꾸는 사회를 창조해보고, 우리 자신이 먼저 그런 이념, 가치관, 삶의 자세를 갖고 실천하며 살도록 훈련하는 훈련장이어야 합니다.

셋째, 성문밖 사람들을 위한 성문밖 사람들 스스로의 조직운동입니다. 성문밖공동체는 세상에서 알아주지 않고, 누구 하나 거들떠보지 않는 무시당하고 천대받는, 그래서 주눅이 들은 사람들, 아무 것도 가진 것 없는 사람들이 주인 노릇하는, 그런 사람들이 권리를 행사하는 성문밖 사람들 스스로의 공동체입니다.

그러나 우리는 다른 사람들에 대하여 결코 배타적이지 않습니다. 스스로 모든 것을 다 버리고 성문밖 사람이 되기를 원하는 사람들, 그렇게 다 버리지는 못하지만 그래도 성문밖 사람들의 친구가 되고자 하는 사람들, 성문밖 사람들의 친구가 되고 싶으나 용기가 없어 감히 들어오지 못하고 근처에서 왔다 갔다 하는 사람들을 진심으로 가슴을 열어놓고 뜨겁게 환영할 것입니다. 우리들과 뜻을 같이 하는 성문안 사람들과도 열린 가슴으로 대화하고 하나님 나라 건설에 어떻게 같이 협력할 수 있을지를 협의하고 필요하다면 같이 행동할 것입니다"(인명진, '성문밖교회 주보', 1984년 1월 15일 주일 설교).

영등포산업선교회는 성문밖교회와 성문밖공동체 운동을 통해 노동자들이 생활과 운동의 주체로 설 수 있도록 인도하였다. 예를 들면 1984년부터 시작된 연 초의 세례교인 수련회에서는 노동자들이 스스로 1년 동안 꾸준히 실천해야 할 생활의 목표를 정하였는데 여기에 소개하고자 한다.

※ 1984년의 다짐

1. 우리는 예배와 성경공부에 빠지지 않도록 다짐합니다.
2. 우리는 각자 기준을 정하여 매주일 하나님께 헌금을 드리기로 다짐
   합니다.
3. 우리는 하루에 한 번 시간을 정하여 한 마음으로 기도할 것을 다짐
   합니다.
4. 우리는 올해 안에 1명 이상 전도하기로 다짐합니다.
5. 우리는 한 달에 1권 이상의 책을 읽기로 다짐합니다.

※ 85년 성문밖공동체가 지켜야 할 사항

1. 시간을 잘 지키자.
2. 회관 물건을 아끼고, 청소를 모두 자발적으로 하자.
3. 헌금을 각자 기준을 정하여 하자.
4. 기도문으로 각자가 가능한 시간에 기도드리자.

※ 1986 새해를 맞이하는 우리의 다짐

— 앞으로 저는 성문밖공동체 일원이라는 소속감을 갖고 조직 강화를
   위해 86년 한 해를 열심히 보낼 것이며, 이 나라 민주노동사회 건설
   에 밑바탕이 되는 삶을 살아갈 것을 다짐한다.
— 86년도를 현장에서 열심히 일하며 노동자로서 노동자답게 살아가
   겠다.

— 이 땅 위에 우리를 억누르고 있는 악의 세력을 물리치고 민중이
  주인이 되어 민족이 통일될 수 있는 사회를 위해 살겠다.

— 이제는 성문밖공동체 일원이 되었으니까, 개인주의적인 것을 극복
  하고 조직의 일원으로 부끄럽지 않게 열심히 일하겠다.

— 개인적으로 생각하는 것은 버리고 조직적으로 사는 삶을 살겠다.

— 한 해를 지내면서 많은 반성을 하고 86년을 맞이하면서 이 차갑고
  어두운 세상을 살다가 십자가에서 돌아가신 예수님의 삶을 따라
  여러분과 같이 힘찬 발걸음으로 노력해 나가겠다.

— 이기심을 버리고 노동자가 이 세상의 주인임을 인식하고 어렵고
  힘든 고난의 길일지라도, 우리가 정녕 나갈 길임을 기억하고 이
  일들을 동료들과 힘차게 나가겠다.

— 인간이 인간답게 살지 못 하게 얽매이는 이 구조적인 어두움을
  빠갤 때까지 끝까지 싸우겠다.

— 아직도 세상에 부정부패를 모르고 자기 것을 잃는 것마저도 모르는
  수많은 노동자들에게 세상의 비리를 알고 열심히 싸울 수 있는 힘
  을 갖도록 하며 뜻을 한 곳에 모으겠다.

또한 성문밖교회는 교인들이 매일 드려야 할 기도를 제시하기도
했다.

주님!
힘겨운 저희들의 노동과 상처뿐인 삶에
한없는 자비와 긍휼을 내리소서, 일어설 힘을 주옵소서.
이제는 말라버린 저희들의 가슴에 불을 붙여 주옵소서.

인권이 짓밟히는 현장으로, 사랑에 목마른 형제의 곁으로 달려가게 하소서.

당신의 사랑과 은총에 감격하여 절망하는 이와 희망을 나누며,

고통 하는 이의 아픔에 참여하고, 모든 이들의 필요에 함께하게 하옵소서.

아무리 사랑하려고 해도 쉽게 한계에 부딪히는

저희들의 약함에 당신의 지혜와 능력을 더하소서.

주님!

저희들이 전쟁과 증오, 공해와 질병, 빈곤과 굶주림, 폭력과 억압, 천대와 해고의 위협에서 벗어날 수 있게 도와주소서.

무엇보다도 집단과 전체의 이름으로, 사회와 구가 언론과 법의 이름을 저지르는 왜곡과 횡포와 탄압이 있을 수 없게 하소서.

주님!

저희를 당신의 사랑과 정의와 평화의 도구로 삼으소서.

저희로 이 땅의 희망이 되게 하소서.

저희의 고난과 사랑의 실천을 통해 이 땅에 민주주의와 민주 노동사회를 이룩함으로, 당신의 나라를 세우게 하옵소서.

이 시간에 이곳저곳에서 한마음으로 기도하는 우리 성문밖 형제들과 함께하옵시며,

당신께서 저희 가운데 늘 계시어 죽음으로써 다시 태어남을 믿게 하소서.

저희는 당신 안에서 영원히 승리함을 믿습니다.

아멘.

(함께 드리는 기도, 1984년)

이처럼 성문밖교회를 중심으로 한 성문밖공동체 운동은 당시의 영등산업선교회가 내외적인 어려움을 극복하고 노동자들과 새롭게 결합하는 데 기본적인 동력이 되었다. 성문밖공동체 운동을 좀 더 자세히 살펴보면 다음과 같다.

1) 한울안 운동

이 운동은 안 입는 옷을 모아서 나눠 입는 것으로, 많은 노동자들과 지역 주민들이 자유롭게 영등포산업선교회에 들러 옷을 싼값에 사 가고 친목도 도모할 수 있는 행사로 정착하였다. 계절이 바뀔 때마다 열었던 한울안 운동은 노동자들에게 큰 호응을 얻어 매번 성황을 이루었다.

사랑의 나눔이 실천되는 현장이었고, 재활용 정신으로 환경을 보호하고 생명을 살리는 소중한 경험을 지속적으로 갖게 하는 운동으로 자리매김 하였다.

이 운동을 준비하면서 양평동교회(이정학 목사), 시흥교회(차관영 목사), 도림교회(유의웅 목사), 새문안교회(김동익 목사) 등을 방문하여 취지를 설명하고 동참을 요청하였다. 적극적인 지원을 받아 재활용 옷 등 물품이 산더미처럼 쌓이고, 3층 강당에 목수 노동자 교인 등이 만든 옷걸이를 월요일마다 설치하여 정리하고, 토요일엔 철수하여 주일예배를 준비하는 일을 반복했다. 무척 힘든 일이었지만 보람 있고 재미있는 일이었다. 인근 주민들도 소문을 듣고 많이 한울안 운동에 함께 했다. 제일 어려웠던 일은 이 작업 중에 발생하는 옷 먼지 공해(?)였다.

2) 명화감상

아직 비디오 문화가 시작되기 전이었으므로 볼 만한 영화를 매주 구하여 상영한다는 것은 매우 힘든 일이었다. 당시 이 일을 전담했던 실무자는 외국영화를 많이 소장하고 있던 JOC의 협조를 받거나 직접 청계천 상가를 돌아다니며 영화를 구입하기도 했다고 한다. 84년까지 2년 동안 거의 빠짐없이 매주 상영되었다.

좋은 영화 비디오테이프를 구하기 위해 카톨릭노동청년회, 청계천 상가 등 담당 회원과 찾아다녔고, 안내장을 예쁘게 만들어 구로동, 가리봉 5거리등 길거리 배포도 많이 나가곤 했다. 많은 호응이 있었고 교육적인 효과도 높았었다.

3) 복지운동

— 치과진료; 그 당시 의료보험 혜택도 없고 병원 갈 시간도 없이 장시간 저임금 노동자들을 위한 의료봉사활동으로 많은 노동자와 그의 가족들이 이용하였다.
— 건강상담: 가정의, 한방치료, 요가식 체조, 단식요법, 병원 소개와 같은 활동으로 노동자들과 그 가족들의 건강관리지원과 경제적 부담을 덜어줄 뿐 아니라 '노동자들과의 단절'을 극복하게 하는 데 크게 기여하였다.

4) 구역학교

구역학교란 이른바 야간학교(야학)를 말한다. 당시 야학운동은 80년대 초에 심하게 탄압을 받아 어려움을 겪고 있었는데 영등포산업선교회가 구역학교라는 이름으로 노동야학을 전개한 것은 중요한 의미가 있었다. 즉, 구역학교 활동은 구로영등포 지역 야학운동에 활기를 불어넣는 역할을 한 것이다.

내외의 어려움을 감안하여 교회 활동의 일환으로 이해할 수 있게 '구역학교'란 이름을 달고 시작한 이 야간학교 활동은 83년부터 시작하였다. 영등포산업선교회는 이미 1975년 한문 야학을 실시한 일이 있거니와, 그 후에도 배움의 교실—신문 한문반, 역사교실, 노동법 교실 등—을 열었는데, 구역학교에서는 대학생들이 노동자들에게 국어, 한문, 사회, 역사, 생활 영어 등을 가르쳤다.

우리나라에서 산업화가 급속히 진전함에 따라 많은 노동자들이 탄생하였는데, 이에 따라 많은 수가 가정의 경제적 어려움 때문에 배움의 기회를 잃어버린 채 산업 사회에 뛰어들고 있다. 중학생으로 한참 웃으며 장난치며 학교에 다녀야 할 14~15세의 어린 노동자들도 어른들과 똑같이 힘든 노동에 시달리고 있는 형편이었다.

국민학교도 졸업하지 못한 어느 노동자는 덧셈 뺄셈하기도 힘들어 자신이 받아야 할 월급조차 계산하지 못하고, 고향집에 편지 한장 쓰기에도 어려움을 느끼고 있는 실정이다. 그러나 하루 12시간이상의 장시간 노동과 저임금의 생활난 속에서 이 문제를 해결할 길을 갖지 모하고 있다. 많은 노동자들은 자신의 고통스런 삶을 해결할 전망을 갖지 못하고, 사회에서 '공돌이, 공순이' 하며 멸시하는 분위기에 눌려 삶의 의욕을 상실하여 열등감에 빠지고 자포자기한다. 그래서 이 사회의 쓰레기로 자신을 취급하기도 하고, 출세 제일주의로 빠지기도 하고, 불건전한 생활 태도를 갖기도 하였다.

얼마나 노동자들이 건강한 문화 활동으로 자신의 삶을 알차게 꾸려나갈 기회를 박탈당하고 있는가는 구로공단 부근의 가리봉 오거리를 가면 쉽게 알 수 있다. 토요일 저녁 가리봉 오거리는 노동자들이 일주일의 피로를 올바르게 풀 수 있는 방법을 찾지 못하고(이 방법을 찾는 것도 매우 힘든 조건이어서 도서실도, 공원도, 휴식공간도, 모임 할 장소도 제대로 없고 감시가 심하다) 디스코텍, 술집 등을 가득히 메워 일회적 쾌락에 몸을 내맡기고 있었다.

그리고 이 사회 발전에서 가장 중요한 역할을 하는 그들이 한국 사회, 역사에 대한 배움의 기회가 부재하다. 있는 것이라곤 각종 학원이 있을 뿐이어서 노동자로서 사회생활에 필요한 기초지식을 습득하는 것이 매우 힘들다. 그래서 노동자라면 꼭 알고 법적 보호를 받는 데 기준이 되는 근로기준법과 노동조합법이란 것이 있는지조차 모르는 경우가 허다하였다.

이러한 상황에서 노동자에 대한 교육은 너무나 절실하였다. 영등포산업선교회에서는 83년부터 노동자를 위한 야간학교인 구역학교를 시작하였고, 87년 5월에는 교육받고자 하는 노동자들의 공동체로서 '푸른 공동체'를 마련하고, 이 공동체 내에 구역학교, 노래반, 문화반, 교양반 4개반을 두고 현재 50여 명의 노동자들이 공부하고 친교를 나누며 의미 있는 삶을 설계하고 있었다.

수업시간은 4개월이고 매주 월요일, 수요일, 토요일 저녁 8시~10시에 공부하는데, 졸업 후에도 일정 기간 교육을 실시하고 있다.

현재 10명의 학생이 모여 공부하고 있고, 4명의 교사가 성심껏 지도하고 있다. 수적으로는 많지 않지만 졸업할 때에는 모두가 참 삶의 의미를 깨닫고 인생의 새 출발을 다짐하였다.

물론 여러 가지 어려움도 많지만, 배움의 기회를 박탈당하고 힘들게 살아가는 노동자에 대한 교회적 책임이 소중하기에 이 교육운동은 지속 될 것이다. 개화 초기에 한국 교회가 사립학교 설립 등을 통하여 민족 교육에 큰 기여를 했는데, 오늘의 상황에서는 소외된 이들을 위한 교육에 더 적극적인 관심을 가져야 할 것이다("영등포산업선교회 활동 소개 — 구역학교", 〈산업선교 2호〉, 1987년 8월).

앞서도 잠시 밝혔듯이 구역학교는 당시 활발하게 전개되던 야학운동의 한 흐름을 형성하였다. 구역학교 교사들-대학생들은 교사노릇을 하기 전에 노동 현실을 익히기 위해 반드시 공장 활동(FT, Factory Training)을 했으며 철학, 경제학, 노동운동사 등을 공부하였다. 당시 야학은 노동운동에 있어서 초보 노동자 대중의 의식화를 통해 노동운동의 발전에 기여하는 역할을 하였다.

대개의 야학들은 보통 4~6개월을 한 과정으로 하여 초보적인 교양을 실시하고 이른바 '후속 모임'을 통해 노동자들이 노조 결성 등 현장 실천을 해낼 수 있도록 하였다. 구로, 영등포 지역의 야학들은 88년에 이르러 '지역 모임'을 결성하고 공동 연구와 공동 실천을 모색하기도 하였다. 영등포산업선교회는 구역학교와 함께 기타반, 풍물반, 등공예 등 문화반 활동을 전개했으며, 이들 활동을 한데 묶어 87년 '푸른 공동체'라는 노동자 종합 대중 교양 사업으로 발전시켰다.

여기에서 구역학교 졸업생의 이야기 하나를 소개하고자 한다.

"지금까지 살아오면서 단 한 번의 공동체 생활을 한 거 같다. 그런데 그 공동체 생활이 나에게는 처음이어서 그랬는지 내 자신이 많이 성장한 것 같다. 공동체를 통해서 많은 것을 알게 되었고 내 자신이 급격히 성장한 것을 느낄 수가 있었다. 같은 처지에 있는 어려운 사람들끼리 한 곳에 모여 생활하다보니 혼자 있을 때 가져보지 못한 즐거움을 돈 많은 부자들보다 더 많이 가질 수가 있었다. 내 생애에 있어서 마음껏 웃어보고, 하고 싶은 말 다하고 가장 즐거웠던 공동체여서 그런지 다가오는 졸업이 밉기만 하다.

내가 이런 공동체를 통해서 가장 크게 느낀 것이 있다면 그것은 공동체 생활 속에서 개인의 사소한 사정 때문에 공동체에 비협조적인 것은 가장 큰 실수이며 개개인이 잘 협조하고 노력한다면 가장 큰 성과를 얻을 수 있다는 것을 깨달은 것 같다. 그리고 나와 학생들이 개인의 성장과 즐거움을 얻고는 전체의 행동에서 부족하게 행동한 것 같다. 그러나 나는 이런 모임에서 빠져나가는 것을 너무나도 잘했기 때문에 학생들도 나의 별명을 뱀장어라고 지은 것 같다.

하루 종일 외롭고 힘들게 지냈다 할지라도 공동체에 오게 되면 따뜻한 우정이 나를 반겨주었고 사랑스러운 웃음이 하루의 모든 피곤을 씻어주었다. 갈 곳을 모르고 머뭇거리는 나의 발길이 나도 모르는 사이에 공동체 쪽을 향하고 있었던 적이 한두 번이 아니다. 정말 공동체란 위대한 힘을 발휘하나 보다. 내가 이 글을 마치면서 3기 공동체에 부탁하고 싶은 것은 개인을 위한 공동체보다는 전체를 위한 공동체가 될 수 있도록 노력했으면 한다"(이종길, '공동체란', 1984년 구역학교 1기, 2기 졸업생 연합 문집, 〈물망초〉 중).

5. 성문밖교회의 주보

또 한 가지 특별한 것은 성문밖교회 주보였다. 암울했던 그 시절 성문밖교회 주보는 귀중한 소식지로 자리매김을 하였다. 주보는 예배순서와 노동 소식이 결합된 형태로 언론의 자유가 없을 때 바른 언론의 통로가 되었다. 당시 정치적인 상황은 노동 소식지를 출판하는 활동을 할 수 없었는데, 모든 교회가 매주 발간하는 주보의 형식을 빌려 발행한 것이다.

노동자들에게만 아니라 대학생들에게도 인기가 많았던 주보는 날이 갈수록 부수가 늘어나 주일예배 후에 교인들이 함께 주보 우송 작업을 할 정도였다. '하나님 말씀이 우리들에게'라는 고정란을 두고 산업선교신학에 근거한 성서 해석을 하였는데, 후에는 노동자들이 스스로 꾸릴 수 있게까지 되었다. 매주 노동 문제를 다루어 정성으로 제작한 성문밖교회 주보는 노동 사회의 의식 발전에 크게 기여하였다.

(1) 겉표지는 만화, 호소문, 한 기업의 총 기여, 노동자 가계, 노동자의 글, 신문기사 등 다양한 형태로 디자인 되었다.
(2) 예배의 순서와 소식이 실렸다.
(3) 노동 문제에 대한 칼럼이 실렸다.
(4) 사회문제를 폭로하는 만화가 실렸다.
(5) 노동 문제와 관련된 신문기사들이 실렸다.
(6) 노동자들의 노래가 소개 되었다.
(7) 노동자들의 의견을 담고 있는 노동자의 글이 실렸다.
(8) 노동자들이나 학생들이 쓴 호소문이 실렸다.

(9) 총선이나 경제에 대한 평가가 실렸다.

(성문밖 사람들 이야기, 164)

인명진 목사의 산업선교의 새로운 전략으로서 성문밖교회는 자리매김을 하였으며, 그 공동체의 기본 사상은 당시 극심히 압박받던 상황을 극복하고, 노동운동 공동체의 역사에 한 획을 그었던 것이라 하겠다. 성문밖교회 안내 소책자에 그 사상이 잘 담겨져 있다.

"성문밖교회는 가난한 이들의 신앙공동체입니다. 우리 교회는 성문밖에서 태어나 성문밖의 사람들과 살며 성문밖의 골고다 언덕에서 십자가에 못 박히셨으며 죽음에서 부활하신 예수 그리스도를 따릅니다. 성문밖교회는 수고하며 일하는 노동자들과 세계에서 억압받으며 인간답게 대접 받지 못하는 노동자들이 그들의 마음에 예수를 받아들이고 서로서로를 신실하게 격려하고 사랑하는 믿음의 공간입니다. 우리는 하나님의 사랑, 정의, 평등, 평화를 우리 일터에, 우리의 삶에 심는 교회입니다. 성문밖교회가 노동자들을 위해 준비한 예배, 성경공부, 다양한 프로그램은 어려운 삶을 살고 있는 이들에게 믿음, 소망, 사랑을 줄 것입니다. 성문밖교회는 언제나 열린 마음으로 믿음 속에서 이러한 목적을 가지고 살아갈 이들을 환영합니다."(성문밖교회 안내 소책자).

또한 성문밖공동체 운동은 1980년대 예장 민중교회의 모델이 되었다. "실제로 산업선교사역을 새로이 하려는 예장의 많은 젊은 사역자들이 산업선교 훈련을 마치고 각 지역으로 흩어져 민중교회라는 구조로서 산업선교를 하게 되었다"(성문밖 사람들 이야기, 167). 성문밖교회 공동체 운동은 민중교회 운동의 격려가 되었으며, 전국에 개척되는 민중교회들로 인하여 산업선교가 확산되는 결과를 가져오기도 하였다. 이 주제는 앞으로 후학들에 의하여 더 연구되어야 할 부분이다.

인명진 목사가 성문밖교회의 목회를 사임하고 호주로 떠날 때 한 노동자가 쓴 장문의 글은 인 목사의 노동자 사랑이 얼마나 지극하였던가를 엿볼 수 있다. 그중 한 부분만 인용하면 다음과 같다.

"노동자에게 희망의 빛을 주셨던 목사님…, 노동자의 문제라면 작은 일에서 큰일까지 몸을 아끼시지 않으시고 아침 새벽부터 밤늦은 새벽까지 온갖 정열을 다하여 노동자에게는 없어서는 안 되는 목사님이시지요. 세상의 온갖 좋은 것을 마다하고 심지어는 가족까지도 버리시고 오직 노동자만 위하여 살아 오셨기에 오늘과 같은 이별이아는 것은 꿈에도 생각지 못했답니다…. 앞으로 열심히 노력하여 목사님이 가지셨던 꿈들을 꼭 이루도록 노력할게요"(성문밖교회 주보, 1984년, 5월 27일).

〈참고문헌〉

인명진, 『위대한 부르심』, 비전북, 2015.
인명진, 『성문밖 사람들 이야기』, 세계교회협의회 한국준비위원회, 2013.
손은하 편, 『영등포산업선교회 40년사』, 영등포산업선교회, 1998.

성문밖 30주년 역사자료편찬위원회 엮음, 『그 길의 사람들 – 성문밖 30년사』, 성문밖교회, 2007.

영등포노회 40년사 편찬위원회, 『영등포노회 40년사』, 영등포노회, 1999.

한국 민중교회와 인명진

안하원
(부산 새날교회 담임목사)

1. 들어가며

필자는 1989년 1월 21일 결혼하였다. 결혼식을 올린 장소는 성문밖교회였고, 주례는 인명진 목사였다. 인 목사는 당시 나와 동료들에게 산업선교 훈련을 시켰던 당사자이다. 인 목사와는 개인적으로 이런 관계가 있었고, 성문밖교회는 우리 교단인 예장통합의 최초 민중교회이기도 하였다. 결혼할 당시 나는 산업선교 훈련 과정을 마치고 대구로 내려가 달구벌교회에서 선배 안기성 목사와 함께 공동 목회에 참여한 뒤, 부산으로 가 민중교회를 준비 중이었다.

1987년 신학교를 졸업할 무렵 나는 어떤 목회의 길을 갈까 고민이 많았다. 그러던 중 인명진 목사는 산업선교에 복무할 목회자를 훈련시키기 위해 '산업선교 훈련' 과정을 시작하였다. 이 훈련 과정은 이후 우리 교단 민중교회 목회자들을 훈련시키는 코스가 되었고, 예장 민중교회 출발을 알리는 결정적 계기가 되었다. 이 훈련 과정은

1987년부터 2002년까지 지속되었으니, 한국 민중교회 운동사에 길이 남을 만한 역사적 의미가 있다고 볼 수 있다. 당시 신학대학을 졸업한 각 과정을 마친 목사후보생들이 거의 500명 가까이 되었는데, 그중 여섯 명이 이 훈련에 참여하였고 그중 다섯 명의 목회자 후보가 1년여의 훈련 과정을 끝까지 마쳤다.

필자도 이 훈련에 참여하며 노동 현장에서 고된 훈련의 과정을 보냈다. 훈련은 공장 노동자로 직접 취업하여 일반 노동자들과 함께 노동하는 것이 중심이었고, 노동을 마친 저녁시간이나 주말에 훈련생들과 훈련지도자들이 만나 현장 이야기 나눔과 학습을 하는 내용으로 진행되었다. 훈련 기간 중 경험한 1987년 '6월 항쟁'과 '노동자대투쟁'의 경험은 지금도 잊을 수 없는 기억으로 남아 있다.

2. 몸말

1) 민중교회의 태동

예장 민중교회 모임인 '일하는 예수회'는 2013년 세계교회협의회 제10차 총회 장소인 부산 벡스코 이벤트홀에서 30주년 기념행사를 가졌다. 기념예배와 더불어 산업선교의 산 증인이자 예장 민중교회를 최초로 시작한 인명진 목사의 '성문밖 사람들 이야기' 출판기념회 및 사인회를 개최하였다. 이 책은 영어로도 출판되어 전 세계에서 온 총대들에게 증정되기도 하였다.

지금의 세대들은 '민중교회'란 말이 생소할지 모르지만 민중교회

운동은 80년대와 90년대를 거쳐 2000년대 중반에 이르기까지 한국 교회사에 있어서 시대의 선교적 과제를 담당했던 교회개혁운동이었고 기독교사회운동이기도 하였다. 그 후 민중교회들은 시대적 변화에 따라 다양한 영역으로 전문화되었고 변화되는 환경에 다양한 민중 선교의 영역에서 중심적 역할을 감당하며 오늘에 이르고 있다.

'한국 민중교회는 언제 시작되었는가?'에 대한 질문에 정확한 시기를 논하는 것은 쉽지 않은 작업이다. 한국기독교장로회의 주민교회가 1973년에 세워졌지만 민중교회로 시작되었는지는 논의의 여지가 있고, 1976년에 부평에서 기독교대한감리회의 백마교회가 시작되었지만 아쉽게도 백마교회는 현재 존재하고 있지 않다.

예장은 민중교회의 시작을 언제로 보고 있을까? 영국에서 한국의 민중교회로 박사학위를 취득한 부산 장신대의 황홍렬 교수는 에큐메니안에 기고한 "민중교회의 선교 역사와 새로운 과제"란 글에서 예장에서는 민중목회자 지원자들이 산업선교 목회자들에 의해 훈련을 받기 시작한 1983년을 기점으로 보고 있다. 당시 훈련은 한국교회사회선교협의회에서 훈련을 실시하였으며, 그때 훈련을 담당하였던 분은 영등포산업선교회 총무였던 조지송 목사이다. 일하는 예수회는 이를 기준으로 2013년에 30주년 행사를 거행하였다.

그러나 산업선교 역사를 담고 있는 인명진 목사의 책 '성문밖 사람들 이야기'를 보면 1977년 영등포산업선교회는 이웃에 있는 당산동교회를 빌려서 '영등포노동교회'라는 공식적인 이름으로 이미 예배를 드리기 시작했음을 확인 할 수 있다. 이를 토대로 1983년에 '성문밖교회'가 창립되었다고 볼 수 있다. 따라서 예장 민중교회 시작은 1977년 영등포노동교회와 1983년 성문밖교회 사이에 논쟁은 있을 수 있다. 하지만 중요한 것은 '영등포노동교회'나 '성문밖교회'는 모두 인명진 목사에 의해 준비되고 시작 되었다는 것이다.

인명진 목사가 교회를 시작한다고 했을 때 내부적으로 반대하는 분들이 있었다. 그 반대 이유는 상당히 일가견이 있었고, 설득력도 있었다. 영등포산업선교회는 노동자들이 당면한 과제인 인권 문제와 노동 문제 즉 저임금 문제, 산업재해 문제, 근로조건 향상 문제, 노동조합 등을 해결해 나가야 하는 산적한 문제를 안고 있는데, 교회를 하게 되면 자칫 문제의 본질을 영적인 차원에서 다루게 되고, 복음전도 차원으로 머물게 되는 우려가 있었기에 일부에서 반대하였던 것이다. 이 우려의 목소리는 당시 성장 중심에 사로잡혀 있던 한국 교회 분위기와 산업선교에 대해 곱지 않은 시선을 가졌던 보수적 교회에 대한 불신의 한 단면이기도 하였다. 한마디로 '교회 안에는 희망이 없다'라는 인식이었다.

실제로 당시 영등포산업선교회를 비난했던 교단 안의 보수적 인사들은 노동운동과 인권운동을 하지 말고 노동자들에게 복음전도 하는 일에 충실하라고 강요하기도 하였다. 이에 대한 상세한 내용들은 '성문밖 사람들 이야기'에 상세히 기록되어 있다.

1983년 제 68차 예장통합 총회에서 6개항의 헌의안이 제출되었는데 그 헌의안 내용이 다음과 같다.

1. '산업선교회'는 '산업전도회'라고 이름을 바꾼다.
2. 외국 교회의 재정적인 지원은 받지 않는다.
3. 영등포산업선교회의 실무자를 바꾼다.
4. 1983년 12월 31일까지 영등포산업선교위원회는 해체한다.

5. 총회 각 노회에 산업전도위원회를 조직한다.

6. 새로운 산업선교 정책을 세우기 위한 연구를 진행한다.

이러한 내용들만 보더라도 산업선교를 없애려고 하는 시도들이 지속적이고 구체적으로 진행되었음을 알 수 있다. 이러한 사실들을 잘 알고 있던 일부 산업선교 인사들은 교회를 시작하려는 것을 반대하는 것은 자연스런 일이기도 하였다. 그럼에도 불구하고 인명진 목사는 지속적으로 민중교회를 추구해 나갔다.

2) 예장 최초의 민중교회 '성문밖교회'

인명진 목사는 왜 민중교회를 시작하였을까? 인 목사가 산업선교회에서 활동한 기간은 1972년부터 1984년 5월까지였다. 총 13년 동안의 활동기간 중 4차례에 걸쳐서 투옥되기도 하였다. 첫 번째로 교도소에 가게 된 것은 1973년 1월 18일 긴급조치 1호 위반으로 구속되었다. 1972년 10월 3일에 목사안수를 받았으니 매우 젊은 시절, 목사 초년기 안수 받은 지 4개월 만에 교도소에 가게 된 것이다. 두 번째의 감옥생활은 1978년 긴급조치 9호로 구속되었기 때문이었다. 세 번째 1979년에는 YH사건 배후조종 혐의로 구속되었다. 네 번째 구속은 1980년 김대중내란음모사건으로 구속되었다. 산업선교회 활동 시절 총 3년여의 세월을 교도소에서 보낸 셈이다. 1981년 1월 어쩔 수 없이 호주로 정치적 망명을 떠나게 되었고, 1982년 귀국하여 1983년 1월 첫 주 예배를 시작으로 '성문밖교회'가 시작되었다. 성문밖교회의 출범은 산업선교의 패러다임이 바뀌는 과정의 출발점이자 민중교회의 시작을 알리는 서막이었다.

혹독한 고난의 시기였던 1978년부터 1982년을 보내면서 인명진 목사는 무슨 고민을 하였을까? 그리고 산업선교의 미래에 대해서 어떤 구상을 하게 되었을까? 1979년 7월 노동교회의 시작부터 1983년 1월 성문밖교회 출범에 이르기까지 인 목사는 일부의 반대에도 불구하고 민중교회를 시작했던 것이다. 인 목사는 민중교회를 시작하고자 했던 이유를 '성문밖 사람들 이야기' 148-154쪽에 다음과 같이 밝히고 있다. 그 내용을 요약 해 보면 대략 몇 가지로 정리해 볼 수 있다.

(1) 우선 산업선교 내에 노동자들이 자발적인 기도회나 성경공부 모임들이 있었다는 것이다.

(2) 산업선교 내에 다양한 그룹 활동들이 존재하고 있었다. 즉, 그룹 활동에 속하지 않은 사회의식이 있는 대학생, 젊은 사람, 일반인 등이 꽤 있었는데 그들을 받아들일 수 있는 공동체가 필요하였다는 것이다.

(3) 당시 산업선교는 총회와 독재정부로부터 견제와 탄압을 받았으며 정부의 일방적 왜곡보도로 산업선교 활동이 크게 위축되기도 하였다. 그러한 외부 탄압에 대처하는 울타리로서 '교회'라는 방패막이가 필요했던 시점이기도 하였다.

(4) 무엇보다 해외에 많은 부분을 의존해야 했던 재정을 독립시킬 수 있는 시기가 다가오고 있다고 느꼈으며, 그 방법이 필요했던 시점이기도 하였다. 그 당시 산업선교 재정은 거의 해외에 의존해 있었다. 인 목사는 이제 외원에 의해 한국의 산업선교가 유지되어서는 안 된다는 신념이 있었고, 외원을 벗어날 수 있는 방법을 모색하던 시기이기

도 하였다. 그 방법으로 '교회'를 생각하였던 것이다. 아니나 다를까 1988년 올림픽 이후에 한국 상황이 세계에 알려지면서 우리나라가 과거의 빈곤한 나라가 아니고 잘 사는 나라로 알려지게 되었고, 외원이 급속히 끊어지는 결과를 가져 오기도 하였다.

이런 이유들이 인 목사가 민중교회를 시작하게 된 객관적 동기였다고 볼 수 있다. 그러나 필자가 보기에 위의 내용들은 필요한 과제이기는 했지만 주된 요인은 아니었다고 본다. 내가 아는 인명진 목사는 뭔가 좀 더 근원적인 고민을 했던 것으로 알고 있다. 인 목사는 뭔가 깊이 있는 본질적 고민을 하고 있었음이 분명하다. 내가 산업선교 훈련을 인 목사로부터 지도받고 있을 당시 그가 분명하게 말씀하셨던 것을 지금도 기억하고 있다. "산업선교의 궁극적 목표는 인간의 변화다." 산업선교의 모든 활동은 인간의 변화를 위한 부수적인 것일 뿐이라는 말씀이었고, 이것은 궁극적으로 하나님을 만나는 신앙을 통해서만 가능하다고 보았던 것으로 생각된다.

3) 인명진 목사의 관심: '인간의 변화'

앞서 언급한대로 인명진 목사는 산업선교에서 13년간 활동하였다. 산업선교 활동가로서의 그의 삶은 노동자들에 대한 전적인 헌신이었다. 이 과정에서 수차례 투옥 되었고 오직 노동자들의 편에서 그들의 삶의 문제와 노동현장에서 당하는 어려운 문제들을 해결하고, 노동조합을 만들어 지원하면서 노동자들의 인권 문제와 온갖 삶의 문제들을 해결하고자 몸을 던졌다. 수치로는 예단할 수 없지만 아마 수많은 노동자들이 도움을 받았을 것이다. 하지만 이 과정에서 인 목사가 받았던 상처도 만만치 않았을 것이다. 근거 없이 비난만을 일삼는 노동자들도 있었고, 믿고 신뢰했던 노동자로부터 배신을 당하기도 하였다. 무엇보다 아쉬울 때는 도와 달라고 찾아 왔다가 언제이고 문제가 해결되면 아무런 연락도 없이 사라져 버린 노동자들이, 동지적 관계이기 보다 이기적인 모습에 눈물 흘리기도 했고 자괴감도 들었을 것이다.

인 목사는 산업선교 활동을 하면서 내면 깊숙이 지니고 있던 고민은 '어떻게 노동자들이 변화될 수 있을까?'였다. 이데올로기로 의식화 되는 것만이 아닌 '참 사람'으로서의 변화, 타인을 위해 헌신하고 다른 노동자들의 아픔을 내 아픔으로 생각할 줄 아는 동지적 관계를 중요시 여기는 노동자, 인간의 도리를 지킬 줄 아는 노동자, 이런 노동자로서의 변화를 고민하셨던 것으로 기억한다.

많은 노동자들이 산업선교에서 함께 지내며 투쟁하며 회사 사장 등 자본가들을 가진 자라고 비난하면서, 정작 자신들도 돈을 최우선적으로 여기는 모습을 보게 된다. 돈 몇 푼 때문에 배반하고 돌아서 버리는 매정함에 마음이 아팠던 적이 한두 번이 아니었을 것이다. 노동자들의 처우는 급속도로 나아져 갔지만 '인간의 변화'는 까마득하였다. 더 가진 자들의 것을 빼앗아 덜 가진 노동자들에게 나누어 준들 '인간의 변화'가 없다면 그것이 무슨 의미가 있을까? 이러한 근본적인 고민이 인 목사로 하여금 교회를 시작하게 한 것이다. 필자는 이런 시각으로 여러 사람의 반대에도 불구하고 민중교회를 시작하고자 했던 인 목사의 의도를 충분히 읽을 수 있었다.

4) 산업선교 패러다임의 변화로서 민중교회

한국민중교회는 산업선교의 새로운 패러다임으로 시작되었다. 이는 인명진 목사의 산업선교에 대한 새로운 패러다임 구상이었다. 필자가 훈련을 받을 때만 해도 산업선교 훈련은 노동훈련이었다. 과정을 성공적으로 마쳤을 때 인 목사는 우리에게 전국으로 흩어지라 하였다. 그 당시 나는 서울 출신이었기에 수도권에 남아서 민중선교를 시작하겠다고 하였는데 인 목사께 호되게 꾸중을 듣기도 하였다. 필자와 함께 훈련을 받았던 다섯 명의 목회자는 그야말로 전국으로 흩어졌다. 필자는 부산으로, 다른 동지들은 안양(군포), 수원, 성남, 서울 성수동으로, 다음 훈련생들은 인천, 구미, 울산, 군산, 포항, 광주, 대구, 전주, 등 수차례에 걸쳐 전국적으로 흩어졌다.

영등포산업선교는 센터로서 역할을 하고, 산업선교의 기능은 전국으로 확대시켜 나가고자 했던 것이 인명진 목사의 의도였다. 그리고 그 방식은 민중교회였던 것이다. 필자의 경우 그 산업선교 패러다임 변화에 의하여 첫 번째로 부산에 오게 되었고, 그 후 30년 세월을 있게 된 것이다. 인명진 목사의 이러한 의도는 사실 의미 있었고, 민중교회가 전국의 주요 도시에 세워지는 결과를 낳게 하였다.

산업선교회는 노동자 중심이다. 산업선교회를 통해 노동자들이 활동은 하게 되었지만 그러나 세월이 가면 노동자도 가정을 이루고, 한 마을의 주민이자 시민이 된다. 어쩌면 당시에 인 목사가 고민했던 것은 주민으로서의 노동자, 시민으로서의 노동자로 지속적으로 살아가는데 그 시간들이 훨씬 중요하다고 본 것이다. 삶의 현장에서 노동자들의 생활을 지속적으로 담아낼 수 있는 공동체가 필요하였던 것이다. 그것이 민중교회였던 것이다. 교회로서의 신앙공동체가 그들을 지속적으로 세워 나가야 한다고 생각했던 것이다. 그리고 그러한 민중교회는 노동자들이 살고 있는 전국에서 실현되어져야 한다고 본 것이다.

뿐만 아니라 '산업선교가 노동자 중심으로 활동을 하였지만 과연 노동자들만으로 산업선교의 목표를 달성 할 수 있을까?' 하는 의문을 인명진 목사는 계속 고민을 했던 것이다. 우리 사회에서 뜻을 같이 하는 각계각층의 다양한 사람들이 참여해야 하였다. 이 다양한 사람들이 참여 할 수 있는 틀이 바로 민중교회였던 것이다.

산업선교 역사에서 영등포산업선교 이외에 구미나 울산에서 산업선교를 전국적으로 확대하고자 하는 시도가 있었지만, 영등포산업선교회 만큼 성공적이지는 못하였다. 그런 의미에서 본다면 산업선교 훈련을 통해 민중교회 방식으로 전국화 작업을 추진했던 인 목사의 의도는 대단히 성공적이었다고 볼 수 있다. 산업선교의 미래를 내다 본 인 목사의 안목이 탁월했다고 필자는 감히 평가한다.

5) 산업선교 훈련 과정

산업선교의 새로운 패러다임으로서 민중교회 전국화 방식을 실현해 낸 것은 단연 '산업선교 훈련 과정'이었다. 인명진 목사는 1983년 '성문밖교회'를 창립하고, 1984년 다시 호주로 떠나게 된다. 그리고 1986년 중반 경 귀국하여 가장 먼저 하신 일이 '갈릴리교회'를 시작한 일과 '산업선교 훈련 과정'을 만드신 것이다. 아마도 산업선교에 복무하면서 본인이 구상하였던 산업선교의 새로운 패러다임을 실현하고자 함이었던 것 같다.

예장 민중교회의 일하는예수회를 논할 때 '훈련'을 빼놓고선 상상하기 힘들다. 이 훈련이 오늘의 예장 민중교회를 있게 하였고, 훈련을 통해 배출 된 민중목회자들이 전국에 흩어져서 오늘까지 다양한 민중선교 영역에서 활동을 하고 있는 것이다. 훈련 과정은 1984년 1기로 시작하여 매년 진행되었으며, 2002년 18기를 마지막으로 총 56명이 배출되었다.

제1기에서 3기까지의 훈련은 당시 한국교회사회선교협의회(사선협, 가톨릭도 참여)에서 목회자뿐 아니라 평신도까지 민중선교 훈련을 실시하였고, 당시 훈련담당자는 조지송 목사였다. 1987년부터 시작된 4기 훈련부터 인명진 목사가 보다 체계적인 지도를 하기 시작하였다. 2002년까지 훈련이 실시되었으니 15년 동안이나 계속 진행된 것은 결코 쉬운 일은 아니었다.

훈련받은 목회자들의 면면을 보면 그들은 현재 전국 각지 민중선교의 다양한 영역에서, 기독교사회운동의 중심에서 왕성한 활동을 하고 있음을 확인 할 수 있다. 만약에 이러한 훈련의 과정이 없었다면 오늘날까지 다양한 민중선교의 영역에서 이토록 역동적으로 선교를 감당 할 수 있었을까? 이제 와서 보면 산업선교 훈련과정은 단순히 산업선교의 영역을 확대하는 수준이 아닌 기독교 사회선교와 시민사회의 각 영역에서 활동하는 인재를 양성한 목회자 훈련이기도 하였다.

필자가 이 글을 쓰고 있는 2016년 6월 현 상황에서 우리 교단에서 민중선교의 노동, 노숙인, 이주민, 주민운동, 시민운동, 기독교사회운동 등 전 영역에서 십수 년간 왕성하게 활동하는 목회자들은 거의 이 훈련의 과정을 성실하게 마친 목회자들임을 확인 할 수 있다. 이것만으로도 이 훈련이 얼마나 귀한 과정이었는지 알 수 있다. 이 훈련의 기획자가 인명진 목사였다.

3. 맺음말

한국 민중교회의 역사에서 인명진 목사에 대한 평가는 잘 알려져 있지 않을 뿐만 아니라 과소평가되어 있다. 이는 워낙 산업선교의 이미지가 강하다 보니 인명진 하면 산업선교를 떠올리게 되기 때문이다. 그러나 민중교회 목회자의 입장에서 지금까지 목회활동을 해 온 필자는 인명진 목사를 한국 민중교회의 선구자라고 말한다.

인명진 목사는 탁월한 안목으로 산업선교가 나아갈 길에 대해 민중교회라는 패러다임의 전환을 시도하였다. 그리고 그 시도는 역사적 상황에서 올바른 방향이었다. 많은 후배 목회자들이 인명진 목사가 만들어 놓은 훈련 과정을 통해 민중교회 목회자 길을 걸어가고 있다.

본론에서는 논하지 않았지만 인 목사는 노동상담소도 만들어서 전국 각지에 노동상담소를 개소하게 되는 계기도 마련하였다. 민중교회의 선교 영역이 다양화 되는 과정에서 노동상담소는 산업선교의 기능을 수행하는 또 하나의 적절한 접근방식이기도 하였다. 아직까지 노동상담소가 운영되는 지역이 있으니 그 필요는 계속되고 있다. 필자의 경우도 1993년 개소한 노동상담소 활동을 통해서 1998년 IMF 상황에서 실업 문제에 접근하는 계기가 되었고, 산업선교의 확대된 지평으로 실직 노숙인, 사회적 경제 영역에서 지금까지 활동을 하고 있다. 인명진 목사는 민중교회를 전국화 시켰을 뿐만 아니라 노동상담소도 전국화 시켰다.

안타깝게도 현재 민중교회는 2002년 이후 훈련을 통해 민중목회자를 양성해 내지 못하고 있다. 인명진 목사는 혼자서 모든 일을 기획하며 미래를 내다보고 후배를 양성하였는데, 오늘의 우리 후배들은 그렇게 하지 못하고 있음에 부끄러울 뿐이다. 하지만 분명한 사실은 우리에게 훌륭한 선배가 있었고, 그 선배를 통하여 민중교회를 알게 되었고, 민중목회의 길을 걸어 온 것은 필자에게 커다란 축복이자 오늘의 나를 있게 한 동기였다.

지금부터 33년 전 인명진 목사는 예장 최초의 민중교회인 성문밖교회를 시작하셨다. 그러한 혜안을 가졌던 인 목사로부터 후배들은 지금도 도전을 받는다. 오늘날 우리는 여전히 어려운 시대를 살아가고 있다. 제2의 민중교회 운동이 일어나야 할 시점이기도 하다. 인명진 목사가 민중교회를 통하여 후배들을 이끌었듯이 이제 우리들이 인 목사를 본받아 후배들을 이끌어 가야할 시기이다. 후배들에게 목회자의 좋은 본이 되어준 인 목사께 이 지면을 빌어 감사드린다.

<참고문헌>

강수은, 정충일, 황홍렬 엮음,『가난한 자에게 복음을』, 일하는 예수회, 2004.
인명진,『성문밖 사람들 이야기』, WCC 한국준비위원회, 2013.
황홍렬, "민중교회의 선교역사와 새로운 과제", 〈에큐메니안〉, 2015. 1. 14.

인명진을
말한다

선교와 통일

인명진 목사는 정의, 평화, 창조질서의 보전이라는
선교신학에 바탕을 두고서 선교 사역을 펼쳐왔다.
현 시대의 선교적 과제를 교인들의 눈높이에 맞추어
"잔치는 가난한 이들과 함께"라는 표어로,
일상생활과 연결시켜
선교와 삶이 절묘한 조화를 이루도록 했다.

인도적 대북지원과 인명진

강영식
(우리민족서로돕기운동 사무총장)

　인명진 목사가 '우리민족서로돕기운동' 상임공동대표를 맡은 해
가 2009년 3월이다. 그러므로 인 목사가 인도적 대북지원 활동에 나
선지 7년이 넘어가게 된다. 2009년 3월 27일 제61차 공동대표회의
에서 인 목사를 비롯하여 영담 스님, 윤여두 동양물산 부회장, 이일
영 아주대 의대교수, 최완규 북한대학원대학교 부총장 등 다섯 명이
새로이 신임 상임공동대표로 선임되었는데, 당시 인 목사는 이전 故
김준곤 목사, 故 강문규 대표에 이어 개신교 대표로 우리민족서로돕
기운동의 상임공동대표를 맡게 된 셈이었다. '이명박 정부를 만든 책
임 있는 사람이 남북문제에 책임을 져라'라는 우리 단체의 스카우트
요청에 인 목사는 당시를 회고하면서 '속죄하는 심정으로 참여하였
다'고 말하지만, 사실 인 목사의 대북 인도지원 활동은 20년의 역사
를 가지고 있다.

1. 정치 사회적 배경

1996년 봄, 북한의 극심한 식량난과 처참한 북한의 실상이 사진과 영상을 통하여 우리 사회에 알려지면서 우리 시민사회도 북한 동포들이 겪는 고통을 더 이상 외면할 수 없는 상황이 되었고, 그간 북한의 어려움을 외면하고 방치하였다는 양심적인 가책과 고민들이 이루어지기 시작하였다. 그 결과 범국민적인 북한동포돕기운동을 위하여 1996년 6월 '우리민족서로돕기운동'이 출범하게 된다. 여전히 당시 분위기는 아무리 인도적 차원이라 해도 북한동포돕기운동 자체를 불온시하는 분위기가 강하게 남아 있어서 그 누구도 쉽게 대북지원의 필요성을 주창할 수 없는 사회적 분위기였다. 이러한 상황 하에서 어느 특정단체 중심이 아닌 개신교, 불교, 천주교, 원불교, 천도교, 유교 등의 6대 종단과 각 분야의 시민사회단체들의 범국민연대운동으로 우리민족서로돕기운동이 출범하게 된 것이다.

1996년 6월 8일 세종문화회관 세종홀에서 열린 '우리민족서로돕기운동 발족 기자회견'에 인 목사는 개신교 대표로 참여하였고, 이후 2년간 중앙위원을 맡게 된다. 6월 21일 창립한 우리민족서로돕기운동은 그 해 7월 12일 '북한동포돕기 범국민모금운동'을 선포하고 본격적인 모금운동에 돌입하였고 짧은 기간 동안 1억 7천만 원을 모금하여 첫 지원 물자인 밀가루 500톤을 9월 16일 인천항에서 북한 남포항으로 지원할 수 있었다. 그러나 범국민모금운동은 9월 18일 강릉 잠수함 침투사건이 터지며 다음 해인 1997년 4월 '옥수수 10만 톤 보내기 범국민캠페인'을 전개하기 전까지 잠정 중단되고 대북지원은 긴 휴지기를 보내게 된다.

한편, 이 기간 동안 북한은 최악의 식량위기를 겪으며 대규모 기근과 아사사태가 발생하였다. 이러한 민족적 위기를 더 이상 방치할 수 없다는 공감대 아래 우리민족서로돕기운동은 4월 '북한동포돕기 옥수수 10만 톤 보내기 범국민캠페인'을 시작하였다. 이 캠페인은 1997년 4월 12일, 김수환 추기경, 강원용 목사, 송월주 조계종 총무원장, 서영훈 우리민족서로돕기운동 상임대표 등 네 명의 원로들이 공동초청인이 되어 여의도 63빌딩에서 개최한 '북한의 식량위기를 염려하는 사회 각계인사 옥수수죽 만찬'을 통해 범국민 캠페인으로 확산될 수 있었다.

이후 한겨레신문과 공동으로 12월까지 진행한 '아 굶주리는 북녘'이라는 대북지원 캠페인에 힘입어 '북한동포돕기 옥수수 10만 톤 보내기 범국민캠페인'이 범국민운동으로 급속도로 확대되면서 이후 북한동포돕기운동은 우리 사회의 중요한 민족운동, 시민운동으로 자리 잡게 되었다. 97년 당시 범국민캠페인으로 모아진 성금으로 두 차례에 걸쳐 중국산 옥수수 1만 5천 톤과 수수 1만 2천 톤, 감자 1천 톤 등 약 3만여 톤의 식량을 북한에 지원하였다. 그리고 이후 종교계를 비롯한 개별 민간단체들은 본격적으로 대북지원을 시작하게 된다. 인도적 대북지원의 물꼬를 튼 1997년 긴급 식량지원은 특히 대한예수교장로회(통합)와 천주교, 원불교 등 종교계의 참여가 큰 힘이 되었으며 당시 개신교가 이 범국민캠페인에 참여하는 데 인명진 목사가 큰 역할을 담당하였다. 그렇기에 필자는 2009년 인 목사가 새로 스카우트된 것이 아니고 김대중 정부와 노무현 정부 때 잠시 내려놓은 본래의 짐을 온전히 다시 짊어진 것이라 생각한다.

1997년의 북한동포돕기운동이 그야말로 급속도로 범국민운동으로 확산될 수 있었던 것은 북한 동포들의 고통에 마음아파하고, 같은 동포로서 무엇인가 도와야 한다는 수십, 수백만 국민들의 동포애였다. 처음에 이 캠페인을 함께 한 한겨레신문조차 이 운동이 며칠이나 갈 수 있을까 걱정하였지만, 이후에는 폭발적으로 넘쳐나는 성금 납부 명단을 게재하기에 지면 부족을 걱정할 정도로 국민들의 참여는 놀라왔다. 당시 언론을 통한 직접적 모금이 불허된 상황에서 한겨레신문에는 성금 계좌번호가 아닌 문의 전화번호만을 기재할 수밖에 없었다. '북한동포돕기 옥수수 10만 톤 보내기 범국민캠페인'의 사무처를 담당하였던 우리민족서로돕기운동 사무실에는 성금 계좌를 묻는 전화와 더불어 북한의 상황을 더 많이 알려고 하는 문의 전화, 가끔씩 왜 북한을 돕느냐는 항의 전화 그리고 성금을 직접 전달하려고 찾아오는 시민들과 교회, 사찰, 성당, 동창회 등 각종 모임들의 방문으로 그야말로 몇 달간 정신없는 시간을 보내야 했다.

2. 인명진 목사의 대북 지원 활동

1998년 김대중 정부의 출범과 함께 북한동포돕기운동은 안정화, 제도화의 길로 들어서게 되며 인도적 대북지원 운동은 더 이상 멈출 수 없는 민족화해운동으로서 자리를 잡게 된다. 민간단체와 종교계의 대북지원 운동은 민족화해운동과 남북관계의 발전의 영역에서 보다 적극적으로 평가되어야 한다. 민간단체의 대북지원은 남북간의 냉전적 대결을 화해와 협력의 관계로 변화시키는 주요한 동력의 하나이다. 민간의 북한동포돕기운동을 통해 우리 국민들은 북한을

'적'이 아니라 도와주어야 하고 한반도의 미래를 함께 만들어가는 '동 포'로 인식하게 되었다. 또한 민간의 대북지원운동은 남북관계의 안 전판 역할을 담당하면서 남북관계의 모멘텀을 유지하는 데 커다란 기여를 하고 있다.

2002년 서해교전, 2004년 조문파동, 2007년과 2009년 핵실험, 2010년 천안함 사건과 연평도 사건 등으로 한반도에서의 군사적 긴 장이 고조되고 당국간 대화마저 중단되어 남북관계가 어려움에 처 하는 경우에도 민간의 지원활동은 지속되었고, 남북관계를 이어주 는 최후의 보루로서 안전판 역할을 하고 있었다. 무엇보다 의미 있는 것은 대북지원의 과정에서 겪는 만남과 교류를 통해 50여 년간 달리 살아온 남과 북이 상대방의 체제와 문화를 이해하고 동질성을 회복 해 가고 있다는 것이다. 대북지원운동의 15년은 시행착오를 겪으면 서 남과 북이 서로 협력하고 통합할 수 있는 길을 찾아온 과정이라고 할 수 있다.

필자가 알고 있기에 인명진 목사는 김대중 정부나 노무현 정부 때 칩거에 가까운 생활을 하였다. 당시에는 남북간 교류가 활발할 때였 지만 인 목사는 참여하지 않았다. 그 당시 마음만 먹으면 언제나 가 능했던 평양이나 금강산 방문을 한 번도 안 하였다. 감히 생각하건대 YS정부 말기 IMF 사태와 그로 인한 국민들의 고통에 인 목사 스스로 에게 책임이 있다고 생각하여 그러하였을 것이고, 또한 김영삼 정부 쪽 사람이라는 세간의 평가 때문에 시민단체에 그다지 도움이 되지 않을 것이라는 판단도 있었을 것이다. 그런데 이명박 정부 들어 남북 관계가 악화되고 인도적 대북지원 조차 축소되는 현실을 보고 인 목 사는 '속죄하는' 심정이 아니라 '책임지는' 심정으로 우리 단체의 대표직을 기꺼이 맡아 주었다고 필자는 믿고 있다.

2009년 3월 우리민족서로돕기운동 상임공동대표에 임명된 지 두 달여 만에 인 목사는 처음으로 평양 땅을 밟는다. 당시 필자는 2007년 북한의 첫 핵실험에 대한 우리 단체 임원들의 비판적 문제제기로 인하여 전임 이용선 사무총장과 함께 북한 방문이 북측으로부터 거부되는 상황이 1년을 넘게 지속되고 있었다. 따라서 필자는 인 목사의 역사적인 첫 방북에 함께 하지 못하였던 터라 그 첫 평양방문의 기억을 함께 하지 못한 아쉬움이 지금도 남아 있다. 첫 평양 방문 때 인 목사는 필자의 북한 입국불허 조치에 대해 강한 항의와 함께 당국간 관계도 중요하지만 남측 민간단체들과의 교류 협력도 중요하다고 하며, 보다 확대되고 발전된 대북지원 사업을 위해 서로 협력할 것을 주문하였다. 후에 북한 관계기관 인사들로부터 인 목사의 첫 방북 시, 인 목사에 대한 자신들의 기존 인식이 왜곡되었다는 점과 강한 인상과 신뢰를 갖게 되었다는 전언을 들을 수 있었다.

인 목사에 대한 북측의 기대와 신뢰는 그해 발생한 개성공단 내 현대아산 직원 억류사건을 해결하는 과정에서 잘 드러났다. 당시 현대아산 직원 한명의 억류사건은 최대 현안이었고 이를 무리 없이 잘 해결하는 것이 남북 해당 기관들이 초미의 관심사였다. 북측은 이 문제를 푸는 과제를 인 목사께 요청을 하였다. 당시 아프리카 가나에 머물던 인 목사는 급히 귀국하여 정부 측과 이 문제를 상의하고 몇 차례 중국에서 북측 관계기관과 만나 조건 없는 신병 인도를 촉구하였다. 그리고 우리도 2009년 4월 장거리 로켓 발사와 5월 2차 핵실험으로 인해 중단된 식량지원을 재개하겠다고 북측을 설득하였다. 몇 차례의 우여곡절을 거쳐 결국 8월 억류된 직원은 풀려나게 되고 이후 식량지원의 몫은 고스란히 인 목사가 떠안게 되었다.

당시 정부나 현대아산의 도움 없이 약속한 식량지원을 이루어 내기가 상당히 어려웠지만, 인 목사의 노력으로 결국 8월부터 4개월에 걸쳐 옥수수 1만1천 톤(약 38억 원 상당)을 지원하게 되었고, 필자도 북한의 입국 거부 조치가 풀려 근 1년 8개월만인 8월 26일, 인 목사와 함께 평양을 방문하게 되었다. 이듬해인 2010년, 천안함사건이 발생하고 5.24조치로 대북지원이 또다시 중단된 와중에도 그해 7월과 8월 수해로 큰 피해를 입은 북한 수재민들에 대한 긴급 지원 역시 인 목사가 앞장서 돌파구를 마련하였다. 당시 인 목사가 참여하는 '민족의 화해와 평화를 위한 종교인모임'에서는 8월 27일 개성을 직접 방문하여 밀가루 300톤을 지원하였고, 이어 9월 16일 우리민족서로돕기운동은 경기도, 한국JTS와 함께 400톤의 밀가루를 지원하였다. 지원된 밀가루는 북한 개성시, 황해북도 장풍군, 금천군, 황해남도 배천군, 청단군, 연안군 등 총 6개 지역의 유치원과 탁아소 어린이 등에게 전달하였다. 또한 10월 29일에는 인천시와 함께 수해가 가장 심했던 평안북도 신의주시에 옥수수 700톤을 지원하기도 하였다.

2010년 11월 23일 발생한 연평도 포격사건으로 5.24조치 이후 근근이 유지되어 오던 민간단체의 대북지원은 전면 중단된다. 그러나 북한의 식량 사정을 방치할 수 없다는데 뜻을 같이하는 32명의 대북지원 단체와 종교계 대표들이 '북녘의 식량사정을 걱정하는 종교-시민사회 모임'을 결성하고 5.24조치 1주년을 하루 앞둔 2011년 5월 23일, 서울 프레스센터에서 '대북 긴급 지원 캠페인' 추진을 공식적으로 천명하면서 긴급 대북지원 재개운동이 시작되었다. 때마침 2011년 6월에 발생한 태풍 '메아리'와 '무이파' 및 집중호우로 인하여 당시 황해도 지역을 중심으로 심각한 피해가 발생하였기에, 6월에 개성에서 남측 민화협과 북측 민화협이 황해도 사리원에 밀가루 2,500톤을 지원하는 합의서를 체결하였다.

남측 민족화해협력범국민협의회(민화협)가 주관한 이 긴급 캠페인은 정부의 식량 지원 불가 방침으로 잠시 주춤거렸다가 여론에 밀린 정부의 승인으로 두 달만인 7월 26일, 밀가루 300톤 지원을 시작으로 11차례에 걸쳐 총 2,500톤의 밀가루를 황해북도 사리원 지역에 집중적으로 지원하게 되고, 이 과정에서 분배 확인을 위하여 총 네 차례에 걸쳐 32명의 대표단이 사리원 현지를 방문하였다. 남측 민화협이 주관한 이 캠페인에는 우리민족서로돕기운동, 한국JTS, 대화와 소통, 굿네이버스, 기아대책, 함께나누는 세상, 어린이재단, 월드비전, 어린이재단 등 30여개 대북지원단체와 시민사회단체가 공동으로 참여하여 NGO들 간의 연대와 협력의 한 단계 발전한 모델을 만들었다.

3. 북한 어린이 지원 사업

2012년 들어 우리민족서로돕기운동은 59개 대북지원단체로 구성된 대북협력민간단체협의회(북민협)의 회장단체로 선출하면서 인명진 목사는 북민협 회장으로도 활동하게 된다. 당시 남북관계는 2011년 12월 북한의 김정일 국방위원장 사망 이후 급속도로 악화되었고, 대북지원 또한 근근이 명맥만 유지되는 상황이었다. 이러한 상황 속에서 2012년 7월 평안남도 안주시와 인근 지역에 집중된 호우 피해로 북한의 대규모의 수해가 발생하였다.

북민협은 이를 계기로 긴급 식량지원을 재개하기로 하고, 4명의 실무대표단이 개성을 방문하여 북측 민화협과 '긴급 수해지원 및 어린이 지원 사업'에 원칙적으로 합의하게 된다. 그리고 8월 28일, 북민협과 남측 민화협 공동으로 '2012 북한 긴급 수해 지원 및 북한 어린이돕기 범국민캠페인' 선포 기자회견을 개최하고 8월 28일부터 9월 28일까지 한 달간 '북한 어린이와 함께하는 평화와 나눔의 한가위 캠페인' 추진을 선포한다. 비록 9월 17일 상암동 평화광장에서 열기로 하였던 KBS 특별 모금 생방송이 일방적으로 취소되면서 애초의 목적을 이루지는 못하였으나 당시 이명박 정부의 소규모의 수해지원은 조건 없이 승인하는 방침에 따라 두 차례에 걸쳐 지원이 이루어지게 된다. 그러나 수해지원과 함께 추진하기로 하였던 '북한 평안남도 어린이 지원사업'을 위한 밀가루 2,000톤 지원은 북측의 세부합의서(분배확인서) 교환과 우리측 대표단의 현지 방문 거부 입장과 우리 정부의 모니터링 없는 식량지원 불허 방침으로 인하여 무산되었고, 사업 추진을 2013년으로 연기하게 된다.

2013년 2월, 박근혜 정부 출범 이후 3개월간 침묵하던 북측 민화협에서 5월 말, 어린이 지원사업 재개와 추진의사를 밝히고 6월 19일 우리 측 제안을 수용한 합의서와 분배계획서를 보내온다. 이에 북민협에서는 1차로 15억 원 상당의 밀가루 1,000톤과 옥수수 1,200톤, 전지분유 16톤을 황해도 및 평안도 13개 지역의 6만여 명의 아동들에게 지원하기로 하고 통일부에 반출 승인을 요청한다. 북측 민화협은 또한 7월 31일부터 8월 3일까지 북민협 대표단(단장: 인명진 목사) 9명에 대한 현지 방문을 수용하고, 초청장을 사전에 보내오는 등 적극적인 협력의 자세를 보인다. 그러나 박근혜 정부는 지난 정부에서도 진행되었던 소규모 식량지원을 불허하는 방침을 세우고 북민협의 반출 승인을 보류하였다. 이러한 정부의 식량 지원 불가방침은 현재까지 유지되고 있다.

한편 우리민족서로돕기운동은 보다 효과적이고 안정적인 북한 어린이 지원사업 추진을 위해 2010년 3월 29일, 함경북도 온성군 인민위원회 및 회령시 인민위원회와 합의서를 교환하고, 이후 해외동포단체들과 협력하여 온성군 105개 유치원 6,562명의 어린이와 회령시 3개 유치원 어린이를 대상으로 점심 급식용 빵과 콩우유 가루, 국수 그리고 의류, 과자 등의 물자를 정기적으로 지원하여 왔다. 우리민족서로돕기운동은 2010년 2월 24일 개최된 제64차 공동대표회의에서 함경북도 어린이 지원 사업을 보다 안정적으로 추진하고자 북한 어린이돕기 캠페인 'BaB(Bread and Balance)이 희망이다'를 전개하기로 결정하고 인 목사와 영담 스님이 'BaB위원회'의 공동위원장을 맡게 된다.

당시 인 목사가 시무하던 갈릴리교회에서는 이 캠페인 시작 때부터 매월 북한 어린이 500명을 지원할 수 있는 500만 원의 기금을 정기적으로 지원하였으며, 인 목사가 은퇴한 이후 지금까지도 계속되고 있다. 또한 갈릴리교회 신도들은 중국 현지의 빵과 국수 공장을 방문하여 지원하는 과정을 참관하는 현지방문 프로그램도 매년 한, 두 차례씩 진행하고 있다. 대북지원이 중단과 축소, 재개, 중단을 반복하는 매우 비정상적인 상황에서도 북한 어린이 지원사업이 안정적으로 추진될 수 있었던 것은 갈릴리교회와 같은 후원기관들의 꾸준한 지원이 있었기에 가능하였고, 또한 해외동포단체를 통한 간접

지원으로 추진되었기에 남북간 정치적 상황과 정부의 대북지원 제한 조치에 크게 구애받지 않고 추진될 수 있었다.

2013년 출범한 박근혜 정부는 정치·군사적 상황과 구분하여 인도적 지원은 지속 확대할 것임을 누누이 밝혔지만 실제로 인도적 지원을 남북관계와 연계하여 대북 압박정책의 수단으로 사용하고, 또한 국내 정치에 활용한 측면이 더 강하였다. 오히려 인도적 지원은 이전 이명박 정부보다 후퇴하였다고 평가할 수도 있다. 5.24 조치 이후 위축된 민간단체의 대북지원 활동은 박근혜 정부 들어서도 전혀 개선되지 못하였다. 또한 이명박 정부 시기 와해된 민관협력 체제도 복구되지 못하고 있다. 정부가 추진하고자 했던 모자패키지 사업뿐만 아니라 '복합 농촌단지 조성'이나 '농업, 축산 산림을 함께 개발하는 사업'들은 이미 민간단체가 지난 수년간 진행해 온 사업들이었는데 국내 민간단체들이 진행해 온 개발지원 방식의 지원 사업이 재개된다면 정부 차원의 개발 지원 사업도 탄력을 받을 수 있었음에도 불구하고 민관 상호협력과 역할분담은 거의 이루어지지 못하고 있는 상황이 지속되고 있다.

민간 차원의 대북지원이 박근혜 정부 들어서 최악의 상황으로 내몰린 것에는 북한의 남측 민간단체의 인도적 지원을 전면 거부하는 것에 기인하기도 한다. 그러나 그 과정을 돌아보면 우리 정부의 주장처럼 북한의 비인도적 조치만을 탓할 수는 없다. 현 정부 출범 이후 북한은 얼마의 시간이 지나지 않아 이명박 정부 말기 때 잠정 중단한 민간과의 협력 사업을 재개하겠다는 입장으로 전환한다.

그러나 현 정부는 집권 초기 시간이 필요하다는 애매한 이유를 들어 이명박 정부 때에도 추진된 민간의 소규모 식량지원을 금지하고 북한 방문을 제한하는 등 민간에 대한 규제조치를 강화하였다. 2013년 9월 인 목사를 비롯한 우리민족서로돕기운동 대표단의 방북에 대해서도 실무진 3명 이내로 방북 인원을 규제함으로서 결국 북한 방문이 취소되었고, 이후 박근혜 정부 3년 동안 단 한 번도 우리민족서로돕기운동 대표단의 평양 방문이 이루지지 못하게 된다. 그리고 올해 북한의 4차 핵실험과 장거리 로켓 발사로 개성공단이 폐쇄되고 남북관계는 최악의 상황을 맞는다.

UN의 대북제재 조치 발표 이후 3월 8일, 우리 정부의 독자적 대북제재 조치 내용에 대북 지원에 대한 특별한 언급은 없었고 다만 통일부 대변인의 언론브리핑을 통해 "독자적인 대북제재 조치에도 불구하고, 영유아 및 산모 등 취약 계층에 대한 인도적 지원은 지속적으로 추진하겠다는 기존 입장에 변화가 없다"며 "구체적으로 지원 시기와 규모, 분야 등 상황을 봐가며 신중하게 검토해 나가겠다"고 밝혔으나 실제로는 현재까지 물자지원뿐 아니라 간접적인 대북 접촉도 불허되고 있는 상황이 유지하고 있다(유진벨재단의 결핵 치료약 반출 승인에 대하여서도 통일부는 국제 NGO인 유진벨재단이 국내산 물품을 반출하는 것을 승인했을 뿐이라고 분명히 선을 그었다).

4. 앞으로의 전망

북한이 4차 핵실험에 이어 장거리 로켓 실험을 강행한 이후 한반도와 그 주변에는 극단적인 정치적 군사적 대결이 벌어지고 있다. 현재 남북간의 대화 채널은 모두 끊어져 있어 무장 갈등을 예방할 수단

조차 전혀 없는 상태이며, 남과 북 어느 누구도 평화를 말하지 않고 오직 진격과 총공세만 말하고 있다. 이러한 위기의식 속에서 평화에 대해 말하는 것이 무엇보다 중요하였다. 그래서 인 목사는 강우일 주교, 김영주 KNCC 총무, 도법 스님 등과 함께 한반도평화회의를 조직하고 3월 21일, 한반도의 평화로운 미래를 열 현실적이고 합리적인 방안에 대해 마음을 열고 진지한 대화를 시작하자고 호소하였다.

이날 한반도 평화회의에서 인 목사를 비롯한 참석자들은 첫째, 남북간 대화채널을 마련하고 인도적 지원을 지속해야 한다. 둘째, 북한체제 붕괴를 전제로 하는 자극적인 군사 · 정치 행동을 자제해야 한다. 셋째, 한반도의 비핵화와 평화협정 체결을 동시 해결 과제로 협상 테이블에 올려야 한다. 넷째, 개성공단을 조속히 재개해야 한다. 다섯째, 사드 배치를 재검토해야 한다고 주장하고 다음과 같이 호소한다.

"새벽이 오기 전이 가장 어둡습니다. 한반도와 동북아시아에 전쟁위기가 가파르게 고조된 지금이야말로 평화를 말하고 평화를 위해 대화할 적기입니다. 제재와 봉쇄를 넘어 진정한 대화와 협상을 시작할 것을 남과 북, 그리고 관련국 정부에 호소합니다. 한반도에서의 모든 무력시위를 중단하고, 지금 바로 '평화'를 논의해주십시오!"

지금 남북관계는 20년 전으로 후퇴하였다. 이러한 상황에서 민족화해와 남북간 교류협력을 통한 한반도 평화정착을 위해 헌신해 온 인명진 목사의 경륜과 지도력이 그 어느 때 보다 필요한 때이다. 필자는 지금까지 그래왔듯이 인 목사께서 무거운 책임감과 역사의식으로 평화의 길에 앞장서 주실 것임을 믿어 의심치 않는다. 이와 함께 영등포산업선교회 설립 60주년을 진심으로 축하드리면서 인 목사의 목회와 선교활동에도 존경의 인사를 드린다.

이주노동자선교의 첫 문을 열다

안기석
(갈릴리교회 피택장로)

필자가 갈릴리교회에 출석하기 시작한 것은 1986년 무렵이었다. 그러나 인명진 목사를 먼발치에서 처음 봤던 것은 1970년대 후반 새문안교회에서였다. 당시 대학생이었던 필자는 새문안교회에 출석하고 있었던 한 친구의 인도로 저녁 집회에 참석하게 되었는데, 당시 성문밖교회 담임이었던 인명진 목사가 강대상에서 사자후처럼 토하던 설교에 깊은 인상을 받았다.

그 후 1986년경 호주에서 돌아오신 인 목사를 필자의 친형이 만들어준 우연한 계기로 다시 만나게 되었는데, 새롭게 시작하는 개척교회에 출석하라는 권유를 받았다. 당시 갈릴리교회는 구로동의 한 상가 건물에 예배당을 마련하고 수십 명이 예배를 드리고 있었다. 1987년이 되자 박종철 고문치사사건을 계기로 민주화운동의 봇물이 터지기 시작하였고, 인명진 목사는 민주쟁취국민운동본부의 대변인으로서 맹활약하기 시작했다. 당시 교인들 중 상당수가 평일에는 '호헌철폐, 독재타도'의 구호를 외치며 대통령 직선제를 위한 개헌을 요구하며 거리에 나섰고, 주일에는 함께 모여 예배를 드리며 민주화를 염원하는 기도를 드렸다. 6.29선언 이후에는 노동자들의 시위가 물밀듯이 이어졌다. 당시만 하더라도 외국에서 온 이주노동자에 대한 관심은 없었던 시절이었다.

인명진 목사는 갈릴리교회의 역사를 크게 세 부분으로 나누었다. 1988년부터 1989년 2월까지를 갈릴리교회의 '애굽시대'로, 또 1989년 2월 구로 6동 희망의 집으로 이사 와서부터 2000년 11월 19일까지를 '출애굽시대' 또는 '광야시대'로, 그리고 그 후 현재의 신도림역 부근에 신축한 교회로 옮겨온 시기를 '가나안시대'로 본다. 이주노동자 선교는 갈릴리교회의 출애굽시대 또는 광야시대에 시작된 것이다.

이주노동자선교의 시작

인명진 목사가 이주노동자에 대해 처음으로 언급한 것은 갈릴리교회가 상가건물에서 희망의 집 건물로 옮긴 후인 1992년 10월18일이었다('이방나그네를 돌보라', 출애굽기 22장 20-26절).

"현재 우리나라에는 12만-13만 명의 이주노동자가 있다고 알려져 있다. 이런 이주노동자들에 대한 우리 사회의 시각은 다양하다. 문제는 우리 교회가 이들의 문제를 어떻게 보고 무엇을 할 것인가 하는 점이다. 성경의 대답은 간단하다. '이방 나그네를 학대하거나 억압하지 말고 잘 돌보라'는 것이다. 사실 우리 모두가 이 세상에 잠시 왔다 떠나가는 나그네다. 온 땅이 다 하나님께 속한 것인데 누가 주인이고 누가 외국인이겠는가. 온 세상이 하나님의 것이요, 온 인류가 다

하나님의 자녀이니 어느 곳에서나 누구나 자유롭게 똑같은 대접을 받으며 살 수 있어야 하는 것이 성서적 원칙인 것이다. 그러므로 하나님의 자녀 된 우리는 이주노동자 문제를 소홀히 할 수 없는 것이다. 우리의 형제로 똑같이 돌보아야만 한다.

성서는 또 '너희들이 종노릇한 적 있으니 그 빚을 갚기 위해서라도'라고 가르친다. 사실 노동운동, 농민운동, 인권운동, 민주화운동 및 해방 후의 병원, 학교 시설 등에서 우리는 얼마나 많은 외국의 지원과 도움을 받았는가. 그 빚을 잊어서는 안 된다. 며칠 전 필리핀교회협의회로부터 편지를 받았다. 한국에 있는 불법체류노동자들의 문제에 대해 한국 교회가 도움을 주기를 바란다는 내용이었다. 권익보호, 교육, 교회 시설 개방, 단결할 수 있는 조직 건설 지원, 실태조사 및 전담기구 설립 등 참으로 어려운 문제, 벅찬 과제들을 요청한 편지였다. 걱정과 고민 가운데 갑자기 성경말씀이 생각났다. 마태복음 25장의 말씀이다."

그리고 그해 12월 20일 갈릴리교회 외국인노동자선교위원회가 주관하는 이주노동자를 위한 첫 예배를 드렸고, 며칠 후인 24일에는 이주노동자를 위한 성탄예배를 드렸다. 1993년부터 본격적인 이주노동자를 위한 선교사역이 시작되었다. 적은 수의 교인들이 많은 수의 이주노동자들을 섬기는 것은 쉽지 않았다. 인명진 목사는 이주노동자들을 위하여 봉사하는 교인들을 격려하는 설교를 하기도 했다.

"우리 교회는 1992년 12월부터 이주노동자들을 위한 선교를 시작하였다. 이 이주노동자 선교를 시작하면서 수고하는 분들이 있다. 추운

날인데도 예배 홍보지를 돌리고, 이들을 데려오는 분, 예배시간에 곁에 앉아 성경, 찬송을 찾아주는 분, 예배 후 이들의 푸념도 들어주고 음식도 준비하는 분 그리고 입을 옷을 사주는 분 등…. 이들은 정말 지극 정성으로 이주노동자들을 보살펴 주고 있다. 이런 교우들을 옆에서 지켜보노라면 가슴이 뭉클하고 참으로 흐뭇한 마음이 생긴다. 저렇게 안하여도 될 분인데 보잘것없는 사람을 위하여 그들의 종처럼 굽실거리며 온갖 정성을 다 기울이고 있다. 정말 우리 교회는 장한 일을 하고 있다."

1993년 설날에는 이주노동자들을 위한 잔치도 마련하였고 그 후에는 체육대회 등을 통하여 친교의 장을 마련하기도 했다. 인명진 목사는 갈릴리교회가 한국 교회 중 처음으로 이주노동자선교에 앞장서게 된 것을 계기로 한국교회 외국인노동자선교위원회 위원장을 맡게 되었고, 그해 2월 21에는 '이주노동자 인권보장을 위한 길'이라는 주제로 발제를 하기도 하였다.

이주노동자선교의 어려움

이주노동자선교 사역 초기만 하더라도 외국인노동자란 표현을 사용하기도 했는데 이주노동자와 외국인노동자는 다른 의미를 지니고 있는 용어라고 한다. '이주노동자'란 용어는 '이사 온 노동자'라는 뜻이다. 온 세계가 하나님의 나라이므로 이주노동자는 다른 나라에서 살다가 우리나라로 이사 온 것이 아니라, 단지 자신과 가족의 필요에 따라 이곳으로 이사 온 사람일 뿐이다. 그러나 '외국인노동자'

는 다른 나라에서 우리나라로 돈벌이를 위해 잠시 온 사람이라는 뜻
이다. 따라서 '외국인노동자'라는 말은 세상 사람들이 쓰는 말이지
그리스도인들이 쓸 말은 아니라는 것이었다.

아무튼 이주노동자선교를 처음 시작할 무렵에는 여러 가지로 고
민거리들이 있었다. 가령 '불법체류자들을 교회가 수용하여 함께 예
배를 드리는 것이 옳은가' 하는 문제를 제기한 교우도 있었다. 이주
노동자들을 섬기기 위해 필요한 재정을 확보하는 일도 쉽지 않았다.
당시 갈릴리교회는 노동조합교육, 희망공부방, 문화교실 등 다양한
사업들을 펼치느라 살림살이가 빠듯했다. 그럼에도 불구하고 인명
진 목사와 갈릴리교회 교우들은 이주노동자선교 사역이 시대적 사
명이라고 믿고 포기하지 않고 밀고 나갔다. 처음에는 그야말로 '대박'
이었다. 700~800명의 이주노동자들이 그 좁은 갈릴리교회로 몰려
들었다. 특히 중국에서 온 조선족 이주노동자들이 넘치기 시작하자
이들을 따로 독립시켜 '조선족교회'를 만들었다. 당시 갈릴리교회의
교우들은 겨우 150명 정도였으니, 예배당 전체가 각 나라에서 온 이
주노동자들로 발 디딜 틈이 없었다.

이처럼 이주노동자들은 몰려오는데 예배드릴 공간은 부족하고
재정도 턱없이 모자랐다. 그때 소망교회의 지원이 큰 도움이 되었지
만 곽선희 목사가 은퇴하면서 지원이 끊어지게 되었다.

갈릴리교회의 선택은 두 가지로 좁혀졌다. 지금까지 해온 이주노
동자선교를 포기하든지, 아니면 스스로 자립할 수 있는 구조를 갖추
어야 했다. 이주노동자선교를 포기하지 않기 위해서는 교회가 자립
해야 하는데, 그러자면 교인이 더 늘어나야 했고, 교인이 늘어나려면
구로동의 그 자리와 그 시설로는 어렵다고 인명진 목사는 판단했

다. 교회당 위치를 옮기고 교회당을 건축해야 했다. 이때부터 인명진 목사는 두 가지를 놓고 기도했다고 한다.

"하나님, 두 가지입니다. 이 선교사역을 다른 교회로 옮겨가시든지, 우리가 이 일을 계속하기 원하신다면 큰 교회당을 주십시오. 그래서 스스로 이 일을 할 수 있도록 교인도 늘어나고 재정도 넉넉하게 해주십시오."

놀랍게도 이 기도가 이루어져서, 신도림역 부근에 예배당을 신축하게 되었다. 이주노동자들이 갈릴리교회에 몰려들지 않았다면 예배당을 짓지 않았을지도 모른다. 순전히 이주노동자 사역을 지속적으로 하기 위해서 예배당을 신축한 것이다. 인명진 목사는 지금까지 이주노동자 800여 명에게 세례를 베풀었다. 해외에 파송된 선교사들이 현지에서도 감당해내기 어려운, 놀라운 일들을 이룬 것이다.

이주노동자선교의 유형과 원칙

이주노동자선교의 유형은 두 가지이다. 첫째, 복지와 인권 보호를 목적으로 하는 선교다. 이 일은 '국경 없는 마을' 같은 시민단체들이 주로 맡고 있다. 여기서는 주요 업무로 이주노동자의 구타사건이나 임금 체불 등을 주로 해결해준다. 이주노동자에 대한 인권과 복지는 우리나라의 국내법으로도 잘 보호해 주고 있는 편이다. 예를 들면 산업재해가 날 경우 본국의 근로자들에 대한 보상과 동일한 수준으로 보상하도록 법이 정하고 있다. 심지어 그 대상자가 불법체류자이더라도 이 법을 적용받게 되어 있다. 불법체류 사실이 드러나도 그 동안 일한 노동에 대해서는 임금을 지불 받는 규정도 두고 있다. 이런 법적 보호 장치 또한 세계 여러 나라들에 비교해서 결코 이주노동자들에게 불리하지 않다.

둘째는 이주노동자들에게 복음을 전하여 예수를 믿도록 인도하는 선교이다. 교회들 중에는 많은 교회들이 이것만이 선교라고 생각하여 그들의 인권이나 복지 문제에는 무관심한 경우도 없지 않다.

갈릴리교회의 이주노동자선교는 이 두 가지를 함께 추구했다. 그들에게 복음 전파와 함께 복지와 인권을 위해서도 노력했다. 갈릴리교회는 이주노동자들의 식탁에 늘 닭고기를 올렸는데, 이것을 대가로 예수 믿도록 강요하지 않았다. 언젠가 서울시내 큰 교회의 청년들이 이주노동자들을 '황금어장'에 비유하며 복음을 전하겠다고 갈릴리교회에 찾아왔는데, 인명진 목사는 이들을 모두 내쫓고 그 이유를 다음과 같이 설명하였다.

"우리가 닭고기를 주면서 예수님을 믿으라면 그들은 예수님을 닭고기로 생각하게 되고, 닭고기를 먹기 위해 예수님을 믿은 사람은 틀림없이 닭고기가 떨어질 때는 예수님을 떠나게 된다. 그러므로 우리는 절대 이주노동자들에게 예수를 믿으라고 권하지 않았다. 예수 믿으라는 말은 그들이 스스로 하는 말이어야 한다. 우리는 마음을 다해 닭고기를 장만하여 식탁을 차리면 된다. 갈릴리교회 성도들은 예수를 믿으라고 하지 않으니 오히려 그들이 이상하게 생각하고 신앙에 관심을 가졌다. 그 결과 우리는 800명 넘는 이주노동자들에게 세례를 베풀 수 있었다.

만약에 갈릴리교회가 닭고기를 주면서 예수님을 믿도록 강요했다면 그들은 예수님을 믿는 척 했을지 모르지만 마음으로는 안 믿었을 것이다. 마음으로 믿은 그들은 닭고기를 먹지 않더라도 예수님을 버리지 않고, 심지어 자기 나라에 돌아가서도 교회를 세우고 예수를 믿고 있는 것이다".

갈릴리교회는 이주노동사선교를 하면서 나름대로의 원칙이 있었다. 이주노동자를 불법으로 남아 있게 한다든지, 불법체류자를 옹호하는 일은 절대로 하지 않았다. 다만 그들이 불법체류자이든 아니든 교회를 찾아온 나그네라는 이유만으로 갈릴리교회가 할 수 있는 최선의 도움을 주고자 했다. 갈릴리교회에 오는 이주노동자들이 이따금 텔레비전에서 인명진 목사가 출연하는 것을 보고는 인 목사가 힘깨나 있는 사람이라고 생각하여 불법체류자로 더 있게 해달라고 부탁한 일도 있지만, 그때마다 인 목사는 법을 지켜야 한다는 원칙을 지켰다. 다음은 인명진 목사의 회고이다.

"몽골에서 온 한 청각장애인 청년도 불법체류자였는데, 병원에서 진단을 했더니 수술을 하면 청각이 살아날 수 있다고 했다. 그런데 수술도 하지 못한 상태에서 당국에 체포됐다. 우리는 그의 체류 기간을 연장시킨 뒤 우리나라에서 수술을 받도록 해야 할지, 아니면 돌려보내야 할지 고민했다.
우리는 원칙을 지키기로 했다. 먼저 그를 본국으로 돌려보냈다. 불법체류자였으므로 나라의 법에 따라 추방되는 것이 맞다. 대신 우리 교회가 그 청년을 다시 초청해서 수술을 받게 했다. 그리고 수술을 하기 위해 그를 초청할 때 수술 후에는 꼭 돌아가겠다는 약속을 받았다.
한번 불법체류자로 기록이 남으면 다시 국내에 들어오기는 쉽지 않
다. 하지만 나는 그가 수술을 받은 뒤 꼭 돌아가게 하겠다는 보증을
서고 외무부가 몽골 대사관에 연락하여 비자를 받도록 했다. 청년은
우리나라에 와서 수술을 받았고, 다시 소리를 듣게 되었으며, 회복한
뒤 몽골로 다시 돌아갔다."

이주노동자들의 복지와 인권

이주노동자들은 언어소통에서 벽에 부딪혀 몸이 아파도 제대로
치료를 받지 못하는 경우가 많았다. 병원이나 약국이 어디에 있는지
도 몰라서 치료도 받지 못하고 약을 사먹지도 못했다. 이 때문에 갈
릴리교회는 의료사업을 집중적으로 하기 시작하였다. 당시 갈릴리
교회에는 수명의 의사들이 있었는데 이들이 무료진료에 나섰다. 그
러자 많은 이주노동자들이 교회에 와서 치료를 받았다.

또한 임금 체불 기업들을 찾아가 대신 월급을 받아주는 일도 했
다. 여기저기서 매를 맞고 항의하는 이주노동자들을 대신하여 문제
해결을 위해 뛰어다니기도 했다. 또 목욕탕에서 피부색이 다르다는
이유만으로 받아주지 않는 이주노동자들을 위해 갈릴리교회 화장실
에 샤워기를 설치하여 몸을 씻을 수 있도록 했다. 소기업이나 가내공
장의 경우에는 샤워실도 없고, 숙소도 변변치 않아서 창고나 계단 밑
에서 자야 하는 이주노동자들이 많았다. 목욕할 데가 없던 그들은 오
랫동안 목욕을 하지 못해서 악취가 진동했다. 그들을 위해 갈릴리교
회가 제공한 화장실 샤워장은 인기가 좋았다. 교우들은 화장실 밖에

서 기다리고 있다가 샤워를 마친 사람들에게 수건을 나눠주는 일을 열심히 했다.

갈릴리교회는 임시은행 기능도 했다. 이주노동자들은 대부분 불법체류자들이었으므로 돈을 합법적으로 가족들에게 보낼 길이 없었다. 그래서 갈릴리교회가 아예 임시은행을 차려놓고 그들의 돈을 모두 받은 뒤, 교인들의 주민등록증을 빌려 교인들의 이름으로 송금했다. 한 달 동안 3억 가까운 돈을 송금한 적도 있었다. 인명진 목사는 이 일을 이렇게 회고한다.

"그 무렵 우리 교인들은 월요일마다 두 사람씩 은행에 가서 하루 종일 교인들의 이름으로 돈을 보냈다. 이 사람들이 우리 교회를 믿고 돈을 맡겼으니 가능한 일이었다. 그러므로 이때는 복음을 전하기보다 이 사람들이 처음 우리나라에 와서 겪는 여러 가지 어려운 상황을 돌보는 일에 몰두했다. 이제는 돈 붙여달라는 사람도 없고, 의료시설도 그때만큼 이용하는 사람들이 적다. 그만큼 이주노동자들의 복지 수준이 높아지기도 하고 또 연륜이 쌓이면서 교회의 도움 없이 그들의 문제를 스스로 해결할 수 있게 된 셈이다. 하지만 이주노동자선교를 시작하던 그 무렵 우리의 갈릴리 마을엔 그들을 위한 병원, 목욕탕, 식당, 경찰, 그리고 심지어 은행까지 갖춘 훌륭한 마을이었다."

이주노동자들의 신앙과 예배

이주노동자들의 복지나 인권 문제는 나름대로 성의를 다해 해결하려고 노력했지만 이주노동자들의 예배에 사용할 언어 문제가 고민이었다. 인 목사의 회고는 이어진다.

"그들은 아직 한국어를 배우지 못했고, 우리도 그들의 언어를 알지 못했다. 고민 끝에 하는 수 없이 영어로 예배를 드리기로 했다. 영어로 설교를 하고, 찬송도 영어로 불렀다. 그랬더니 영어를 쓰는 사람들 곧 필리핀과 영국식민지였던 파키스탄, 방글라데시, 스리랑카, 인도 출신의 노동자들이 많이 찾아왔다. 그러다보니 영어를 잘 모르는 사람들은 오지도 않고, 오더라도 주목하지 못했다. 게다가 필리핀 사람들이 가장 많았는데, 이들은 천주교인들이었으므로 복음을 전하거나 세례를 주는 일이 없었다. 지금은 교회뿐 아니라 다른 종교의 사원들도 이주노동자선교를 하고 있어서 천주교인이 대부분인 필리핀 사람들의 경우 천주교회로 옮겨갔다. 또 영어를 활용해 예배를 드리는 교회들이 많이 생겨나 영어 소통이 능숙한 사람들은 그리로 또 옮겨갔다."

현재 갈릴리교회는 비영어권에 속하는 인도네시아, 몽골 등에서 온 이주노동자들을 돌보는 데 관심을 기울이고 있다. 그들의 나라에서 교역자들을 데려와 그들의 언어로 예배를 인도하도록 하고, 갈릴리교회는 그들의 복지와 인권을 위해 일하고 있다.

그 결과 이제는 각 나라마다 교회가 세워지게 되었다. 1999년에 처음으로 독립적인 교회로 세워진 조선족 교회, 그 다음해인 2000년에 세워진 몽골 교회, 이어서 세워진 인도네시아 교회, 파키스탄 교회 등이다. 인명진 목사의 증언이다.

"… 그러니 갈릴리교회는 마치 다국적 교회처럼 되었다. 한국어로 예배를 드리는 한국 교회가 있고, 몽골 교회, 인도네시아 교회, 파키스탄 교회 그리고 영어로 예배드리는 GIC(Galilee International Church)가 있다. 이 다섯 교회가 모두 동등한 하나님의 교회이며, 교회의 구성원들은 누구나 하나님의 백성이라고 말들 한다. 그들은 한 공동체이면서 저마다 다른 신앙 문화를 가지고 있다. 이것은 마치 울긋불긋 여러 종류의 꽃이 피어 있는 동산 같아서 볼 때마다 아름다운 모습이다. 가령 나는 이주노동자들 800명 이상에게 세례를 주었는데, 이들은 세례보다 침례를 더 선호한다. 특히 예배도 깜짝 놀랄 만큼 요란하게 드린다. 몽골교회는 신비로운 카리스마를 구하는 집회를 한다. 이따금 몽골 교회의 예배 현장을 보는데, 목사가 이마에 안수를 하면 뒤로 벌러덩 넘어지기도 한다. 나는 이런 종류의 집회를 좋아하지 않지만 그렇다고 참견하지도 않는다. 내가 나라별 교회들의 이런 다양한 신앙형태에 관여하지 않는 까닭은 몇 가지 이유 때문이다.

그들의 나라에서는 기독교가 소수 종교이다 보니 사탄의 세력에 둘러싸여 있다. 그래서 요란스럽게, 표 나게 집회를 인도하지 않으면 그 핍박을 견딜 수가 없다. 힘들고 어려운 상황에서 예수를 믿는 사람들이 조용하게 믿을 수는 없는 노릇이다. 소리도 질러서 기도하고, 미친 듯 몸을 흔들며 찬송도 부른다. 그들은 대개 처음 신앙을 갖는 이들이 대부분이므로 더욱 두드러지게 믿는 편이다.

세례를 받을 때도 이마에 물을 찍는 것보다 물속에 풍덩 담그는 침례를 받는 것을 더 좋아한다. 그래야만 더 오래 기억에 남을 수 있다. 처음 신앙을 가지는 사람들은 마치 이제 막 결혼한 부부처럼 조잘조잘 이야기도 많이 해야 한다. 그러다가 살아갈수록 말수가 줄어들고, 나중에는 말하지 않아도 눈짓 몸짓 발걸음만으로도 마음이 통하게 되듯이 하나님과의 관계도 그리 깊어지게 마련이다. 그러니 처음 믿는 사람은 좀 요란하게 믿다가 시간이 더 깊어지면 느낌과 감각만으로 소통이 되는 것이다. 신앙 연륜이 쌓이면 묵상기도만으로도 깊은 기도의 세계에 들어갈 수 있지만 초보적인 신앙을 가진 사람은 묵상기도를 하면 잡념이 들게 되므로 이야기하듯 소곤소곤, 때로는 큰 소리로 기도해야 한다."

이주노동자선교에 대한 갈릴리교회의 원칙은 나라별 교회들이 그들 방식으로 신앙할 수 있도록 하는 것이었다. 갈릴리교회가 할 일은 그들이 하지 못하는 복지 문제와 의료 문제 등을 펴고, 경제적으로 조금 넉넉하니 재정적으로 돕는 것뿐이다.

현재 갈릴리교회는 이주노동자 네 개의 교회 교역자의 생활비로 매월 120만 원씩 공식적으로 보조하고 있다. 비공식적으로는 더 많이 지원하는 형태를 취하고 있다. 학교에 다니는 목회자의 경우 장학금을 지원하고, 자녀들이 있으면 자녀들에게도 장학금을 지원한다. 그리고 120만 원도 목회자의 사례비로 직접 드리는 것이 아니라, 그 교회를 지원하는 형태로 교회에 주어서 나라별 교회들이 자치적으로 정하여 집행하도록 한다. 이에 따라 각 교회의 제직회나 운영위원회는 목회자의 사례비를 그들의 기준으로 정하여 집행한다.

이주노동자선교 사역의 열매 중 가장 아름다운 것은 이곳 한국에서 양육된 각 나라별 사역자들이 본국으로 돌아가서 새로운 교회를 세우는 것이다. 몽골의 울란바토르에 교회가 창립되어 2015년 8월에 헌당식을 하였고, 인도네시아에서는 여러 지역에 교회가 세워져 비록 작지만 한 교단을 이룰 정도가 되었다. 갈릴리교회의 이주노동자 사역이 해외에서도 이어지고 있고, 그들과의 교제도 계속되고 있는 것이다.

(이 글은 저자의 양해를 얻어 『위대한 부르심』, 94-125쪽을 재정리한 것이다.)

〈참고문헌〉

인명진, 『위대한 부르심 - 갈릴리교회 30년의 이야기』, 비전북, 2015.

인명진의 일신기독병원과 미얀마 의료선교

임현모
(한 · 호 기독교선교회 상임이사)

1. 인명진 목사와의 만남
〈그는 매사에 분명한 분이었다〉

인명진 목사를 처음 만난 것은 2005년 8월 4일, 당시 재단법인 한호기독교선교회 이사장 정권섭 장로께서 필자와 인 목사를 법인 이사로 영입하기로 7월 18일 결의한 뒤 처음 참석한 이사회에서였다. 물론 1970년대 긴급조치 위반으로 법정에 서 있던 모습을 일간지에 실린 흑백사진으로 여러 번 보기는 하였지만 그를 직접 만난 것은 그날이 처음이었다. 인 목사는 검은 테 안경에 맑은 눈동자를 지닌, 온화한 분이었지만 빈틈없는 자세와 촌철살인(寸鐵殺人)으로 매사에 분명한 성격을 그대로 보여 주었다.

당시에는 3개월마다 이사회가 열렸는데, 박숙자 원장이 일신기독병원장으로 있을 때였다. 이 당시 이사회에 인 목사가 참석하면 직원들이 모두 긴장을 했다. 한번 본 재무제표는 숫자까지 정확하게 기억하기 때문에 직원들은 물론, 이사들도 깜짝 놀라거나 긴장하지 않을 수 없었다. 한번은 인 목사께 지난 해 결산을 보고 할 때 연차수당 미지급분이 있다고 말씀을 드렸는데, 신년도 예산에 이를 누락시킨 적이 있었다. 이를 발견한 인 목사는 "분명히 신년도에 지급해야 할 금액이면 지출 예산에 포함 되어야 할 것 아닌가?" 하며 정확하게 실수를 지적하기도 하였다. 이사회 때마다 인 목사의 지적에 원장, 행정부장, 경리과장이 쩔쩔 매는 모습을 보면서 '웬, 목사님이 병원경영을 저렇게 잘 알까?' 하고 궁금하였다. 아무래도 인 목사의 사모가 오랫동안 세브란스병원에서 사역을 하셨기 때문에 자연히 알게 된 것 같았다.

한번은 이사회 때 '이런 보고를 받으려고 여기 온 줄 아느냐'며 자리를 박차며 나가시는 바람에 쫓아 나가 다시 붙잡은 적도 있었는데, 이 같은 일이 두어 차례 더 있었고, 그때마다 인 목사를 모시고 돌아오는 일은 언제나 나의 몫이었다. 이렇게 하기를 3년, 이사 임기를 마치고는 다시 이사직을 맡지 않겠다고 고사를 하는 바람에 좀처럼 만날 기회가 없었다.

2007년 11월 12일, 이사회에서 박숙자 원장 후임으로 취임한 고신의대 출신 김형 원장이 나와 절친한 모(某) 목사를 함께 개인적으로 불렀다. 서울에 있는 유능한 목사님이 외국계 투자회사로부터 2,000억 원을 받아 병원에 투자하겠다고 하는데, 투자금을 유치하는 목사님을 이사장으로 영입하려고 하니 임 장로가 이 일에 앞장서 달라고 하였다. 이 이야기를 들은 정권섭 이사장은 사기꾼의 소행일 수 있으니 신중히 알아보자는 태도를 취했고, 그 후 이사회에서 병원을 위해 2,000억 원을 투자하는 이유와 상환 방법을 자세히 담은 투자 의향서를 보내 주면 신중히 검토한 뒤 결정하겠다는 결론을 내리게 되었다. 이에 대해 병원장은 직원들과 함께 이사장과 이사들이 기득권 욕심으로 '병원 발전을 위한 투자 유치를 받지 않으려고 한다'는 내용의 광고를 기독공보에 싣기도 하였다.

결국 김형 원장은 실체도 없는 투자회사를 들먹이며 직원들을 선동했고, 우리에게 자중지란(自中之亂)의 책임을 물어 사표를 내도록 하였는데 이 일을 두고 많은 사람들이 이사장과 상임이사가 기득권을 지키려고 투자를 받지 않았다고 비난하였으며, 심지어 이사들 중 일부도 이와 같은 생각을 하고 있는 것 같아 마음이 아팠다.

이를 계기로 정권섭 이사장은 인명진 목사를 다시 이사로 영입하기로 결심하고 장로인 나에게 이사 승낙을 받아 오라고 하였다. 소위 '2,000억 투자 해프닝'이라 불리는 사건으로 인해 인 목사를 다시 만나게 된 것이다.

또한 당시에 병원 경영이 10년째 적자를 보고 있어, 병원이 부도 직전이라는 말이 밖으로 나돌 때이기도 했다. 투자 유치에 불만이 있는 사람들이 병원 경영에 어려움이 있는 틈새에서 험담을 하고 있어 이들로부터 방패막이가 되어 달라는 나의 부탁에 인 목사는 이렇게 말씀하셨다.

"내가 필요하면 가야지요."

인 목사는 선뜻 이사직을 수락해 주었고, 2009년 6월 24일 이사직을 사임한 모(某) 이사의 잔여 기간에 복귀하여 비로소 법인 이사가 다시 되었다.

"실제로 2,000억 원을 투자했으면 이 병원은 누구의 병원이 되었 겠습니까? 병원을 어느 한 개인에게 뺏기고 마는 것이죠?" 하며 이사 로 오신 인 목사는 우리에게 힘이 되어 주셨다. 만약 그때, 잘못된 판단을 했다면 지금의 부산·경남 지역에 있는 여러 기독교학교처럼 일신기독병원도 개인에게 넘어 가는 불명예를 안았을지 모를 일이다.

2. 법인의 정체성과 권위를 확고히 하다
〈법인이 병원의 주인인 것을 확실히 인식시키다〉

인명진 목사는 이사 재임 2개월 후인 2009년 8월 10일, 정권섭 이사장 후임으로 제10대 이사장으로 취임하였으나 병원 경영은 여 전히 적자였고, 개선의 전망은 불투명한 상태였다. 이에 마음이 답답 한 이사장은 부산을 찾는 날이 잦았는데 병원에 와도 편하게 앉아 보고를 받고 업무를 처리할 마땅한 공간조차 없었다. 이런 시기에 인 이사장은 인력구조 조정을 하자고 제안했다. 사회적 환경이 저(低) 출산 구조로 변동하는 이때, 직원이 많으면 병원 경영에 어려움이 있 다는 이유에서였다. 이렇게 해서 2009년 12월 구조조정이 단행되었 고, 101명으로부터 사표를 받았다.

"내가 평생을 노동자편에 섰었는데 내 손으로 직원을 잘라 내다 니…" 하고 인 목사는 탄식하셨다. 이에 필자는 "9시 뉴스 감이 될 것입니다. 어려움을 각오해야 합니다"라고 말했다.

인 목사는 이러한 결단을 내린 현실에 대해 안타까워하기도 했다. 병원에 대한 애정이 있기에 이 길만이 모두가 살길이라는 것을 잘 알고 있었기 때문이고, 또한 다행히 언론에도 보도되지 않아 무사히 구조조정을 할 수 있었다. 인 이사장이 아니었다면 이렇게 조용히 구조조정을 할 수 없었을 것이다.

후에 인 목사는 당시의 상황을 다음과 같이 회고하고 있다.

> "이것은 참으로 기적에 가까운 과정이었다. 100명이라는 인원을 아무런 부작용 없이 구조조정한 것도 기적이고, 구조조정 일 년 만에 흑자로 전환된 것도 기적이라 하겠다. 이사회와 모든 병원 직원들, 그리고 노동조합이 함께 협력하여 이루어 낸 성과이며 하나님의 은혜이다" (『한국 교회와 호주 교회 이야기』, 252).

어느 날 이사장이 병원장실에서 보고를 받는데 원장이 상석에 앉아 보고를 하고 있었다. 옆에 있던 필자도 좌불안석(坐不安席)이었으니 이사장도 매우 불편했을 것이다. 이때만 해도 병원에 이사장실이 따로 없었다. 재단 사무국에 책상 세 개만 붙여 놓고 앉지도 못하는 옆방에 이사장 명패만 놓아두던 때였다. 이에 인 이사장은 "병원의 주인이 법인 이사장인데, 이사장이 이사장을 임명한 관리자에게 홀대를 받을 수 없다. 주객이 바뀐 것을 바로 잡아야 한다"며 사무실 재배치를 지시했고, 공사는 곧 진행되었다. 별관 중심부에 이사장실을 완공한 뒤 병원장이 이사장실에 들어와 업무 보고를 하게 했다. 병원 개원 60년만의 혁명적인 일이었다.

사실 그동안 설립자가 병원장을 하면서 이사회는 병원장을 보필하는 역할만 했다. 이러한 관행은 설립자 맥캔지 자매가 은퇴하고 난 후에도 계속되었는데, 모든 인사권과 경영권은 원장이 하고, 이사회는 울타리 역할만 했다. 당시 이사회는 병원장이 하자고 하는 대로 따라만 가는 형식적인 이사회였다. 정권섭 전 이사장의 증언에 따르면 상식적으로나 신앙 양심으로나 용납 할 수 없는 안건도 병원장과의 인간관계로 통과된 적이 여러 번 있었다고 한다. 그 결과 병원장이 여유자금을 여러 곳에 투자를 해 현재까지(2016. 4월 현재) 채권승소 판결만 받아 놓고 학교법인에 대해서는 학습권 우선으로 집행을 하지 못하고 있는 경우도 있다.

1980년대로 기억한다. 당시 개업의사로 일신기독병원 이사로 있던 한 장로가 "정권섭 장로가 욕심이 많다. 병원장이 하는 일에 간섭을 너무 많이 한다"며 기자로 있던 나에게 제보(?)까지 한 적이 있었다. 이처럼 정권섭 전 이사장은 법인의 위상과 정체성을 바로 세우기 위해 오랜 세월동안 노력하였지만 동조해 주는 이사가 없는 상황이었기 때문에 병원장을 견제하는 일은 쉽지 않았고, 결국 병원장은 재정에 여유가 있었음에도 불구하고 독단으로 남의 땅(대림 아파트 단지)에 화명일신기독병원을 신축하여 지금은 재산권 행사를 못하는 잘못된 투자가 되고 말았다.

2010년 11월 25일, 오지섭 병원장이 취임해 1년간은 구조조정을 한 시너지 효과를 보는 듯 했으나 2012년 하반기부터는 매출이 줄어들면서 2013년도는 연초부터 적자를 내기 시작되었다. 이에 인 이사장은 '은행 채무와 직원 급료, 퇴직금을 내 이름으로 지급해야 하는데 밤에 잠을 잘 수가 없다. 만약 최악의 경우가 생기면 누가 책임을 지느냐? 돈은 자기네가 쓰고 책임은 내가 지고, 이런 경우가 무슨 경우냐?'며 병원 간부회의를 직접 주재하며 직원 한 사람 한 사람을 면담하면서 인력의 누수가 없도록 부장급 인사까지 단행했다. 그 결과 모든 직원들이 비로소 병원의 주인이 법인 이사장이라는 생각을 갖게 되었다. 인 이사장의 강력한 리더십으로 이사장의 권위는 이제 절대적인 것이 되었다.

그 이후로 병원 경영이 호조를 보이기 시작했다. 10여 년 동안 적자를 기록하던 좌천동 일신기독병원이 시설 개·보수를 해 가면서도 2014년부터는 흑자 경영으로 전환되었으며, 화명일신기독병원도 인근에 맥켄지 화명일신기독병원을 신축해 분가하였음에도 불구하고 경영에 호조를 보이는 등 개원 초부터 경영의 청신호를 보였다. 그러나 인 이사장은 이에 만족하지 않고 우리나라에서 출산율이 가장 높다는 정관 지역에 병원을 세우자며 이미 조성되어 있는 대지 900여 평을 매입하여 2017년 개원 예정으로 정관 일신메디컬센터를 신축하기로 하고 설계를 하고 있다.

이 같은 경영 실적은 물론 하나님의 은혜라고 인 이사장은 말씀하지만 하나님께서도 사람을 통해 일 하시기에 인 이사장의 권위 또한 인정하지 않을 수 없는, 절대적인 것이 되고 있다.

3. 미얀마 의료선교의 단초를 놓다
〈꿈은 꿈꾸는 자에게만 이루어진다〉

인명진 이사장께서 어느 날 진지한 얼굴로 우리 법인이 왜 병원을 해야 하는가에 대해 물은 적이 있었다. 병원이 있기에 법인이 있는 것이므로 법인은 당연히 병원을 운영해야 하는 것 아닌가 생각했는데 인 목사는 이미 또 다른 꿈을 꾸고 계셨다.

"이제 우리 병원이 한국에서 할 역할은 다 했습니다. 우리 병원이 없어서 애를 낳지 못하는 임산부는 아무도 없습니다. 뿐만 아니라 우리 병원시설은 최첨단 시설도 아닙니다. 이제 우리의 역할은 끝났습니다. 그러므로 이제 법인이 법인의 설립 목적에 맞는 새로운 일을 시작해야 합니다."

그리고 이어서 말씀하셨다.

"60년 전의 한국과 같이 현재 가난한 나라에 우리의 의술을 펴야 합니다. 호주교회로부터 받은 빚을 갚아야 합니다."

인 이사장은 이 같은 말씀을 기회 있을 때마다 이사들과 병원장, 그리고 직원들에게 하시면서 세뇌교육(?)을 시키는 것이었다. 그러던 어느 날, 아마도 2014년 1, 2월이었을 것인데, 인 이사장은 자신의 계획을 본격적으로 제시하기 시작하였다.

"미얀마 양곤에 노동자병원이 있는데 이 병원을 우리가 맡아 진료합시다. 내가 신뢰하는 후배 목사를 통해 현지의 노동자병원을 알아보니 독일 사람들이 하려고 하는 모양인데 우리 법인이 맡아서 합시다."

그렇게 해서 시작된 미얀마 의료선교는 인 이사장의 강력한 의지로 2014년 5월 27일, 임시이사회를 개최하여 미얀마 선교 추진위원회(인명진 이사장, 홍순모 부이사장, 임현모 상임이사, 허원구 이사, 김운성 이사)를 구성하고 현지 법인 설립과 이에 따른 제반 절차를 추진위원회에 위임하였다.

아마 인 이사장도 이 일을 하면서, 내색은 하지 않았지만, 법인 설립에 따른 자금 조달과 현지에서의 추진 과정에서 일이 조금이라도 잘못된다면 돌아올 비난을 직접 감수해야 하기 때문에 속을 많이 태웠을 것이다. 그도 그럴 것이 상대가 미얀마 정부인지라 한국 사람의 상식으로는 이해가 되지 않는 일들이 겹겹이 쌓여 있었기 때문이었다. 그럼에도 불구하고 일은 순조롭게 진행되었다. 후에 알게 된 일이지만 미얀마 의료선교를 하게 된 동기가 인명진 목사의 도움을 받은 후배 전익상 목사가 그 은혜를 갚기 위해 미국에서 배운 의료행정을 바탕으로 이 일을 위해 발 벗고 나서 주었으며, 현지에 사업차 주재하고 있는 분들도 가난한 미얀마 사람들을 돕는다는 인 목사의 취지에 공감하여 자기 일처럼 도와주었기 때문이었다. 여기에 인 목사의 인지도도 당연히 한 몫을 하였다.

마침내 2014년 7월 28일 '韓·豪'라는 이름을 넣은 미얀마 현지법인 Hanho Myanmar Social Development & Service Co. Ltd 설립 허가를 받음으로써 합법적인 의료사역을 하게 되었다.

4. 미얀마 노동부장관과의 양해각서 체결
   〈꿈이 현실로 다가오다〉

2014년 8월 20일 미얀마 노동부장관과의 양해각서(MOU) 체결을 위하여 인명진 이사장, 임현모 상임이사, 김범한 재단 사무국장, 김정혜 병원장, 서성숙 병원장 등 일행이 미얀마 양곤으로 출발하였다. 현지에 있는 전익상 목사로부터 노동자병원을 우리 현지 법인이 맡아 진료 할 수 있게 됐으니 협약을 하자는 연락이 온 것이었다. 그곳에서 우리나라 1950년대의 환경과 같은 합판을 덮은 철제 침대에 환자복도 없이 누워 있는 환자들을 보면서 여기가 우리 법인이 있어야 할 곳이라는 생각을 하게 되었다.

우리 일행은 MOU 체결을 위하여 행정부처가 있는 수도 '네피도'의 노동부 청사로 갔다. 장관 대신 부장관이 국장급 3~4명을 대동하고 나왔는데 자신은 처음 듣는 이야기라며 발을 빼는 것이었다. 우리 일행은 뜻밖의 반응을 보고 어안이 벙벙하지 않을 수 없었다. 노동부 장관과 MOU 이야기를 할 때 지금 이 부장관도 배석해 있었다고 하는데 왜 이 같은 태도를 취하는 것일까? 우리 일행은 분명 여기에는 다른 뜻이 있을 것이라고 추측하였지만 뾰족한 수가 없었다. 승용차로 6시간 거리를 갔다가 다시 6시간 거리를 되돌아오면서 모두들 난감한 심정이었다.

다시 현지에서 도와주시는 분들이 여기저기를 연락해 2014년 8월 23일 토요일 오후에 양곤에 있는 노동부 구 청사에서 노동부 장관과 MOU를 체결하기로 했다는 소식을 들었다. 우리 일행들은 도저히 이해가 되지 않는 일들을 보면서 도대체 이런 분들과 앞으로 일들을 해 나갈 수 있을까 하는 의구심을 갖게 되었다. 자기네들 나라에 있는 낡은 병원을 수리하여 첨단 의료 장비와 의약품으로 환자들을 무료로 치료해 주겠다는 봉사자들을 이렇게 대할 수 있는지, 이 사람들의 태도를 이해하는데 꽤 힘이 들었다. 그러나 이곳에서 사업을 하는 한국 사람들은 흔하게 있는 일들이라며 우리를 이해시키기 위해 애를 쓰는 모습이었다.

노동부 부장관의 냉대가 있은 지 이틀 후 토요일, 약속대로 MOU 체결은 하였지만 다음 단계로 진척 없이 시간만 흘러갔다. 그러던 중 방금 미얀마에서 돌아왔다며 인 이사장이 인천공항에서 전화를 하였다.

"미얀마에 병원을 세웁시다. 무슨 일이 있어도 이곳 미얀마에 병원을 지어야 하겠어요. 어제 양곤에서 자기 땅 5,000여 평을 시가의 20%만 받고 기증하겠다는 좋은 사람을 만났어요."

처음 듣는 이야기에 얼떨떨했지만 인 이사장이 이렇게 흥분하는 것을 보면 상당한 이유가 있을 것이라는 생각을 했다. 그 후 정재혁 화명일신기독병원장이 현지로 가서 기증한 땅을 둘러보고 타당성 여부를 검토하기도 했다.

5. 김정혜, 정민자 의료 선교사를 파송하다
〈재단법인 한호기독교선교회 설립 목적이 이뤄지는 날〉

2014년 9월 30일, 우리 법인이 설립 90주년을 맞았다. 인 이사장은 기념예배를 드리는 자리에서 '미얀마선교에 대해 비전'을 발표했다. 그리고 2015년 2월 23일, 우리 법인이 설립된 지 91년 만에 김정혜(의사), 정민자(간호사) 두 명을 미얀마 의료 선교사로 파송하기 위한 첫 번째 예배를 드렸다.

김정혜 원장은 평소 원장 퇴임 후에 선교사로 나가겠다는 이야기를 자주하였기 때문에 미얀마 의료 선교사 파송에 적임자로 생각되었지만 정민자 간호사는 조금 의외였다. 정민자 간호사는 대학시절 'CCC 수련회'에서 선교사로 헌신할 사람 손들라고 할 때 번쩍 손을 든 것이 늘 마음에 있었다고 했는데, 법인에서 선교지 파송자를 모집한다는 이야기를 듣고 지난날의 서약이 이때를 위함이란 것으로 깨닫고 지원했다는 것이다. 파송예배 시간에 고3 재학생 딸과 가족들이 기도하며 환송하는 모습은 이루 말할 수 없을 만큼 큰 감동이었다.

미얀마 양곤에 도착한 김정혜, 정민자 선교사는 하루 빨리 현업에 참여하고 싶었으나 노동자병원에서는 전혀 관심이 없었다. 마음이 조급한 두 선교사는 미얀마 침례교단에서 운영하는 'Karen Baptist Christian Hospital(KBCH)'에 한 달에 1,000불을 내고 진료를 하기로 하였는데 이것마저 몇 개월을 기다려도 연락이 없다는 것을 뒤늦게 알게 되었다. 인 이사장은 이 소식을 듣고 두 선교사에게 "뭘 그렇게 조급하게 생각하느냐. 때를 기다려야 한다. 그곳에 가 있는 자체가 선교가 아니냐? 열심히 언어 공부하면서 미얀마 현지인들과 좋은 인간관계를 갖도록 노력하라"며 질책과 격려를 아끼지 않았다.

그러던 중 미얀마 국무회의에서 2016년 3월 29일자로 '한국의 김정혜 의사와 정민자 간호사는 미얀마에서 진료할 수 있다'고 의결하였다. 이 일에 도움을 준 현지 한국 분들에 따르면 노동부 장관과 노동부 실장, 국장들이 미얀마 국무회의에서 진료를 허가하는 결의가 나오도록 자기 일처럼 발 벗고 나섰다는 것이다.

진료허가증 발급을 계기로 노동부 장관은 미얀마 의료진 의사와 간호사 각 1명 총 2명을 한국에 보내어 선진의료 기술을 배우도록 허락하여, 2015년 12월 15일부터 2016년 3월 10일까지 미얀마 산

부인과 나잉(Yee Yee Naing)과 간호사 무(Naw Lwe Wah Moo)가 일
신기독병원과 화명일신기독병원, 맥켄지 화명일신기독병원에서 수
련을 받았다.

미얀마 총선 전이므로 외국과의 교류를 한다고는 하지만 오랜 군
정 하에서 여전히 획일적인 정치체제로 문호 개방에 대해 비판적이
던 이들이 외국인 의사를 받아들여 내국인을 치료할 수 있게 한다는
것은 참으로 놀라운 일이었다. 하나님의 섭리가 아니고서는 있을 수
없는 일이었다. 이로써 의료선교사 파송 1년 만에 합법적으로 의료
행위를 할 수 있게 되었고, 미얀마 의료진은 우리 일신기독병원에서
수련도 받게 되었다.

인명진 이사장은 수련을 받기 위해 부산에 온 여의사와 간호사를
위해 3개월 동안 서너 차례 만나면서 일신기독병원을 언제, 누가, 어
떤 목적으로 세웠으며 왜 일신기독병원이 미얀마에서 진료를 하려
고 하는지를 설명하며 친 일신기독병원파(?)가 되도록 간접 교육을
하기도 하였다. 뿐만 아니라 부경대학원 국제지역학과 석사과정에
있는 미얀마 여성 통역관과 함께 제주도와 경주 등 국내를 여행할
수 있도록 배려도 아끼지 않았다. 모든 일정을 마친 그들은 2016년
3월 10일 미얀마로 돌아갔다.

과거에 우리가 받은 빚을 조금이라도 갚는다는 마음으로 인 이사
장 이하 모든 직원들은 이를 당연한 것으로 받아들이고 기쁜 마음으
로 3개월 동안 이들을 섬겼다.

6. 인명진이라는 이름이 대외협력을 이끌어 내다
〈그 이름의 명성(名聲)〉

사람이 어떻게 살아 왔는지는 대인관계를 통해 알 수 있다. 인명
진 이사장은 참으로 잘 살아 오신 것 같았다. 그것은 무엇이던지 부
탁받은 이들이 적극적으로 동참하는 것을 보고 알았다. 이를 잘 설명
하는 실례들이 있다.

첫째로 인 이사장이 미얀마 노동자병원에 보낼 의약품과 의료장
비를 CJ그룹이나 한국 국제보건의료재단(KOFIH), 국립중앙의료원
(NMC)에 부탁했는데 적극적으로 도와주었으며, 둘째로 이 의약품
과 기자재를 모아 미얀마에 보내는 실무 일은 김춘실 집사께서 봉사
해 주었다. 아무리 명분이 있는 일이라도 부탁하는 분이 좋지 않으면
일이 성사되기 어려운 것이다. 그러나 좀 어려운 일이라도 존경받는
분의 부탁이라면 그 일을 성사시키기 위해 오히려 부탁받은 사람이
애를 쓰는 것이 세상사이다.

CJ그룹 부회장이나 한국 국제보건의료재단(KOFIH) 이사장과 국
립중앙의료원(NMC) 원장께서 의약품과 의료기자재를 신속히 기증
해 주신 것을 보면서, 그리고 자기 일처럼 부지런히 사람들을 만나고
의약품과 기자재를 모아서 미얀마로 보낸 김 집사를 보면서 인 이사
장은 세상을 참 잘 살아 오셨다는 것을 새삼 느꼈다.

김 집사에게 왜 이렇게 인 이사장을 도와주느냐고 물은 적이 있는
데, 이렇게 대답하였다.

"인 목사님이 그동안 하신 사역이 너무나 좋지 않습니까? 그분은 언제

나 약자 편에 서셨고 지금도 약자를 위해 일 하시는 것 아닙니까? 제가 하는 일은 저의 신앙고백과 같습니다."

우리 한·호 기독교선교회는 '인명진 목사'라는 이사장의 이름값으로 1, 2차에 걸쳐 10억 원어치의 의약품과 기자재를 미얀마에 보내게 된 것이다.

7. 미얀마에 의료기기와 의약품을 전달하다
〈미얀마 정부 고위인사들의 생각이 바뀌다〉

인천항을 통해 미얀마로 부쳐진 의약품과 의료기기가 통관될 때 미얀마 세관이 우리 법인에게 통관료를 내라는 것이었다. 인 이사장은 미얀마 사람들에게 무료로 나누어 주는 것인데 관세를 내라는 것은 있을 수 없는 일이라며 버티고 있었다. 그리고는 일방적으로 전달식을 하겠다며 미얀마행 비행기 표를 끊었다.

2015년 8월 10일 오전11시, 인명진 이사장, 임현모 상임이사, 김동하 이사, 김범한 사무국장, 전익상 목사, 정재혁 병원장, 김정혜 선교사, 정민자 선교사 일행이 의약품과 의료기기를 전달하기 위해 노동자병원에 도착하였다. 1층 복도에 물품을 전달하기 위한 행사장이 잘 꾸며져 있었다.

그런데 행사장에는 지난 번 '네피도' 정부청사에서 냉대를 했던 노동부 부장관이 나와서 진두지휘를 하고 있었다. 묘한 생각이 들었지만 그래도 반가웠다. 앞 테이블에는 양곤지역 국회의원과 내빈들과

100여명의 병원직원들은 복도에 마련된 의자에 질서 정연히 앉아 있었고, 양곤의 모든 언론사(MRTV. MRTV4. SKYNET. DEMOCRACY NEWS)가 대기하고 있었다. 복도 중앙에는 우리가 보낸 세균 현미경, 전신 마취기, 분만대, 병실 침대와 각종 약품들이 박스 채 쌓여 있었다. 어찌된 일인가 물었더니 노동부 부장관의 지시로 빈 박스에 의료기기와 약품명을 써 붙였다는 것이다.

이날 의약품과 의료기기 10억 원어치 그리고 부산진시장에서 구입한 고가품 우산과 수건 등을 기증하고 난 후, 참석한 언론사에서는 앞 다투어 이사장과 인터뷰를 하겠다며 경쟁을 벌렸다. 오후 4시에는 양곤침례병원을 방문해 전자 내시경, 혈액 자동분석기, 혈액 냉장고, 수술기구와 약품 등을 150여명의 현지 침례교단 목회자 지켜보는 가운데 전달하였다. 미얀마 정부가 외국인으로부터 의약품과 의료기기를 기증받은 것은 이번이 처음 있는 일이라 노동부 관계자와 국회의원, 언론사들이 크게 감동을 받았다는 것이다.

미얀마에 있는 한국선교사들 조차도 '잘 될까?', '어렵지 않을까?' 회의적으로 생각했던 일들이었지만 결실을 잘 맺어 김정혜 산부인과 전문의와 정민자 간호사가 진료를 할 수 있게 되었다.

8. 병원 건축을 시작하다
〈사도행전 29장을 써가다〉

미얀마 인기 여가수 '신신'이 2015년 3월, 자신의 소유 2천 여 평을 병원 신축 부지로 기증했다. 그녀는 한국인 아버지와 변호사 출신의 미얀마 어머니 사이에서 태어 난 맏딸로, 우리 법인의 사역을 이해하고 기증을 했다. 하나님의 은혜가 없이는 있을 수 없는 일이었다. 그러나 하나님은 여기에서 은혜의 샘물을 멈추지 않으셨다.

'산다'라고 하는 젊은 여성이 더 좋은 위치에 있는 땅을 기증하였기 때문이었다. 그는 대구 대학원을 졸업한 사람으로 한국인보다 한국말을 더 잘하는 엘리트 여성인데 그녀가 기증한 땅은 양곤 중심부에 있고, '신신'이 기증한 땅과는 달리 도시 기반시설이 이미 다 갖추어져 있는 대지이다. 이런 땅을 '산다'는 보람 있는 일에 사용해 달라며 기꺼이 내어 놓은 것이었다. 도심에 위치한 대지이어서 현지 시가로 수십 억 원어치가 된다는 2에이커(약 2,400평)를 산다는 3억 원에 30년 임대 조건으로 기증하고, 2015년 12월 31일에 이전 등기를 완료하였다.

인명진 이사장은 이곳에 게스트 하우스와 수술실을 지으면 국내외 의료봉사 팀들이 기숙을 하면서 의료봉사와 미얀마 전문 의료인 교육 등을 펼쳐 나갈 수 있으리라는 꿈에 부풀어 있다. 그도 그럴 것이 건물만 세워지면 단기 진료봉사를 하겠다고 예약을 한 사람들이 있을 정도였기 때문이었다. 지금 2016년 5월 현재 병원 개설 허가와 건물 신축 허가 절차를 밟고 있는 상태이다.

1972년 구로공단에서 영등포산업선교회를 시작한 인명진 목사. 그는 70년대에 지녔던 초심을 버리지 않고 미얀마 양곤지역이 갈릴리라 고집하면서 의료선교사를 파송하고 여기저기 지인들을 설득하여 의약품과 의료기기를 모아 전달한 선한 사마리아인과 같은 분이다.

이로써 나는 우리 법인의 사도행전 29장을 이렇게 쓰려고 한다.

사도행전 29장 1절: 충남 당진 부농의 가정에서 태어난 인명진 목사는 달걀찜을 먹고 싶어 목사가 된 후 구로공단 쪽방 촌에 있는 가난한 노동자의 삶을 보고 이곳이 내가 사역 할 곳이라 확신하고 '예수님이 가르쳐 주신 대로' 목회를 하려다가, 목사 안수 3개월 만에 긴급조치 1호 위반으로 감옥에 가기를 시작해 네 번이나 수감되었으며,

사도행전 29장 2절: 목회 경력 43년 동안 노회장, 총회 사회부장, 정치부장을 역임하면서도 교단 총회장은 못했지만 나라의 민주주의와 국민의 인권 신장을 위해 노력하며 한나라당 윤리위원장과 우리민족 서로돕기운동, 경제정의실천연합운동 그리고 중앙노동위원회 제도 개선 등으로 국민훈장 모란장을 수상하고, 모교인 장로회신학대학에서는 "의미 있는 목회"를 하였다고 명예신학박사 학위를 받았다.

사도행전 29장 3절: 그는 일신기독병원 제10대 이사장이 되어 화명일신기독병원과 한솔병원을 합병케 한 뒤 그 여력으로 맥켄지 화명일신기독병원을 신축하고 개원하면서부터 철저한 기획과 점검 등을 통해 흑자 경영을 하도록 지도하였다. 좌천동 일신기독병원도 직원들을 신앙으로 다지고 법인의 정체성과 병원의 설립목적을 계속적으로 주입시킴으로 만성적인 적자 경영을 10년 만에 연속 흑자 경영이 되도록 하였다. 그는 또 기장군 정관읍에 900여 평의 대지를 매입하여 정관 일신메디칼센터를 2017년 9월 준공 목표로 추진하는 등 경영의 탁월한 지도력을 기도의 에너지로 충전하는 세상의 어떠한 직책보다 목사직을 소중히 여기는 목사다.

사도행전 29장 4절: 그는 또 일신기독병원 개원 60년과 재단법인 한호기독교선교회 설립 90년 만에 미얀마 현지법인 Hanho Myanmar Social Development & Service Co. Ltd 이름으로 〈미얀마 일신병

원〉을 세워 미얀마에서 새로운 갈릴리의 꿈을 펼쳐 나가고 있다.

〈참고문헌〉

인명진, "부산일신병원 60년과 호주선교사", 『한국 교회와 호주 교회 이야기』,
　　양명득 편, 한장사, 2012.
일신기독병원 총동문회, 『맥켄지가의 딸들』, 일신기독병원, 2012.

"잔치는 가난한 이들과 더불어"
: 베트남 선교와 인명진

최호득

(갈릴리교회 담임목사)

　필자는 인명진 목사께서 가장 많은 사랑과 애정으로 창립하고 성장시킨 갈릴리교회를 현재 담임하고 있다. 어쩌면 인 목사가 걸어가신 족적을 가장 가까이에서 느끼고 이어가는 사람이라 할 수 있겠다. 언론을 통해 비춰진 인 목사의 이미지는 온 몸을 던져 조국 민주화를 이루어낸 투사요, 예언자적 목소리를 높인 사람으로 각인되어 있다. 필자도 갈릴리교회에 부임하여 사역하기 전까지는 이런 견해를 가지고 있었다. 하지만 갈릴리교회를 담임하며 사역을 계승하면서 인 목사는 탁월한 교회목회자였다는 사실을 재발견하게 되었다.

　첫 번째로 한국 교회의 예배를 새롭게 하는 예전적 예배를 정립하였다는 점이다. 한국 교회가 집회와 예배를 구분하지 못하고 사람 중심의 예배를 드리는데, 갈릴리교회의 예배는 말씀과 성만찬이 조화를 이루는 예배로 유명하다. 특히 목회자가 인도하는 회개의 권면은 물질과 사람을 우상숭배한 죄를 참회하게 하고, 말씀 선포로 이어지고, 성만찬으로 이어지는 아름다운 예배이다.

두 번째로, 장로교회의 직제를 새롭게 하였다는 점이다. 담임목사는 7년 마다, 장로와 안수집사 그리고 권사는 3년 마다 신임을 묻고 있다. 누군가를 배제하기 위한 제도가 아니라 교회를 섬기는 모든 이들이 초심으로 섬기게 하기 위해서 이다. 장로교회는 장로라는 제도 때문에 한국 사회에서 뿌리내리고 발전한 것은 사실이지만 지금은 스스로를 갱신할 수 있는 제도가 없어서 많은 문제를 양산하고 있다. 갈릴리교회는 신임투표에서 떨어진 사람 없이 초심을 잃지 않는 마음으로 직분을 새롭게 하고 있는 것이다.

마지막으로 선교를 새롭게 하였다는 점이다. 한국 교회의 선교론은 개인구원 그리고 교회 개척의 형태이다. 이것은 국내선교뿐만 아니라 해외선교도 이런 형태로 이루어지고 있다. 인 목사가 정립한 갈릴리선교는 사회적 주제를 선교적 주제로 전환하여 이 시대에 응답했다는 점이다. 그래서 한편으로는 사회 문제에 대하여 대응하고, 또 다른 한편으로는 선교적 부름에 응답하였다.

인명진 목사의 이러한 선교신학을 바탕으로 갈릴리교회는 재정의 50% 이상을 사회봉사를 위해 사용해 오고 있다. 독거노인들을 위한 사랑의 도시락 봉사, 외국인노동자 사역, 캄보디아 프놈펜 기술학교, 가나 컴퓨터센터, 아프가니스탄 의료선교 그리고 베트남에 암소 보내기 운동 등 다양한 선교 활동을 해 오고 있다.

또한 우리 교회에서는 지속적으로 선교를 이어가기 위하여 매해 1월 첫째 주 '공동체 계약 갱신 예배'를 통해 하나님과의 약속을 재 다짐한다. 그 내용을 살펴보면 삶의 제1 우선순위를 하나님께 두기,

자녀에 대한 지나친 교육열과 과잉보호 등의 부적정인 사회풍조를 따르지 않기, 과소비와 재물의 축적에 마음을 빼앗기지 않기, 이주노동자들과 함께 삶을 나누기, 장기 및 시신 기증하기 등 웬만한 결심이 아니고서는 쉽게 실천할 수 없는 일들까지도 모든 성도들이 다짐하고 이를 실천하고 있다.

베트남 송아지 보내기 선교의 의미

베트남 송아지 보내기 사역은 인명진 목사의 선교철학이 고스란히 담겨져 있다. 인 목사께서 갈릴리교회를 통해서 실천한 선교는 분명한 선교신학에 그 바탕을 두고 있다. 세계 교회와 함께하는 선교신학에 뿌리를 두고 있는 것이다. 세계교회협의회는 교회의 천년의 과제를 정의, 평화 그리고 창조질서의 보전(Justice, Peace, and Integrity of Creation)이라고 선언했다. 이런 선교신학에 바탕을 두고서 이주노동자 사역을 통해서 정의와 인권을 실천하는 선교로, 북한 어린이 돕기를 통하여 평화를 실천하는 선교로, 또 몽골 사막화 방지 나무 심기를 통해서 창조질서를 보전하는 선교로 자리 잡고 있다.

한국 교회의 많은 교회들이 개인의 구원과 교회의 확장이라는 선교적 이해를 바탕으로 하고 있다면, 갈릴리교회는 개인의 인간성도 회복되어야 하지만 사회도 구원받아야 할 대상으로 보고 있다. 나인홀드 니버는 『도덕적 인간과 비도덕적 사회』를 통해 죄의 집단성에 대해서 말하고 있는데 갈릴리교회는 집단과 사회도 구원받을 대상으로 보는 사회선교에 그 기초를 두고 있다.

베트남 송아지 보내기 사역도 사회선교에 그 기초를 두고 있는데, 이 사역은 정의, 평화, 창조질서 보전이 모두 포함되어 있는 선교사역이다. 먼저, 평화의 선교이다. 우리나라 역사를 보면 천 번에 가까운 외세의 침입을 받으면서 크고 작은 전쟁을 치렀다. 다행인 것은 외국의 침입에 대한 방어 전쟁이었지 침략전쟁은 아니었다는 점이다. 그러나 현대에 들어와서 타국과 전쟁을 치른 나라가 베트남이다. 물론 미국의 우방으로써 어쩔 수 없는 전쟁이었다고 궁색한 변명은 할 수 있겠지만 우리나라 군인들이 가해자로, 침략자로 전쟁에 참여했다는 점이다. 베트남 송아지 보내기 사역 속에는 전쟁에 대한 참회가 밑바닥에 깔려 있다.

두 번째로, 정의의 선교이다. 이것은 경제적 정의를 실천하는 마이크로 크레디트 개념의 선교이다. 1세계와 3세계, 도시와 농촌, 부자와 농민 이 양자들의 관계 속에서 양극화는 극단을 치닫고 있다. 3세계, 농촌, 농민이 스스로 누군가의 도움 없이 이 억압의 구조를 벗어날 길이 없다. 베트남 송아지는 가난의 구조를 탈출하는 3세계 농민의 희망이다. 지금까지 8백 마리 넘게 송아지를 보내었는데 수혜를 받은 대부분의 농민들이 기층 민중을 벗어났다.

세 번째로 창조질서 보전의 선교이다. 인간의 경제 활동은 생태계를 허물어 왔다. 무너진 생태계는 예측할 수 없는 자연이 되어 인간을 공격하고 있다. 인간이 경제 활동을 하지 않을 수 없지만 인간과 자연이 함께 공존하면서 서로를 살려가는 것이 베트남 송아지 사역이다. 사료를 먹이로 삼고 있는 우리나라와 달리 베트남 송아지는 풀을 주식으로 하고 있고, 자연의 일부로 생태 순환적 활동을 하고 있다.

다소 무거운 선교신학에 바탕을 두고 있는 사역을 인명진 목사는 교인들과 어떻게 눈높이를 같이 했을까? 생활과 연결되지 못하는 선교는 오래가지 못한다. 그래서 "잔치는 가난한 이들과 함께"라는 핵심 말씀으로 생활과 밀접하게 연결시켰다. 집안에 애·경사가 있을 때에 가난한 3세계 농민을 잔치 자리에 초청하는 마음으로 송아지 헌금을 하게 했다. 베트남 송아지 보내기를 처음 시작할 때 40만원 헌금하면 한 마리 송아지를 보낼 수 있었지만, 지금은 송아지 한 마리 보내는데 60만 원 헌금을 한다. 구약성경 레위기 율법에 따르면 잔치에 반드시 초청해야 하는 사람은 레위인, 종, 나그네 그리고 가난한 사람이다. 예수께서도 잔치에 가난한 사람을 반드시 초청해야 한다고 말씀하셨다. 갈릴리교회 교인들은 결혼식, 회갑연, 돌잔치, 장례식 등 애·경사를 치를 때마다 가난한 사람을 초청했는데 초대받은 가난한 사람은 '베트남전쟁 피해자'들이다.

'베트남송아지보내기' 사역의 성과

오래 전 우리가 공산주의자들로부터 자유민주주의 국가를 지키고자 베트남과 적으로 만나 전쟁을 하였으나, 그곳에서 우리 군인들이 민간인들에게 행한 여러 가지 과오와 잘못이 너무도 많이 있었다. 이제는 많은 시간이 흘렀지만 그들의 의식 속에 우리나라에 대한 좋지 않은 감정의 골로 남아있기에 용서와 화해라는 또 다른 선교의 얼굴로 그들에게 다가가는 시발점이 되었다.

인명진 목사는 그가 쓴 한 책에 다음과 같이 쓰고 있다.

"우리가 일본을 향해 역사왜곡을 비판하고 정신대 문제에 대해 사과를 요구하지만, 그러자면 먼저 우리가 가까운 과거에 저지른 베트남에서의 잘못된 과거사에 대해 속죄해야 한다"(『위대한 부르심』, 144).

갈릴리교회는 오랜 기도 중에 2000년부터 지구촌나눔운동에서 시작한 베트남 암소은행 사업과 협력하기로 결정하였다. 지구촌나눔운동은 베트남 빈곤 농가의 소득을 증진시키고 농촌지역의 빈곤을 퇴치하기 위하여 소액대출을 이용한 암소 지원 사업, 통칭 '카우뱅크' 사업을 하고 있었다. 베트남 농가 수입의 약 70%가 축산을 통해서 발생하는 점에 착안하였던 것이다. 특히 암소를 지원하는 이유는 소규모 농가에서 소는 노동력과 비료를 제공하여 농업 생산성을 높일 뿐만 아니라 새끼를 키워 팔아 재산을 증식시킬 수 있는 중요한 자산이기 때문이다. 그리고 '주민과 지역사회의 자립을 지원한다'는 기본 정신에 따라 지원 방식은 순환형 소액대출 형태로 하는데, 한 마을을 대상으로 암소 구입비를 대출하고, 일정기간 후 대출금이 상환되면 이를 다른 마을에 지원하는 방식이다.

무상지원이 아닌 대출을 시행함으로써 외부지원에 대해 주민의 의존 가능성을 줄이고, 회수된 대출금을 재대출함으로써 가급적 많은 주민들이 암소은행 사업에 참여할 수 있도록 하였다("베트남 암소은행 사업 백서", 29).

베트남의 다른 여러 지역에서 교회나 선교단체가 독자적으로 가축은행을 하여왔지만 대부분 실패했다. 회수율이 좋지 않고, 농가 교육에 실패했기 때문이다. 그러나 베트남 송아지 보내기는 회수율이 99% 정도에 이른다. 약간의 강제성과 책임성을 띠고 있는 공산당 정부가 관여하고 있고, 지구촌 나눔 베트남 사업소에서 송아지를 분양 받은 농가들을 지속적으로 교육하고 있기 때문에 가능한 일이다.

갈릴리교회에서는 인 목사님의 선교신학에 기초하여 교인들이 자신들이 맞이하는 가정의 대소사 즉 결혼, 회갑, 돌맞이, 장례 등에 가난한 이웃이 동참한다는 신앙고백의 일부로 헌금해 왔다. 그래서 베트남에 송아지 보내는 일이 우리 교회에게는 잔치에 가난한 사람을 초대하는 일인 셈이다. 헌금한 그 선교기금으로 2006년 6월 하노이 푹토현에 위치한 번남 마을에 송아지를 50마리 보내는 것으로부터 베트남 선교가 시작되었다.

2014년 하반기 갈릴리교회는 지구촌나눔운동과 함께 송아지를 지원한 농가가 하노이 지역을 중심으로 17개 마을 754가정에 이르고 있다. 지원한 금액으로 환산하면 미화 277,471 달러이며, 한화로 약 3억 5백만 원에 이를 정도이다.

이것은 우리 교회 교인들의 기도와 믿음 그리고 신앙고백의 결과인데, 베트남 선교를 통하여 오히려 우리 교회는 여러 가지 하나님의 축복을 경험하고 있다. 그 중 어느 권사님은 아들이 결혼한 지 오래되었는데 아이가 없어서 염려하다가 기도 중에 베트남 송아지 생각이 나서 헌금을 하였다. 그리고 얼마 후 기적처럼 큰 아들 내외에게 아이가 생겼다는 간증도 있었다. 뿐만 아니라 병 고침과 건강의 은사를 받았다는 교인들도 있지만, 무엇보다 가장 큰 축복은 가난한 곳 즉 베트남의 갈릴리에서 만나는 예수님과 우리의 이웃들이 아닐까 생각된다.

무엇보다도 보람된 것은 베트남 현지의 대다수의 수혜자가 암소 상환에 성공하고 빈곤을 탈출하여 미래의 소득 증진을 할 수 있는 물질적인 그리고 심리적인 기반을 확보하였다는 것이다. 또한 증대된 소득은 아이들을 위한 교육 투자와 안정된 주거환경 개선으로 그들의 미래가 점차로 밝아졌다는 반가운 사실이다.

CBS에서는 갈릴리교회의 베트남 선교를 방송에 소개하면서 다음과 같이 언급하기도 하였다.

"베트남 암소은행의 성공은 선교 방식 변화에도 시사점을 던져줬다. 일부 교회나 선교단체들이 물량주의 선교방식으로 물의를 일으키는 것과 달리 이른바 조용한 선교, 간접선교의 가능성을 확인했기 때문이다. 갈릴리교회 인명진 목사의 경우 올해까지 열한 번째 마을을 방문해 암소 지원 자금을 전달했고, 현지 주민들은 지속적인 관심과 사랑에 마음을 열기 시작했다"(CBS, 2012년 5월 14일).

베트남을 향한 꿈

필자는 2015년 송아지를 4년 전에 분양받은 한 농가를 방문했는데 선교지를 방문한 우리를 얼마나 환대하는지 대단히 감격했다. 이 농가는 송아지 세 마리 낳았는데, 송아지만 낳은 것이 아니라 아내도 임신하여 자식도 낳았고, 집도 새로 확장하여 송아지 한 마리의 영향력을 실감케 하였다. 더군다나 이 농가는 베트남 TV에 여러 번 보도되기도 하고, 농민상까지 받았다. 단순히 통계로만 나타나는 농민들의 가난 탈출이 아니라 삶의 질이 달라지는 것을 목격했다.

인 목사는 그곳에 직접적으로 예수 믿으라고 말하지는 않지만 한국 교회에서 예수 그리스도의 이름으로 아무 조건 없이 보낸 송아지를 바라보면서 저들도 언젠가는 예수 믿을 날이 있을 것이라고 믿고 있다. 그리고 갈릴리교회에서 새벽마다 베트남 들판을 누리고 있을 송아지를 위해 기도하고 있다. 인 목사는 장차 3천 마리의 갈릴리 송아지가 베트남 들판을 누비는 꿈을 꾸고 있는 것 같다.

오늘날 한국 교회는 개인구원과 교회 개척이라는 선교신학에 바탕을 두고 있다. 그러나 인명진 목사는 정의, 평화, 창조질서의 보전이라는 선교신학에 바탕을 두고서 선교 사역을 펼쳐왔다. 현 시대의 선교적 과제를 교인들의 눈높이에 맞추어 "잔치는 가난한 이들과 함께"라는 표어로, 일상생활과 연결시켜 선교와 삶이 절묘한 조화를 이루도록 했다. 필자는 이 선교 사역만을 통해서도 인 목사가 시대의 선각자 일뿐만 아니라 목회를 최우선시 하였던 탁월한 목회자라는 것을 베트남 현지에서도 확인할 수 있었다.

이 글의 끝부분에 인명진 목사가 드리는 처절한 참회기도문 일부를 소개하고자 한다. 이 기도가 우리 모두의 기도가 되어야 하지 않을까.

"주님, 지난 한 주간도 무엇을 더 많이 가져보려는 욕심을 부리며 저희의 꼭 쥔 손 가난한 사람을 향하여 펼치지 못했습니다. 그 수많은 시간을 나와 식구들만을 위해서 사용했습니다. 하나님, 저희들에게 주신 축복을 다른 사람을 위해서 보람 있게 사용하지 못하고, 오직 나만을 위하여 내 가정만을 위해서 사용한 것 용서하여 주시옵소서. 주님 앞에 섰을 때 주님께서 '너희 집의 풍성한 식탁에 내 자리가 없어 되돌아서 나왔다'고 말씀하시면 저희들 몸 둘 바를 모를 것입니다. 그때는 다시 되돌릴 수 없다는 것을 잘 알면서도 욕심으로 꽉 차서 이기적인 마음을 버리지 못하고 살아가는 어리석은 저희들, 주님 저희들을 불쌍히 여겨주시옵소서"(주여, 우리를 불쌍히 여기소서, 32).

〈참고문헌〉

지구촌나눔운동 편, 베트남 암소은행 사업 백서, 서울, 2013.
갈릴리교회, 베트남선교지 방문보고서, 서울, 2014.
인명진, 『위대한 부르심』, 갈릴리교회, 2015.
인명진, 『주여 우리를 불쌍히 여기소서』, 갈릴리교회, 2016.

인명진을 말한다

이웃종교와의
대화

인명진 목사는 "네 이웃을 네 몸과 같이 사랑하라"는
하나님의 말씀을 언제나, 어디에서나,
누구에게나 실천하여 왔다.
소납은 그러한 인 목사의 모습을 볼 때마다
불교에서 말하는 '보살'을 떠올리곤 한다.

종교인 인명진 | 영 담
자유인 인명진 | 홍창진

종교인 인명진

영 담

(부천 석왕사 주지, 우리민족서로돕기운동 상임공동대표,

전 불교방송 이사장)

인디언의 속담 중에 "그 사람의 신발을 신고 오랫동안 걸어보기 전까지는 그 사람을 평가하지 말라"는 내용이 있다. 이처럼 다른 사람에 대하여 이렇다 저렇다 말하는 것은 결코 쉬운 일이 아니다. 그럼에도 소납이 감히 인명진 목사에 대하여 글을 쓰게 된 것은 소납이 비록 인 목사의 신발을 신고 오랫동안 걸어보지는 않았지만, 인 목사가 남의 눈길을 피해 샛길이나 어두운 길을 택하지 않고 언제나 남들이 잘 볼 수 있는 길을 택하여 걸어왔기 때문이다.

소납이 인명진 목사와 처음 만난 것은 2009년 2월경 우리민족서로돕기운동이라는 단체에서였다. 그로부터 반년이 조금 지나 인 목사에 대하여 보고 느낀 점을 한 언론에 글을 통해 공개한 적이 있었다. 첫 인상에 대한 평가였던 셈이다.

중앙일보에서 발행하는 2009년 8월 1일자 〈중앙선데이〉에 그 글이 '찜통더위 씻는 소나기처럼… 걸림 없이 사는 사람'이라는 제목으

로 발표되었고 그 내용은 다음과 같다.

'걸림 없이 사는 사람'. 인명진 목사를 평하는 더 적합한 표현은 없다. 그와 인연이 깊은 것은 아니다. 인 목사가 민주화 운동과 시민운동에서 워낙 큰 족적을 남겼기에 활동상은 알고 있었지만 정식으로 인사한 것은 우리가 우리민족서로돕기운동의 상임공동대표를 맡게 된 2009년 초이었다.

인 목사는 2006년 한나라당 윤리위원장직을 맡았다. 말이 많았지만 나는 그의 뜻밖의 선택이 앞으로 어떤 결실을 보게 될지 궁금하였다. 인 목사는 말과 처신에서 그의 진면목을 보여주었다. 인 목사는 말한다. "예수님께서 죄인들과 가난한 사람들, 그리고 간음한 여인들에게 가셨듯이 한나라당이 흠이 많았기 때문에 소금 역할을 하려고 하였다."

실제로 인 목사는 불편부당하고 엄격한 도덕적 잣대를 적용했고 한나라당에 대한 부정적 인식을 바꾸는 데 상당한 역할을 하였다. 지난 총선 공천 때에는 "사람을 공천해야지 왜 철새들을 공천하느냐"며 거침없이 쓴 소리를 하기도 했다. 나는 인 목사가 고 제정구 전 의원이 말했던 '가짐 없는 자유'를 실천한다고 믿는다.

종교편향 문제로 나라가 시끄러울 때도 인 목사의 안목과 소신은 답답하고 짜증나는 찜통더위를 말끔히 걷어 내는 소나기 같았다. "이명박 대통령은 교회를 배신했다는 비난을 받더라도 교회와 관계를 끊어라. 오히려 교회를 역차별 해야 한다. 교회와 대통령이 밀착하면 대통령과 교회가 같이 망할 수 있다."

종교 지도자로서 공개적으로 이렇게 얘기할 수 있는 분이 과연 몇이나 될까. 인 목사는 예의를 갖춰 '은근히' 불교계를 향하여 따끔한 충고도 잊지 않았다.

"우리 다종교 사회에서 평화가 유지된 것은 불교의 관용과 너그러움 덕분이다. 이기주의적이고 자기중심적으로 변한 한국 기독교는 반성해야 한다. 하지만 불교계도 관용과 너그러움을 유지하려는 노력이 필요하다. 못난 우리(기독교)를 따라오려고 해서는 안 된다."

나는 따끔했다. 정신이 번쩍 났다. 남북문제에 대해서도 인 목사는 한나라당과 보수교단과는 다른 목소리를 내었다. 보수 측에서는 비난하지만 내가 보기에는 대단히 전형적이고 모범적인 인 목사의 태도이다. "이유를 막론하고 북한 동포들이 배고픔의 고통을 당하게 방치해선 안 된다. 내가 배고픈데 옆에서 배 두드리고 있으면 그 아픔은 안 잊혀질 뿐만 아니라 한이 된다. 통일 후 북한 동포에게 무슨 말을 할 수 있겠는가. 정부가 싸움을 하더라도 먹여놓고 싸움을 해야 한다. 지원한 쌀이 군대로 들어간다고 목소리를 높이지만 군대는 우리 동포 아닌가. 나는 인 목사가 하나님의 역사하심을 추호의 의심도 없이 믿고 있으며 무거운 짐을 진 이들에 대하여 애타는 사랑을 갖고 있음을 넘치도록 느낄 수 있었다. "인 목사는 같은 하늘 아래 오래도록 같이 살고픈 사람이다"(중앙선데이, 2009년 8월 1일).

그런데 인 목사는 마치 소납의 글에 화답이라도 하듯 소납의 평가가 틀리지 않았음을 바로 증명하였다. 소납이 중앙선데이에 기고를 하였을 때는 개성공단에 현대아산 직원이 억류되어 온 국민이 나라가 신변안전과 무사귀환을 걱정하던 때였다.

그 현대아산 직원은 억류된 지 135일이 지나 2009년 8월 13일에 무사히 귀환했고 이 과정에서 인 목사는 매우 중요한 역할을 하였다. 하지만 현대아산 직원의 귀환에 대해 언론에서는 현대그룹 현정은 회장의 역할을 부각시켰을 뿐, 인 목사의 역할에 대하여는 별 관심을 나타내지 않았다. 어찌 보면 언론에서 인 목사의 역할을 잘 알지 못했으니 당연한 일일 수도 있지만 말이다.

어찌되었던 역사적 사실은 인 목사는 개성공단에 억류된 현대아산 직원의 무사귀환에 그 누구와도 비교할 수 없는 참으로 결정적인 역할을 했다는 것이다. 현대아산 직원의 개성공단 억류 사건은 어느덧 7년 전의 이야기가 되었지만, 당시 상황을 되짚어보면 인 목사님의 역할을 제대로 이해하고 평가할 수 있다.

현대아산 직원의 개성공단 억류 사건은 2009년 3월 30일 북한 당국이 개성공단에서 근무하는 현대아산 직원 유 모 씨를 북한의 정치체제를 비난했다는 등의 혐의로 체포해 조사 중이라고 발표하면서 시작되었다.

그런데 이 사건이 발생할 즈음의 남북관계를 살펴보면, 2008년 2월 이명박 정부가 들어선 이후 5개월 정도가 지난 7월 11일 금강산에서 박왕자 피격 사망사건이 발생하였고, 이어 금강산 관광 중단이 발표되었다. 2009년 3월 5일 이명박 대통령이 오스트레일리아 방문 중에 케빈 러드 총리와의 정상회담에서 '유엔과 국제 핵비확산·군축위원회(ICNND) 등을 통한 군축 및 대량파괴무기와 그 운반수단의 비확산에 대한 협력을 확대한다'는 조항에 합의, 4월 5일 북한에서 우주로켓 발사, 5월 25일 북한에서 2차 핵실험 실시, 5월 26일 정부에서 PSI(대량살상무기확산방지구상) 전면 참여 공식 선언이 잇따르면서 남북관계는 급속히 냉각되고 긴장이 최고조로 치닫고 있었다.

이로 인하여 남북 당국간 대화는 불가능했고, 때문에 민간차원에서 대북인도지원단체가 나설 수밖에 없는 상황이었다. 그래서 인 목사님이 대북인도지원단체 중 맏형 격인 우리민족서로돕기운동의 상임공동대표 자격으로 대북협상의 대표를 맡게 되었던 것이었다.

당시 대북협상 과정에서 인 목사가 보여준 모습은 그야말로 한 마리 양을 구하기 위해 나선 예수님의 모습이었다. 당시 대북협상 과정에서 북한의 요구사항은 상당한 금액의 현금을 지원해 달라는 것이었다. 인 목사는 통일부에 북한의 요구사항을 전달했고, 통일부는 현금 대신 인 목사에게 민간창구를 통한 옥수수 지원을 약속하였다. 하지만 협상타결 막판에 통일부는 발을 뺐고, 인 목사는 할 수 없이 기업들에게 도움을 요청했으나 기업들이 정부의 눈치를 보느라고 지원금 용도가 대북지원 식량 구입비라는 이유를 들어 요청을 거절하는 바람에 인 목사의 입장이 매우 난처한 지경에 빠지고 말았다.

옥수수 구입비 30억 원이라는 거금을 마련해야 하는데, 정부의 비협조적인 태도로 인하여 많은 사람들은 대북협상의 결렬을 예상하였다. 그러던 차에 인 목사는 옥수수 구입에 필요한 계약금 3억 원만이라도 마련해서 일단 옥수수를 계약을 해야 한다며 소납에게 힘을 보탤 것을 제안하였다.

물론 소납이 인 목사의 제안을 받아들이는 것이 쉽지는 않은 것이었지만, 그래도 인 목사에 대한 신뢰와 존경심이 있어서 소납은 정성껏 힘을 보탰고, 이런 우여곡절 끝에 인 목사는 북측에 옥수수를 차질 없이 지원할 수 있었다.

인 목사님의 헌신적인 노력으로 현대아산 직원의 무사귀환은 성사가 되었지만 이후 남북관계는 점점 멀어지다가, 급기야 2010년 천안함 침몰 사태 이후 정부가 5.24조치를 발표하면서 남북관계는 '단절'되고 말았다.

그러나 인 목사의 '병들고 지친 자'들에 대한 사랑은 그칠 줄 몰랐고, 그 사랑은 우리민족서로돕기운동에서 추진한 'BaB캠페인'을 통해 북녘 땅에 전해졌다. 'BaB캠페인'은 북한의 어린이들을 지원하여 아이들의 건강과 생활환경 개선에 실질적인 도움을 주는 사업으로서 인 목사와 소납이 공동추진위원장을 맡아 2010년 3월부터 시행하여 지금까지 이어지고 있다.

인 목사와 소납은 지난 2011년 6월 21일부터 25일까지 'BaB캠페인' 사업의 대북지원 현장을 참관하기 위해 북중 접경지역인 중국 도문지역에 다녀온 적이 있었다. 그리고 2011년 8월 8일, 대한불교조계종의 기관지인 불교신문에서 인 목사와 소납을 초청하여 '대북 인도적 지원의 의미와 통일의 해법'을 주제로 좌담의 자리를 마련하였다. 이 좌담에서 인 목사는 종교인으로서 대북 인도 지원과 통일에 대한 자신의 생각과 신념을 소상히 밝혔는데 그 좌담에서 오간 대화는 다음과 같다.

영담 스님 : 다리 하나만 건너면 동족의 땅이었다. 우리의 핏줄인 어린이들의 손에 직접 간식을 들려줄 수 없다는 사실에 가슴이 많이 아팠다. 공식적인 남북교류는 단절되었지만 영유아 취약계층에 대한 지원 필요성에 공감한 종교인과 시민단체, 해외동포들이 힘을 모으고 있다.

결국은 우리의 아이들이고 우리의 아이들이 굶고 있다. 지나친 관용이라든가 혹은 군량미로 유용될 수 있다는 일각의 비난은 무책임하다. 이 세상에 자식들이 먹을 음식을 가지고 장난을 칠 부모는 없다.

인명진 목사 : 온성군 어린이 지원은 '밥'(BAB) 캠페인의 일환이다. '밥' 은 우리말의 밥이면서 영어로는 브레드(Bread) 앤 밸런스 (Balance)의 의미를 담고 있다. 어린이들이 건강하게 자라도록 영양의 균형섭취를 돕는 동시에, 남북간의 신뢰 형성과 균형적 발전을 추구한다는 취지다.

북한주민들의 신장은 남한 사람보다 평균적으로 머리 하나만큼 작은 형편이다. 신체적 차이로 인해 심지어 서로 다른 종족이라 고 말하는 외국인도 봤다. 한 달에 만 원이면 아이들이 굶지 않을 수 있다.

영담 스님 : 알다시피 남북교류의 문은 완전히 닫힌 상태다. 정부가 강경 입장을 유지하고 있어, 지자체의 지원도 끊어졌고 기업들 도 정부 눈치를 보느라 지갑을 열지 않는다. 순전히 민간의 십시 일반으로 자금을 모으려니 녹록치 않다. 본래 6,500여 명의 어린 이들에게 혜택이 돌아갔지만 절반 수준인 3,200명분만 보내고 있는 형편이다.

석왕사와 갈릴리교회가 각각 500명분을 맡았고, 나머지 필요한 돈은 백방에 호소하고 있다. 인도적 지원은 남북화해의 마지노 선이다. 상호신뢰를 복원하는 접착제이자 통일한국을 여는 마 중물이다.

인명진 목사 : 정부와의 마찰도 버겁다. 순수하게 헌금과 보시로 마련

한 물품인데, 정부는 남북경색의 현실을 들이대며 어깃장을 놓기 일쑤다. 간식을 실은 트럭은 매주 목요일 마을로 들어간다. 아이들과의 약속은 언제나 지켜졌고, 소박하지만 정기적인 도움은 믿음을 키웠다.

정말 어렵게 싹틔운 신뢰감이다. 실정법의 잣대를 들이대면 할 말이 없다. 그러나 단체에 참여하고 있는 대표들 모두가 감옥에 갈 각오로 지원 사업을 계속하고 있다.

영담 스님 : 금강산 관광객 피살사건, 천안함 침몰과 연평도 포격이 잇따르면서 남북관계는 파국으로 치달았다. 반드시 사과를 받아내겠다는 남한 정부의 집착, 결코 고개를 숙일 수 없다는 북한 정부의 고집 때문에 남북관계는 한걸음도 진전을 보지 못하고 있다. 과거의 경험상 아무리 압박을 한다 해도 변화의 시늉조차 보이지 않는 것이 북한정권이다.

여차하면 남한을 버리고 중국이나 미국만을 상대하겠다는 자세로 일관할 것이다. 우리의 경제규모나 국력은 북한과의 비교가 무색할 정도로 월등하다. 우리 정부가 상대적으로 여유롭고 풍족한 형의 마음으로, 대승적인 관점에서 먼저 손을 내밀었으면 한다.

인명진 목사 : 북한정권이 무너지면 자연스레 통일이 되리라고 착각하는 사람들이 적지 않다. 그러나 국제법상 북한은 엄연히 독립국가다. 국가의 거취는 북한의 인민들이 스스로 결정할 사안이다. 무엇보다 북한의 뒤에는 중국이 버티고 있다. 햇볕정책으로 남북교류가 한창 활발할 때에도 중국의 북한 원조에 비하면 남한의 지원은 매우 미미한 수준이었다고 한다.

지금은 이마저 끊겨 민족정서를 유지하면서 중국을 견제할 장치가 사실상 사라졌다는 우려다. 유사시 '민족'이 아닌 '우방'을 택할 확률이 크다. 이런 맥락에서 인도적 지원은 우리가 동포로서 의무를 했다는 최소한의 증거가 된다. 아울러 밥을 같이 먹는 게 식구(食口)다. 북한주민들은 결국 우리 식구이고 식구의 끼니 걱정을 나 몰라라 하는 것은 천륜을 어기는 일이다.

영담 스님 : 남북교류가 단절되면서 두 가지 악재가 발생했다. 먼저 북한 주민들이 더 단결하게 됐다. 교류가 활발하던 시기에는 체제의 통제가 느슨해지면서 남한에 대한 호감도와 동질감이 커진 게 사실이다. '위원장'이 못 먹여 살리는 우리를 남쪽 사람들이 먹여 살린다는 기대감이 자라났다. 이제 남녘에 대한 희망을 접으면서 그들은 마음을 닫아버렸다.

또 하나는 남한에 대한 불신에 반비례해 중국에 대한 의존이 더욱 극심해졌다는 것이다. '북중경협'이란 결국 북한이 생존을 위해 중국에 경제주권을 양도하는 행위다. 지하자원을 팔아넘겼고 향후 군사적 목적에 이용될 수 있는 나진·선봉지역 고속도로 건설을 허용했다. 개성공단이 존속됐더라면 지금과는 상황이 달랐을 것이다. '영구분단'이라는 비관적 전망마저 나오고 있는 실정이다.

인명진 목사 : 남북교류라는 공통의 목표 덕분에 종교 간의 장벽을 허물 수 있었다. 교리의 상충으로 인해 다종교사회는 갈등의 씨앗을 품을 수밖에 없다. 그러나 남북교류를 비롯해 공익적 사업의 연대가, 종교화합의 지름길이 될 수 있다. 무엇보다 합리적인 종교인들이 적극적으로 나서서 화합을 실천해야 한다.

영담 스님 : 경전에도 보면 다툼과 갈등의 궁극적인 원인은 자기주장만이 옳다고 버티는 것이다. 진솔하고 꾸준한 대화를 통한 이해와 존중이 절실하다. 일단 종교인들이 자주 만나야 한다. 생명이든 인권이든 환경이든 통일이든 우리 시대의 바른 가치들을 위해 함께 일하면서 유대를 쌓아야 한다. 당연한 이야기지만 사회에 보탬이 되어야 하는 게 종교다. 사회에 폐를 끼친다면 종교가 아니다.

인명진 목사 : 기독교든 불교든 종교의 관심은 결국 인간이다. 인간을 행복하게 하고 구원하는 것이 종교의 동일한 목적이다. 오늘날 우리 사회엔 종교 갈등이 엄존한다. 국민들에게 안녕과 평안을 주어야할 종교인들이 오히려 국민들을 불편하게 하니 죄송할 따름이다.

일부 기독교 극단주의자들의 몰지각한 언행으로 불자들의 마음을 아프게 한 점도 목사로서 미안하게 생각한다. 개인적으로는 스님들과 너무 가까워서 종교 갈등을 체감하지 못한다. 다종교 사회지만 다른 나라처럼 갈등이 전쟁으로까지 비화되지 않는 까닭은 불교의 넉넉함 덕분이라고 본다.

영담 스님 : 남북통일은 어느 날 갑자기 찾아오지 않는다. 김대중 노무현 정부 시절에도 서해대전을 비롯하여 크고 작은 군사적 충돌이 있었다. 그럼에도 남북화해의 분위기를 지킬 수 있었던 원동력은 우리 정부의 꿋꿋한 인내였다.

진심으로 그리고 오래도록 돕고 보살피지 않으면, 그들은 절대로 우리를 믿지 않을 것이다. 통일을 위해 설정해야 할 첫 번째 단계는 민간교류의 확대다. 상호신뢰가 어느 정도 정착되면 서로의 체제를 있는 그대로 존중하기 위한 법적 제도적 토대가 구축되어야 한다. 종교인들이 자주 만나 화합을 이루듯 남북한 주민들이 자유롭게 왕래해야 서로의 진면목을 알 수 있다. 그래야만 동반성장도 기대할 수 있다.

인명진 목사 : 우리 세대만 해도 막연하나마 통일에 대한 당위성을 생각한다. 그러나 젊은이들은 도대체 왜 통일을 해야 하는지 필요를 못 느끼는 상황이다. 통일은 단순히 민족적 명분 때문이 아니라 국력의 비약적 신장이라는 실리적 차원에서도 기필코 성취해야 한다. 통일한국은 중국이나 일본과 동등하게 동북아시아의 당당한 열강으로 일어서리라 확신한다.

정부는 청년계층에 통일한국의 비전을 적극적으로 설명해야 한다. 통일을 위한 방법론은 다양하지만 환상적이고 낭만적인 접근은 철저히 지양돼야 한다. 현 정부가 출범 당시 표방했던 '실용정부'의 모습을 어서 되찾길 바란다.

(불교신문 2742호, 2011. 08. 13).

앞에 소개한 좌담의 내용에서 엿볼 수 있듯이 인 목사는 종교 갈등의 해소와 종교의 화합에 누구보다 앞장 서 왔다. 소납이 종교인으로서 인 목사를 존경하고 무한히 신뢰하는 이유는 무엇보다도 인간에 대한 끊임없는 사랑과 상대를 이해하고 인정해주는 배려심, 과감한 결단력 그리고 실천력이다. 이는 비단 소납뿐만이 아니라 많은 스님들의 한결같은 평가이고, 때문에 인 목사는 스님들에게 언제나 특별법문 초청 1순위로 꼽힌다.

소납도 인명진 목사와 처음 인연을 맺은 2009년부터 매년 빠짐없이 인 목사를 소납이 주석하는 석왕사에 초청을 하고 있다. 인 목사가 석왕사에서 첫 특별강연을 한 것은 2009년 10월 23일 석왕사 중창 32주년 기념 개산대재 행사 때였다.

당시 인 목사는 법당 안팎에 1,000여 명이 동참한 가운데 '종교는 사회를 위하여 무엇을 해야 하나'라는 주제의 특별 강연을 하였는데, "우리나라에서 큰 종교 전쟁이 일어날 수 있었음에도 불교의 화해 정신과 대자대비의 정신이 이웃종교의 허물과 실수를 다 덮어주었다"며 "불교가 가진 넉넉함으로 인해 다종교 사회에서도 평화가 유지되고 있는 것"이라고 불교의 가치와 역할을 인정하고 불교와 기독교간의 상호 이해를 역설해 큰 호응을 얻었다.

이후 인 목사는 부처님오신날은 물론이고 개산대제(사찰이 창건된 날)와 백중행사, 크리스마스트리 점등식(석왕사는 1980년대 초부터 매년 사찰 마당에서 크리스마스트리 점등식을 한다) 등등 소납이 부탁을 할 때마다 언제나 기쁜 마음으로 석왕사에 달려왔고, 석왕사 신도들에게 '불교신자는 부처님을, 기독교신자는 예수님을 닮으려고 노력하고 서로 그런 노력을 격려하고 존경하는 세상을 만들자'고 늘 강조하였다. 그리고 소납은 개인적으로 인 목사님의 강연 중에 특별히 기억하며 늘 되새기고 있는 내용이 있다.

"예수님과 부처님의 공통점은 두 분 다 벗었다는 것이다. 아무것도 가지지 않고 벗고 태어나 벗은 채 살다가 벗어 버리고 가신 분들이기 때문에 이 땅에 더 무슨 미련이 있을 것인가. 그러니 미혹한 우리들이 자꾸 그분들을 이 땅에 다시 오시라 하지 않아야 한다고 생각한다. 우리 스스로 삶을 맑고 향기롭게 해서 예수님이나 부처님이 이 땅에 오실 필요가 없게 해보자."

이처럼 인 목사는 "네 이웃을 네 몸과 같이 사랑하라"는 하나님의 말씀을 언제나, 어디서나, 누구에게나 실천하여 왔다. 소납은 그러한 인 목사의 모습을 볼 때마다 불교에서 말하는 '보살'을 떠올리곤 한다. 불교에서 말하는 보살은 스스로 깨달음을 이루는 능력이 있음에도 불구하고, 이 세상에 머물 것을 자원하여 일체의 중생을 먼저 깨달음의 세계에 도달하게 하는 뱃사공과 같은 자로서, 중생을 구제하겠다는 서원과 자기가 쌓은 선근공덕을 남을 위하여 헌신하겠다는 회향을 두 가지 덕목으로 삼는다.

그래서 소납은 인 목사를 '목사보살님'이라고 부른다. "네 이웃을 네 몸과 같이 사랑하라"는 하나님의 귀한 말씀이 인명진 목사를 통하여 더 넓게, 더 멀리 퍼져나가길 기원한다.

〈참고문헌〉

〈불교신문〉, 2742호, 2011. 08. 13.
중앙일보, 〈중앙선데이〉, 2009. 08. 01.

자유인 인명진

홍창진
(천주교 광명본당 주임신부)

CJ엔터테이먼트라는 회사에서 운영하는 케이블 TV채널 tvN에서 초청이 왔었다. 종교인들 토크프로그램을 신설하여 운영하는데 참여해달라는 것이었다. 처음에는 거절하였다. 종교인이 예능프로그램을 주로 하는 케이블 채널에 출연하는 것이 경망스럽다는 생각에서였다.

그런데 방송국 직원이 하는 말이 인명진 목사가 나를 추천하셨고, 본인도 이 프로에 직접 출연을 하신다는 것이었다. 마음이 바뀔 수밖에 없었다. 1970~80년대 신학교 시절을 보낸 나로서는 가슴 저리도록 존경하는 인명진 목사에게 추천되고, 심지어 같이 출연하신다고 하니 여간 영광스러운 일이 아니었다. 그래서 두말할 것도 없이 허락하였고, 처음으로 인 목사를 직접 만나 뵙게 되었다.

종교인 토크 프로가 4회 정도로 끝날 줄 알았는데, 많은 시청자들의 지지와 격려 속에 2년 동안 방송되었고, 3년째로 넘어가고 있다. 국내의 교회, 성당, 사찰 등 많은 곳을 방문하며 녹화하였을 뿐만 아니라 해외의 로마 등 여러 곳에서 활약하였다.

인 목사의 특별한 사랑

인명진 목사를 방송하면서 뵙는 것만 해도 60회가 넘는다. 거의 매주 만나며 2년의 시간을 지내면서 인 목사와 함께한 소중한 경험들이 있다. 그 중 세 가지 인 목사의 특별한 사랑을 체험한 것을 소개하고 싶다.

첫째, 인 목사는 사람이면 누구에게나 차별을 두지 않으신다.

성경에 예수님께서 어린이 하나를 당신 곁에 오라라고 하신 후 "누구든지 이 어린이 하나를 받아들이면 모든 이를 받아들이는 것이다"라고 말씀 하신 것처럼, 방송 제작 중에 만나는 누구에게나 친절히 인사하시고 가끔 선물도 주셨다. 주요 직책을 갖은 사람들에게만 주는 것이 아니라 제작에 참여한 모든 이들에게 나누어 주셨다. 어느 누구에게나 똑같은 정성으로 인사하시고, 자주 보는 스텝에게는 안부도 물으시는 자상함을 잊지 않으셨다.

둘째, 인 목사는 주제 토론 중에 항상 가난한 사람들 편에 서신다. 다양한 주제의 토론 속에서 소외되고 가난한 사람들의 대변자 역할을 하시고 그들을 억누르는 모든 제도와 관행을 날카롭게 지적하였고, 그런 것들을 고치도록 시청자들에게 참여를 호소하셨다.

셋째, 종교의 틀을 넘어 사랑을 나눌 수 있는 자유인이다. 토크 중이나 일반 대화 중에 이웃 종교인에 대한 존경과 사랑을 보이셨다. 대부분 본인보다 10년 혹은 20년이나 어린 사람들임에도 불구하고 꼭 존칭을 쓰시고 마음으로부터 존경과 사랑을 보여 주셨다. 토크 중에는 종교 간에 다소 긴장이 되거나 부딪치는 내용이 있어도 인 목사는 일단 본인의 종교를 겸손 되게 낮추시고 상대방 종교를 먼저 인정해주셨다. 한 종교인으로서 자기 종단 내에서 비난 받을 일인데도 불구하고, 자신의 입장을 넘어 모든 것을 포용하며 어려움을 감수하셨다.

인명진 목사는 한 시대의 역사 중심에 서서 양심으로서 정의를 선포하셨다. 나는 양심을 지키는 그런 인 목사를 존경하고 사랑한다. 보통사람들은 세월이 지나면 변한다고 한다. 물론 인 목사는 현재 그 옛날 투사처럼 활동하시지는 않는다. 그리고 그렇게 활동할 필요도 없는 시대를 스스로 만드시지 않았는가.

그러나 한결 같은 것은 이웃 사랑에 대한 뜨거운 관심과 변함없는 모습이다. 멀리서만 보고 알던 그 분은, 실제적으로 만나 직접 교제하며 경험한 그 분과 너무 똑같고 한결같다. 그런 모습이 존경스럽다. 세월이 지나면 지날수록 인 목사는 더 치열하고 자유로운 분인 것 같다. 많은 성직자들이 이런 분을 닮고 싶어 하지 않을까.

이웃종교와의 화합

자유인 인명진 목사는 이웃종교와의 관계에서 특히 막힘이 없다. 인 목사는 그가 쓴 책에 종교 간의 화합을 이렇게 말하고 있다.

"우리나라처럼 다 종교사회에서 종교 간의 화합은 매우 중요하다. 이렇게 화합된 종교의 힘으로 평화를 위해 함께 일할 수도 있다. 그러나 개신교는 지나치게 배타적이어서 화합의 분위기를 훼손하는 경우가 잦다"(『위대한 부르심』, 278).

인 목사가 목회하고 은퇴한 갈릴리교회에서 성탄절에 한 스님을 초청하여 강단에 세웠다. 이 모습이 언론에 알려지자 어떤 교인이 인 목사를 교회가 속한 노회에 고발까지 하였다고 한다. 불교 스님을 강단에 세웠으니 이단이라는 것이다. 후에 그 교인은 고발을 취하하였는데, 인 목사는 다음과 같이 말하였다.

"대한민국의 어느 목사가 스님과 불자들을 모셔서 '기쁘다 구주 오셨네'를 부르게 할 수 있습니까? 예수님을 구주라고 하는데 그게 왜 잘못입니까? 만백성이 예수를 맞으라고 노래하고서는 예수님 믿는 사람만 맞아야 한다는 말씀입니까? 불자들도 예수님을 맞이하고 다들 그렇게 맞이해야 되는 것이지요"(앞의 책, 274).

인 목사는 성탄절에 스님과 불자들을 교회로 초청하기도 하지만, 부처님오신날이 되면 그도 직접 갈릴리교인들과 절을 방문하여 수백 명의 불자들 앞에서 기념 축사를 하기도 한다. 인 목사는 절에 가서 어떤 축사를 할까. 2013년 '오마이뉴스'는 인 목사의 축사를 "특유의 재치와 유머로 청중들을 즐겁게 해주면서도 깊이 있는 말을 남겨주었다"고 소개하고 있다. 그중 한 구절이다.

"부처님과 예수님은 공통점이 하나 있는데, 벗으셨다는 겁니다. 부처님도 평생 가사 한 벌과 발우 한 개 들고 다니시며 벗고 계셨고, 예수님도 십자가에 못 박혀 벗고 계셨습니다. 그래서 불교와 기독교는 떼려야 뗄 수 없는 관계입니다. 옷을 입지 않고 벗은 분들을 우리가 같이 섬기고 있기 때문입니다(청중 웃음)"(오마이뉴스, 2013년 5월 18일).

최근에 또한 인 목사는 한 사찰에서 봉축 특별강연을 하였는데 "목사로서 매년 크리스마스마다 오시는 예수님께 미안하다. 부처님이나 예수님이 매년 오시는 까닭은 사람들이 그분들 가르침을 잘 실천하지 못하기 때문이다"(불교닷컴, 2016년 5월 14일)고 하였다.

불교계와는 물론 다른 이웃 종교지도자들과의 돈독한 신뢰관계를 바탕으로 인 목사는 한반도의 평화와 통일을 위해 대북지원 등 여러 가지 폭 넓은 인도적인 사업을 범종교적으로 추진해오고 있는 것이다.

나는 그동안 많은 분량의 방송을 인 목사와 함께 하였는데 그 분위기를 소개하기 위하여 여기 토크쇼 한 부분을 인용하고자 한다.

(**고**는 고성국 PD, **인**은 인명진 목사, **마**는 마가 스님 그리고 **홍**은 홍창진 신부이다).

고　　종교는 어떨 것 같으세요?

인　　종교인들 데려다 놓고 망신을 주는 거지 지금. 하하.

홍　　아- 이거는 하지 맙시다.

고　　국민생활의식 조사에서는 '못 믿겠다' 쪽에 기독교가 제일 많아요. 그 다음에 불교, 그 다음에 천주교를 제일 못 믿겠다가 제일 적습니다. 왜 그럴까요? 목사님?

인 하…, 참 곤혹스러운 질문입니다. 두 가지라고 생각하는데 첫째는 기독교가 대중에게 쉽게 노출되잖아요. 기독교 조직은 결혼을 해서 가정이 있잖아요. 목사 혼자 잘못하는 것도 많은데 마누라가 잘 못한 것, 자식이 잘 못한 것도 다 목사 책임이거든요.

고 그런데 목사님, 노출이 많다고 했는데 누가 그렇게 교회를 많이 세우래요? 자기들이 많이 세우고 노출시키면서 어쩌라는 거예요?

인 교회가 적든 많든 어쨌든 노출이 과도하게 심하다는 거 하나.

마 노출이 안 되게 하려면 혼자 살든가. 혼자 살면 노출이 절대 안돼요.

홍 너무 궁지로 몰지 마세요. 아니 이거 너무 상식 이하의 질문 아니에요? 교회 세우라는 사명을 받고 나온 목사님들한테 왜 교회를 많이 세우냐고 그러면….

인 그리고 개신교 교회가 많아지게 되면서 자격이 안 되는 사람들이 성직자가 되는 경우가 많았어요. 뭐 저까지 포함해서… 그러다 보니까 근본적으로 사람들에게 불신 받을 짓을 한 셈이고요. 또 하나는 개신교 역사가 짧기는 하지만 그래도 우리 역사에 많은 역할을 했거든요. 그것에 대한 기대가 있는 거죠. 그런데 최근에는 국민들이 기대하는 바를 제대로 못하고 있잖아요. 그것에 대한 실망이죠. 그러나 근본적으로는 우리가 모자라서 그런 겁니다. 우리가 못나서….

홍 제가 옆에서 말씀드리고 싶은 게, 개신교 조직의 구성자체가 좋게 얘기해선 개방적이고 허술할 수밖에 없어요. 결혼이라는 형태를 가지고 있기 때문에… 사이비들이 얼마든지 존재할 수 있거든요. 종교에는 별로 관심이 없고 돈에만 관심 있는 사람이 종교의 탈을 얼마든지 쓸 수도 있단 말이에요.

고   그러니까 좋은 돈벌이 직장으로만 보고….

홍   그렇죠. 천주교 조직은 애당초 장가를 안가기 때문에 초장부터 커트할 수 있지만 개신교는 통제하기 쉽지 않아요.

인   아유, 신부님 고맙습니다. 같은 동업자가….

홍   아니 전 진실만 얘기한 거예요. 그런데 스님들도 마찬가지인 게 결혼한 스님도 많거든요. 머리를 깎고 있으니까 잘 몰라서 그렇지 제가 알기로는 조계종을 제외한 대부분의 종파들은 다 결혼을 하는 걸로 알고 있어요. 그러면 그분들 머리만 깎았지 남들처럼 똑같이 결혼하고 사는 거죠. 그래서 불교계에도 사이비들이 얼마든지 존재할 수 있고 이 사람들 때문에 욕을 먹게 되는 거거든요.

인   나도 용기를 내서 말씀 드리자면 잘 알려진 유명한 고문 기술자가 어느 날 갑자기 목사를 하는 거야. 또 조폭 최고 두목이었던 사람이 목사를 하고… 목사면 다 같은 목사인줄 알고….

고   옛날에는 그런 사람들이 더러 스님도 되고 그러지 않았어요? 옛날에는 많이 그랬죠?

인   스님 많이 됐죠.

홍   제가 남북교류 때문에 금강산에 스님 서른 분을 모시고 갔다가 온천탕에 갔는데, 아… 문신을 봤잖아요. 그 스님하고 저하고 2박 3일 동안 너무 친하게 지냈는데 불심이 하늘을 찌르시더라고요. 그런데 문신은 지울 길이 없잖아.

고 신부님 몸에는 그런 거 뭐 없어요?

홍 벗어 봐요?

마 네. 요즘은 문신도 멋이에요. 한번 벗어 보세요.

홍 그나마 다행인 게 신의 문제를 얘기해서 못 믿겠다고 하니까…
만약에 종교의 조직 때문에 못 믿겠다는 거면 슬픈 일이거든요.
신이 보이고 안 보이고 하는 거야 세월 따라 인생의 굴곡이지만
종교조직 자체가 부패해서 도저히 못 믿겠다고 하는 건 심각한
데 그나마 다행이다 싶어요(『신들의 수다』, 63-65).

〈참고문헌〉

불교닷컴, 2016년 5월 14일.
오마이뉴스, 2013년 5월 18일.
인명진, 홍창진, 마가, 고성국 공저, 『신들의 수다』, 국커뮤니케이션, 2015.
인명진, 『위대한 유산』, 비전북, 2015.

인명진을
말한다

해외선교 협력

인명진 목사의 선교적 혜안으로 인해
삼국(한국, 독일, 가나) 교회 에큐메니칼 협력 선교는
동양적인 영성과 아프리카적인 열정 그리고
서구 유럽 교회의 오랜 기독교 전통이 함께
조화롭게 습합되고 융화될 수 있었다.

호주 교회와 인명진(Rev. In Myungjin and the Churches in Australia) I John P. Brown
독일 교회의 에큐메니칼운동과 인명진(On an Ecumenical Journey with Rev. In Myungjin in the Vineyard of
The Lord) I Marianne Wagner
한국·독일·가나 선교 협력과 인명진 I 이명석

호주 교회와 인명진
(Rev. In Myungjin and the Churches in Australia)

John P. Brown(한국명: 변조은)
(전 호주연합교회 총회 세계선교부 총무, 전 한국선교사)

필자와 인명진 목사와의 인연은 1969년부터 시작되었다. 당시 나는 서울에 있는 장로회신학대학에서 구약과 히브리어를 강의하고 있었다. 인명진은 신학석사 일학년 반 학생이었다. 그는 지적이고, 호기심이 많고, 질문이 많은 학생이었다. 처음에 그는 나에 대한 의구심을 가졌었는데 나는 서양인에다가, 도시산업선교에 대한 경험도 적고, 염소와 돼지를 키우는 농촌 전도자였기 때문이다. 도시산업 노동자들에게 점차로 관심을 가지고 있던 그에게 어떤 도움도 줄 수 없던 형편이었던 것이다.

그러나 인 목사는 점차로 내가 강의하던 과목에 집중하기 시작하였는데 8세기 이스라엘 예언자들을 공부하기 시작할 때부터였다. 그 예언자들은 스스로를 하나님의 출애굽 전통 위에서 성장한 것으로 여겼는데, 그 하나님은 이집트 바로 왕 통치 아래 억압과 착취를 당

한 사람들의 역사에 개입한 신이었다. 하나님은 그 백성들에게 모세를 보내어 억압에서 그들을 구하고 새로운 삶을 시작하게 하셨다. 모세부터 예수까지 흐르는 주요한 전통을 이 예언자들이 형성하고 있었던 것이다. 모세는 바로의 궁궐에서 자라났지만 억압받는 백성의 편에 서서 싸우다 이웃나라로 도망하게 되었다. 그러나 그는 하나님이 그를 불러 바로의 땅에서부터 노예 된 백성들을 탈출하게 한 것으로 믿었다.

예언자들에게 야훼는 노예를 구출하는 하나님이었으며, 그 하나님은 아모스, 이사야, 미가의 설교를 통하여 제단에 희생제물을 드리는 것 보다 부자와 가난한자, 힘 있는 자와 힘없는 자, 그리고 왕과 백성들 사이에 일어나는 일에 더 관심을 가졌다. 신명기 작가의 생각 속에 야훼 하나님은 이집트로부터 노예들을 해방시키기 위하여 계획하고 실천에 옮긴 하나님이었다. 그는 백성들이 약속한 땅에 정착하면 매년 그들이 수확한 곡물의 십분의 일을 하나님 앞에 드릴 것을 선포하였다. 그것은 그들의 도시에 함께 사는 과부, 고아, 이방인과 피난민들을 위하여 쓰이는 것이었다. 그들에게 사회의 가치는 왕과 권세자들의 힘이나, 종교의식의 아름다움이 아니라, 백성들 중에 가장 연약한 자들을 어떻게 돌보느냐 하는 것이었다. 이것이 모세부터 갈릴리의 예수에게까지 흐르는 구약성서의 주된 전통이었고, 인명진 목사와 동료들은 이 전통이 예수로부터 한국의 도시산업선교에까지 흐른다고 생각하고 있었다.

1. 신학 반에서의 역동성

당시 신학과 3년 동안의 기간은 나를 포함해서 인명진과 다른 학생들에게도 성장하는 시간이었다. 이때는 박정희 대통령의 군사독재 시절이었다. 일제식민지와 파괴적인 한국전쟁을 거쳐 한국 사회는 독재시절을 지나고 있었다. 박 정권은 다른 어떤 것보다 경제성장에 초점을 맞추었다. 그리고 경제성장의 지름길은 산업의 발전과 섬유방직과 전자제품을 서양으로 수출하는 것이라고 보았고, 다른 어떤 것도 이것을 가로 막아서는 안 되었다. 사회적으로는 도시의 현대화, 빈민가 퇴출 그리고 길거리의 거지들을 없애는데 강조점을 두었던 시기였다.

우리가 신학 반에서 이사야, 아모스 그리고 미가의 설교를 공부하는 동안, 한 학생이 서울의 북동쪽에서 빈민공동체 목회를 하고 있었다. 반에서 출석을 부를 때 그 학생이 없으면 그는 보통 경찰서에 있곤 하였는데, 빈민가의 집을 불도저로 허무는 공권력에 맞서 항의 시위를 하다가 잡혀 온 교인들과 함께하고 있었던 것이다. 그리고 우리 반의 인명진은 영등포산업선교회에서 시간을 보내고 있었다. "너희는 다만 공의가 물처럼 흐르게 하고, 정의가 마르지 않는 강처럼 흐르게 하라"(암 5:24)를 외친 아모스의 선포가 우리에게는 살아있는 말씀으로 다가오고 있었던 것이다. 예언자들의 이런 가르침의 기본적인 신학을 우리는 예수의 목회와 연관시켜 보려고 노력하였다. 그리고 우리는 그것을 1970년대 한국 교회의 선교적 사명과 증거에 관련시켜 해석하고 이해하려고 하였다.

필자는 현재 이 글을 성 금요일에 쓰고 있는데 예수의 체포와 재판 그리고 사형 당하시는 과정이 예수를 침묵시키고자 한 이스라엘의 공권력과, 산업선교에 대한 1970년대 한국정부와 일부 교회 지도자들의 모습에 유사성이 있음을 드러낸다. 이스라엘의 공권력이 예수를 죽인 것은 성전의 권위와 자신의 지위를 지키기 위해 문제를 일으키는 예수를 침묵 시켜 로마와의 관계를 안정적으로 가져가기 위함이었다. 1970년대 당시 한국정부 외에도 산업선교를 침묵시키려는 두 개의 단체가 더 있었는데, 하나는 공장을 운영하거나 소유한 교회 장로들이었고, 다른 하나는 산업선교를 좌파 앞잡이로 보는 교단지도자들이었다.

2. 도시산업선교의 성장과 발전

도시산업선교의 정신은 한국전쟁 후 한국 사회의 산업화 과정 속에 복음을 그 상황에 맞게 증거하려는 노력 속에서 발전되었다. 어떤 것이 복음과 성경전통에 맞는 신실한 증거일까? 그들이 마주하고 있는 질문은 다음과 같았다. "성장하는 도시 산업적 상황에서 우리의 신실한 전통은 무엇을 말해야 하는가?" 혹은 "산업화의 현실에서 복음의 말씀과 일치되도록 우리는 어떻게 응해야 하는가?"

처음에는 어떤 공장의 소유주나 매니저가 목회자를 일터에 초청하여 노동자들을 위하여 복음을 설교하도록 하였었다. 나도 1960년대 마산의 한 공장 매니저가 나를 초청하여 직원들에게 설교하였던 기억이 있다. 그러나 그것은 오직 공장의 소유주나 매니저의 초청으로만 가능한 것이어서 공장의 작업환경에 대하여는 질문하거나 심지어는 이해할 수조차도 없는 입장이었다. 노동자들이 고용된 노동환경의 조건을 효과적으로 이해하거나 질문할 수 없었던 것이다. 그들이 다만 기독교 복음을 받아들여 하루하루의 생활과 투쟁 속에서 도움이 되기를 바랄 뿐이었다.

그래서 도시산업선교는 공장에서 일하는 기독교인 노동자들을 훈련하기 시작하여 작업현장에서 증언하도록 하였다. 그들은 곧 그들의 억압적인 작업현실이 산업구조적인 문제임을 인식하였고, 그들 스스로의 힘으로 그것을 바꾸기에는 너무 힘이 없다는 사실을 깨닫기 시작하였다.

그때 도시사업선교 지도자들은 노조를 조직하는 것을 환영하였고, 노동자들과 더불어 작업조건을 향상시키려고 노력하였다. 그러나 그들은 노조들이 사측에 의하여 변질되거나 노동자들을 보호하지 못함을 보면서 환상이 깨지고 있었다.

이러한 현실에 실망한 도시산업선교 지도자들은 다시 의식화 프로그램을 통하여 노동자들을 훈련하기 시작하였고, 특히 가장 낮은 계층의 여성노동자를 의식화하였다. 노동자들의 의식 수준은 점차로 발전되어 갔고, 그들을 억압하거나 착취하는 사람들과의 협력을 거부하거나 대응하기 시작하였다. 그들은 매일같이 반복되는 12-18시간의 장시간 노동을 거부하였고, 때로 8시간으로 줄이는데 성공하기도 하였다. 그 결과 지도자들이 감옥에 갇히기도 하였지만, 노동현장은 바뀌기 시작하였다. 수감과 고문 등을 통하여 엄청난 압박이 도시산업선교 지도자들에게 가하여졌다. 어떤 경우에는 몇 달간 '실종'되는 경우도 있었다.

3. 호주 교회의 연대와 지원

인명진 목사는 바로 이러한 변화가 시작된 1970년대와 1980년대 초에 영등포산업선교회에 재직하고 있었다. 한편으로 노동자들의 의식화 작업이 진행되어 그들이 조직화 되어가고, 또 한편으로는 변화를 위하여 정부에 압력을 가할 때, 정부는 산업선교 지도자들을 집중 감시하고 구속하기 시작하였다. 이것은 공장 안의 노조운동가뿐만 아니라, 공장 밖의 특히 도시산업선교 지도자들을 향하였다.

호주장로교회 총회 에큐메니칼 선교와 연대국은 한국정부의 이러한 탄압에 대하여 1973년 다음과 같은 내용을 회의록에 남기고 있다.

1) 한국 기독교인 구속에 관하여

한국에 구속사건이 일어난 것에 대하여 총무가 보고하였다. 한국정부를 음해하려 했다는 이유로 15명의 노동자가 7월에 구속되었다. 그러나 (우리가 생각하기로는) 그들은 사회정의를 외쳤지만, 특히 한국의 언론이 사회의 부정의를 자유롭게 말하지 못함으로 인해서 생긴 일인 것 같다. 15명 중 11명은 재판을 받고 결국 석방되었지만 4명은 아직 구속된 상태이다. 한국기독교장로회와 한국교회협의회는 이 4명의 무고함을 강력하게 선포하고 지지하고 있다. 그리고 갇힌 자와 그들의 가족을 위하여 초 교파적으로 후원단체가 조직되었고, 재판을 위한 비용을 돕고 있다.

안건결의 사항:

— 후원위원회에 편지를 보내 억압 속에 구속된 목회자와 가족들을
  위하여 호주장로교회의 연대와 기도를 확인한다.

— 그 가족들과 재판비용을 위하여 적으나마 100불을 헌금한다.

— 총회 총무가 이 일을 위하여 각 주총회의 기도를 요청하며, 또한
  본 위원회의 결정과 실행사항을 알린다.

2) 1974년 4월 5일

인명진 목사의 사례금

"본 위원회는 인명진 목사의 가족을 위하여 사례금 50불을 계속하여
지원한다. 그리고 총무(존 브라운)가 귀국하면 재평가 하도록 한다."

3) 1974년 6월 7일

"본 위원회는 계속하여 인명진 목사의 매월 사례금 50불을 지원하고,
그 외에 구속된 목회자의 가족들을 위하여 호주교회가 헌금한 기금에
서 50불을 추가로 지원하도록 한다."

(출처: "총회 에큐메니칼선교와 연대국 회의록," 1973년 9월 17일).

필자가 호주장로교회 총회 에큐메니칼 선교와 연대국과 그 후 1977
년 교회가 연합된 호주연합교회 총회 세계선교부 총무로 재직할 때,
나의 추천으로 도시산업선교를 계속하여 지원하였다. 이것은 1973
년부터 1983년까지 이어졌는데, 한국의 대한예수교장로회 통합 총

회의 동의와 이해 속에 이루어진 지원이었다. 또한 인 목사가 감옥에 있을 때 편지형식으로 쓴 글들이 『구치소에서 온 편지』라는 제목으로 출판되어, 이 책을 호주에 소개하기도 하였다. 이러한 지원과 연대로 인하여 필자가 호주연합교회 총회 세계선교부 총무로 재직할 때 한국을 방문하여 김포공항에 내릴 때마다 계속하여 심문을 당하였는데, 호주 교회가 도시산업선교를 지원한다는 이유에서였다.

후에 인명진 목사는 한 책에서 호주 교회의 지원에 대하여 다음과 같이 말하고 있다.

"호주 교회는 나에 대해 계속되는 재정적 지원뿐만 아니라 영등포산업선교회가 정부의 탄압으로 고난을 받을 때 온 교회가 기도와 격려, 그리고 한국정부에 대한 항의로 또 세계 교회와의 연대와 협력을 통해서 영등포산업선교회를 눈물겹게 지원해 왔다. 산업선교와 노동운동을 지원하기 위한 모금활동, 기도모임, 호주에서 관심을 불러일으키는 일 등을 열심히 해서 우리를 지원하였다. 주일학교 공과 책의 한 단원을 영등포산업선교회를 소개하는 내용으로 실었고, 매해 영등포산업선교회의 활동을 소개하는 달력을 만들어 호주 교회 안에 배포하여 영등포산업선교회 활동에 관심과 기도를 불러 일으켰다. 이와 같은 호주교회의 적극적인 관심과 지원과 협력은 호주 교회가 리차드 우튼 목사의 뒤를 이어 1976년 스티븐 라벤다 선교사를 보낸 후에 6명의 선교사를 계속하여 영등포산업선교회로 보낸 사실에서 더욱 분명하게 증명하고 있다"(『호주선교사 존 브라운』, 58).

인 목사는 스스로를 '호주 교회가 파송한 한국인 선교사'라고까지

고백하고 있다.

"나에 대한 호주장로교회(후에는 호주연합교회)의 재정적 지원은 내가 영등포산업선교회를 떠나는 날까지 13년 동안 계속해서 이어졌다. 나는 호주 교회가 파송한 한국인 선교사였던 셈이다. 그래서 나는 13년 동안 영등포산업선교회가 한국의 민주화와 인권 증진 활동, 노동운동에 끼친 공헌이 있었다면 그것은 필자를 재정적으로 지원하며 그런 일을 하게 한 호주교회에 돌려야 한다고 늘 생각하고 있다. (중략) 결과적으로 1970년대 영등포산업선교회 활동은 호주교회와 함께한 선교의 역사이었다는 사실을 잊지 말고 기억해야 하며 역사에 기록해야 할 것이다"(앞의 책, 57).

4. 가족에게 미친 영향

인명진 목사와 그의 가족이 감당한 희생은 엄청났다. 인 목사는 네 번에 거쳐 구속되었으며, 한번은 수감 기간이 13개월이나 되었다. 또 한번은 한밤중에 자고 있을 때 갑자기 들이닥친 12명의 무장을 한 요원들에 의하여 잡혀가기도 하였다. 그리고 두 달 동안 인 목사의 아내와 가족은 그의 행방에 대하여 어떤 말도 듣지 못하기도 하였다.

또한 교회의 장로와 집사이기도 한 정부와 공단 관계자들이 총회 지도자들에게 도시산업선교의 활동을 중단하도록 지속적으로 압력을 가하기도 하였다. 그들은 도시산업 지도자들을 '공산주의자' 혹은

'좌파'로 매도하고, 총회에 압력을 가하여 도시산업선교회와 단절할 것을 요구하였다.

인 목사에게 이런 방법으로 가해진 계속되는 억압은 그의 가족의 정신적인 건강을 크게 해치고 있었는데, 특히 그의 아들 병민이는 더 심하였다. 한밤중에 무장을 한 요원들이 들이닥쳐 남편과 아버지를 잡아 가고, 그 생사를 모르게 되었는데 누구인들 스트레스로 고통을 받지 않겠는가?

인명진 목사의 부인 김옥란은 인 목사가 구속될 때마다 다양한 방법으로 구명운동에 앞장서 왔는데, 1979년 YH사건으로 구속된 남편을 위하여 예장총회와 총대들에게 다음의 호소문을 썼다.

> "인 목사님이 '근로자들이 승리하려면 하나로 뭉쳐 단결해야 한다' 등의 말씀을 했다고 하여 햇볕도 들어오지 않고 사람 구경도 못하고 이야기조차 할 수 없는 독방에서 육체적 고난과 정신적 고통이 심한 감옥 생활을 해야 한다는 것은 너무나도 억울합니다"(호소문, 1979년 9월 21일).

한편으로 인 목사는 가족에 대한 사랑과 믿음을 그가 감옥에서 쓴 편지에 다음과 같이 표현하고 있다.

> "특히 사라와 병민이의 모습은 애써 안정을 찾으려는 내 마음에 물결을 일어 놓곤 합니다. 사라는 '아빠가 왜 그럴까' 의문을 가질 나이인데 어린 마음에 상처가 되지 않을까 염려가 되는군요."
> (1978년 5월 12일)

"나로 인하여 당신도 아이들도 고생을 하는 것이 사실이요 (중략) 그러나 모든 것을 미쁘신 주님께 맡기고 우리는 단지 주어진 삶 속에서 매일 매일을 최선을 다해 사는 것이 우리가 해야 될 일이라고 생각됩니다. 나는 그래서 사라나 병민이의 장래에 대해서 크게 염려하거나 초초해하지 않습니다." (1978년 9월 25일)

그러나 현실은 인 목사와 그의 가족이 비교적 안전하다고 하는 호주에 있을 때에도, 호주 교회에서의 강연으로 인하여 인 목사가 종종 집을 떠나는 상황이어서 남은 가족들은 외로움을 겪을 수밖에 없었다. 또한 당시 시드니의 한 동포 매체가 인 목사를 공격하고 있었기 때문에 그 어려움은 가중되었다.

5. 호주에서의 기간

인명진 목사가 회복하고, 성찰하고 그리고 미래를 계획할 수 있도록 호주연합교회 세계선교국은 인 목사와 그의 가족을 호주로 초청하였다. 처음에는 1981년에 그리고 1983년에 다시 초청하였다. 처음에 한국 정부는 인 목사와 그의 아이들이 함께 호주로 가는 것을 반대하였다. 한편으로는 여권을 받는 일과 그리고 다른 한편으로는 호주 비자를 받는 일을 위하여 한동안의 진행을 거쳐 결국 인 목사는 1981년 1월 시드니에 도착하였다. 인 목사의 부인과 아이들은 여권 발급이 거절되었지만, 그해 6월에 여권을 받아 호주에 합류하였다. 이 당시 인 목사는 세계의 도시산업선교 프로그램들을 방문하였고,

샌프란시스코신학대학에서 두 달간 공부를 하기도 하였으며, 이 후 인 목사와 가족은 1982년 3월 한국으로 귀국하였다. 대한예수교장로회 통합총회 지도자들은 인 목사가 해외에 더 오래 체류하기를 희망하였지만, 인 목사는 한국으로 돌아가 도시산업선교 일을 계속하기를 원하였다.

그러나 인 목사에 대한 한국정부의 압력과, 공단을 소유하거나 운영하는 교회 안의 장로와 교인들의 압박이 예장총회의 지도자들에게 계속될 뿐만 아니라 더욱 심해지고 있었다. 결국 인 목사는 영등포산업선교회의 총무 직을 영원히 떠날 수밖에 없었으며, 당시 1984년 5월 20일 성문밖교회 주보에는 "그동안 산업선교를 위하여 수고하신 인명진 목사님께서 가족과 함께 호주로 떠나시게 되었습니다"라고 기록하고 있다. 인 목사는 그달 말 가족과 함께 호주에 다시 입국하였다.

인명진 목사가 호주에 거주하는 동안 몇 가지 중요한 일을 하였는데 다음과 같이 소개하고자 한다.

(1) 인 목사는 호주연합교회의 교회, 노회, 주총회 등을 방문하면서 한국의 산업선교 실상에 대한 강연을 하였을 뿐 아니라, 호주라는 상황에서 가난한 자들의 투쟁을 어떻게 증언해야 할지 호주 교회에 도전을 주었다.

(2) 그는 시드니 소재 연합신학대학에서 관련된 과목을 공부하며 강의도 듣고 연구를 하기도 하였다. 또한 뉴싸우스웰즈대학에서 영어회화 집중 강의를 듣기도 하였는데, 이 과정은 특별히 해외에서 호주에

와 공부를 하려는 학생들을 위하여 디자인 된 연수과정이었다. 이때 습득한 영어 실력으로 인 목사는 세계 여러 나라의 도시산업선교 현장을 방문하며 더 많은 것을 얻을 수 있었다.

(3) 인 목사는 아시아, 유럽, 그리고 남북 아메리카에서 진행되는 다양한 도시산업선교를 방문하였는데 이것은 아시아교회협의회와 세계교회협의회 도시산업선교 프로그램의 후원을 받았었다.

(4) 그는 샌프란시스코신학대학에서 목회학박사 공부를 하면서 산업선교와 성문밖교회의 경험을 바탕으로 민중교회론에 대한 논문을 완성하였다.

(5) 호주연합교회 총회 세계선교국 위원장인 렉 워커 의사의 도움으로 인 목사는 적절한 의료 치료를 받을 수 있었다. 한국에서의 감옥 생활과 일에서 오는 정신적 압박으로 인한 필요한 조치였다.

(6) 이 기간 동안 인 목사는 가족들과 함께하며 돌볼 수 있는 시간을 가질 수 있었는데, 가족은 지난 12년 동안 받은 스트레스로 인하여 심리적 안정이 필요하였다.

(7) 인 목사는 또한 시드니에 있으면서 예전 친구들과의 관계를 돈독히 할 수 있었다. 그중 홍길복 목사는 장신대 시절 학우로 호주 한인이민교회를 위하여 떠나서 서로 헤어져 있었던 것이다.

(8) 인 목사는 시드니의 한인교회들과 함께하면서 도시산업선교에 대한 이해를 넓혔으며, 예수를 따른다는 것이 사회적으로는 무슨 의미인지 도전을 주기도 하였다.

6. 호주한인사회 속의 인신공격

호주에 이민을 왔거나 임시로 체류하는 한국인 중에 인 목사의 노동과 인권 운동 참여를 알고 그를 환영하고 존경하기도 하였고, 가까운 동료들은 적극적인 지원과 격려를 아끼지 않았다. 그러나 어떤 이민 사회나 마찬가지로 본인이 자원하여 이민을 왔음에도 본인이 떠난 국가의 정부를 비평하거나 한국 사회의 모순점을 지적하는 것을 참지 못하는 사람들이 있다. 어떤 이는 한국 정부의 기관원 행세를 하기도 하고, 어떤 이는 인 목사의 일거수일투족을 한국정부 기관에 보고하기도 하였다. 그런가 하면 떠나온 모국을 낭만적으로 생각하며 그리워하여 정부에 대하여 비평을 하는 사람을 자신의 적으로 간주하여 시드니 한인사회에 분란을 일으키기도 하였다.

시드니의 한 한인신문은 인 목사를 중상 모략하는 글을 싣기도 하였는데, 그것이 인 목사에게 끼친 악영향에 대해 사과하거나 정정 보도 내는 것을 끝내 거부하기도 하였다.

7. 시드니 갈릴리교회 창립

인명진 목사가 1984년에서 1985년까지 시드니에 머무를 때 그는 시드니의 동쪽 지역에 시드니동부교회를 창립하였는데 필자가 그 창립을 도왔었다. 이때 교회는 본다이에서 모였다. 인 목사의 목회로 교회는 사회정의와 착취에 대한 의식을 날카롭게 가지기 시작하였다. 후에 교회가 캠시 지역으로 옮기면서 '갈릴리교회'라는 이름을 가지게 되었다.

인 목사는 후에 영등포에 갈릴리교회를 개척하고, 예수의 갈릴리 목회에 중점을 둔 '갈릴리교회'라는 이름의 중요성에 대하여 그의 책에 설명하였다. 마가복음 16장의 텅 빈 무덤가의 메신저가 제자들에게 말하기를 부활하신 예수를 만나려면 죽기 전에 말씀하신 대로 갈릴리로 가라는 내용이었다. 갈릴리는 당시 권력의 중심부에서 멀어져 변두리로 밀려난 가난한 사람들이 살던 곳이었다. 그런 곳에서 인 목사는 도시산업선교를 하고 있었던 것이다. 서울의 서쪽 변두리 공단지역에서 복음을 들으려고 모인 공동체가 바로 갈릴리교회라고 하였다.

8. 일신기독병원 이사회

부산의 일신기독병원은 1952년 9월 17일 호주선교사 헬렌과 캐서린 매켄지 자매에 의하여 설립되었다. 이 병원은 당시 사회의 변두리에 있는 사람들을 위하여 세워졌다. 처음부터 병원의 정책은 치료비를 납부할 수 있는 능력이 있든지 없든지 병원의 치료가 필요한 산모와 아이들을 받도록 하였다. 이 정책은 병원 지도부와 그 지역 교회지도자들 사이에 마찰을 불러일으켰는데, 교회지도자들은 기독교병원이면 교인들에게 무상치료의 우선권이 주어져야 한다고 믿었었다. 그러나 병원은 단호하였다. 그리스도의 복음이 만민에게 주어지는 선물인 것처럼, 치료비를 낼 수 있는 능력과 상관없이 모든 필요한 이에게 기회가 주어져야 한다고 생각하였다. 이 병원의 또 다른 특성은 수년에 거쳐 병원 직원노조가 강성하였다는 것이다.

헬렌 매켄지 선교사가 병원 원장이었을 때는 노조의 요구와 병원 측의 운영의 중심을 성공적으로 유지하고 있었다. 그러나 헬렌이 은퇴한 후부터 병원은 노조의 증가하는 요구들을 수용하기가 점차로 어려워지고 있었다. 결국 병원 측은 나를 통해 인명진 목사의 도움을 요청하였다. 당시 병원은 재정적으로 운영이 어려워지고 있었지만 필요한 사람들에게 봉사하는 병원으로서의 기록은 자랑스러웠다. 인명진 목사는 2010년 그 초청에 응하여 병원 이사회의 이사장으로 취임하였다. 그의 지도력으로 병원은 흑자로 돌아서며 확장되었으며, 계속하여 부산 지역사회의 봉사하는 기관으로 남아있다.

인명진 목사는『한국 교회와 호주 교회 이야기』란 책에 일신기독병원과 호주 교회와의 관계를 다음과 같이 적고 있다.

"더욱이 뜻 깊은 것은 올해 초 한국정부가 일신병원 설립자인 헬렌 맥켄지 선교사에게 민간인에게 주는 가장 큰 영광인 무궁화장을 추서한 경사가 있었다. 그리고 그 훈장을 7월 호주 아델라이드에서 열렸던 호주연합교회 제13차 총회에서 모든 총대 앞에 보여주며 호주선교사들의 업적을 기리는 의미 있는 시간을 가졌다. 호주교회와 일신병원, 그리고 우리 모두에게 주신 하나님의 큰 축복이라 하겠다." (『한국 교회와 호주 교회 이야기』, 253).

호주 교회와 인명진 목사와의 만남은 이렇게 서로를 성장시키고, 도전하며, 하나님의 선교를 이루어가는 큰 축복이 되어 왔던 것이다.

〈참고문헌〉

인명진, 『구치소에서 온 편지』, 영등포산업선교회, 1980.
호주장로교회, "총회 에큐메니칼선교와 연대국 회의록", 1973년 9월 17일.
호주연합교회, "미션 파트너스", 총회 세계선교부, 1970-1980년 대.
양명득 편, 『한국 교회와 호주 교회 이야기』, 대한예수교장로회 총회, 2012.
양명득 편, 『호주선교사 존 브라운』, 한국장로교출판사, 2013.

독일 교회의 에큐메니칼운동과 인명진
(On an Ecumenical Journey with Rev. In Myungjin
in the Vineyard of The Lord)

Marianne Wagner(마리안느 봐그너)
(독일 팔츠주교회 세계선교와 에큐메니칼관계국 총무,
개신교선교연대 의장)

영등포산업선교회로부터 인명진 목사의 목회와 선교에 관한 도서출판 원고 집필요청을 받았을 때 필자는 기쁨과 감사의 마음이 있었다. 동시에 한국 역사의 산 증인이자 뛰어난 개성의 소유자인 인 목사에 관하여 글을 쓴다는 것은 큰 과제이자 도전이었다. 주님이 나에게 적절한 언어를 주셔서 에큐메니칼 세계 속의 독일의 팔츠주교회[1], 영등포노회의 선교동역, 대한예수교장로회 통합총회, 그리고 가나장로교회와의 선교협력 속에 인 목사의 중심적인 역할을 잘 기술할 수 있도록 겸손하게 기도할 뿐이다.

---

1 1818년 루터교회와 개혁교회의 연합으로 설립된 독일 개신교단

1. "두려워하지 말라": 인명진 목사와의 첫 만남

2002년 8월 13일 인명진 목사를 독일 란다우에서 처음 만났다. 영등포노회 노회장과 함께 가나를 방문한 후 그는 독일의 팔츠를 방문한 것이다. 인 목사가 나의 사무실을 방문한 목적은 처음으로 발전하는 한국, 가나, 독일 세 대륙과 국가 그리고 교회 간의 3자 파트너십의 새로운 선교협력 모델을 상의하기 위해서였다.

당시 독일 팔츠주교회 세계선교부와 에큐메니칼관계국 총무로서 내가 일을 시작한지 첫 달이 되던 때였다. 20년 이상 이 자리에서 사역을 하여 온 게하르트 프릿츠 목사의 뒤를 이어 2002년 3월 부임한 것이다. 나는 에큐메니칼운동을 주로 남미, 특히 볼리비아에서 경험하여서 남미의 역사, 스페인 언어, 문화 그리고 정신세계에 대하여 잘 알고 있다고 말할 수 있다. 그러나 아시아와 아시아교회와 함께 일한 경험은 없었기에, 우리 교단과 관계를 맺고 있는 한국 교회 파트너와 어떻게 좋은 관계를 유지할 수 있을지 염려하고 있었다.

내가 마인츠대학에서 공부하고 있을 때 그 대학에서 대학원 공부를 하던 한국인 학생 몇 명을 알게 되었다. 그들은 항상 매우 친절하고, 예의바르고, 만나면 기분이 좋았다. 그런데 때로 그들의 의견을 정확히 알기가 어려웠는데, 그들은 본인의 의사를 직접적으로 표현하지 않기 때문이었다. 그러므로 나의 주된 염려는 우리의 한국 파트너와 동역 관계를 발전시키는 것이 어려울 것이라는 생각이었다. 또한 나는 이 에큐메니칼 책임자 자리에 임명된 첫 여성인데, 한국의 목회자와 장로들이 나를 어떻게 볼지도 궁금했다.

그런데 인명진 목사가 나의 사무실을 방문한 날, 몇 가지 놀라움을 경험하였다. 인 목사는 프릿츠 목사의 후임으로 비교적 젊은 여성 목사가 임명된 사실에 관하여 전혀 개의치 않는 것 같았다. 대화 처음부터 독일 팔츠주교회 대표로 나를 인정해 주는 것으로 느껴졌다.

두 번째로 인 목사는 우리 교회와의 파트너십과 앞으로의 3자 파트너십에 대한 계획을 직접적이고 솔직하게 말하였다. 우리 교단 총회장과 총무단과의 모임에서 인 목사는 한국과 독일과 가나간의 3자 파트너십에 대한 그의 비전과, 가나 볼타 지역에 컴퓨터학교를 세우고 지속 발전시키는 것에 대한 생각을 함께 나누었다.

개인적으로는 한국과 우리 파트너인 영등포노회를 가능한 빨리 방문하여 한국 교회와 그 영성을 접할 수 있도록 격려해준 인 목사께 감사하다. 2003년 내가 처음으로 한국을 방문하였을 때, 영등포노회 대표들이 보여준 환영과 접대는 상상 이상이었다. 인 목사는 나를 갈릴리교회 예배에서 성경속의 여성 지도력에 관하여 발제하도록 초청하였다. 갈릴리신앙공동체 안에 한국인을 비롯하여 몇 이주자 공동체도 한 교회당에서 함께한다는 사실도 알게 되었다. 나는 이런 종류의 교회를 독일에서나 세계 어느 곳에서도 본적이 없었다. 가장 감동적이었던 순간은 갈릴리교회 예배 참석 시 12명의 이주민 노동자에게 세례를 베푼 경험이었다.

2. 세상의 빛과 소금: 인명진 목사의 증언

한국 기독교인의 인권과 민주화 운동을 위한 투쟁은 역사적인 사실이다. 독일과 가나에서 온 우리가 영등포노회 파트너로 이러한 투쟁의 개척자 중 한 명을 알게 되고 함께 일할 수 있다는 것은 특권이라고 생각한다.

인명진 목사가 독일과 가나에서 온 대표자들과 1970년대 가난한 구로지역에서 노동자들과 어떻게 살며 일하였는지, 그리고 영등포산업선교회를 어떻게 발전시켰는지에 관한 이야기를 나눌 때가 우리 파트너십 과정 중에 가장 힘 있고 인상적인 순간이었다. 우리가 이해하기로 인 목사의 이러한 목회와 신앙은 성경에 깊게 뿌리를 둔 것이었다. 그가 스스로 그의 목회 전 기간에 거쳐 계속한 질문은 그의 투쟁의 모토였다. "우리의 현재 상황 속에 예수 그리스도는 어디에 계시는가?"

여기서 인 목사 본인의 말을 직접 들어 보자. "신학교를 졸업한 후 목회자가 되기보다 가난한 이들과 함께 하기 위해 공장으로 간 나는 일 년 동안 노동자로 살았다. 신분을 숨기고 말단 노동자들과 똑같은 적은 임금으로 가족을 부양하며 하루에 12시간씩 휴일도 없이 힘든 노동자 생활을 했다. 노동자로 사는 일 년은 내 인생을 송두리째 바꾸었으며 성경을 새롭게 배우는 진정한 신학공부의 시간이었다. 가난한 자를 사랑한다는 것은 내가 가진 그 무엇을 주고, 내가 그들을 위해 무엇을 해준다는 것이 아니었다. 내가 그들이 되어서 그들과 함께 사는 것만이 정말로 가난한 자를 사랑하는 실천이라는 사실을 깨달았다. 하나님이 사람을 사랑하기 위하여 사람이 되신 것처럼 이웃을 네 몸처럼 사랑하라는 말씀은 이웃의 배고픔이 내 창자에 느껴지고, 다른 사람의 억울함이 내 억울함이 되어 내가 화가 나고, 다른 사람의 슬픔이 내 슬픔이 되어 내 눈에 눈물이 나야 한다는 것을 절실히 깨달았다. 이웃 사랑은 결코 자선이나 봉사가 아니다. 그러므로 나는 교회가 행하는 자선과 봉사를 이웃 사랑이라고 생각하는 것은 교회의 착각인 경우도 있을 수 있다고 생각한다.

그렇게 일 년을 공장 노동자로 보내고 영등포산업선교회에서 13년 동안 노동자들과 함께 살았다. 그 동안에 내가 한 일은 한마디로 단순한 것이었다. 우선 그들과 같이 가난하게 살았다. 그들이 웃을 때 같이 웃었고, 그들이 울 때 같이 울었고, 그들이 분노할 때 나도 같이 화를 냈고, 그들이 자신들의 권리를 찾기 위해 투쟁할 때 나도 그들과 함께 싸우고 그들을 따라 감옥에도 갔다. 내가 영등포산업선교회에서 일하는 동안 네 번에 걸쳐 3년여를 감옥에 있었는데, 물론 죄목은 정치적인 것이었지만 실상은 노동자들의 인권을 위한 투쟁과 관련된 것이었다."(인명진, "갈릴리에서 만나자: 한국 상황 속의 새 기독론 증언", 마인츠 조하네스-구텐버그대학 강의, 2016년 1월 21일).

인 목사는 그의 신앙으로 인하여 고난 받을 준비가 되어있었다. 우리는 한국에 있는 동안 그가 네 번이나 구속되고 고문 받은 장소를 직접 가보기도 하였다. 독일의 특별한 역사 속에 우리들은 인명진 목사를 나찌 정권에 항거한 독일 고백교회의 디트리히트 본훼퍼 등과 같은 목회자와 같은 선상에서 본다. 우리나라에서는 아주 소수의 목회자와 교인들이 복음에 굳건히 서서 범죄적인 나찌정권에 대항하여 싸웠으며, 우리 교회는 지금도 그들의 죄를 고백하고, 장차 그러한 일이 다시는 일어나지 않도록 할 책임을 가지고 있다. 인 목사의 증언이 우리를 깊게 감동시키는 이유는 그가 그리스도의 참 제자로 살았으며 그가 짊어져야 할 십자가들을 지었다고 느끼기 때문이다.

지난 14년 동안 나는 인명진 목사가 했던 여러 가지 주제의 설교나 강연을 들었는데, 민주화 과정에서 한국 교회의 역할, 북한의 상황,

독일과 한국의 통일문제, 이웃종교와의 대화 등이 그 주제였다. 이 경험들은 우리 에큐메니칼 파트너십 역사의 소중한 순간들로 남아있다.

2016년 1월 우리는 인명진 목사를 독일로 초청하여 하이델버그와 마인츠대학 신학부에서 그의 목회에 관하여 강의를 들을 수 있었다. 그는 '갈릴리에서 만나자: 한국 상황 속의 새 기독론 증언'이란 주제의 강의에서 그의 신학적 개념이 그의 목회 전반에 어떻게 영향을 미쳤는지, 특히 갈릴리교회에서와 한국 교회와 사회, 그리고 여러 나라 교회들과의 연대에서 어떻게 다양하게 섬기었는지를 설명하였다. 인 목사의 이 인상적인 강의 내용은 독일의 두개의 신학리뷰지에 이미 발표되었거나 발표될 것이다. 이것은 인 목사의 목회가 세상의 실제적인 도전 속에서 독일교회의 증언과 깊이 연결되어 있음을 나타낸다(Rev. In Myungjin: Meet me in Galilee – Trefft mich in Galiläa. [German translation]. In: Pfälzisches Pfarrerblatt Nr 4. April 2016. 106. Jahrgang. S. 192-198; In July 2016, the paper will also be published in: Christ und Sozialist. Kreuz und Rose. Blätter des Bundes der Religiösen Sozialistinnen und Sozialisten).

3. '너희는 그리스도의 몸이니 그리고 너희 각자는 그 몸의 일부분이니'
: 에큐메니칼 관계 새 모델로서의 3자 파트너십

우리 중에 아무도 혼자서는 신실한 그리스도인이 될 수 없다. 우리 주 예수 그리스도는 우리가 이웃들과 친교하며 살기 원하시고, 우리가 가지고 있는 것을 나누시기 원하신다. 우리는 각 지역에 속한 교회에서 함께 하나님의 말씀을 듣고, 또 그 지역에서 그리스도의 사랑과 자비를 증언하며 신실하게 살기를 노력한다. 이것은 사도 바울이 고린도교회에 그의 편지를 통하여 권면하는 것으로 그리스도의 몸을 설명하는 내용이다.

교회의 친교는 한 지역과 국가를 넘어서는 또 다른 차원의 의미를 가지고 있다. 에큐메니칼운동은 모든 제자들과 따르는 자들이 하나 되라는 그리스도의 명령에 대한 응답이다. 그러므로 에큐메니칼 관계 형성은 우리가 할 것인가 말 것인가 하는 선택사항이 아니다. 예수 그리스도의 가르침을 심각하게 받아들인다면 그것은 그리스도인들의 책임사항이다. 그리스도가 우리에게 하나 되라고 하신 것은 우리가 서로를 필요로 하고, 우리의 생활 속에 성경을 이해하는데 서로 도움이 되고, 하나님이 우리를 부르시는 선교를 더 신실하고 완전하게 할 수 있기 때문이다. 그리스도인은 유럽에 살던지, 아시아나 아프리카에 살던지, 어느 대륙에 살던지 서로 협력하라는 부름을 받았다.

에큐메니칼 관계는 축복인 동시에 도전이기도 하다. 왜냐하면 우리의 하루하루 생활 속에 있는 교회는 서로 다른 역사와 문화적 배경을 가지고 있기 때문이다. 우리는 종종 다른 나라나 문화권에 있는 형제자매를 이해하는데 큰 어려움을 갖는다. 오해와 실망의 경험은 에큐메니칼 관계 속에서 자연스러운 현상의 한 부분이다. 이러한 도전을 극복할 수 있는 길은 예수 그리스도께서 친히 보여주신 것과 그 영성으로 서로를 알고, 신뢰를 쌓고, 확신에 찬 관계를 발전시키는 것이다. 나는 인명진 목사를 통하여 성공적인 에큐메니칼운동에는 개인적인 신뢰 관계가 얼마나 중요한 것인지를 배웠다. 우리 독일

교회는 구조적인 것을 가장 중요하게 여겨왔다. 때로 우리는 개인적인 관계의 역할을 게을리하는 위험을 초래하였다.

영등포노회와 팔츠주교회의 파트너십이 많은 열매를 맺을 수 있었던 것은, 에큐메니칼 사무실과 직원들뿐만 아니라 개 교회와 교인들도 참여하였기 때문이다. 인 목사는 항상 우리의 파트너십에 개 교회 목회자, 장로, 여성, 청년 그리고 평신도까지 참여할 수 있도록 우리에게 도전을 주어 생각하게 하였다.

이렇게 우리는 모두 그리스도의 한 몸에 지체가 되고, 많은 사람들과 살아있는 공동체를 이루고 있다. 서로를 위하여 그리고 함께 계속 기도함으로 우리는 정말 그리스도 안에서 형제자매라는 것을 느낄 수 있는 것이다. 한국, 가나 그리고 독일 3자 파트너십과 아코솜보 컴퓨터훈련학교 공동선교에 인 목사의 역할과 지도력은 말로 다 할 수 없을 정도이다.

서로 다른 배경을 가진 파트너들이 함께 일을 할 때 드러날 수 있는 여러 가지 도전들 속에 인 목사는 이 에큐메니칼 관계의 새 모델이 우리의 삶을 정말 바꿀 수 있다는 희망을 잃지 않았다. 기독교인의 친교 속에 가나의 컴퓨터훈련학교를 세 국가와 교회가 함께 운영함으로, 인 목사의 젊은이들에 대한 비전과 꿈이 새로운 방법의 협력을 발전시키고 우리를 인도하였다. 한국과 독일에서 온 자원봉사 청년들이 가나를 방문하여 네트워크를 구축하였는데 그들의 경험이 다음 세대를 위하여 매우 중요한 것이 사실이다.

인 목사가 강조한 한 그리스도의 지체를 이루는 나눔의 영성이 우리에게 닥친 도전을 극복하는데 도움이 되었고, 공동의 선교에 새 지평을 볼 수 있도록 하였다. 우리는 3자 파트너십에 대한 비디오 영상을 만들었는데, 인 목사는 파트너십을 위하여 함께 일하는 것은 '하나님 나라를 위한 훈련'이라고 말하였다. 이것은 우리의 선교에 대한 인 목사의 영성과 실천의 지도력을 잘 설명하고 있다. (Videoclip: Trilateral Partnership Korea-Germany-Ghana. https://www.youtube. com /watch?v=XOuN1qJhcxE)

가나컴퓨터훈련학교의 이사장으로서 새로운 스타일의 협력과 선교를 발전시키기 위하여 인 목사는 한국, 가나 그리고 독일의 파트너들을 수년간 인도하였다. 그의 지도력 아래 우리는 선교를 진전시키기 위하여 서로를 더 잘 이해하고 문제를 해결하는 방법을 경험하였다.

인명진 목사가 은퇴 후, 후임 이사장으로 나를 추천하였을 때 가나와 독일 파트너들은 매우 놀랐다. 이 선교를 위하여 영등포노회의 교회들이 그동안 열정적으로 참여하였기에 우리는 그중에서 이 역할을 맡는 것이 좋다고 생각하였기 때문이다. 그러나 인 목사는 지도력을 서로 나누어 섬기는 것도 우리의 선교 미래를 위하여 중요하다고 설득하였다. 그의 경험과 자문 그리고 공동 선교를 위한 사랑이 계속하여 우리에게 영감과 도움을 주고 있다.

매해 가나에서 두 명의 학생을 장로회신학대학 석사과정으로 초청하는 일도 인 목사의 주도로 이루어졌는데, 이것도 우리 파트너십에 굉장히 중요한 공헌을 하고 있다. 거의 지난 10년 동안 영등포노회는 이 학생들에게 장학금을 주고 있다. 두 명 중에 한명은 여성이어야 한다는 규정도 가나장로교회의 여성지도력과 성의 균형을 증진시키는데 이바지하였다. 우리는 인 목사가 이 프로그램을 앞으로 10년 더 계속하자는 제안을 매우 감사하게 생각하고 있다.

4. "너를 축복하노니… 너는 복의 근원이 될지어다"
: 하나님의 사랑과 교회연대 증인으로서의 인명진 목사

인명진 목사와 일을 함께하는 특권을 가진 사람들은 인 목사의 특별한 인간성, 깊은 신앙, 복음에 대한 증언 그리고 뛰어난 지도력에 관하여 알고 있다. 이것은 하나님의 은총이며, 인 목사는 하나님이 왜 특별한 방법으로 자신을 축복하셨는지 알고 있다고 나는 느껴졌다. 그러한 특별한 은사를 받은 사람은 다른 사람보다 더 무거운 십자가를 지어야 한다는 것이다.

인 목사는 하나님이 주신 그러한 은사와 기술과 지혜를 자기 자신만을 위하여 쓰려고 하지 않았다. 그는 항상 다른 사람을 위하여 투쟁하여 왔다. '이웃을 사랑하라'는 인 목사의 삶과 목회의 모토 중 하나로 말할 수 있으며, 본인 지역의 이웃은 물론 먼 이웃들까지 포함하고 있다. 하나님을 사랑하는 자는 그 이웃도 사랑하라는 성경의 가르침을 따르고 있는 것이다. 인 목사의 신학은 성경에 근거하고 있으며, 세상의 교회들에게 요청되는 개혁에 큰 도움을 준다(The interview with Rev. In Myungjin: Be the Salt of the Earth in: Informationen aus der Evangelischen Kirche der Pfalz. Nummer 147. 1/2016. P. 12).

독일 팔츠주교회는 인 목사의 파트너십을 위한 헌신과 사랑에 깊이 감사한다. 우리 교단 총회장 크리스티안 쉬아드 목사는 2014년 말, 인 목사의 은퇴예배 시 다음과 같은 기록을 감사의 편지에 남기고 있다.

"우리가 인명진 목사님으로 인하여 감사하는 것은 그가 주님의 포도 원에 신실한 종으로 뛰어난 그의 공로로 인함입니다. 예장총회의 영 등포노회와 우리 교단, 그리고 한국과 가나와 독일의 3자 파트너십에 인 목사님은 중추적인 역할을 감당하여 왔습니다.

새로운 관점에서의 접근, 예수 그리스도를 향한 사랑 그리고 영감적 인 그의 지도력은 하나님의 영광을 위한 우리의 자매관계가 발전하고 열매를 맺는데 도움을 주어왔습니다. 갈릴리교회를 은퇴하시는 목사 님 앞날에 새로운 삶이 펼쳐지기를 기도합니다. 선하신 주께서 건강 과 행복을 주시기를 축복합니다. 인 목사님의 경험과 지혜가 계속하 여 우리 파트너십 관계에 영감을 주시기를 바라며, 자문해 주시기를 초청합니다"(쉬아드, 2014년 12월 14일).

장로회신학대학에서 영등포산업선교회, 민주화 운동, 갈릴리교 회 목회, 외국인 노동자선교, 그리고 3자 파트너십 등 인명진 목사의 목회와 선교에 관한 연구 과정을 시작한 것을 기쁘게 생각한다. 한국 의 정치, 언론 그리고 이웃종교와의 대화도 그가 참여한 중요한 주제 들이다. 이러한 주제에 관한 연구는 인 목사 선교의 신학적, 선교적 그리고 역사적 의의를 정립하는데 매우 필요한 과정이다. 이것은 한 국 상황과만 관련된 것이 아니라, 오이쿠메네에 속한 세계 교회와도 연관된 주제들이다. 이러한 이유로 우리 팔츠주교회는 인 목사의 선 교에 관한 연구 프로젝트를 영적으로 그리고 재정적으로 지원하기 로 한 것이다.

우리는 마인츠 요하네스-구텐버그 대학의 볼카 쿠스터 교수와 함 께 인 목사의 목회와 선교에 관하여 연구를 시작하였으며, 이것은 마인츠의 초문화신학센터, 장로회신학대학, 예장총회 영등포노회 그리고 팔츠주교회가 함께 진행할 수 있다(Informationen aus der Evangelischen Kirche der Pfalz. Nummer 147. 1/2016. P. 3-4). 이 연구에 관한 목적은 마인츠대학에서 인 목사의 목회에 관한 박사논문을 이끌어 내는 것인데, 팔츠주교회는 이 박사과정을 위하여 자격이 되는 후보생 한명을 장학금으로 지원할 준비가 되어 있다.

또한 아시아, 중동, 유럽, 아프리카에 있는 22개의 개신교단과 선교단체들이 속하여 있는 개신교선교연대(EMS)를 위하여 인 목사가 계속하여 기꺼이 자문을 제공하는 것에 매우 감사한다. 개신교선교연대 의장단과 선교위원회, 그리고 다른 대표들과 인 목사와의 만남이 있었다. 주님의 포도원 안에 국제적이고 에큐메니칼적인 친교와 순례 속에 인 목사의 영감적인 자문은 계속하여 우리에게 축복이 될 것이다(Address of Rev. In Myungjin to the Mission Council of EMS in Beuggen on 9th June 2015. P. 2).

글을 마치면서

한 명의 목회자로, 에큐메니칼 직원으로, 그리고 한 인간으로 나는 지난 14년 동안 인명진 목사로부터 많은 것을 배워왔다. 인 목사와 같은 목회선배를 만나게 된 것으로 인하여 하나님께 감사드린다. 그는 나의 지식과 경험을 넓히고 그리고 예수 그리스도의 제자로서 증인된 나 자신을 한층 발전시키는데 도움을 주었다. 우리 교단과 에큐메니칼 세상에서 나의 지도력은 인 목사의 잊을 수 없는 영감과 지원을 받은 덕택이기도 하다. 마지막으로 중요한 것은 좋은 지도자가 되려면 유머의 재능도 있어야 한다는 것도 그분에게 배웠다. 우리는 앞으로도 오랫동안 인 목사의 호탕한 웃음소리를 듣게 되기를 희망한다. 우리 주님께서 그를 항상 축복하고 지켜주시기를 기도한다.

(번역: 양명득)

〈참고문헌〉

인명진, "갈릴리에서 만나자: 한국 상황 속의 새 기독론 중언", 마인츠 조하네스-구텐버그대학 강의, 2016년 1월 21일.

Rev. In Myungjin: Meet me in Galilee -Trefft mich in Galiläa. (German translation). In: Pfälzisches Pfarrerblatt Nr 4. April 2016. 106. Jahrgang. S. 192-198.

The interview with Rev. In Myungjin: Be the Salt of the Earth in: Informationen aus der Evangelischen Kirche der Pfalz. Nummer 147. 1/2016. P. 12.

Address of Rev. In Myungjin to the Mission Council of EMS in Beuggen on 9th June 2015. P. 2.

Videoclip: Trilateral Partnership Korea-Germany-Ghana.
http://moed-pfalz.de/wo-ich-jesus-christus-traf-mein-ringen-um-demokratisierung-und-soziale-gerechtigkeit-im-licht-des-evangeliums/
https://www.youtube.com/watch?v=XOuN1qJhcxE

한국 · 독일 · 가나 선교 협력과 인명진

이명석*
(예장총회 파송 가나 선교 동역자)

1. 들어가기

사람에게는 인생 중에 누군가와 꼭 만나게 될 어떤 운명이 있는
지도 모르겠다. 필자에게는 1994년 여름 불볕더위가 한풀 꺾여 갈
9월 초가 바로 그런 때였다. 당시 총신 신대원 1학년이었던 나는 아
내와 함께 한부선 선교센터[1](Bruce F. Hunt Missionary Training
Institute)에서 선교사 훈련과정을 마쳤을 때였다. 선교사 훈련 강사
중 한 분이었던 ACTS의 애쉬나워 미국인 여자 교수는 내 손에 쪽지
한 장을 쥐어주었다.

---

* 필자는 현재 PCK 총회선교사로서 영등포노회-수원성교회 공동파송으로 2002년부
터 현재까지 가나장로교단의 에큐메니칼선교동역자로 선교사역을 하고 있다.
1 서초동 고신빌딩에 있던 한부선선교센터(원장: 손영준 교수)는 총신 신대원 출신들이
선교사가 되기 위해 위탁교육을 받던 곳이었다. 필자가 총신 신대원을 가게 된 것도
이곳에서 선교훈련을 받고 선교사가 되고자 하기 위함이었다. 대신에 1993년부터는
일반지원자에게 문호가 개방되었다. 지금은 전남 여수에 훈련 센터가 있다.

"자네가 선교사로 가야 할 소명이 있다면 국내에 있는 동안에도 그냥 일반 교회에 가서 전도사로 시무하지 말고 여기 적혀 있는 교회로 가서 비 거주 선교사라 생각하고 한국에 온 외국인 노동자부터 섬겨보게."

내 손에 들려진 조그만 쪽지에는 '구로 6동 갈릴리교회 인명진 목사'라고 적혀 있었다. 그러나 하나님의 뜻이 무엇인지 모르겠지만 그 교회에 가기로 한 바로 그 주일 이른 아침에 16개월 된 딸에게 갑자기 원인 모를 뇌경색이 와서 2주 만에 땅에 묻어야 했다. 갈릴리교회에서 주일 예배를 드리자마자 그 교회 교인으로 등록하여 외국인 노동자 선교 봉사를 시작하였다. 그 후 얼마가 지났을까 어느 날 예배 후에 인 목사가 교회 사무실로 나를 불러 대뜸 물었다.

"자네, 내가 누군지 알고 왔는가?"

난 이 분이 난데없이 왜 그런 질문을 하는지 의도도 파악하지 못한 채 이렇게 대답하였다.

"글쎄요, 누구신지 잘 모르는데요."

천진스럽게 대답하는 나를 보며 마냥 허허 웃으시던 인 목사와 그 후 20여 년간의 만남이 시작되었다. 아마도 난 인 목사를 안다는 수많은 사람 중에 가장 그분을 모른 채로 알아가기 시작한 사람 중에 하나일 것으로 짐작한다. 아마도 그 점에 있어서는 지금도 크게 달라진 것이 없을 것이다.

난 가끔씩 인 목사와 함께 식사하는 시간이 항상 즐거웠다. 그저 썰어놓은 생오이를 고추장에 찍어 밥과 먹는 단출한 식사가 대부분이었지만 식사 중에 격의 없이 들려주시던 인생 이야기들은 다른 곳에서는 도무지 들을 수 없는 독특한 것들이었다. 그 속에는 숨김없는 그분의 남다른 삶에 대한 태도와 꿋꿋한 신념이 고스란히 스며들어 있는 것들이었다. 그때마다 나는 마치 스펀지가 물을 만난 듯 그분의 삶에 빨려 들곤 했다. 나중에 나는 인 목사의 권유로 소속 교단을 통합으로 옮겨 갈릴리교회 외국인 노동자 선교전담 부교역자로 사역했다. 또 어느 날 교회 사무실 2층에서 인 목사가 마치 과외활동 마냥 시작한 기독교 인터넷 방송과 기독교 위성 방송에서 기획실장, 비서실장, 방송국장, 총무국장, 특임 본부장으로 있다가 2002년에 가나에 선교사로 파송되었다.

2. 인명진 목사의 선교에 관한 어록들

내가 본 인명진 목사는 평소에 선교사에 대해서 늘 부정적인 태도를 가지셨던 분이었다. 설교시간에도 서구 선교사와 한국 선교사들의 선교 행태에 대해서 비난 일색이었을 뿐 아니라 늘 갈릴리교회에서 선교사 파송은 없다고 공언하곤 하셨다. 그러나 선교현장에 있으면서 인 목사가 올바른 선교에 대해 얼마나 큰 확신과 애정을 가지고 있는지 알게 되었다. 그분의 선교사에 대한 날이 선 비판은 역설적으로 주님의 마음에 드는 선교를 하는 그런 선교사를 바라는 마음에서 우러나오는 것이었다. 그분의 선교에 대한 열정 그리고 선교사에 대한 사랑과 훈계를 필자가 가나에 선교사로 있으면서도 많이 듣고 실천에 옮겨보았다. 그분의 어록들 중에 몇 가지만 추려서 여기에 모아보았다.

1) "다른 곳에 가려면 나와 인연 끊고 가라"

2002년은 내가 예수를 믿고 선교사로 파송되고자 기도한지 15년째가 되는 해였다. 그해 9월 즈음에 마음을 정돈하고 선교사로 가려고 방송국에도 사표를 쓰고 금식하며 하나님의 부르심을 기다렸다. 마침 경기노회 수원성교회(안광수 목사)에서 우리 가정을 선교사로 파송하겠다며 선뜻 제안을 해주셨다. 이에 인 목사께 마지막 인사를 드리려고 갔는데 마침 가나를 다녀오신 길이었다. 저를 보더니 대뜸 화를 내시면서 이렇게 말씀하셨다.

"내가 이 목사 자네 아프리카 선교사 된다고 해서 이번에 가나에 선교사로 보내려고 그 먼 길을 다녀왔는데 지금 다른 어디를 간다는 말인가? 다른 곳에 가려면 당장 나와 인연 끊고 가게."

인 목사의 느닷없는 반응과 갑작스러운 가나 선교사로 가라는 말씀에 어리둥절해서, "아니 갈릴리교회에서는 선교사 파송을 하지 않는다면서요?" 하고 되물었더니 이내 다시 차분한 목소리로 자초지종을 설명하셨다.

"이 목사, 그러지 말고 한 보름 정도 가나를 다녀오게. 그곳에 영등포노회가 컴퓨터학교를 세웠으면 하는데 내가 보기에 공학을 전공하고 컴퓨터를 잘 아는 이 목사가 제일 적격이야."

이후 보름 동안 가나 선교지에 들려서 현장을 둘러보았다. 이상하게도 둘러보는 가나의 교회와 현장마다 별로 마음에 와 닿지가 않았다. 이미 다른 곳에 선교사 파송을 받을 약속이 되어 있는 터라 마음이 더 그랬는지도 모른다. 귀국 하루를 남긴 14일째 되던 마지막 저녁이었다. 마음속엔 이미 다른 곳으로 갈 결심이 들어서 있었다. '이제 가나에서의 마지막 밤이로구나. 역시 이곳은 기독교 인구도 많고 교회도 이렇게 즐비하게 들어서 있으니 내가 선교할 곳이 아닌 모양이야' 하면서 혼자 속으로 다음 계획을 하고 있었다.

저녁을 먹고 독일선교사들이 19세기에 세웠다는 에벤에젤 교회당 문 앞에서 나무의자에 앉아 언덕 아래에서 선선하게 불어 올라오는 저녁바람을 쐬고 있었다. 한낮의 더위가 식은 뒤에 불어오는 저녁바람은 집집마다 아궁이 나무 타는 냄새에 음식냄새까지 구수하게 실어왔다. 선선한 바람에 숨을 크게 들이키는데 갑자기 내 속에 어떤 둔탁한 울림이 들려왔다.

"이 공기가 네가 마실 공기니라."

언뜻 지나가는 듯한 소리 같았으나 이내 주님의 음성으로 느껴졌다. 황급히 앉아 있던 나무 의자에서 내려와 바닥에 무릎을 꿇었다.

"진정 지금 말씀하는 분이 주님이십니까? 주님이 저를 이곳에 부르시는 것입니까? 주님이시라면 두말 않고 순종하겠습니다."

귀국하자마자 가산을 다 정리하고 그해 12월 27일 밤에 손에 여행가방 두 개 들고 아내와 초등학생 아들과 함께, 가나의 볼타노회가 있는 아눔에 도착하였다. 이렇게 해서 남의 집 단칸방 셋방살이로부터 우리 가정의 가나 선교 사역이 시작되었다. 아마 그때 내가 아눔을 방문했을 때 인 목사가 내 마음이 바뀌도록 기도하신 것이 아닌가 하는 생각이 든다. 그때 인 목사와 끊지 못한 인연은 이후로 십 수 년이 지속되었다.

2) "삼국교회 연합으로 해야지 무슨 소리요!"

인명진 목사의 독특한 선교관은 그가 영등포산업선교회의 총무로 있던 전후로 더 구체적으로 형성되었다고 해도 틀린 말이 아닐 것이다. 그 기간에 인 목사는 여러 에큐메니칼 선교의 선구적인 국제 인물들과 교류를 가질 수 있었다고 본다. 특히 그중 독일 게르하르트 프리츠[2] 목사를 빼놓을 수 없다. 프리츠 목사는 독일 서남부 라인란트 지역에 위치한 팔츠주교회의 선교부 총무로 25년을 사역한 대표적인 친한파로서 원래는 기장(PROK)에 속한 기관들과 먼저 연관을

---

[2] 아시아 담당 데스크를 맡게 되면서 처음 한국을 알게 되었다. 그는 1970년대 한국 내 민주화투쟁 과정에 깊은 관심을 갖고, '억압 받는 민중'에 대한 연대를 표명하는 단체에 재정적 뒷받침과 한국 정부에 압력을 행사하기도 했던 독일 교회 대표적 친한(親韓) 인사이다.
http://www.pckworld.com/news/articleView.html?idxno=8347 Accessed 2012년 11월 6일.

맺고 있었다. 그러다가 우리나라의 70~80년대에 걸쳐서 일어난 민주화 운동에도 관심을 갖고 민주화 운동 인사들과도 특별한 교분을 가졌다. 그러다 영등포산업선교회의 역할에 크게 관심을 가지고 되고 서서히 예장 통합(PCK)과 교섭을 맺다가 1984년부터 그가 속한 독일 팔츠주교회는 예장통합총회와 정식으로 교류 협력을 맺게 되었다. 프리츠 목사는 의례적인 교단 간의 교류보다 실제적으로 지역 교회와 협력을 할 수 있는 노회 차원의 파트너십 관계를 갖고자 예장에 의사를 타진하였다. 이에 예장 총회 산하 6개 노회가 지원하였는데 영등포노회가 파트너 노회로 선정이 되었다. 물론 그와 인 목사와의 개인적인 친분 그리고 그간의 영등포산업선교회와의 관계가 이를 성사하는데 주효했다는 것에는 의문의 여지가 없다.

20세기 세계 선교의 많은 부분에서 큰 역할을 감당하던 독일 교회는 1997년 이후부터 큰 변화를 하게 되었다. 물론 이런 변화의 계기는 교인 수의 감소로 인해 주된 교회 재정 수입원이던 정부 교회세[3] 수입이 하락하고 있었고, 또한 독일 교회의 인적자원 위주로 해외선교를 하던 그간의 형태에서 벗어나 다른 나라의 교회 자원과 협력하여 지속적으로 해외협력 선교사역을 하고자 하는 실리적인 면도 있었다.[4] 하지만 이 보다 더 중요한 원인은 독일 교회 내의 선교 신학적인 패러다임의 변화였다. 그간 독일 교회의 선교는 전통적으로 '북에서 남으로'(North to South)의 형태를 유지하고 있었다. 선교 자원이

---

3 독일 교회세는 교인으로 등록한 경우 소득세의 4% 내외로 책정되어 세금으로 원천 징수되어 교회로 배분된다. 즉, 국가가 국민에게 거둔 세금에서 월급을 받는 독일 목회자들은 국가의 준공무원에 비견할 수 있다.

4 Presbyterian Church of Ghana, "Report for 2009, Presented to the 10th General Assembly", (6 August 2010), p. 428.

풍부한 북유럽 선교교회에서 남부의 피선교지로 선교가 이뤄지는 형태였다. 이에 비하여 '남에서 남으로'(South to South)형태는 피선교지 교회가 장성하여 선교교회가 되어 다른 피선교지를 선교하는 형태를 말한다. 역사적으로 일부 서부 아프리카의 시에라리온과 나이지리아, 오세아니아 지역에서 이런 형태의 선교가 이뤄지기도 했다. 팔츠주교회의 선교 패러다임의 변화는 '남에서 남으로' 형태를 염두에 두면서도 독일교회의 독특한 위치는 유지되는 일명 '북(남)에서 남으로 North(South) to South'와 같은 형태였다. 물론 팔츠주교회가 영등포노회와 직접 연관을 맺게 된 2002년에도 독일교회가 한국 교회와 가나 교회의 선교협력을 관리(Supervision)하는 차원의 '북(남)에서 남으로 North(South) to South' 형태를 여전히 염두에 두고 있었다고 할 수 있다.

하지만 2002년 8월, 독일 팔츠주교회에 생각지 못한 변수가 생겼다. 인 목사가 영등포노회의 대표로 가나 교회를 방문한 뒤 곧이어 독일 팔츠 주에 방문했을 때 발생했다. 이때는 이미 프리츠 목사가 은퇴하고 후임인 마리안느 봐그너 목사가 선교부 총무로 일하고 있었다. 독일 팔츠주교회를 방문한 인 목사는 영등포노회에서 이해한 선교의 형태가 아닌 것에 발끈하였다.

"아니 이제 와서 무슨 소리를 하는거요! 양자관계가 무슨 소리요. 삼국 교회 연합으로 해야지! 당신네들이 말하는 양자 간 선교협력은 사기야 사기. 우리는 독일하고 같이 가나 선교에 삼자 협력하자고 한줄 알았단 말입니다."

버럭 소리를 지르는 인 목사 앞에서 신임 봐그너 목사는 어리둥절할 따름이었다. 그것은 독일 교회의 감독 하에 이루어지는 한국과 가나 교회 간에 양자 간 협력 관계가 아니라 진정으로 삼국 교회가 동등한 지위를 가지고 협력하는 삼국 교회 간 협력 관계를 '북-남-동'(North-South-East) 형태로 하자는 것이었다. 나중에 알고 보니 프리츠 목사의 양자 협력관계에 관한 이메일이 영등포노회로 이미 전송이 되었는데 실무자의 실수로 인 목사에게 전달이 되지 않았던 것이었다. 이로써 한국식 열정과 추진력이 선교 역사적으로 유래를 찾기 어려운 새로운 형태의 선교를 여는 역사적인 순간이 되었다.

서부 아프리카 가나에서의 에큐메니칼 선교협력은 한국 교회의 자존심을 우뚝 세우는 선교의 시발점이 되었다. 언제 우리 한국 교회가 다른 서구의 교회와 어깨를 나란히 하면서 같이 선교하자는 말을 할 수 있는 처지였던가? 하지만 인명진 목사가 주도해 나간 삼국 교회 간 선교 협력은 우리나라 교회의 위상을 단번에 서구 교회의 수백 년 선교 역사와 함께 아우르게 하는 계기를 만들어 주었다.

3) "노회의 결의로 선교해야 한다"

인명진 목사는 평소에 주장하기를 "선교는 반드시 교회의 꽃인 노회가 주도해야 해", 또는 "노회의 정식결의를 통해서 선교를 해야 바른 선교가 되는 거야" 하시면서 노회가 주도하는 선교에 큰 의미를 두고 있었다. 이런 그분의 생각은 노회의 정식결의 없이 시작한 교회의 선교가 나중에 용두사미가 되었던 수많은 과거의 경험에 우러나오는 것이었다. 또한 짐작하건대 영등포산업선교회 총무를 하면서 노회 때마다 노회원들의 상처를 주는 말 때문에 밖에 나와서 수도 없이 눈물을 흘렸다는 그 경험 때문일 수도 있었다. 이와는 별도로 개교회성이 강한 한국 교회가 노회단위로 연합하여 어떤 선교를 한 적이 없었다는 것에 대한 대안 제시이기도 하였다. 하여간 인 목사는 처음 시작부터 노회가 정식으로 결의하고 인정하는 선교를 하고 싶어 하셨다.

결국 인 목사의 주도로 독일 팔츠주교회와의 선교 협력은 영등포 노회의 정식 안건으로 상정이 되었다. 영등포노회는 1999년 9월 6일 제83회 노회에서 '한국과 독일 교회간의 선교협력 건'에 대하여 독일 팔츠주교회와 자매결연을 노회 차원에서 정식 승인하고 이후 서로 간에 몇 차례 교환방문을 나누었다.5 그 다음 해인 2000년 5월 2일 제84회 노회에서 '한·독 교회협력위원회'가 발족되었다.6 같은 해 2000년 10월 31일 제85회 영등포 노회에서는 팔츠주교회 대표단과 함께 방문한 프리츠 목사가 소개한 가나 장로교단의 볼타노회와 자매결연을 맺기로 결의하였다. 이에 기존의 '한·독 교회협력 위원회'는 세 나라의 교회를 포괄하는 '한·독·가 교회협력위원회'로 확대 개편되었다. 이렇게 노회 결의로 시작한 한·독·가 협력선교는 한국

---

5 시간적으로 볼 때 삼국 교회 협력 선교의 시작은 1980년대부터 추진된 독일 팔츠주교회(Protestant Church in Paletinate: PCP)와 가나 장로교회(Presbyterian Church of Ghana: PCG)의 양자 간 선교협력에서부터였다. 19세기 초 스위스에 위치한 바젤선교회(Basel Mission)에 소속된 독일어권 선교사들이 가나에 들어온 것을 계기로 독일 교회는 가나장로교회와 역사적인 유대성을 가지고 있었다. 독일 서남부 라인란트팔츠(Pfalz) 주의 비옥한 포도주 산지에 위치한 팔츠주교회는 PCG 산하 가나 중부와 서부 지역에 속한 노회들의 평신도지도자 교육과 조산원 지원, 초·중·고등학교 등의 프로젝트를 협력하고 있었다.
6 영등포노회, "한독가 교회협력위원회 역사", 미간행자료집 (2010), p.1.

교회의 에큐메니칼 선교의 약점을 보완하는 새로운 패러다임을 여는 시작점이 된 것이다.

아마도 영등포노회가 해외 선교 협력을 지속적으로 하는데 있어서 가장 원동력이 될 수 있었던 것은 노회 내에 '한·독·가 교회협력위원회'를 결성하고 이 위원회에 소속된 교회들을 통해서 선교 협력에 집중할 수 있도록 한데 있다고 본다. 즉, 선교적인 전문기구에 준하는 선교전담 위원회를 노회 안에 두고 그 위원회에서 노회를 대표하고 소속된 교회들과 책임을 분담하고 한정된 자원들을 적극 활용한 점이다.[7] 하지만 노회 안에 선교전담 위원회가 결성되었다고 선교가 저절로 되는 것은 아니었다. 인 목사의 국제적인 에큐메니칼 협력 경험[8]이 위원회의 실제적인 자양분이 되었다. 위원들 중에는 에큐메니칼적인 협력이 기존의 선교에 비해서 여러 가지로 불편하게 보는 이들도 있었다.

"그냥 가나교회와 선교를 직접하면 되지 왜 굳이 독일 교회를 참여시켜야 하는 겁니까?"하며 의문을 내세운 경우가 많았다. 그때마다 인 목사는 위원들에게 강조하기를,

"독일 교회와 함께 선교해야 합니다. 왜냐, 독일 교회를 끼고 있어야 중간에 가나 교회와 혹시 무슨 일이 있을 때 중재도 되고 선교가 지속

---

7 이는 일찍이 1792년 윌리엄 캐리가 인도 선교를 통해서 나중에 현대 선교의 아버지로서 불릴 수 있었던 효과적인 선교적인 도구로서의 선교 기구의 필요성을 제창한 것과 유사하다고 볼 수 있겠다. William Carey, *An Enquiry into the Obligations of Christians to Use Means for the Conversion of the Heathens* (London: Hodder and Stoughton, 1891).

8 당시 인명진 목사는 아시아기독교협의회 도시농촌선교위원회 위원장을 겸임하고 있었다.

될 수 있습니다."

인 목사의 선견지명은 몇 해가 되지 않아 여실히 증명이 되었다.
그간의 영등포노회의 삼국 교회 에큐메니칼 선교 협력을 반추해 볼
때 가나교회와 협력하면서 수많은 고비와 암초가 많이 있었다. 그때
마다 독일 교회의 존재는 영등포노회와 볼타노회의 협력 선교를 좌
초하지 않게 붙들어 주는 중요한 평형수가 되어 주었다.
'한·독·가 교회협력위원회'의 역할은 독일 교회나 가나 교회처럼
노회 안에 에큐메니칼 선교전담자가 없는 한국 교회의 조건에서 해
외 교회와 에큐메니칼 선교를 같이 해 나갈 수 있는 좋은 선교 대안
모델이 되었다고 본다. 물론 이러한 삼국 교회가 함께 참여하는 형태
의 선교 협력은 한국 교회뿐만 아니라 선교에 있어서 오랜 전통을
가진 독일 팔츠주교회에도 처음 시도해 보는 아주 새로운 도전이었
다. 하지만 이보다도 에큐메니칼 선교 협력에 대한 인 목사의 헌신과
열정이 가미되지 않았다면 '한·독·가 교회협력위원회'도 지금과 같
은 빛을 내기 어려웠을 것이다.

4) "집에 냉장고 두고 살지 마라"

가나 선교지로 떠나는 우리 부부에게 인명진 목사는 이렇게 조언
을 주셨다. "선교지에 도착해서 냉장고 두고 살지 마라."
아프리카에서 살아갈 선교사에게 냉장고 없이 살라는 것은 참으
로 이해할 수 없는 말씀이었다.
'아니 열대지방에 사는 선교사 가족한테 어떻게 냉장고도 두지 말

고 살라는 말씀인가?'

처음 우리 가정이 도착했던 아눔지역은 전기가 아주 불안정하고 불규칙적이었다. 하루 전기가 들어오면 삼 일은 정전이었다. 이런 상황은 십수 년이 지난 지금도 크게 변하지 않았다. 시골이라 저녁 7시만 되면 주위가 칠흑같이 캄캄해졌다. 특히 전기가 끊어진 밤이면 별들이 초롱초롱하게 하늘 가득히 보였다. 단파 라디오로 듣는 영국 BBC방송이 유일한 낙이었다. 전기가 없으니 선풍기도 틀 수 없어서 열대야에 수도 없이 부채질을 하다가 뜬눈으로 보내기도 했다. 그래도 살다 보니 나중에는 요령이 생겼다. 스펀지에 물을 적셔서 맨살에 바르면 체온에 의해서 물이 증발하면서 에어컨 바람을 맞은 듯이 몸이 시원해지는 것이었다. 전기가 나간 밤이면 부부가 속옷 바람으로 나란히 누워서 스펀지에 물을 적셔서 시원한 기분에 잠을 청하곤 했다. 삼일씩 전기가 없는 곳이라 주인집 냉장고 한 켠을 빌려 넣어둔 음식재료가 다 상해서 냉장고라는 자체가 의미가 없는 곳이었다.

시골 장에서 사온 야채는 이틀을 두고 지낼 수가 없었다. 결국 많이 사지도 못하고 조금씩 사서 그때그때 해먹어야 했다. 그러다 보니 매일 현지음식을 배워나갔다. 조금 넉넉하게 하면 이웃들과 나눠먹어야 했다. 남으면 어차피 상해 버리기 때문이었다. 이웃들도 과일나무에서 뭐라도 열리면 우리에게 나누어 주었다. 냉장고가 없으니 나누어 먹는 이웃이 많이 생겼다.

한번은 테마시에서 참치어업을 하는 한인 한 명이 한 자루나 되는 냉동 참치를 차 트렁크에 넣어주면서 갖다 먹으라고 했다. 두고두고 넣어 두고 먹을 냉동고가 없던 우리로서는 부득이 그날 저녁에 온 동네 이웃들과 나눠 먹을 수밖에 없었다. 때 아니게 어른 다리통만한 커다란 참치를 한 마리씩 넘겨받은 이웃들은 어리둥절해 하면서도 횡재를 만난 듯이 좋아했다.

처음 정착했던 곳에서 다른 지역으로 옮긴 후 지금은 물론 냉장고를 두고 살고 있다. 나중에 단기 선교사들이 많이 오다 보니 냉장고가 없이는 식재료를 감당해 낼 수가 없었기 때문이었다. 물론 지금은 냉장고에 있는 식재료만 파먹고 살아도 족히 일 년은 살 수 있을 것이다. 하지만 열대의 아프리카에서 냉장고가 없이 살아본 경험 때문에 나눔의 귀중함을 배웠다. 그때 사귄 이웃들로 인하여 지금도 10년이 넘도록 좋은 이웃사촌으로 지내고 있다. 하지만 인 목사가 당시 냉장고 말씀을 하였을 때 이런 결과를 미리 의도하셨는지는 지금도 의문이다.

5) "선교학교에서 예배드리려고 하지 마라"

2004년 7월 27일에 가나 볼타노회지경 안에서 컴퓨터 훈련학교를 준공하였다. 준공식에 참여하기 위해서 한국과 독일에서 대표들이 왔고, 가나장로교단 인사들과 가나주재 한국대사가 참석하였다. 원래 가나의 대통령이 참석하여 준공식 테이프를 끊기로 했다가 선거 기간이라 정통부장관이 대신 참석을 하였다. 은혜롭게 준공식을 마치고 나오는데 인 목사가 말씀하였다.

"이 선교사, 이 선교학교는 교회가 아니니까 예배드리려고 하지 마라."

함께 준공식에 참석했던 인사들 중 일부는 이 말에 어리둥절하였다.

"아니, 선교학교에서 예배를 드리지 않으면 무엇을 하란 말이요?"

그러나 인 목사의 이 말은 그분의 오랜 신념과도 같은 말이었다. 내가 한국에서 갈릴리교회 외국인노동자 선교 목사로 있을 때도 비슷한 말씀을 자주 하셨다. 주일마다 다른 교회에서 외국인노동자 이발 봉사를 하러 온 열심 있는 집사님들에게 인 목사는 볼 때마다 이렇게 당부하셨다.

"여러분! 이발하면서 외국인노동자들한테 전도하려고 하지 마세요. 그저 이분들 이발을 정성껏 잘해 주시면 전도는 저절로 됩니다. 괜히 전도한다고 신경 쓰다가 가위로 사람 귀나 자르지 마세요."

웃으면서 들은 말이었지만 선교지에 있어보니 선교의 전문성이 얼마나 중요한 것이지 다시 깨닫게 되었다. 선교학교의 설립목적에 맞게 잘 가르치는 일에 전문적으로 매진하였다. 그러자 학교의 소문이 금세 사방으로 퍼져서 학생들이 넘쳐나고 저절로 전도가 되었다.

하지만 인 목사는 한번 위임한 일에 대해서는 전적으로 사람을 믿고 일일이 간섭하지 않으셨다. 아마도 그 점이 필자가 가나 선교사로 있으면서 삼국 교회 틈바구니 사이에서도 소신 있게 일할 수 있도록 해준 가장 큰 지원이었을 것이다. 대신에 선교사가 중간에 곤란에 빠졌을 때 갖은 방법을 동원해서 구출해 주시는 자상한 분이었다.

6) "선교사는 윤리적으로도 압도하는 사람이 되어야 한다"

선교학교의 일이 어느 정도 안정이 되어갈 때쯤이었다. 어느 날 한국에서 인 목사께서 전화를 하셨다.

"이 선교사! 내가 들어보니 집에 가사도우미를 두고 산다는 소문이 있던데. 그래서 말인데 오늘부터 갈릴리교회서 이 선교사를 위해서 하던 기도를 하지 않기로 했네."

그러면서 내 대답도 듣지 않고 전화를 끊으시는 것이었다. 나중에 생각해 보니 근처에 한인 가정에서 한국에서 오신 손님들 식사를 돕는다고 같이 데려온 가사도우미를 우리 집에서 쓰는 사람인 줄로 잘못 알고 그러셨던 것이다. 하지만 이미 엎질러진 물이었다.

몇 해가 다시 지나서 안식년이 되어 한국에 들어갔을 때 갈릴리교회서 주일설교를 하게 되었다. 설교가 끝나고 나서 인 목사께 조용히 여쭈어 보았다.

"아직도 갈릴리교회서는 저희 가정을 위해서 기도를 안 해주시나요?"

"그때는 이 선교사가 내가 싫어하는 그런 종류의 선교사가 되어가는 것 같아서 화가 나서 기도를 안 해 주려고 했는데 교인들이 새벽마다 이 선교사 가정을 위해서 기도하는 통에 막지는 못했네."

내친 김에 내 속에 담았던 말을 털어놓았다.

"처음에는 인 목사님께서 저희 기도를 안 해 주신다고 해서 얼마나 섭섭했는지 모릅니다. 마치 잠수부를 물밑에 내려 보내 놓고 산소 줄을 끊어버리는 그런 느낌을 받았지만 저희에게는 크게 약이 되었습니다. 늘 현지인들의 정서에 맞는 생활을 하려고 애쓰게 되었습니다."

"선교사는 그래야 하는 거야. 선교사는 현지인들이 볼 때에도 윤리적으로 압도하는 사람이 되어야 선교를 잘 할 수 있는 거야."

인 목사의 "선교사는 윤리적으로 압도하는 사람이 되어야 하는 거야"라는 말씀은 우리에게 귀한 약이 되었다. 선교사가 볼 때 정당한 것이라도 현지인들의 눈으로 볼 때 타당한 행동을 하는 선교사가 되라는 교훈이었다. 현지인뿐 아니라 한국이나 독일에서 오는 방문객들의 눈에도 선교사의 행동이 이들을 윤리적으로 압도해야 한다는 의미였다. 이 경험은 선교사로서 행동의 기준선을 어디다 그어야 하는지 선교하는 내내 생각하게 하였다. 인 목사가 현장 선교사에게 이런 교훈을 줄 수 있었던 것은 영등포산업선교회 총무시절에 미국과 호주에서 선교사로 와 있던 이들과 많이 부대껴보기도 하고, 또 그 선교사들의 헌신적인 삶을 통해서 깨달은 혜안이라고 생각된다.

7) "정부 외교라인을 적극 활용해라"

처음에 독일 팔츠주교회에서는 자기 교회에 비해서 선교의 경험이 일천한 영등포노회를 돕는 큰 형님의 위치에서 함께 협력 선교하고자 하는 의도가 다분했다. 우리가 하는 선교 형태에 대해서 가타부

타 말이 좀 많았다. 예를 들어 "공사를 너무 빨리 진행하는 것 아니냐?", "어떻게 현지 교회와 소통 없이 독단으로 결정하느냐?" 등등 시시콜콜하게 가르치려 들었다. 그러나 시간이 지나면서 팔츠주교회 대표들은 인 목사의 주도면밀한 다각적인 선교 접근에 눈을 휘둥그레 뜨게 되었다. 그중의 하나가 정부 외교 라인을 적극 활용한 점이었다.

2010년 여름 가나에서 이사회를 열게 된 때였다. 인명진 목사는 내게 "가나 주재 한국대사와의 저녁식사를 주선해 보라"고 미리 연락을 주셨다. 당시 이미 한나라당 윤리위원장을 역임한 경력이 있으셔서 정부 외교라인에서도 인 목사의 이름을 익히 잘 알고 있을 때라 어렵지 않게 저녁식사는 주선이 되었다. 수도 아크라의 프랑스 식당9에서의 저녁식사는 자연스럽게 선교학교가 하는 일을 소개하는 자리가 되었다. 몇 주 지나지 않아 한국 대사의 초청을 받아 대사관에 가게 되었다.

"선교사님, 가끔 보면 사람들이 주위에 눈먼 돈이 많은데 몰라서 잘 활용할 줄을 몰라요. 우리 한국 정부가 OECD 회원국이라서 한국 정부 기관에서 사용하던 컴퓨터를 재활용해서 제3세계 국가에 나눠주는 프로그램이 있는데 한번 신청하시지요. 대신에 한 가지 부탁 좀 드립시다. 우리 정부가 수혜국에 '정보접근 센터'를 구축해주는 프로젝트가 있어서 지원 신청을 하려는데 이쪽에 밝은 이 선교사님이 우리 기안 작성을 좀 도와줄 수 있겠습니까?" 이 건으로 해서 한국 정부 정보화 진흥원으로부터 2011년부터 매년 200~300대씩 수억 원에 달하는 컴퓨터를 5년 동안 지원받게 되었다. 때에 맞춰 컴퓨터를 업

---

9 이곳은 가나 주재 외교관들이 자주 이용하고, 미국 대통령도 가나에 오면 이용하는 고급 식당이었다.

그레이드해야 하는 컴퓨터 학교로서는 오랜 가뭄에 물을 만난 조치였다. 매년 지원받은 컴퓨터를 통해 원격지와 소외 지역에 한 해 열 곳 이상의 컴퓨터 랩을 설치해 줄 수가 있었다. 컴퓨터 교육 선교로서의 새로운 패러다임을 여는 시도였던 셈이었다.

교회의 선교가 교회 안에서 머무르는 것이 아니라 사회 전반에 영향을 미쳐야 하고, 특히 외국에서는 정부 외교 라인을 적극 활용하는 것이 선교사로서의 중요한 활동이라는 인 목사의 가르침이었다. 현장 선교사를 후방 지원하는 인 목사의 이런 스케일은 팔츠주교회도 생각해 보지 못한 영역이었다. 결국 이 일 이후로 팔츠주교회 대표들도 우월의식에서 벗어나 한국 교회의 선교를 진지하게 배우는 모습을 보이기 시작했다.

8) "타종교와의 교류는 이렇게 해야 하는 거야"

독일 교회는 독일 내로 이슬람 이주민들의 인구가 점차로 늘어가고 이로 인하여 사회경제적으로 부담을 점점 더 느끼면서 타종교인들과 어떻게 평화롭게 잘 공존할 것인가가 주된 이슈였다. 원래 독일은 천 년 가까이 기독교가 독점적인 문화와 종교로 자리 잡고 지내온 터라 타종교인들과의 교섭에 있어서 다소 어색해 했다. 어찌 보면 에큐메니칼 협력이라는 테제도 자국 내의 가톨릭과 개신교의 협력을 다룬다는 면에서 독일 교회로서는 타종교인과의 교섭에 비해서 소주제에 불과한 것이었다.

2013년에 한국에서 이사회를 주최할 때였다. 인 목사는 삼국 교회 대표단들을 지리산 쌍계사로 인도했다. 평소에도 삼국 교회 대표단들은 모일 때마다 각 국의 문화 체험도 하고 산업 시찰도 하면서 서로의 안목을 넓혀오곤 했었다. 이 날도 대표단 일행들은 한국의 명승고찰 중 하나를 둘러보는 것이라 짐작을 했다. 그런데 막상 쌍계사에 도착해보니 인 목사가 쌍계사 성조 주지스님과 같이 대표단을 영접하고 있는 것이 아닌가? 나중에 알고 보니 인 목사는 쌍계사 성조 주지스님과 함께 정부 일로 북한을 같이 드나들면서 교분을 쌓게 되었다고 했다. 익히 알다시피 인 목사의 불교계와의 친분 때문에 불교계의 행사에도 간혹 초청받아서 법문도 하는 경우도 있었다. 반대로 불교계의 인사를 갈릴리교회 성탄절 행사에 초청해서 성탄절 축사를 전하게 한 경우도 있었다.

삼국 교회 대표들은 스님들만 공양하는 식당 안에 들어가서 특별 식사를 대접받고, 성조 주지스님과 허심탄회하게 차를 나누며 대화도 하고, 쌍계사의 유명한 차를 한아름 선물로 받으면서, 오랜 세월 다종교의 토양에서 뿌리를 내린 한국 교회가 타종교인과 어떻게 서로 공존하며 살 수 있는 지에 대해 경이의 눈으로 보는 계기를 이루었다. 인 목사는 쌍계사에서 내려오는 길에 내게 이렇게 말씀했다.

"이 선교사! 타종교와의 교류는 이렇게 해야 하는 거야."

이 일로 다시 한 번 인 목사의 숨겨진 내공이 여실히 드러나는 계기가 되었다. 아마도 그날 삼국 교회 대표들은 한국 교회가 유럽이나 북미 교회에 비해서 기존 종교의 험난한 도전 속에서도 복음의 뿌리를 굳건하게 내린 자랑스런 상생의 유산이 있다는 것을 알게 되었을 것이다.

9) "컴퓨터 학교 재정자립도를 50%가 되지 않게 하라"

인명진 목사의 가나컴퓨터학교 구상은 아주 성공적이었다. 때마침 가나 정부의 정보통신분야 육성 이니셔티브와 시기적으로 잘 맞아 떨어졌다. 가나 정보통신부 장관은 학교에 차관을 보내, 가나 전국에 이러한 시설을 모델로 세우겠다며 학교의 설계도를 얻어갈 정도로 가나 정부에도 큰 영향을 미쳤다. 매일 교실에 학생들이 넘쳐났다. 얼마 있지 않으면 재정자립을 할 수 있게 될 지경이 되었다. 기쁜 마음으로 인 목사께 재정 보고를 드렸더니 의외의 반응을 하셨다.

"이 선교사! 컴퓨터 학교의 재정자립도를 50% 이상 넘기지 않도록 하게."

"아니 무슨 말씀이세요? 현지교회에 이 시설을 이양하려면 재정 자립도를 더 높여가야 되는 거 아닌가요?"

"아니야, 자네가 현실을 잘 몰라서 그러는데. 컴퓨터 학교의 재정자립도가 높아지면 그 다음은 선교사가 쫓겨나는 거야. 저절로 돈이 들어오는데 뭐가 아쉬워서 우리와 계속 협력하겠는가?"

그때부터 매일 회계 정산이 되어 수익금이 남으면 일부러 시설이나 비품에 투자를 하여 수지 균형을 50% 자립도로 맞추었다. 이와 비슷한 이유로 인 목사는 "선교지에 불필요하게 부동산을 많이 보유하지 마라"고 당부하셨다. "선교지 자산이 너무 많아지면 선교사가 선교지에서 쫓겨나는 제일 큰 원인이 된다"고 하셨다.

십수 년이 지나서 인 목사가 독일 팔츠주교회의 대표 봐그너 목사에게 이사장직을 위임할 때 그제야 비로소 그간의 선교학교 재정운영 대외비에 대해서 상세히 말씀해 주었다. 이 말을 들은 봐그너 목사는 마치 뒤통수를 한 방 얻어맞은 듯한 표정을 지으며 그간의 학교 재정이 왜 그렇게 운영되었는지 이해하게 되었다.

선교사를 받기도 하고 보내기도 해본 한국 교회와 선교사를 보내기만 해본 독일 교회의 차이가 여기서 드러나고 있었다. 이런 선교의 양면적인 경험에서 한국 교회의 선교는 다른 교회들에 비해 특이한 장점을 많이 가지고 있다고 본다.

3. 나가기

경남 산청 버스터미널에서 산자락을 타고 20분 정도 올라가면 '한국 목회지원회'가 영성 훈련장으로 세운 '예수자매수도원'이 있다. 그 수도원 안에 인명진 목사가 교회에서 받은 은퇴비를 다 털어서 자신의 호를 따라 2층 목조건물 양식으로 지어 기증한 '삼우 도서관'이 있다. 2013년에 삼국 교회 대표들이 이곳에 모여서 며칠을 함께 보냈다. 늘 만나면 회의 시간에 쫓겨 일정을 소화하기 바쁘고 얘기할 때마다 그간의 프로젝트를 평가하던 형태에서 벗어나 아무런 매임 없이 지난 이야기를 하면서 지내보았다. 수도원장의 싫은 소리를 들어가면서도 인 목사의 색소폰 가락에 맞추어 산이 떠내려가도록 '고향유정' 유행가도 목청껏 불러 보았다. 지리산 자락 등선 사이로 새벽에 은은하게 떠오르는 해를 바라보며 함께 손잡은 삼국 교회의 대표들은 그제야 우리가 하고 있는 선교가 무엇인지에 대해서 다시 묻기 시작했다. 하나님이 원하시는 선교는 우리의 삶에서 떼어놓은 일부가 아닌 우리의 삶 전체를 통해서 행해져야 한다는 사실을 서로 깊이 공감하게 되었다.

선교 협력의 시간이 지나가면서 물질적으로 풍요로운 곳에서 부족한 곳으로 뭔가를 돕거나, 서로에게 필요한 그 무엇을 교환하는 것만으로는 충족될 수 없는 그 이상의 것이 있음을 깨닫게 되었다. 그것은 서로가 서로를 주님의 은혜로 하나님의 형상을 닮은 동등한 존재로 보는 것이었다. 그리고 그것이 다시 각자의 삶 전체 영역으로 번져나가 서로의 전인격을 위해, 서로의 가정을 위해, 서로의 맡겨진 일을 위해 함께 기꺼운 마음으로 동행하는 것이었다. 아마 이때 이후로부터 그전엔 늘 컴맹이라고 스스로 자부하던 인 목사도 SNS로 또는 이메일로 신령한 교제를 도모한 것으로 안다.

아마 인 목사의 선교적인 열정과 '우격다짐'이 아니었다면 지금의 삼국 교회 에큐메니칼 협력 선교는 아주 많이 다른 모습이 되었을 것이다. 그분의 선교적 혜안으로 인해 삼국 교회 에큐메니칼 협력 선교는 동양적인 영성과 아프리카적인 열정 그리고 서구 유럽 교회의 오랜 기독교 전통이 함께 조화롭게 습합되고 융화될 수 있었다.

인 목사로 인하여 한국 교회의 에큐메니칼 선교가 몇 차원 더 높은 단계가 되었으며 다른 나라의 교회에도 좋은 선교적 자극제가 되었을 것으로 믿는다.

끝으로 '삼우 인명진 목사'의 겸손하고 진솔하며 그리고 치열했던 삶에서 배어나온 어록들과 그분의 손때가 가득 담긴 곳곳의 흔적들이 또 다른 세대와 역사의 이정표가 되기를 바라는 마음 간절하다.

〈참고문헌〉

영등포노회, "한독가 교회협력위원회역사", 미간행자료집, 2010.

영등포노회50년사 편찬위원회, 『은혜의 50년 소망의 50년』, 영등포노회, 2011.

Presbyterian Church of Ghana, "Report for 2009, Presented to the 10th General Assembly", August.6. 2011.

William Carey, *An Enquiry into the Obligations of Christians to Use Means for the Conversion of the Heathens*, London: Hodder and Stoughton, 1891.

인명진은 누구인가

편집부

인명진은 1945년 6월 1일 충남 당진에서 태어난 해방둥이이다. 격동하는 한국 현대사가 그가 살아온 삶의 자리였다. 그는 아버지 인치희(장로)와 어머니 홍경희(권사)의 6남매 중 장남으로 증조모로부터 이어지는 독실한 기독교 가정에서 자랐다. 그래서 기독교신앙은 그의 온 삶에 이슬처럼 젖어있다.

대전고등학교, 한국신학대학(B.A.) 그리고 장로회신학대학(M.Div)에서 공부했는데 그에게 가르침을 준 김재준, 김정준, 서남동, 안병무, 문익환, 문동환, 이우정, 이장식, 주재용, 곽선희, 변조은(존 브라운) 등의 스승들을 그는 늘 자랑했으며, 그의 인생에 큰 영향을 미쳤다고 말한다. 그는 신학을 하면서 특히 구약을 좋아했으며 그래서 그는 구약을 본문으로 설교하기를 좋아했는데 그의 구약 성경공부는 특별하기로 유명하다.

인명진이 장신대 2학년 학생이었던 1970년 전태일 사건이 일어났고, 그 다음해 졸업반 때 김진수 사건에 직접 관계하면서 우리 사회 노동 문제의 심각성을 자각하게 되었다. 그는 신학교를 졸업하자 공장에 들어가 1년간 노동자로 살다가 영등포산업선교회에 부임하여 1984년까지 그곳에서 일했다. 소위 1970년대의 여러 노동운동 현장에서 노동자들과 함께하였다. 영등포산업선교의 사역은 존 브라운 목사와 호주연합교회가 전적으로 지원하였다.

영등포산업선교회에서 사역하는 동안에 인명진은 1974년(긴급조치1호), 1978년(긴급조치9호), 1979년(YH사건), 1980년(김대중 내란음모 사건) 등 네 차례에 걸쳐 약 3년간 투옥되었고, 1981년 결국 호주로 추방되는 일을 겪었다.

1984년 영등포산업선교회를 떠나 호주로 간 그는 2년간 그곳에 머물면서 그의 영등포산업선교의 사역을 정리하여 1986년 샌프란시스코신학교에서 목회학박사(D.Min)를 받았는데, 그의 논문은 1970년대 한국의 노동운동과 산업선교 역사를 연구하는 후학들에게 좋은 참고 자료로 쓰이고 있다.

1986년 호주에서 귀국한 후 그는 구로동에 갈릴리교회를 시작하는데 교회 목회는 사실 그의 평생에 꿈꾸던 일이었다. 그는 그 후 2014년 조기은퇴를 하기까지 28년 동안 갈릴리교회에서 목회활동을 하면서 교회 개혁, 예배의 갱신, 선교 공동체로의 교회 등 다양한 실험과 도전으로 한국 교회에 신선한 충격을 주었다. 그의 갈릴리교회 사역 중 특별한 것은 우리나라 최초로 시작한 이주노동자 선교이며, 20여 년간 830여 명에게 세례를 베푼 기록을 세운 일이다. 그가 은퇴를 하면서 저술한 28년간의 목회 보고서가 『위대한 부르심』이라는 책이다. 그의 갈릴리교회 목회에는 곽선희 목사의 큰 후원이 있었는데, 그 은혜를 잊을 수 없다고 그는 늘 입버릇처럼 말한다.

갈릴리교회 목회를 하면서 인명진은 여러 사회참여 선교활동을 쉬지 않았다. 교회를 시작한 다음 해인 1987년 민주쟁취국민운동본부 대변인을 맡아 6월 항쟁을 이끌었고, 문민정부시절에는 대통령위원회인 행정쇄신위원회, 노사관계개혁위원회, 세계화추진위원회의 위원으로 활동하였고, 또한 KBS이사, 감사원의 부정방지대책위원회위원으로 참여하였는데 모두가 비상임이었다. 이는 목사직과는 세상의 그 어떤 자리도 바꾸지 않겠다는 그의 고집 때문이었다. 그는 평생 동안 그 같은 삶의 원칙을 변치 않고 목사로서 한 평생을 살아왔다.

문민정부의 여러 위원회에 참여하면서 인명진은 의미 있는 성과를 많이 냈는데, 국민고충처리위원회 제도 도입, 행형제도 개선, 노동관계법 개정, 이주노동자 권리 향상 정책 등은 대표적인 그의 수고의 결과라 할 수 있다. 그 공을 인정받아 그는 1998년 정부로부터 국민훈장 모란장을 받았다.

인명진의 시민운동 참여와 봉사도 그의 삶의 중요한 부분이다. 1999년 서경석 등과 경실련을 창립하는 일을 시작으로 바른 언론시민연합, 행정개혁 시민연합, 대북 인도적 지원 NGO인 우리민족서로돕기 등에서 활동했으며, 2016년 2월에는 경실련 공동대표로 선출되어 활동하고 있다. 그는 우리나라 시민운동의 1세대 활동가이며, 그 역할로 인하여 평생 상복이 없던 그가 2014년 제4회 민세상(民世賞)을 받기도 하였다.

인명진은 또한 우리나라의 환경시민운동의 개척자 중의 한사람이기도 하다. 1980년 호주 체류시절 환경운동의 중요성에 눈을 뜬 그는 귀국한 후 권호경 등과 함께 공해문제연구소(기독교환경운동연대 전신)를 설립하고, 본격적인 환경운동의 장을 여는데 앞장섰다. 그 후 공해문제연구소를 이어받은 한국교회환경연구소의 소장과 기독교환경운동연대의 상임공동대표로 일하였고, 2009년부터는 김동흔, 오기출 등과 몽골의 사막화 방지를 위한 나무심기를 열심히 하였고, 그 공을 인정받아 2015년 몽골정부로부터 몽골 최고 환경지도자 훈장을 수여 받았다.

인명진은 매스미디어에도 큰 관심을 가지고 활동하였다. 1997년 우리나라 최초로 인터넷 방송인 C3TV 기독교인터넷 방송을 곽선희 목사의 도움으로 10여 년간 운영하였고, 그것은 지금의 GoodTV 기독교복음방송으로 발전되었다. 그는 또한 직접 여러 방송과 일반 신문매체를 통해 우리나라 정치 사회에 날카로운 비평 활동을 해옴으로써, 한국 교회 역사상 일반 언론에 노출이 가장 많은 목사로 기록되고 있다. 기독교 현직 목사인줄 알고 있는 일반 언론이 종교 문제가 아닌 특히 정치 문제에 대해 그에게 의견을 묻는 일은 신기한 일이 아닐 수 없고, 다른 종교인에게서도 찾아 볼 수 없는 일이다.

인명진의 이력 중 또 하나의 특별한 기록은 한나라당 윤리위원장을 2년간 역임한 일이다. 노동운동, 인권운동, 민주화운동 등 진보적 운동을 평생 동안 해옴으로 '용공좌경운동권'이라는 딱지가 붙은 그가 평생 싸워온 군사독재정권의 후신인 한나라당 당직을 맡게 되어 많은 이들에게 충격을 주었고, 그로 인하여 변절자라는 비판을 받기도 하였다. 이에 대한 그의 변론은 "예수님 말씀에 기독교인은 소금이고, 소금은 어느 곳이든 필요한 곳에 쓰여야 한다는 것을 실천한 것뿐"이라는 것이다. 그는 한나라당에 입당하지 않는 조건으로 그 직을 맡았으며, 한나라당이 집권한 후에 그 어떤 대가도 받지 않았다. 그는 그것이 그가 이 시대를 사는 목사로서 해야 할 또 하나의 목회였다고 말한다.

인명진은 2014년 말, 28년의 갈릴리교회의 목회에서 그리고 1972

년 목사안수를 받은 지 43년 만에 공식 은퇴를 했다. 정년보다 조금 이른 조기 은퇴였는데, 그동안의 질풍노도와 같은 삶을 뒤로하고 편안하고 여유 있는 생활을 하겠다는 생각으로 은퇴를 하였지만 또 다른 일들이 그를 기다리고 있었다. 부산 일신기독병원 이사장으로 미얀마에 선교사를 보내고 병원을 세우는 의료선교, 우리민족서로돕기 상임공동대표의 일, 경실련 공동대표로서의 활동 그리고 예전보다 더 자주 정치평론가로 방송 시사 프로그램에 출연하는 일등 분주하게 살고 있다. 또한 지난 2년 동안은 그에게 어울리지 않는 tvN의 "오마이 갓"이라는 예능프로그램에 출연하여 사람들의 입방아에 올랐고, 더 특별하게는 불교방송 BBS에 일주일에 한번 스님들과 대담하는 방송과 또 이곳저곳에 초청을 받아 강연하는 새로운 인생의 삶을 살고 있다. 최근에는 숭실대학교 석좌교수로 초빙된 것을 스스로 자랑하고 다니기도 한다. 그에게 은퇴는 있을 수 없는 일인 것 같다.

2015년 인명진은 그의 모교인 장로회신학대학에서 명예신학박사 학위를 받았다. 그의 생애에 그는 두 번 뜨거운 눈물을 흘렸다는데, 1995년 영등포노회장이 되었을 때와 그의 모교에서 명예신학박사학위를 받았을 때라고 한다. 평생 동안 교회 주류로부터 서러움만 받고 살았던 그가 '당신이 옳았다'고 인정받은 것이 그렇게도 기뻤던 모양이다. 김명룡 장신대총장은 그에게 명예학위를 주면서 이로써 장신대의 신학이 완성되었다고 의미 있는 말을 했었다.

그밖에 인명진은 총회와 노회 그리고 교회연합기관(한국교회협의회와 아시아교회협의회)에서도 많은 일을 하였고, 특별히 영등포노회, 독일 팔츠주교회, 그리고 가나 볼타노회의 3자 협력선교의 초석을 놓고 발전시키는 일에도 중심적인 역할을 하였다.

결론적으로 인명진의 이력서에는 아직도 공백이 남아 있다. 앞으로 어떤 일을 더 기록해야 할지 모르기 때문이다. 그에게는 1972년 결혼한 아내 김옥란과 딸 사라, 아들 병민이 있고 슬하에 대원, 혜원, 다은 등 3명의 손자 손녀가 있는데 그는 늘 그들에게 빚진 마음으로 감사하고 미안해하며 살고 있다.

영등포산업선교회 60주년 기념도서 2

인명진을 말한다

2016년 7월 4일 초판 1쇄 인쇄
2016년 7월 7일 초판 1쇄 발행

발간처 | 영등포산업선교회
발간인 | 진방주
편집인 | 양명득

펴낸곳 | 도서출판 동연
등 록 | 제1-1383호(1992. 6. 12)
주 소 | 서울시 마포구 월드컵로 163-3 2층
전 화 | (02)335-2630
전 송 | (02)335-2640
이메일 | yh4321@gmail.com

Yeong Deung Po Urban Industrial Mission
The 60th Anniversary Publication Series 2
In Myungjin: A Collection of His Works
Publisher: Bang Joo Chin
Editor: Myong Duk Yang

Published by Dong-yeon Press, Seoul
Printed in Korea

Copyright ⓒ Yeong Deung Po Urban Industrial Mission, 2016

ISBN 978-89-6447-321-4 03040